The Hybrid Textbooks of Civil Law Vol. 4
The Law of Obligations :
Special Provisions

新ハイブリッド民法

債権各論

滝沢昌彦・武川幸嗣・花本広志
執行秀幸・岡林伸幸❖著

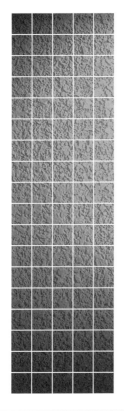

法律文化社

ハイブリッド民法シリーズの刊行にあたって

　2004年4月にわが国で初めて法科大学院が開設されました。この法科大学院は，周知のようにアメリカのロースクールに倣って法曹資格者のための専門大学院として発足したものですが，学生の質もかなり高く，ハイレベルな授業が要求されます。2006年6月には，法科大学院卒業者の受験する初めての司法試験が実施されました。法科大学院では，法曹実務教育を大幅にとりいれた実践的な教育が行われますが，それに対応するためには，学生が学部教育，法科大学院1〜2年生の時期の教育において民法学の基礎的な制度，ルールを十分に理解して，応用能力を備えていることが前提となります。

　それと並んで，20世紀の末から現在までの間に，民法典およびそれに関連する法律について数多くの手直しがなされ，また幾つもの民事特別法が制定されました。ごく新しいものだけを例にとっても，1999年の民法典中の成年後見制度の改正，2004年の民法典現代語化法（口語化法），2006年の公益法人制度の改正（2007年より施行）をはじめとして，1998年のNPO法，債権譲渡特例法（2004年動産，債権譲渡特例法），民事再生法，1999年の任意後見法，住宅品質確保促進法の制定と定期借家権の導入，2000年の消費者契約法，特定商取引法，電子署名法，金融商品販売法，2001年の中間法人法，電子（消費者）契約法，2003年の人事訴訟法，2004年の新不動産登記法，新破産法，2005年の会社法，仲裁法，2006年のADR促進法，預金者保護法，金融商品取引法，新信託法，法の適用に関する通則法，2007年の労働契約法などがそれで，それらにおいてもその後手直しが行われまたはそれが予定されています。また近い将来においても，担保物権法，債権法，家族法といった民事法分野における法改正が予定または計画されています。

　このようにわが国の法学教育，わけても民法学の教育は，現在大きな転換点を迎えており，従来使われてきた民法学の教科書，参考書を見直して，新たな時代に処するための新しい民法教科書作りに本格的に取り組まねばならない

時期に差しかかっています。そこでこのような新しい時代に対応するために，法科大学院時代の学部とロースクール両方での民法教育をにらんだ，いわばハイブリッドなテキストというコンセプトで，新しい民法教科書シリーズを企画しました。

　この新しい民法教科書シリーズは，従来の総則，物権・担保物権法，債権総論，債権各論，家族法という5本の柱からなる枠組みを崩すものではありませんが，新しい現代語化民法，その他の新しく制定，改正されたばかりの数多くの民事特別法に依拠するとともに，法学部学生および法科大学院学生の両者に対応できるように，基礎的な民法制度を祖述する一方で，最新の判例・学説および新しい争点をもとりいれ，基礎から応用にいたるまでの多面的かつアクセントをつけたきめ細やかな記述を旨としています。民法典およびそれを取り巻く数多くの法令が形式的だけでなく，内容的にも新しいものとなり，かつ急テンポに新しい問題が次々と生起する現在にあって，このような新機軸の民法教科書を上梓することは，必ずや数多くの利用者を見出し，学界の共有財産となるであろうことを信ずるものです。

　2006年9月

『ハイブリッド民法』シリーズ編集委員

小野　秀誠
本田　純一
松尾　　弘
滝沢　昌彦
半田　吉信

は し が き

　本書は『ハイブリッド民法』シリーズの第4巻であり，いわゆる「債権各論」（民法第3編第2章から第5章まで）を扱う。債権総論（民法第3編第1章：本シリーズ第3巻）がすべての債権に共通する一般論を論じるのに対して，債権各論では，債権発生原因を4つ掲げ（契約，事務管理，不当利得および不法行為），それぞれについて，どのように債権が生じるのか，どのような特徴があるのかを検討する。どのような場合に債権や債務が生じるのかを扱っているので，初学者にも具体的なイメージを掴むことが容易であり取り組みやすいであろう。もっとも，それだけに社会の変動を直接に反映する分野でもあり，とくに契約法は，2017（平成29）年に大きく改正された。2020年4月1日から施行される予定であるが，（想定される）読者が社会に出る頃には新法が通用しているであろうと考え，この版は改正法に従った記述をした。また，不法行為法などについても，最新の判例の動向等に注意しなければならない。このように社会の変化に応じて法も変わっていくのではあるが，それでも，本書に書かれている法理論が基礎となる。まず基本をしっかり身につけてこそ，先端的な応用問題を論じることができるのである。

　『ハイブリッド民法』シリーズ全体の方針であるが，本書でも，窓見出しを付けてポイントを絞り，メリハリの効いた叙述を心がけた。執筆者はみな法学部や法科大学院で実際に講義をしており，学生に理解させるノウハウをそれぞれ有している。それを存分に発揮してもらい，明快でわかりやすい記述になっていると思う。また，抽象的な法規範が実際の事件にどのように適用されるのかについて具体的にイメージしやすいように，**Case** を多用した。関連する話題で社会的に注目されたものなどについては **Topic** で取り上げて読者の注意を喚起し，さらに，先端的な問題について考える契機となる論点については **Further Lesson** として解説を加えてある。判例や学説を単なる「公式」として暗記するだけではなく，その公式がなぜ合理的なのか（そもそも合理的なの

か）自分の頭で考えてほしい。

さて，学習が進めばそれぞれの論点についての判例や学説の知識は増えるが，では，実際に事件をみて何が論点となるかすぐに見抜けるであろうか。そのためには，まず，法理論を「理解」するだけではなく「体得」することが必要であるので，章末にある *Exam* によって知識を確認してほしい。また，民法上の各制度の相互関係は複雑であり，とくに，一見したところまったく別の制度のようにみえるのに機能が類似している場合が曲者である。自分の知識を機能的な観点から再構成して，「どのような場合にどのような条文が使えるのか」を整理しておかないと「使える」法律学にはならない。巻末の *Hybrid Exam* では複数の分野にまたがるような問題を出してあるので，民法全体についての横断的な復習をするのに活用してほしい。

今回も法律文化社の野田三納子氏からさまざまな示唆や励ましを頂いたが，執筆者の「独りよがり」を防ぐためにも編集者の目が必要である。ここに記して感謝したい。本書が，法学部学生や法科大学院の（とくに未修者の）院生の民法学習の有力な手助けとなることを祈る。

2018年3月

滝沢　昌彦

武川　幸嗣

花本　広志

執行　秀幸

岡林　伸幸

目　次

ハイブリッド民法シリーズの刊行にあたって

はしがき

凡　例

著者紹介

序　債権各論を学ぶにあたって ……………………………………… 1

第1章　契約総論 ………………………………………………… 5

1　契約の概念 ……………………………………………………… 5

2　契約の成立 ……………………………………………………… 11

> 1　申込みと承諾(11)　　2　意思実現・事実的契約関係(16)
> 3　懸賞広告(18)　　4　契約締結上の過失(19)

3　契約の効力 ……………………………………………………… 22

> 1　一般的要件(22)　　2　同時履行の抗弁権(23)　　3　危
> 険負担(29)　　4　第三者のためにする契約(31)　　5　契約
> 上の地位の移転(34)

4　契約の解除 ……………………………………………………… 36

> 1　法定解除(36)　　2　約定解除(46)　　3　事情変更の原
> 則(46)　　4　合意解除(48)　　5　解除と類似する制度(48)

5　定型約款 ………………………………………………………… 49

Exam(51)

第2章　契約各論（1）■交換型契約 …………………………… 52

1　売　買 …………………………………………………………… 52

> 1　売買の意義(52)　　2　売買の成立(52)　　3　売買の効
> 力(58)　　4　特殊な売買(1)―特定商取引(85)　　5　特殊な
> 売買(2)―信用販売(88)

2　贈　与 …………………………………………………………… 92

vi 目 次

　　　1　贈与の意義(92)　　2　贈与の成立および拘束力(93)
　　　3　贈与の効力―贈与者の義務(96)　　4　特殊の贈与(97)

　3　**交**　　**換** ………………………………………………………… 100

　　　1　交換の意義(100)　　2　交換の成立・効力(100)

第3章　契約各論(2)　■貸借型契約 …………………………… 101

　1　**消 費 貸 借** …………………………………………………… 101

　　　1　消費貸借の意義(101)　　2　消費貸借の成立(101)
　　　3　消費貸借の効果(103)　　4　準消費貸借(105)

　2　**賃**　　**貸**　　**借** …………………………………………… 107

　　　1　賃貸借の意義(107)　　2　賃貸借の成立(108)　　3　賃
　　　貸借の効力―当事者間の効力(109)　　4　賃貸借の効力―第
　　　三者に対する効力・当事者の変更(123)　　5　特殊な賃貸借
　　　―リース・サブリース(131)

　3　**使 用 貸 借** …………………………………………………… 134

　　　1　使用貸借の意義(134)　　2　使用貸借の成立(134)
　　　3　使用貸借の効力(136)　　4　使用貸借の終了(137)

第4章　契約各論(3)　■労務提供型契約ほか ………………… 140

　1　**雇**　　**用** ……………………………………………………… 140

　2　**請**　　**負** ……………………………………………………… 146

　3　**委**　　**任** ……………………………………………………… 149

　4　**寄**　　**託** ……………………………………………………… 154

　5　**組**　　**合** ……………………………………………………… 158

　6　**終身定期金** …………………………………………………… 163

　7　**和**　　**解** ……………………………………………………… 164

　Exam(166)

第5章　事務管理・不当利得 ………………………………………… 168

　1　**事 務 管 理** …………………………………………………… 168

　　　1　事務管理の意義と法的性質(168)　　2　事務管理の要件
　　　(169)　　3　事務管理の効果(171)　　4　準事務管理(175)

2 不 当 利 得··········177

1 不当利得法総説(177) 2 給付利得(187) 3 特殊な給付利得(196) 4 侵害利得(205) 5 支出利得(213) 6 多数当事者間の不当利得(215)

第6章 不法行為(1) ■一般理論··········226

1 不法行為法で何を学ぶのか··········226

2 一般的不法行為の要件(1)―故意・過失··········229

1 故 意(229) 2 過 失(230)

3 一般的不法行為の要件(2)―権利侵害・法律上保護される利益侵害···233

1 権利侵害・法律上保護される利益侵害(233) 2 違法性判断(234) 3 損害の発生(243) 4 因果関係(244)

4 不法行為の効果··········248

1 損害賠償の方法(248) 2 原状回復(249) 3 損害賠償請求権者(249) 4 損害賠償の範囲(253) 5 損害賠償額の算定(257) 6 差止請求(263)

5 加害者側の反論··········265

1 不法行為の立証責任(265) 2 責任無能力(266) 3 正当防衛・緊急避難等(266) 4 過失相殺・損益相殺(268) 5 損害賠償請求権の消滅(276)

第7章 不法行為(2) ■特殊な不法行為··········279

1 序 論··········279

2 責任無能力者の監督者責任··········279

3 使用者責任··········283

4 土地工作物責任··········295

5 製造物責任··········301

6 動物占有者の責任··········304

7 自動車損害賠償責任··········306

8 共同不法行為··········309

1 意義と類型(309) 2 狭義の共同不法行為の法律要件(309) 3 加害者不明の共同不法行為の法律要件(312)

4 共同不法行為の法律効果(314)　　5 競合的不法行為(314)　*Exam*(319)

Hybrid Exam ………………………………………………………………… 321

参考文献案内 ……………………………………………………………… 323

判 例 索 引 ……………………………………………………………… 327

事 項 索 引 ……………………………………………………………… 333

Topic 目次

1-1 意思実現と意思表示との違い(17)
1-2 同時履行の抗弁権と留置権との関係(27)
1-3 不安の抗弁権(30)
1-4 受領遅滞に基づく解除(40)
2-1 中間的合意と予約(54)
2-2 土壌汚染と契約不適合(71)
4-1 所有権の移転時期(146)
4-2 診療契約(153)
4-3 和解と錯誤(165)
5-1 類型論と箱庭説（法体系投影理論）(179)
5-2 現存利益と規範の保護目的(184)
5-3 705条の存在意義(198)
5-4 所有物返還請求権との関係, 不法原因給付と所有権の帰属(203)
5-5 出費の節約は利得か？(208)
6-1 不法行為法の目的(227)
6-2 医師の過失(232)
6-3 軽過失・重過失(232)
6-4 建物取得者に対する設計者・施工者・工事管理者の不法行為責任(237)
6-5 名誉侵害と表現の自由(239)

6-6 不 当 訴 訟(242)
6-7 医療過誤訴訟における因果関係の立証(247)
6-8 損害賠償者の代位(249)
6-9 被害者の自殺(254)
6-10 包括請求（一括請求）・一律請求(257)
6-11 不法就労している外国人労働者の逸失利益(261)
6-12 別の事故による死亡(261)
6-13 好 意 同 乗(272)
6-14 被害者の素因(272)
6-15 遺族年金と損益相殺(274)
6-16 損益相殺と過失相殺の順序(274)
6-17 継続的不法行為(277)
7-1 責任能力ある未成年者の不法行為と監督義務者の責任(281)
7-2 失火責任法と監督義務者責任(282)
7-3 失火責任法と土地工作物責任(298)
7-4 河川の氾濫による水害(300)
7-5 原子力損害賠償法(302)
7-6 求 償(310)
7-7 過 失 相 殺(316)

▶▶▶Further Lesson 目次

1-1 契約の拘束力（6）

1-2 解除に基づく原状回復義務の法的性質（42）

2-1 不特定物売買における瑕疵担保責任と2017年改正（61）

2-2 契約不適合と帰責事由の意義（66）

2-3 数量超過の場合における代金増額請求の可否（70）

2-4 権利の調達とその法律構成（73）

2-5 法律上の不適合（79）

2-6 売買契約の無効と立替払契約の効力（91）

2-7 抗弁の接続の意義（91）

3-1 使用貸借の認定をめぐる紛争の実態と法的問題点（135）

5-1 知的財産法上の規律と準事務管理（176）

5-2 善意者の不当利得返還義務が現存利益に制限される本来の趣旨（186）

5-3 詐欺取消しと履行上の牽連関係（191）

5-4 詐欺取消しと存続上の牽連関係，解除による原状回復との整合性（193）

5-5 他人物売買の清算と使用利益の返還（195）

5-6 「割当内容」の意義（209）

5-7 189条1項の趣旨と「善意」の意義（212）

5-8 転用物訴権承認の契機（222）

5-9 騙取金銭不当利得の理論構成（224）

6-1 違法性をめぐる議論（235）

6-2 相当因果関係＝民法416条説に対する批判（256）

7-1 取引的不法行為と表見代理（287）

7-2 類型化説の諸相（311）

7-3 共同不法行為の加害者の各使用者間における求償（315）

凡　　例

　本書は，2017（平成29）年成立の「民法の一部を改正する法律」（平成29年法44号）対応版であり，本文中の解説は，施行後を前提にしている（施行は，2020年4月1日とされている。今回の改正については「2017年改正」と表記）。施行後を前提とした解説であるので，2017年改正を通じて変更された（変更が予定されている）民法典の条名（および項数・号数）についてとくに断りはないが，2017年改正によって現行民法典が変更となるものについては，「改正前〇条」と表記した（ただし，「改正前」の状況と対比しながら解説している箇所については，「改正法」と表記した箇所もある）。

【1】　判例の略語（主要なもの）

大　判……大審院判決　　　　　　　　　最大判……最高裁判所大法廷判決
大連判……大審院民事連合部判決　　　　高　判……高等裁判所判決
最　判……最高裁判所小法廷判決　　　　地　判……地方裁判所判決

民　録……大審院民事判決録　　　　　　下民集……下級裁判所民事裁判例集
刑　録……大審院刑事判決録　　　　　　判　時……判例時報
民　集……大審院（最高裁判所）民事判例集　判　タ……判例タイムズ
新　聞……法律新聞　　　　　　　　　　交　民……交通事故民事裁判例集

百選Ⅰ・Ⅱ・Ⅲ……民法判例百選Ⅰ・Ⅱ〔第8版〕，Ⅲ〔第2版〕（別冊ジュリスト）

【2】　法令名の略記

　本文カッコ内での法令条名（および項数・号数）の引用に際して，民法典については，条名のみをかかげ，その他の法令で引用頻度の高いものは，その法令名を，通例慣用されている方法により略記した。

❖ 著 者 紹 介

滝沢 昌彦（たきざわ まさひこ）　　　　　　　　**序，第 1 章，第 4 章 執筆**

略歴　1959年生まれ。一橋大学法学部卒業。現在，一橋大学大学院法学研究科教授。

主要業績
『契約成立プロセスの研究』（有斐閣，2003年）
ユルゲン・バセドウ編『ヨーロッパ統一契約法への道』（法律文化社，2004年，共訳）
『はじめての契約法〔第 2 版〕』（有斐閣，2006年，共著）

武川 幸嗣（むかわ こうじ）　　　　　　　　　**第 2 章，第 3 章 執筆**

略歴　1966年生まれ。1994年慶應義塾大学大学院法学研究科博士後期課程単位取得退学。現在，慶應義塾大学法学部教授。

主要業績
『新訂 民法』（放送大学教育振興会，2017年，共著）
『民法Ⅱ 物権〔第 2 版〕（LEGAL QUEST）』（有斐閣，2017年，共著）
「解除の対第三者効力論（一）（二・完）」法学研究第78巻12号，79巻 1 号（2005年〜2006年）

花本 広志（はなもと ひろし）　　　　　　　　**第 5 章 執筆**

略歴　1961年生まれ。1990年一橋大学大学院法学研究科博士後期課程単位取得退学。現在，獨協大学外国語学部教授。

主要業績
「人格権の財産的側面—パブリシティ価値の保護に関する総論的考察」獨協法学45号（1997年）
「ドイツ法における利益引渡責任」『現代契約法の展開』好美清光先生古稀記念論文集（経済法令研究会，2000年）
「無体財産権侵害における実施料相当額の損害賠償と不当利得—ロルフ・ザック『無体財産権法の体系におけるライセンス・アナロジー』の紹介を中心として」獨協法学54号（2001年）

執行 秀幸（しぎょう ひでゆき）　　　　　　　**第 6 章 執筆**

略歴　1948年生まれ。早稲田大学大学院法学研究科博士課程単位取得退学。現在，中央大学大学院法務研究科教授。

主要業績
『ケースブック要件事実・事実認定〔第 2 版〕』（有斐閣，2005年，共著）
『要件事実論と民法学との対話』（商事法務，2005年，共著）
『基本法コンメンタール／債権各論Ⅱ〔第 4 版新条文対照補訂版〕』（日本評論社，2005年，共著）
『新・民法学 4 債権各論』（成文堂，2006年，共著）

岡林　伸幸（おかばやし　のぶゆき）　　　　　　　　　　　　**第7章 執筆**

略歴　1963年生まれ。同志社大学大学院法学研究科博士後期課程中退，現在，千葉大学大学院社会科学研究院教授。

主要業績　「損害拡大防止義務」『民法学の現在と近未来』（法律文化社，2012年）
「学納金不返還特約と公序良俗」『法律行為論の諸相と展開』高森八四郎先生古稀記念論文集（法律文化社，2013年）
「死因贈与の撤回」千葉大学法学論集30巻1・2号（2015年）

序　債権各論を学ぶにあたって

(1)　**債権各論の意義**　　財産権は，大きくは物権と債権とに分かれる。物権とはたとえば所有権や地上権または抵当権などであるが，これは権利の内容に注目した類型であり，この類型ごとに民法で規律されている（所有権については206条以下，地上権については265条以下，抵当権については369条以下など）。

これに対して，債権については，どういう場合に債権が発生するか（**債権発生原因**）によって4つに分類して規律された。まず，①契約から生じる債権について521条以下が定めており，②事務管理によって生じる債権については697条以下，③不当利得によって生じる債権については703条以下，そして，④不法行為によって生じる債権については709条以下が規律している。そして，これらの債権すべてに通用するべき一般的なルールが399条以下の債権総論であり，これについては第3巻が扱っている。この第4巻は債権の各論であり，ここでは，上記の4種類の債権ごとに民法の条文およびその解釈・運用を勉強する。

(2)　**契　約**　　**契約**とは要するに当事者の合意であり，契約が成立すれば当事者間に権利や義務が生じる。たとえば，売買契約とは「当事者の一方がある財産権を相手方に移転することを約し，相手方がこれに対してその代金を支払うことを約する」契約であるので（▶555条），売買契約が成立すれば，買主は売主に対して（買った物の）所有権を移転するように請求できる権利が生じるし，また，売主は買主に対して代金を支払うように請求できる権利が生じる（555条は「売買契約が成立すれば所有権移転請求権や代金支払請求権が生じる」という表現にはなっていないが，約束した以上「約束を実行してくれ」という権利が発生するのは当然である）。また，賃貸借契約とは「当事者の一方がある物の使用及び収

益を相手方にさせることを約し、相手方がこれに対してその賃料を支払うこと及び引渡しを受けた物を契約が終了したときに返還することを約する」契約であるので（▶601条）、賃借人は賃貸人に対して（借りた物を）使用・収益させるように請求する権利が生じるし、また、賃貸人は賃借人に対して賃料を支払い（契約終了時には）目的物の返還をするよう請求する権利が生じる。

このように、その契約からどのような権利や義務が生じるかに注目して契約は幾つかのタイプ（類型）に分けられ、549条以下では類型ごとに規律されている。そして、すべての契約類型に通用するべき一般論が521条以下の総則であり、契約の成立や解除などが扱われている。以下では、第1章で契約の総則を扱い、第2章から第4章において契約類型別のルールを検討する。

(3) **事務管理**　**事務管理**とは「義務なく他人のために事務の管理」をすることであり（▶697条）、たとえば、意識を失って倒れている人のために医者を呼んでやるような場合が考えられる。誰かが倒れているからといって医者を呼ぶ義務があるわけではないが、もし呼んでやった場合には、本人の利益に適合するようにしなければならず（歯医者を呼んでも意味がない）（▶697条）、その代わり、後から費用などを請求する権利がある（▶702条）。このように、事務管理をした場合にも当事者間にさまざまな権利や義務が生じるのである。

なお、上の例では、倒れている人が意識を失っている点に注意してほしい。動けないが意識を失ってはいない人が「医者を呼んでくれ」と言うのに対して「わかった」と言って医者を呼びにいく場合には委任契約が成立し（▶643条）、その契約に基づく義務の履行として医者を呼ぶのであるから、「義務なく他人のために事務の管理」をする場合にあたらない。本書では、第5章において事務管理を扱う。

(4) **不当利得**　ある利益を受けるだけの法律上の理由がないのに利益を受けた者は、**不当利得**として、受けた利益を返還しなければならない（▶703条）。たとえば、AがBに送金しようとして、間違えて（Bと同姓同名の）B′に送金したような場合が考えられる。間違えて送金したAも不注意ではあるが、しかし、B′には受け取る理由がないのだから、AはB′に対して返還を請求する権利がある。

なお，利益を受けた時には（受け取るだけの）理由があったが，その後その理由がなくなることもありうる。たとえば，売買契約に基づいて代金を受け取った後になって契約が取り消されたり解除されたりしたような場合であり，この場合にも，売主は受け取った代金を返還しなければならない。したがって，これも，理論的には不当利得の一種とされている。ただし，取消しについては120条以下が定めており，また，解除については540条以下の規定があり，703条以下の一般的な不当利得とは区別して特別扱いしなければならない点も多い。不当利得についても，第5章で説明する。

(5) **不法行為**　　**不法行為**とは「故意又は過失によって他人の権利又は法律上保護される利益を侵害」することであり（▶709条），このときには，加害者は，被害者に対して損害を賠償しなければならない。故意とは「わざと（意図的に）」という意味であり，過失とは（意図的ではないが）「不注意で」という意味である（詳しくは第6章で）。たとえば「わき見運転」をしていて他人に怪我をさせた場合を考えるなら，これは意図的な事故ではないが，運転をしているときには前方を注意して見ていなければならないのは当然なので，横を見ていたのはもちろん不注意に相当する。したがって，このときには，被害者は，加害者に対して損害の賠償を請求する権利がある。不法行為については，第6章および第7章で扱う。

(6) **法律行為か否か**　　以上が，民法に規定されている4つの債権発生原因である。このうち契約のみが**法律行為**であり，それ以外のもの（事務管理，不当利得および不法行為）は法律行為ではない点にも注意してほしい。法律行為とは「当事者が意図的に（意思を表示して）権利や義務を発生させる行為」であるところ，契約をした場合には当事者は意図的に権利や義務を生じさせているのではあるが，それ以外の場合には意図的に権利や義務を発生させているのではないからである。

なお，事務管理などにおいても，条文による法的効果と当事者の意図とがたまたま一致することもあり，このときには，当事者が意図的に権利や義務を発生させているようにもみえる。たとえば，前述したように，倒れている人のために医者を呼んでやった場合には後から費用を請求できるところ（▶702条），

医者を呼んでやった者も「費用は後で請求しよう」と思っていたかもしれない（その方が多いであろう）。しかし，この費用償還請求権は702条という条文に基づいて発生するのであるから，費用を請求する意図がなかったとしても（費用償還請求権は）発生する。つまり，意図の有無は，法律的には重要ではない。これに対して，契約は「当人が望んでいるから」権利や義務を発生させる制度であるので，この場合には，法的効果と当事者の意図とがたまたま一致したわけではない。この点で，事務管理や不当利得や不法行為とは違うのである。

第1章　契約総論

序でも述べたように，549条以下では契約類型ごとに条文が設けられている
のに対して，521条以下にはすべての契約類型に共通して適用されるべき規定
が置かれている。しかし，いきなり521条以下を学ぶ前に，契約について一般
的な知識を多少でも有している方が後の勉強にも有用であろう。

1　契約の概念

契約の社会的意義　契約とは複数の者の合意により当事者間に権利や義務
を発生させる制度であり，取引の手段である。売買契
約が典型例であり，古くから商品取引は売買契約によって行われていた。しか
し，近代社会では，それ以外の（＝取引的ではない）活動も一種の「取引」とし
て契約によって行われている。たとえば，商品を生産する労働過程は，中世ま
では親方が徒弟を保護・教育し徒弟は親方に服従する身分関係であったが，近
代社会においては労働者が使用者に労働力を提供して使用者が賃金を支払うと
いう「取引」になっている。土地の利用もかつては身分に結びついており，領
主が領民を保護し領民は領主に服従するという身分関係の一環として領主が領
民に土地を耕作させ年貢を取り立てていたのであるが，近代社会においては，
地主は農民に土地を貸し農民は賃料を払うという「取引」となった。このよう
に生活全般が契約によって行われているのが近代社会の特徴であり，とくに，
上述の例からもわかるように，中世には身分制度によって規律されていた領域
までが契約関係とされるようになった。ある学者は，これを「身分から契約
へ」と表現している。

このような変化の社会的背景としては，中世までは自給自足的な経済体制であったのが近代に入って資本主義が成立して経済的な自由主義が発達してきたことがあるし，さらに，その精神的な背景としては，伝統に縛られた権威主義的な発想からルネサンスの合理主義的思考方法への転換も無視できない。そもそも「契約」という概念自体が比較的新しいものであり，それまでは売買・賃貸借・委任などの個別的な契約は認められていたが，これらを「契約」として一括する発想は希薄であった。すべての契約は「合意」であることに注目し，「人間は自分の意思に従って自由に権利や義務を発生させることができる」という一般論にまで発展させたのはルネサンス以降の合理主義（近代自然法学）だったのである。

契約の分類

契約は，以下のように，さまざまな観点から分類される。契約法の議論の前提とされる基本的な用語なので覚えてほし

Further Lesson 1-1
▶▶▶▶▶ 契約の拘束力

契約は何故当事者を拘束するのか（何故契約を守らなければならないのか）は，一見当然のようで意外と難しい。近代においては，人間は自分の意思にのみ拘束されることを前提にして「契約は各当事者の意思なのだから当事者を拘束する」と説明されている（とりあえず意思理論とよぼう）。今日ではこの考え方が民法の基礎となっているが（能力者制度〔▶5条など〕や意思表示理論〔▶93条以下〕を参照），しかし，伝統的には，たとえば売買契約などは対価を支払う有償の取引であるが故に（約束を守らないと相手方に損害を与えるから）拘束力を有すると考えられてきた（取引理論とよべる）。この考え方では無償契約（贈与など）の拘束力を説明できないが，他方，どの国においても無償契約は有償契約に比べれば拘束力が弱いのも事実であるので（▶550条参照）取引理論にも一理ある（無償契約の拘束力が弱いことは意思理論では説明がつかない）。まったくの私見を述べるなら，意思理論も取引理論も「意思に基づかないときには契約には拘束力はない」とか「無償契約の拘束力は弱い」というマイナスの理論であることに注目すべきと思われる。つまり，契約の（積極的な）拘束力については「社会分業の為には契約が必要だから拘束力がある」位に考えた上で意思理論も取引理論もこれを否定する理論であると捉えるなら，この2つの理論は矛盾しないし，また，これらが「抗弁」であって契約を否定する側に立証責任があることをも上手く説明できるのではなかろうか。

い。

(1) **典型契約**（**有名契約**）・**非典型契約**（**無名契約**）　民法の第3編第2章の第1節は総則であるが（本書の第1章ではこれを扱う），第2節以下では，各節ごとに売買や賃貸借などの契約類型について規定されている（とくに各節の冒頭規定に注目されたい）。簡単に概観しよう。①**贈与**（▶549条以下）とは無償で財産を与える契約である。②**売買**（▶555条以下）は代金を受け取って財産権を移転する契約。③**交換**（▶586条）は物と物との交換（要するに物々交換）。④**消費貸借**（▶587条以下）とは金銭などの貸し借りである。自転車の貸借と金銭の貸借とは異なる。自転車の貸借の場合には借りた自転車そのものを返還するのであるが，金銭の貸借の場合には借りた金銭そのものは消費して，その後に同種同量の金銭を返す。「消費」貸借とよばれる所以である。⑤**使用貸借**（▶593条以下）とは無償で物を貸す契約である。⑥**賃貸借**（▶601条以下）は賃料を受け取って（有償で）物を貸す契約。⑦**雇用**（▶623条以下）は人を雇う契約。⑧**請負**（▶632条以下）はある仕事を完成する契約であり，建築請負契約が典型である。⑨**委任**（▶643条以下）は法律行為などの事務を委託する契約。⑩**寄託**（▶657条以下）は物を預る契約であり，倉庫業などを考えればよい。物を貸すとは借主の為の契約であるが，物を預けるとは預ける側の為の契約である（家が手狭になって保管する場所がないのである）。⑪**組合**（▶667条以下）は共同で事業をする契約。⑫**終身定期金**（▶689条以下）は一生の間定期に（月々いくらというように）金銭を給付する契約。年金のようなものである。⑬**和解**（▶695条以下）とは争いを止める契約である。

　このように，民法は，取引上頻繁に行われる重要な契約についてルールを定めた。民法に規定されているこれら13種類の契約を**典型契約**，または，民法において名前が与えられている契約という意味で**有名契約**という。

　しかし，絶対権である物権の場合には当事者が自由に物権を創設することは認められないが（▶175条），契約は，当事者間の関係にすぎないので相手方との合意によって自由に形成してよい（契約自由の原則，▶521条）。典型契約以外の契約を**非典型契約**とか**無名契約**とかいう。もっとも，実際の取引上の要請の多くは上記の13種類でまかなえるものなので，非典型契約には典型契約を組み

合わせたもの（**混合契約**という）が多い。たとえば，製作物供給契約などがある
（➡147頁参照）。

　歴史的には，古代ローマ法においては売買・賃貸借・委任・組合の4種類の
典型契約のみが認められていた。中世に入って取引が複雑になってくると典型
契約の種類も増えたが，それでも，典型契約に該当しない「裸の合意」（典型
契約は「衣をまとった合意」である）には法的効力は認められなかった。要する
に，社会的に重要なものとして認知された契約類型でなければ法的保護に値し
ないとされていたのであろう。そして，近代になって（前述のように）人間は
自分の意思に従って自由に権利や義務を発生させることができるという思想が
発達して，無名契約にも法的効力が認められるようになったのである。

　(2)　**要物契約・諾成契約**　　587条によれば，消費貸借契約は返還を約束し
て物を「受け取る」ことによって成立する（約束だけでは成立しない）。このよ
うに物を引き渡さなければ成立しない契約を**要物契約**といい（もっとも587条の
2によれば書面でする場合には物の交付は不要である），当事者の合意のみで成立す
る契約を**諾成契約**とよぶ。要物契約が存在することも歴史的経緯による。裸の
合意には法的効力はないとされていた時代においても，合意に基づいて物を受
け取った場合には（返還する旨の）合意に拘束されると考えられたのであろう。

　(3)　**要式契約・不要式契約**　　ある一定の方式（書面の作成など）に従って合
意されなければ法的効力を有しない契約を**要式契約**という。これに対して，方
式を必要とない契約を**不要式契約**という。一般的には**方式の自由**が認められて
おり（▶522条2項），契約の成立には特定の方式を必要としないのが原則であ
る。しかし，保証契約は書面でしなければ効力がないとされ（▶446条2項），
また，550条でも書面が重視されている（ただし550条では書面が法的効力の要件と
されているわけではないので要式契約ではない）。後日のために証拠を残すという
意味がある他に，軽率な口約束をしないように警告する趣旨でもある。外国に
おいても，無償契約については署名・押印が必要とされたり（英米法），一定金
額以上の取引については契約書の作成が要求されたり（フランス法），不動産取
引については公正証書の作成が要求されたり（ドイツ法）することが多い。

　(4)　**双務契約・片務契約**　　たとえば売買契約においては，売主は買主に対

して財産権を移転する義務を負い買主は売主に対して代金を支払う義務を負う
が，各当事者は，相手方が義務を負うからこそ（それに対する「対価」として）
自分も義務を負うのである（555条では「これに対して」と表現されている）。この
ように，両当事者が義務を負い，かつ，双方の義務がお互いに対価となってい
る契約を**双務契約**といい，このときには相手方が義務の履行を提供しないかぎ
り自分の義務の履行を拒否することができるし（▶533条），相手方の義務の履
行が不可能になったときには自分の義務も消滅する（▶536条1項）。典型契約
の中では，売買の他，交換，賃貸借，雇用，請負，組合および和解が双務契約
であり，また，委任，寄託，終身定期金も，有償（これについては後述する）と
されたときには双務契約となる。

　双務契約以外の契約を**片務契約**といい，この場合には原則として当事者の一
方のみが義務を負う。もっとも，義務を負う当事者が費用や損害を相手方に請
求できるものもあるので（▶650条など），当事者の双方が義務を負う双務契約
のようにみえるかもしれないが，これは「後始末」の問題であって双方の義務
が対価的な関係にあるわけではないので双務契約ではない。

　(5)　**有償契約・無償契約**　　対価的な意味のある出捐をするかしないかに
よる区別である。出捐とは経済的な負担という意味であり，金を払う・物を渡
す・何かをするなどの場合がある。有償か無償かという区別は，原則として双
務契約・片務契約という区別と一致する。少なくとも，すべての双務契約は有
償契約である。しかし，たとえば有償の消費貸借（利息付きの金銭消費貸借など）
は要物契約なので貸主が金銭を引き渡した時に契約が成立する——つまり契約
の成立時においては貸主の義務は履行済みであり借主の（返すべき）義務が
残っているのみであるから，有償の片務契約となる。もっとも，前述したよう
に諾成的消費貸借契約も認められており（▶587条2），これなら（有償であると
きは）有償の双務契約となる。双務契約とは債務の対価性に注目した法律的な
表現であり，有償契約とは経済的な対価性に注目した表現であるので，厳密に
は一致しない。

　有償契約においては各当事者の利益はより厚く保護されるべきであり，典型
的な有償契約である売買の規定が準用される（▶559条）。

10　第1章　契約総論

(6) **継続的契約関係**　　一定期間継続する給付を目的とする契約（賃貸借・雇用など）は，一回的給付を目的とする契約（売買など）に比べて特殊であるとされて**継続的契約関係**とか**継続的債権関係**とかいう。その特徴の1つは，解除の遡及効が制限されていることである（▶620条，雇用〔▶630条〕，委任〔▶652条〕および組合〔▶684条〕に準用されている）。一般的には解除には遡及効があると考えられているが（➡41頁），継続的契約関係にまで遡及効を認めると，たとえば賃貸借契約を解除した場合，貸主は契約成立以来受け取った賃料をすべて借主に返還しなければならず，借主は契約成立以来の使用利益を（金銭で）貸主に返還しなければならないことになる。これは煩わしいばかりではなく（相殺すればよいのだが），解除の時までは貸主の賃料受領も借主の使用・収益も適法なものであったことが考慮されていない。そこで解除の遡及効を制限し，解除時までは契約は有効であるとした上で将来に向かってのみ契約の効力を失わせるのである。このような解除を，通常の解除と区別して**解約**（**告知**）とよんでいる。

　継続的契約関係のもう1つの特徴は，一定期間継続する契約であるだけに当事者の信頼関係が重視されることである。したがって，告知が許されるか否かの判断についても，信頼関係が破壊されているか否かが重要な要素となる。

　なお，売買は一回的給付を目的とする契約であると述べたが，ガスや電気の供給契約のように一定期間継続して供給する場合には継続的契約関係に近いので**継続的供給契約**という。また，毎月物を引き渡す場合などは一回的給付を繰り返すわけであるが，このような場合に**回帰的給付**という用語を使うこともある。

(7) **予約・一方の予約・本契約**　　将来一定の契約を締結する旨の合意を**予約**という。これに対して，556条でいう予約の場合には，改めて契約を締結する必要はなく当事者の一方的な意思表示によって契約が成立する。このように一方的な意思表示によって契約を成立させることを予約の「完結」といい，当事者の一方のみが予約完結権をもつ場合を**一方の予約**，当事者双方がもつ場合を**双方の予約**という。予約に基づいて成立する契約のことを「本契約」という。なお「来月発行される雑誌を書店に予約する」という場合はいまだ現物が

存在しないから「予約」という語を使っているだけであり，法律的には普通の売買契約である（買わない自由はない）。

(8) **消費者契約**　消費者と事業者との間には情報量や交渉能力において格差があるために，消費者と事業者との契約はとかく消費者に不利になりがちである。そこで，消費者契約においては特殊な考慮が必要となり，割賦販売法や特定商取引法，さらに消費者契約法などの特別法が適用される。

2　契約の成立

1　申込みと承諾

申込みと承諾　契約とは「合意」すなわち複数当事者の意思の合致である。たとえば，AとBが「Aの土地を代金100万円でBに売却する」旨の契約を締結したときには，Aは「この土地を代金100万円でBに売ろう」と思っており，Bも「あの土地を代金100万円でAから買おう」と考えているのであるから，AとBとの意思は合致している。しかし，内心の意思は外部に表示されなければ相手方にはわからない。そこで，AがBに「この土地を代金100万円で売ろう」と意思表示をし，BもAに「その土地を代金100万円で買おう」と意思表示をすることによって契約は成立する。Aの申出を契約の**申込み**，Bの返事を**承諾**という。契約とは，申込みと承諾という2つの意思表示が合致することによって成立する法律行為である（▶522条1項）。なお，これは表示の内容とは関係ない。BがAに「その土地を100万円で売って欲しい」と申し出てAが返事をすることによって契約が成立することもあるが，このときにはBの側の申出が「申込み」となりAの返事が「承諾」となる。

前述したように，要式行為や要物契約ではこの他に一定の方式や物の引渡しが必要となるが，この場合でも申込みと承諾という意思表示は必要である。

無意識的不合意　なお，これは契約の「成立」の問題であり，成立した契約が有効であるとは限らない。契約は成立すれば原則として法的効果を生じる（当事者間に権利や義務が発生する）が，90条以下の規定

などによって無効とされたり取り消されたりすることはありうるからである。しかし，そもそも契約が成立しない場合（たとえば申込みと承諾とが合致していない場合）には，有効か無効かという問題自体生じない。

また，意思表示が客観的に合致すれば契約は成立するのであり，主観的な合致つまり内心の意思が一致する必要はない（そうでないと95条は無意味となる）。この点につき，「内心の意思が合致しなければ契約は成立しない」と述べた判決（★大判昭和19・6・28民集23巻387頁：百選Ⅰ-18）があり，学説の批判を受けている。しかし，たとえば，XともYとも理解しうる表示について，AはXと理解してBはYと理解して契約を締結したとき，Aに錯誤があったのかBに錯誤があったのか決定しがたい。この判決もそのようなケースであったのなら，Aが悪いともBが悪いとも決められないので「双方痛み分け」という趣旨で契約不成立としたのであろう。このように，当事者は契約が成立したつもりであるが実際には成立していない場合を**無意識的不合意**とよぶ。意思表示が合致していないときには当事者は（合致していないことに）気がつくことが多いので，無意識的不合意となるのは，多様に解釈しうる表示について両当事者の理解が食い違っていた場合であろう。なお，このような場合については，多義的であり内容が確定できない表示として無効となるという考え方もある。

> **申込みの要件：申込みの誘引との区別**

申込みと承諾の内容は一致していなければならず，Aが「120万円で売ろう」と申込みしたのに対してBが「80万円なら買おう」と返事をしても，もちろん契約は成立しない。したがって，契約が成立する場合には，契約内容は申込みの段階ですでに決まっていたはずであり，つまり，申込みとは契約条件についてはっきりと具体的な内容を定めたものでなくてはならない（▶522条1項）。

また，申込みに対して，相手方が承諾すれば直ちに契約が成立する。つまり，申込みをする者は「もう一度考え直すことはしない」という覚悟がなくてはならない。これに関連して問題となるのが，いわゆる求人広告・貸家札等である。これらは契約をするように誘っているので一見したところ契約の申込みのようにみえる。しかし，実際には求人広告や貸家札に応じて応募してきた人の顔を見てから雇うか否か・貸すか否かを決めるのであろうから，求人広告や

第1章 契約総論 | 13

貸家札そのものは，応募さえあれば直ちに契約を成立させるという趣旨ではない。したがって，求人広告や貸家札そのものは申込みではなく，契約の申込みをするように誘っている行為という意味で申込みの誘引とよぶ。しかし，現実にはこの区別は困難である。不特定の多数人に対する申出（カタログによる通信販売など）などは申込みの誘引と解釈すべき場合が多いであろう。一般論としては，物を買う側・借りる側・サービスの提供を受ける側の申出が申込みと思われる。売る側・貸す側・サービスを提供する側には，相手方の顔を見てから決定する自由があるのが普通だからである。（原則として）申込みとは「注文」であると理解してよい。

> **⊞ Case 1-1** Aは，Bに対して「この土地を代金100万円で買わないか。1週間以内に返事が欲しい」旨の意思を表示したが，次の日に，CがAに対して「その土地を150万円で買おう」と申し出てきた。AはBへの申込みを撤回して，その土地をCに売ることが認められるか。

申込みの拘束力① 　申込みと承諾とが合致して初めて契約が成立するのであるから，申込み自体には法的拘束力はなく，相手方が承諾しないかぎり自由に撤回できるのが原則である。しかし，申込者が「1週間以内に返事が欲しい」と**承諾期間**を定めた場合には「1週間は待つ」という趣旨に理解できるので，523条1項は，その間は申込みを撤回することは許されないこととした。したがって，**Case 1-1** でも，Aは，1週間は申込みを撤回することは許されない。Aが（1週間経過しない間に）申込みを撤回して土地をCに売却しても撤回は無効であり，Bが（1週間以内に）承諾をすればAとBとの間で売買契約が成立する（Aは土地を二重に売却したことになり契約違反の責任を負う）。このように，申込みを撤回できないという効力を**申込みの拘束力**という。イギリスなどでは申込みの拘束力は認められていない。「1週間以内に返事が欲しい」と言っても「承諾するなら1週間以内にしろ」という意味にすぎず，「1週間は待つ」と約束したことにはならないのである。

承諾期間内に承諾が（申込者に）到達しないと申込みは失効する（▶523条2項）。その後に承諾をしても，もはや契約は成立しない。

14　第1章　契約総論

期間経過後に到達した承諾　承諾が期間経過後に到達した場合には，申込者は，この承諾を「新たな申込み」とみなすことができる（▶524条）。つまり，これに対して，申込者が改めて承諾をするなら（もちろん承諾しなくともよい）契約が成立する。期間内に到達しなかったものの承諾者も契約を望んでいることは明らかなので，申込者も契約を望むなら，契約を成立させた方が合理的だからである。

申込みの拘束力②　承諾期間を定めないで申込みをしたときには，申込みは相当な期間拘束力を有する（▶525条1項）。「相当な期間」とは，申込みが相手方に到達し，相手方が承諾するか否かを判断し，その（相手方の）承諾が申込者に到達するのに必要な期間である。

　なお，これは，申込みの拘束力がいつまで持続するかを定めているのみであり，いつまで申込みに対して承諾をすることができるのか（申込の「承諾適格」という）については条文はない。しかし，申込者が申込みを撤回しないかぎりいつまでも承諾することができる（承諾すれば契約が成立する）と解釈するのは現実的ではなく，申込みが到達した後相当期間が経過して申込みが拘束力を失ってから，さらに（具体的な事情や慣習などにより定まる）相当な期間が経過した後には申込みは失効すると解するのが妥当であろう。

　また，対話者に対して承諾期間を定めないで申込みをした場合には，対話が継続している間はいつでも撤回することができるし（▶525条2項），対話が終了すれば申込みは失効する（承諾適格がなくなる）（▶同条3項）。なお，対話者に対して，承諾期間を定めて申込みをした場合は前述のとおりである（その期間は撤回することができないし，その期間が経過すれば申込みは失効する〔▶523条〕）。

申込者の死亡・能力喪失　97条3項によれば，意思表示の発信の後に表示者が死亡したり意思能力や行為能力を喪失したりしても意思表示の効力には影響がない。つまり，死亡したときには相続人が受け継ぐし，能力を喪失したときでも意思表示は有効である。しかし，申込みについては例外とされ，申込者が，死亡や能力を喪失したときには申込みが失効する旨の意思を表示した場合，または，相手方が申込者の死亡や能力喪失の事実を知っていた場合には，申込みは効力を有しない（▶526条）。

第1章　契約総論　15

契約の成立時期　契約は，承諾が（申込者に）到達した時に成立する（▶97条1項）。これを**到達主義**といい，ドイツ民法で採用されている。これに対して，承諾を発信した時に契約が成立するのが**発信主義**であり，イギリスでは発信主義がとられている。

2017年の改正前民法では，日本でも発信主義が採用されていた（▶改正前526条1項）。承諾が発信された時点で承諾者が契約を望んでいることが客観的には明らかであり，しかも，申込者はもとより契約を望んでいるのであるから，これ以上契約の成立時期を遅らせることはないという趣旨であったが，他方，郵便が事故によって遅れたり届かなかったりしたときのリスクは申込者が負うことになるという批判もあった。また，前述のようにイギリスでは申込みの拘束力が認められていないところ，到達主義によると，承諾を発信した後でも到達する前なら申込みの撤回が認められることになるが，これは明らかに不合理である。しかし，日本では申込みの拘束力が認められているので，このような（発信後に申込みが撤回されるという）不都合はない。そこで，現代では通信手段も発達しており時間もそれ程かからないという理由もあって，改正前526条1項は廃止されたのである。

しかし，たとえば注文に応じて商品を発送した場合などは商品の発送自体が（黙示の）承諾と考えられるところ，この場合には，商品を発送しただけで（到達する前でも）契約が成立とする解する方がよい。このような場合については，意思実現による契約の成立（▶527条）を認めるべきであろう（後述）。

内容に変更を加えた承諾　まず，**申込みの拒絶**について説明する。申込みを受けた者は（もちろん）拒絶することもできるが，このときには申込みは効力を失う。したがって，一度拒絶した後に（気が変わって）承諾することはできない。

これを前提として，528条は，申込みの内容に変更を加えた承諾，たとえばAが「100万円で買いたい」と申込みをしたのに対してBが「110万円なら売ろう」と述べたときには，申込みを拒絶したことになるとした。他方，これは「110万円なら売ってよい」という趣旨を含んでいるので「新たな申込み」とされ，Aが承諾すれば110万円で契約が成立する。

16 第1章 契約総論

交叉申込み AがBに「100万円で買いたい」と申込みをしたが，これを知らずに（たとえば申込みの到達以前に）BもAに「100万円で売りたい」と申込みをすることを**交叉申込み**という。通説によれば，これでも意思表示は合致しているので契約は成立する。成立時期については，後の方の申込みが到達した時に契約が成立することになる。

　以上のような申込みと承諾の理論は，典型的には，隔地者間における動産売買を念頭に置いているのであろう。しかし，民法はこれを一般化しており，たとえば，両当事者が1枚の契約書に署名する場合においても，契約書において申込みと承諾という2つの意思表示が合致しているとみる。最初の者が署名すれば申込みとなり，次の者が署名することが承諾であると説明されることもあり，いかにも不自然に思われるかもしれない。しかし，法律上の説明のテクニックとして，1枚の契約書でも2つの意思表示が含まれていると理解した上で，それぞれの意思表示について行為能力や錯誤などを問題とすることも許されてよいのではなかろうか。

2　意思実現・事実的契約関係

以上に対して，必ずしも申込みと承諾が合致しなくとも契約が成立するとされることがある。意思実現と事実的契約関係である。

意思実現による契約の成立 527条によれば，申込者の意思表示または慣習により承諾の通知が不要とされるときは，承諾の意思が認められる行為がされれば契約が成立する。例としては，注文に応じて商品を発送する行為，送られてきた商品を使用・消費する行為，また，ホテルが客からの予約に応じて部屋のメイクをする行為などがあげられる。

　なお，注文に応じて商品を発送する行為は（黙示の）意思表示とも解せられるので，527条の問題ではないとする見解もあった。2017年改正前は発信主義を採用していたので（▶改正前526条1項），商品の発送が（黙示の）承諾であると解しても，商品の発送の時に契約が成立する。しかし，前述のように改正により到達主義に変更されたので（➡15頁），商品の発送を（黙示の）承諾であるとすると，改正法の下では，商品が到達しないかぎり契約は成立しないことになるが，これは不都合である。したがって，商品の発送についても527条による契約の成立を認めるべきであるし，また，これが世界的な潮流でもある（国

際物品売買契約に関する国際連合条約〔ウィーン条約〕18条3項参照）。

　なお，ホテルが客からの予約に応じて部屋のメイクをする行為という例は，かつてドイツでよく論じられた例であるが，電話がなかった時代に，旅行者が次の宿泊先を手紙などで予約する場合を考えれば納得しやすいであろう。このような場合にも「申込みと承諾の合致により契約が成立する」という原則に固執するなら，実際に客がホテルに到着してホテル側が「お待ちしていました」と承諾の意思表示をした時に初めて契約が成立するのだから，もし客が（予約したにもかかわらず）来なければ契約は成立しない。そこで，ホテルが客を迎え入れるべく部屋のメイクを始めれば契約が成立し，客の都合でホテルに来なかったとしても代金を請求できるとされたのである。

事実的契約関係　事実から生じる契約関係という意味であり，ある一定の事実があれば意思の合致（合意）などなくとも契約関係を認める理論である。公共の交通機関や有料駐車場を利用した場合，ガス・電

🖉 **Topic 1-1**

意思実現と意思表示との違い

　527条による場合でもホテル側が準備する行為（部屋のメイク等）は必要であり，527条は「承諾の意思表示」とよんでいる。しかし，通知としての意味をもたない行為を「意思表示」というのは適当ではないので（部屋のメイクは客に対して承諾を通知する行為ではない），これを「承諾の意思を現実化する行為」という意味で「意思実現」とよび，意思表示とは区別するのが通説である。

　意思実現は，契約の成立を前提として，①契約の履行をする行為（商品の発送），②契約上の利益を受ける行為（商品の使用），③履行の準備をする行為（部屋のメイク）などである。要するに，契約の成立を前提にして行動を開始したときは，必ずしも申込みと承諾が合致していなくとも契約が成立したものとして代金の請求を認めた方がよいという趣旨の規定である。しかし，商品の発送などは（商品が相手方に届くのであるから）通知としても意味も持ちうる。したがって，従来の通説は，商品の発送は（黙示の）承諾であるとして，意思実現ではないとしていた。2017年の改正前は発信主義がとられていたので，いずれにせよ，商品を発送すれば（到達する前に）契約は成立する。しかし，改正法は到達主義を採用したのであるから，商品の発送にも527条が適用されると解釈しなければ不都合であろう。

気・水の供給を受けた場合などが例とされているが，つまり自由に利用できるようにオープンにしておき（ドイツでは鉄道に改札がない），後で代金を請求する理論である。とくに条文があるわけではないが，日本でも解釈上主張されることもある。

　問題となるのは何かを利用する場合であるから，利用行為を黙示の承諾と解釈することができないわけではない。しかし，この理論を主張する側からは，それでは，利用者が対価を払うつもりはないことを明言している場合（ドイツでは「代金を払うつもりはない」旨明言して有料駐車場に車を停めたという事件があった）や利用者に行為能力がなかった場合に対処できないとされる。また，無断で駐車場を利用した場合には不当利得や不法行為の法理で代金（相当額）を払わせることもできるとする批判もあるが，しかし，代金（相当額）を支払わせるなら駐車場側にもそれなりの注意義務を負わせるべきであるともいえるところ，それなら，契約関係が存在するとして処理する方が簡明ではあろう。しかし，今のところは，この理論は広い支持を受けているわけではない。

3　懸賞広告

懸賞広告　ある行為をした者に報酬を与える旨の広告を**懸賞広告**といい，529条によれば，このような広告をした者は，その行為をした者に報酬を与える義務を負う。迷い犬の発見者に謝礼を払うような場合が考えられよう。

　懸賞広告の法的性質については争いがある。広告を申込みであるとし，それに応じて行為をすることが承諾であると理解するなら，契約であることになる。これに対し，広告に応じた行為をすることが承諾であると理解するのは不自然であると批判する立場からは，広告は申込みではなく，一定の場合に債務を負う旨の一方的な意思表示（単独行為）であることになる。要するに，広告に応じた行為をすることを，承諾という「意思表示」とみることができるか否かの対立である。なお，2017年改正で，広告を知らないで行為をした者，たとえば，広告を知らないで迷い犬を飼い主のところへ連れていった場合でも報酬を請求できることとなった。この点では，単独行為説に有利な改正である。

また，懸賞広告者は，その行為をするべき期間を定めた場合には（その期間は）撤回することができないが（▶529条の2），そうでないときには撤回することもできる（▶529条の3）。広告と同一の方法（たとえば同じ新聞への掲載）によって撤回したときには，撤回を知らない者に対しても（撤回の）効力があるが（▶530条1項），異なる方法（別の新聞への掲載）による撤回は，撤回を知った者についてのみ効力がある（▶同条2項）。また，行為をした者が複数いる場合には，最初に行為をした者のみが報酬を請求できるが，数人が同時にしたときには分割することになる（▶531条）。

優等懸賞広告　広告に応じた行為をした者が複数いる場合には優等な者のみに報酬を与える旨の広告を**優等懸賞広告**といい，期間を限定しないと効力がない（▶532条1項）。ここでの優等とは相対的な優秀さを指すと解釈されているので，広告に応じた者がいるのに誰にも報酬を与えないことは許されない。もっとも，学術論文の募集のように，常識的にある一定水準が要求されるときは例外とされる。優等か否かは（原則として）広告者が判断し（▶同条2項），それに異議を述べることは認められない（▶同条3項）。

4　契約締結上の過失

> **Case 1-2**　Aは，B不動産会社が所有・販売するマンションが気に入り，これを購入するつもりでいる（以下の(1)(2)および(3)は独立した場面である）。
> (1)　BもAに売るそぶりを見せ，Aは，Bの紹介してくれた銀行から購入資金を借り入れた。ところで，その後になって，Bは，おそらく土地の値上がりが予想されたために「やはり売らない」と言い出した。Aは，Bに対して何か請求することができるか。
> (2)　Aは，このマンションが日当たりが良いので気に入ったが，実は，1年後には南隣に高層建築物が建築される予定になっていた。Aは，Bに対して何か請求することができるか。
> (3)　Aは，Bの運転する自動車で現地調査に赴いたが，その際，Bの過失による交通事故で負傷した。Aは，Bに対して何か請求することができるか。

契約締結上の過失　契約は（原則として）申込みと承諾の合致があって初めて成立するが，では，その時まで何の権利も義務も生

20 第1章 契約総論

じないのであろうか？　とくに，当事者の一方が「契約が有効に成立する」と
相手方に誤信させたにもかかわらず，結果的に契約が成立しなかったり無効と
なったりしたために相手方に損害を与えた場合に問題となった。契約は不成立
または無効となったので契約責任は生じないが，しかし，契約が有効に成立す
ると誤信させた側に過失があるときは相手方に生じた損害くらいは賠償させる
べきであろう。これを，契約交渉（契約は未成立）における過失という意味で
「契約締結上の過失」といい，主にドイツで発達した理論であるが，近時の日
本の判例・学説でも認められるようになった。

　この責任が不法行為責任なのか契約責任なのかについては争いがある。両者
の違いは，契約責任は契約当事者間で認められる責任であるが不法行為責任は
まったく他人の間での責任である点であり，したがって，契約責任の方が信頼
関係を前提とするだけに重い責任となる（帰責事由の立証責任や時効など）。契約
締結上の過失の場合には，いまだ契約は成立していないので契約責任は生じな
いが，さりとてまったくの他人でもない。すでに契約交渉に入っており（ある
程度の）信頼関係が生じていると考えられるので，信頼を裏切らないように行
動するべき信義則上の義務（▶1条2項）があり，これに基づく契約責任に準
じた責任であると考えられよう（➡143頁参照）。

契約締結上の過失の効果：信頼利益の賠償責任　上の問題とも関連するが，契約締結上の過失に基づく責任の効果は，契約が成立するであろうと相手方が信頼したことによる損害，たとえば調査費，融資を受け
たので払わざるをえない利息などのいわゆる**信頼利益**の賠償に限られる。これ
に対して契約が履行されていたら相手方が受けていたであろう利益（たとえば
転売利益）を**履行利益**というが，契約締結上の過失の場合には履行利益までは
認められないとするのが一般的な見解である（反対説もある）。契約はいまだ成
立していないからである。

契約締結上の過失の類型　このように契約締結上の過失は，第1には，契約が成立するとの期待を抱かせたが結局成立しなかった場合（**Case
1-2**(1)）を念頭にする理論であるが，それ以外でも，契約締結上の過失が持ち
出されることがある。第2は，契約が成立したが錯誤などにより無効となった

り取り消されたりした場合であり，契約は有効であると相手方に信頼させ，しかも，それにつき過失があるときには損害賠償が認められるべきであろう。日本の民法にはその趣旨の条文はないが，しかし，立法者は，これを否定する趣旨ではなかった。たとえば95条3項によれば錯誤者に重過失があるときには錯誤を主張することができない反面軽過失しかないときには錯誤を主張することができるが，このときには相手方に生じた損害を賠償すべきであり，これは当然なので特別の条文は要らないと考えられたようである。

　第3には，契約は成立し有効であるが，売主がいいかげんな説明をしたために不本意な契約を押し付けられた場合もある。たとえば隣接地に高層建築物が建つことを知りながら，これを隠してマンションを売りつける場合が考えられる（**Case 1-2**(2)）。この場合には96条の適用も考えられるが，虚偽の事実を述べたのならともかく，ある事実を隠しただけで「詐欺」といえるかは微妙であろう。また，消費者契約法4条2項が適用されてマンションの売買契約を取り消すことも考えられるが，同条は「日当たり良好」と宣伝しながら高層建築が立つことを隠した場合が念頭にあり，ただ，隠していた場合には適用されない。しかし，Aに適切な注意を促すことを怠った点につきBに過失があるなら，せめて損害賠償くらいは認められるべきであり，そのために契約締結上の過失理論が援用される。もっとも，この場合には「契約が成立し有効である」ことへの期待の保護が問題なのではなく，「契約内容」への期待の保護が問題となっている。この意味で，債務不履行責任に接近しているともいえる。

　第4に，契約交渉過程において相手方の身体・財産に損害を与えた場合にも，契約締結上の過失が問題とされることがある（**Case 1-2**(3)）。しかし，この場合は，契約成立への相手方の期待の保護とは関係ない。相手方の身体・財産が保護されるべきことは当然であるが契約交渉過程に限ったことではないので，一般の不法行為責任を問題にすれば足りる。しかし，実際には，このようなケースも契約締結上の過失の問題として論じられることがある。

22 第1章 契約総論

3 契約の効力

1 一般的要件

効力の意義 **2**では契約の「成立」について述べたが，本節では契約の「効力」について論じる。「効力」という場合には，2つの問題がある。第1には，契約がそもそも法的効力を有するか否か（＝有効か無効か）の問題である。第2は，（契約が有効であるとして）契約からどのような権利や義務が生じるのかという問題であり，契約の内容の問題といってもよい。契約とは当事者の合意であるからもちろん当事者の「意思」に従って効力が生じるが，しかし，「法律」により契約の内容が定まることもある。任意法規（▶573条など）は当事者の意思が不明であるときに契約を補充する役割を果たすし，強行法規（▶550条など）は当事者の意思にかかわりなく適用される。

契約の有効性 まずは，上記の第1の問題から始めよう。契約は，成立すれば原則として有効であるが，一定の場合には無効とされたり取り消されたりする。もっとも，これは契約に固有の問題ではなく，すべての法律行為にあてはまる一般論（➡第1巻 民法総則参照）がほとんどそのまま適用されるので，とくに注意すべき点のみ述べる。

契約が無効とされたり取り消されたりするのは，おもに，①当事者に意思能力がなかったり行為能力が制限されていた場合，②契約内容が公序良俗に反したり，錯誤や詐欺等により契約が成立した場合，③無権代理であった場合である（もっとも，無権代理の場合には法的効果が本人に帰属しないだけであって契約そのものに問題があるわけではないので，特殊な「無効」であるとされる）。

そして——上記②の問題の一環でもあるが——契約の目的が，確定できるものであり，適法かつ妥当でなければならない（▶90条）とされる。

まず，目的を確定できない契約は，法律的に強制することができないので無効と解されている。ただし，たとえば売買契約は目的物の所有権を移転する合意と代金を支払う合意とでできているところ（▶555条），目的物が特定できないために合意の内容が確定できないときには，目的物の所有権を移転する合意

のみが無効となって代金を支払う債務のみが生じるのではなく，契約が全体として無効となる。双務契約の場合にはそれぞれの債務はお互いに対価となっているのだから，目的物の所有権を移転する債務が生じないときには代金支払債務も生じないと解する方が当事者の意思に合うからである。このように，双務契約における双方の債務は密接な関係にあり，これを**（対価的）牽連関係**という。そして，上の例のように，片方の債務が発生しないときにもう一方の債務も発生しないことを「成立上の」牽連関係という（後述するが，この他に「履行上の」牽連関係や「存続上の」牽連関係もある）。

　さらに，契約の目的は強行法規に反するものであってはならず，社会的にも妥当なものでなくてはならない（▶90条）。

　なお，かつては，目的が可能でない契約も強制できないので無効であると解されていた。たとえば，家屋の売買契約を締結したが，その家屋はすでに焼失していた場合であり，このように，契約成立時にすでに不能であった場合を「**原始的不能**」とよぶ。しかし，2017年改正によって，契約が原始的に不能であっても損害賠償の請求はできることになった（▶412条の2第2項）。

　なお，契約成立後に不能となった場合（**後発的不能**）にも目的物の所有権を移転する債務は消滅するが，契約そのものは有効である。そして，不能となったことにつき債務者に責任があるときには債務不履行の問題とされ，責任がないときには債務が消滅する。このとき（責任がないとき）には，それでも（＝目的物の所有権を移転する債務が消滅しても）売主は代金を請求できるのかという問題（危険負担の問題という）が生じるが，これについては後述する（存続上の牽連関係の問題である）。

2　同時履行の抗弁権

❖ Case 1-3　Aは，その所有する不動産をBに売却する旨の契約を締結した。
(1)　Bは，突然にAに対して不動産の登記を移転するように請求してきた。Aとしては，どのような反論をすることができるか。
(2)　AとBとは，5月1日に司法書士の事務所で落ち合い，BがAに代金を支払い，両者で登記手続を（司法書士に）依頼することとした。ところが，Bは，

24　第1章　契約総論

> 　5月1日には来なかったので，Aは，7月1日に，代金を支払うよう請求する
> 　訴訟を提起した。Bとしては，どのような反論をすることができるか。
> (3)　AとBとは，5月1日に司法書士の事務所で落ち合い，BがAに代金を支払
> 　い，両者で登記手続を（司法書士に）依頼することとした。ところが，Bは，
> 　5月1日には来なかったので，Aは，7月1日に，契約を解除する旨の意思表
> 　示をした。Bとしては，どのような反論をすることができるか。

同時履行の抗弁権　　たとえば売買契約において，買主が代金を支払わない
でいきなり目的物を請求してきたときは（**Case
1-3**(1)），売主は，買主が代金を提供（▶493条）するまでは目的物の引渡しを拒
むことができる（▶533条）。自分の方ばかり先に引き渡すと，万一買主が倒産
した場合などに代金を貰えない危険があるからである。これを**同時履行の抗弁
権**という。双務契約においては双方の債務に対価的な牽連関係が認められてい
るからであるが，前述の「成立上の牽連関係」で問題となっていたのは「一方
の債務が発生しないときにはもう一方の債務も生じない」という意味での牽連
性であったのに対して，ここで問題になっているのは「一方の債務が履行され
ないときはもう一方の債務も履行しなくてよい」という意味での牽連関係であ
り，これを「履行上の牽連関係」という。

**同時履行の
抗弁権の要件**　　(1)　**同一の双務契約から生じる債務であること**　　同時履
行の抗弁権は，双務契約における双方の債務の対価的牽連
関係から生じるのであるから，そのような関係にない債務の間では同時履行の
抗弁権は生じない。たとえば，売買契約を2回（1月と5月に）締結したとし
ても，1月にした売買契約での商品の引渡しがないことを理由に5月にした売
買契約での代金の支払いを拒むことはできない。

　同一の双務契約から生じた債権であれば，片方の債権が譲渡されても（▶
466条）同時履行の抗弁権は消滅しない。たとえば，AがBに物を売った後に
代金債権をCに譲渡したとき，Cからの代金支払請求に対し，Bは，Aからの
商品の提供があるまでは代金の支払いを拒むことができる。AがCに債権譲渡
をしたためにBの同時履行の抗弁権が消滅しては，Bに気の毒だからである。
債務引受，準消費貸借（▶588条），転付命令（▶民執159条）でも同様である。

これに対して，更改（▶513条）によって当事者が交代するときは同時履行の抗弁権は消滅すると解釈されている。更改とは債務の「要素」を変更する契約であり（▶513条），これによって債務の「同一性」が失われるからである（そもそも更改とは抗弁権や担保を振り落とす制度である）。

(2) **相手方の債務が弁済期にあること（▶533条後段）**　相手方は弁済期が到来するまでは履行する義務はないので，その時までは（相手方の）債務の履行の提供がないからといって自分の債務の履行を拒むことができないのは当然である。このように，双務契約において双方の債務の弁済期をずらせて合意する場合には，先に履行をするべき義務（「先履行義務」）を負う者が同時履行の抗弁権を放棄することになる。相手方の債務の弁済期が確定した期限で定められている場合もあろうし，当事者の一方がまず履行をしてから相手方が履行をすべき旨定められている場合もあろう（「商品到着後1週間以内に代金を送金する」など）。

　このようなときでも，相手方の債務の弁済期が到来すれば同時履行の抗弁権は発生する。たとえば，売主が9月末に商品を引き渡し買主が10月末に代金を支払うべき場合に，9月末に買主が商品の引渡しを請求したのに売主が応じないまま（この段階では同時履行の抗弁権はない）10月末になれば，売主には同時履行の抗弁権が発生する。売主の「ゴネ得」のようにもみえるが，さりとて，代金債務もすでに弁済期が到来している以上は売主だけが先に履行する危険を負うのも気の毒だからである。

(3) **相手方が自己の債務の履行や提供をしないこと**　同時履行の抗弁権は相手方の提供があるまで自分の債務の履行を拒むことができる権利なのであるから，この要件は当然である。相手方が一部のみの履行・提供をした場合には，①給付が可分であるときは，相手方の未履行・未提供の部分に相当する部分の（自分の債務の）履行を拒絶できるし，②給付が不可分であるときは，未履行・未提供の部分が重大であるか否かによる（重大であるなら自分の債務の履行を拒絶できるが，重大でないなら拒絶できない）。

　相手方が提供をすれば同時履行の抗弁権は消滅するが，このとき，相手方が提供を継続しなければ同時履行の抗弁権が再び生じるのかが問題になる。たと

えば，売主が債務を提供したのに買主が受領しなかったとき，その後売主が代金の支払いを請求するためには再び提供しなければならないのか（**Case 1-3**(2)）。後述するように，同時履行の抗弁権には2つの効果がある。1つは，相手方が提供しないかぎり自分も履行を強制されないという効果であり，もう1つは（履行を強制されないのであるから）履行をしなくとも債務不履行責任（契約の解除や損害賠償）を負わないという効果である。前者に関しては，一度提供されたのに受領しなかったのは買主の落ち度であるとはいえ，売主の債務の提供がないのに代金の支払いを強制されるのは公平ではない。したがって，再度の提供が必要であろう。しかし，逆に，それ（代金請求）以外の場合には（＝解除や損害賠償をするだけなら）その都度提供する必要はないであろう（**Case 1-3**(3)）。

| 同時履行の 抗弁権の効果 |

(1) **履行を強制されない**　　たとえば，売主が商品の提供をしないで代金の支払いを求めて訴訟を提起したときは，買主は，同時履行の抗弁権を行使すれば支払いを拒否できる。しかし，買主勝訴の判決が出るのではなく，「買主は，売主による商品の引渡しと引換えに，代金を支払え」という**引換給付判決**がされる。この判決は，売主が自分の債務を履行または提供したことを証明しなければ執行できない（▶民執31条）。なお，買主が同時履行の抗弁権を行使しなければ売主勝訴の判決がされる。これは買主の権利であり，行使するか否かは買主の自由だからである。

(2) **債務不履行責任が生じない**（＝契約を解除されたり損害賠償を請求されたりしない）　　履行を強制されないのであるから，履行をしなくても債務不履行責任を負わない。逆に言えば，相手方に対して契約解除をしたり損害賠償を請求したりするには，自分の債務の履行を提供しなければならない（ただし提供を継続する必要がないことは前述のとおり）。この場合でも同時履行の抗弁権を行使しなければ債務不履行責任は生じるのであり，行使されて初めて債務不履行責任が遡及的に消滅するという理解もあった。しかし，通説は，同時履行の抗弁権を行使する可能性があるなら履行を強制されないのであるから，同時履行の抗弁権が存在するだけで債務不履行責任を負わないと解釈している。

したがって，たとえば，買主が売主に商品の引渡しを請求する際には，（と

第1章 契約総論 27

りあえずは）代金を提供する必要はないが，売主が同時履行の抗弁権を行使するなら代金の提供が必要であり，しかも提供を継続する必要がある。これに対して，買主が契約を解除したり損害賠償請求したりするなら，つねに（売主が同時履行の請求権を行使しなくとも）代金の提供が必要であり，その代わり一度提供すれば継続する必要はない。商品の引渡しは契約が本来予定していた効果であるからいつでも請求でき，その代わり，商品と代金とは対価的関係にあるので商品の引渡しの請求には代金の提供の継続が必要であるが，解除や損害賠償は売主の責任を追及する制度であるからつねに代金の提供が必要であり，その代わり，代金との対価的関係はないので一度責任が発生すれば提供の継続は不要なのである。これを，同時履行の抗弁権の「存在の効果」という（これに対する語は「行使の効果」である）。

✎ Topic 1-2
同時履行の抗弁権と留置権との関係

　同時履行の抗弁権があるので，双務契約における双方の債務はお互いに担保しあう関係にある。たとえば，売主は，代金債権を担保するために目的物を手元にとどめていることになり，この点で，同時履行の抗弁権は留置権（▶295条。たとえば，時計の修理を頼まれた修理屋は，修理代金を払ってもらうまでは時計を返す必要はない）に似ている。しかし，以下のような違いがある。①同時履行の抗弁権は，双務契約において認められる効果であるが，留置権は，物を占有していることから生じる効果であり，債権と物の返還義務との間に対価的牽連関係は不要である（たとえば費用償還請求権〔▶196条〕により留置権が生じるが，費用の請求権と返還請求権との間には対価としての関係はない）。②留置権は物権なので第三者に対しても主張できるが，同時履行の抗弁権は第三者に対しては主張できない（前述したように債権の譲受人には主張できるが，これは当事者の地位を受け継いでいるのだから「第三者」ではない）。③留置権は物の占有者の権利であり，その内容は物の返還の拒絶であるが，同時履行の抗弁権はより広く，サービスを提供する契約においても，報酬を提供されるまではサービスの提供を拒絶できる。④留置権は担保の提供により消滅するが（▶301条），同時履行の抗弁権ではそのような規定はない。⑤同時履行の抗弁権では（前述したように）割合的に権利を行使することがありえるが，留置権には不可分性（▶296条）がある。⑥留置権者には競売申立権があるが（▶民執195条），同時履行の抗弁権の場合にはない。

(3) **相殺（▶505条）の無効**　売主が買主に対して別口の債務を負担している場合に，売主が，商品を提供しないで相殺しても無効である。買主の同時履行の抗弁権を一方的に奪うこととなるからである（これも抗弁権の存在の効果である）。したがって，買主の方から相殺することは差し支えない。

> **同時履行の抗弁権の適用範囲**　同時履行の抗弁権は，元来は1つの双務契約から生じる2つの債務について認められるものであるが，必ず

しも1つの双務契約から生じた場合でなくとも，当事者の公平を図るために同時履行の関係が認められることがある。

(1) **法律によって533条が準用されている場合**　解除による原状回復義務（▶546条）や仮登記担保法による清算金の支払い（▶仮登記担保3条2項）などについて533条が準用されている。

(2) **契約が無効だったり取り消されたりした場合の清算**　取消しによる原状回復義務について，最判昭和47・9・7民集26巻7号1327頁は，同時履行の関係にあるとした（➡後述190頁）。

(3) **弁済関連事務**　債務者は弁済の際には受取証書を要求する権利があるが（▶486条），これと弁済とは同時履行の関係にある。また，債務者は弁済の際には債権証書の返還を求める権利もあるが（▶487条），しかし，これについては同時履行の関係は認められない。受取証書は弁済をした旨の証明に必要であるが，逆にいえば，受取証書さえ受領できれば，債権証書が債権者の手元に残っていても（二重に請求される）危険はないからである。なお，この場合には，同時履行の抗弁権の存在の効果（前述）は認められないので，たとえば，債権者が請求した場合には債務者は（受取証書との）同時履行の抗弁権を行使しなければ債務不履行責任を免れない。

(4) **借地借家関係の終了**　借地契約が更新されないときは，賃借人は借地借家法13条により建物の買取を請求できる。建物買取請求権とよぶが，賃借人の一方的な意思表示によって売買と同様の効果が生じる形成権である。このとき，建物の登記・引渡しと建物の代金の支払いが同時履行の関係に立つことは当然であるが，さらに，建物の敷地の引渡しと建物の代金の支払いも同時履行の関係に立つ（★最判昭和35・9・20民集14巻11号2227頁，ただし賃料相当額を支払

わなければならない）。これに対し，借家における造作買取請求権（▶借地借家33条）については，造作の引渡しと代金の支払いは同時履行の関係に立つが，建物の引渡しと造作代金の支払いは同時履行の関係にはないとされた（★最判昭和29・7・22民集8巻7号1425頁）。

立退料と土地・建物の明渡しは同時履行の関係にあるとされる。対価としての関係があるからである。これに対して，敷金の返還と土地・建物の明渡しは同時履行の関係にはないとされた（★最判昭和48・2・2民集27巻1号80頁：百選Ⅱ-61〔第7版〕）。

3　危　険　負　担

債務の履行が不可能となった場合，不能となったことについて債務者の責めに帰すべき事由があるなら債権者は損害賠償を請求することができるが（▶415条1項），債務者に責任がなければ，債務は単に消滅する。双務契約の債務の一方がこのようにして消滅したとき，他方の債務はどうなるのか？　これが危険負担の問題であり，当事者に責任がない事由によって履行が不可能となったことの危険（リスク）を，どちらが負担するのかという形で解決される。

> ■ **Case 1-4**　(1)　Aは，Bの工場で働く契約をしたが，何者かの放火により工場が焼失して働くことは不可能となった。Aは，Bに報酬を請求することができるか。
> (2)　Aは，Bの工場で働く契約をしたが，交通機関のゼネストのためにAは出勤することが不可能となった。Aは，Bに報酬を請求することができるか。

危険負担の概観：
債務者主義と債権者主義

536条1項によれば，いずれの当事者にも責任がない事由によって債務の履行が不可能となったときは，債権者は反対給付の履行を拒むことができる。上記の例（**Case 1-4**(1)）で言えば「債権者」とは働くことを要求することができる側（つまり雇主であるB）であり，Bは報酬の支払いを拒否することができる。結局，履行が不可能になったことのリスクは債務者（A）が負うことになるので，これを債務者主義とよぶ。双務契約における両債務の対価的牽連性からは当然であり，「存続上の牽連関係」という。なお，後述するように，履行が不能となったときには

30　第1章　契約総論

契約を解除することもできるが（➡39頁），解除をしなくとも，反対給付の履行
を拒むことができるのである。

　なお，2017年改正以前には，特定物に関する物権の設定または移転を目的と
する双務契約において，その物が，債務者の責に帰すことができない事由に
よって滅失・損傷したときには債権者がリスクを負担することとされていた
（債権者主義）。たとえば別荘の売買において，引渡前に別荘が何者かの放火に
よって焼失したときでも買主は約定の代金を支払わなければならないのである
が（▶改正前534条1項），不合理であるとする批判が強く改正前534条は廃止さ
れ，売買における危険の移転時期に関する567条が新設された（➡61頁）。この
他，賃貸借に関する611条や616条の2，雇用に関する624条の2，請負に関す
る634条（648条の2により委任にも準用される）などにも注意。

> **債務者主義の制限（領域説）**

　もっとも，たとえば労働契約などに536条1項が適用され
ると，当事者のどちらにも責任のない事由によって労働が
不可能となったときには報酬は請求できないことになる。そこで，これでは労
働者に気の毒であるという立場から，履行が不可能となったことについてどち
らに責任があるかではなく，どちらの領域の事情により履行が不可能となった
のかで決めようとする「領域説」が主張されることもある。この考え方による
なら，たとえば第三者の放火により工場が焼失した場合には（**Case 1-4**(1)），こ
れは使用者側の事情なのであるから（労働者は働くつもりで工場の入り口まで来て
いる），労働者は報酬を請求できることになる。しかし，この考え方によって

✐ Topic 1-3

不安の抗弁権

　当事者の一方が先履行義務を負うときには同時履行の抗弁権はないが，
しかし，契約締結後に相手方の信用状態が悪化したようなときに，それで
も当初の契約どおり（先履行義務者が先に）履行すべきことを要求するの
は酷となることもある。したがって，条文にはないが，このような場合に
は先履行義務者に（同時履行の抗弁権に似た）拒絶権が認められるべきと
され，これを不安の抗弁権という。ただし，同時履行の抗弁権とは異な
り，相手方が，確実に債務を履行するという趣旨で担保の提供等の措置を
講じたときには，不安の抗弁権は消滅すると解されている。

第1章 契約総論　31

も，たとえば交通機関のゼネスト（**Case 1-4**(2)）などは使用者の領域の事情とはいえないので（労働者は工場の入り口まで来ることすらできない），このときには報酬を請求することはできない。

債権者の責に帰すことができる事由による不能　履行が不可能となったことについて債権者に責任があるときには反対給付を請求することができるが（▶536条2項），これは当然であろう。具体例としては，別荘の売買において買主が下見をした際の火の不始末によって別荘が焼失した場合，請負において注文者が（請負人とは別の）第三者に完成させた場合の他，使用者が労働者の出勤を拒否した場合などがある。債権者が受領遅滞に陥っている間に双方の責に帰すことができない事由によって不能となった場合も同様である（▶413条の2第2項）。

　しかし，債務者は債務を免れることによって得た利益を返還しなければならない（▶536条2項後段）。たとえば目的物の保管費用や運賃は債務者が負担するとされていたような場合には，目的物が滅失すれば債務者は費用を負担しないで済んだことになるので，この分は債権者に償還すべきである。

　また，債権者は，目的物の滅失・損傷によって債務者が利益を得たときには，これを請求できると解釈されている（代償請求）。加害者に対する損害賠償請求権や保険金請求権等である（これらは「債務を免れることによって得た利益」ではないので前述した利得償還の問題ではない）。

　これら（利得償還や代償請求）は，債権者に反対給付を請求できることの裏面とも言える。そうでないと，債務者は儲かってしまうであろう。

4　第三者のためにする契約

第三者のためにする契約　たとえば，AとBとの間で，AがBに物を売り，代金はBがCに支払う旨約束したときには，AがBに対して「Cに代金を支払え」と請求できるだけではなく，C自身もBに対して代金を請求できる（▶537条1項）。ただし，第三者（C）が利益を受ける旨の意思表示（**受益の意思表示**）をすることが必要である（▶同条3項）。これを**第三者のためにする契約**という。具体的には，AとBとが保険契約を締結して「Aが死亡すれば

Ｃが保険金を取得する」と合意した場合（生命保険）とか，ＡがＢに財産を譲渡して「利息などの利益をＡの息子Ｃに渡す」旨約束した場合（信託）などがある。このとき，第三者に利益を与える旨約束したＢを**諾約者（約束者）**，Ａを**要約者（受約者）**，Ｃを**受益者**という。

　ただし，ＡがＢデパートで御中元を買って友人Ｃ宅へ配達してもらうような契約は，第三者のためにする契約とはいわない。Ｃへ配達することはＡに対する義務ではあるが，ＣがＢに対して「配達しろ」という権利を取得するわけではないからである。また，ＡがＢの代理人としてＣと契約をしたわけでもなく，あくまでもＡとＢとの取引である。そして，売買・賃貸借等の類型と並んで，第三者のための契約という独立の契約類型であるわけでもない。売買などの変形なのである。

出捐の原因関係　ある法律関係の原因となった人間関係を**原因関係**という。第三者のためにする契約の場合，なぜＢはＣに債務を負担するのか？　上記の例ではＡがＢに売ったからであり，ＡとＢとの関係を，ＢがＣに対して債務を負担した分をＡが補うという意味で**補償関係**という。補償関係は第三者のためにする契約の内容をなし，これに瑕疵があれば契約の効力に影響を及ぼす。

　では，なぜＡは，ＣのためにＢと契約を結ぶのであろうか（なぜＡが売った物の代金をＣへ支払うのであろうか）？　ＡがＣに贈与する趣旨であるかもしれないし，あるいは，ＡがＣに借金があるので返済のために家をＢに売ったのかもしれない。このように補償関係の背後にあるＡとＣとの関係を，ＡがＣのためにＢと契約を締結することの対価であるという意味で**対価関係**という。対価関係はそのときの事情に応じてさまざまなので，このような「背後の事情」は第三者のための契約の内容ではなく，これに瑕疵があっても契約の効力に影響を及ぼさない。対価関係がなかった場合（たとえば，ＡがＣに借金があるので返済のためにＢに家を売ったところ，この借金は実は返済済みであったのにＡが勘違いをしていたような場合）には，Ｃが得た利益は不当利得としてＡに返還するべきであるが，これは第三者のためにする契約自体の効力には関係ない。

第 1 章 契約総論 33

要　件

(1) **要約者と諾約者間での有効な契約の成立**　これが，第三者のためにする契約の「本体」であるから，AとBとの間で契約が成立して，かつ，有効でなければならない。したがって，この契約が（能力の制限や意思の不存在などにより）無効とされたり取り消されたりするときには，Cの権利も発生しない。

逆に，Cは契約当事者ではないので，Cの側の事情は契約の効力には関係ない。ただ，CがAやBを騙して契約を締結されたときに，これを第三者による詐欺として扱ってよいかには問題がある。第三者による詐欺の場合には契約の相手方がこれを知らないと契約を取り消すことができないが（▶96条2項），これではCに不当な利益を認めることになりかねないからである。しかし，AまたはBが取り消すと相手方（BまたはA）は契約から生じる権利を奪われることになる。したがって，やはり96条2項を適用して，相手方も悪意であったときのみ取消しを許すべきであるとされる。なお，第三者保護の規定（▶94条2項など）に関しては，Cは第三者としては扱われない。

(2) **第三者に直接権利を取得させる趣旨の契約であること**（▶537条）　537条1項の文言だけを読むと，「第三者に対してある給付をする」ことを約束すれば（つねに）第三者のためにする契約となり第三者が直接権利を取得するかのようであるが，第三者に対して給付をする旨約束しても第三者が直接権利を取得する趣旨ではないこともありえる。

法律の条文によって第三者が直接権利を取得することとされている例もある（▶商647条や675条，信託7条など）が，条文がないときには，契約の解釈によって決めるしかない。第三者名義の預金や振込などは，第三者のためにする契約とはされないことが多い。電子送金（振込とは異なり受取人が銀行口座を有することを前提としない）について，第三者のためにする契約ではないとした例がある（★最判昭和43・12・5民集22巻13号2876頁）。

受益の意思表示

前述のように，第三者は，受益の意思表示をした時に権利を取得する（▶537条3項）。これが必要とされたのは，第三者自身が知りもしないうちに権利を取得するのは妥当ではないからである。しかし，これは第三者が権利を取得するための要件であり，これがなくと

34 第1章 契約総論

も，第三者のためにする契約自体は有効に成立している。

　一方的な意思表示で権利が発生するので，これは形成権である。一身専属権
（他の者が行使することができない権利）であるか否かが問題となるが，一般論と
しては，普通の権利と異なって扱うべき理由はない。時効については，第三者
に給付すべき旨を要求する要約者の権利と運命をともにするとされた判決があ
る（★大判大正6・2・14民録23輯152頁）。要約者の権利は普通の債権なので，契
約成立後5年または10年で時効消滅することになる（▶166条1項）。

　受益の意思表示があるまでは要約者と諾約者との間の合意で任意に第三者の
権利を変更または消滅させることができるが，受益の意思表示とともに第三者
は確定的に権利を取得するので，もはや要約者・諾約者はこれを変更・消滅さ
せることはできない（▶538条1項）。なお，前述したように，要約者と諾約者
との契約が能力の制限や詐欺等の理由により取り消すことができるときには，
受益の意思表示の後でも取り消すことができると解釈すべきであろう。解除に
ついては，諾約者の債務不履行に基づいて要約者が解除する場合には第三者の
承諾が必要であるが（▶同条2項），要約者の債務不履行を理由に諾約者が解除
することは認められる（▶539条），

抗弁権　要約者と諾約者との間の契約に基づく抗弁（同時履行の抗弁や契
約の無効・取消しや解除など）は，前述したように，第三者に対
しても主張できる（▶539条）。このときには，第三者には第三者保護規定（▶
94条2項・96条3項や545条1項ただし書）は適用されない。「契約を信頼して取引
をした」という意味での第三者ではないからである。なお，第三者は当事者で
はないので，第三者が（要約者と諾約者との間の契約の）無効，取消しや解除を
主張することはできない。

5　契約上の地位の移転

契約上の地位の移転　たとえば，売主Aと買主Bとが売買契約を締結して
いたところ，売主Aが売主としての地位をCに譲渡
する旨を（AとCとで）合意した場合には，買主Bがこれ（その譲渡）を承諾す
れば，売主としての地位はCに移転する（▶539条の2）。つまり，CとBとの

間で（Cを売主，Bを買主とする）売買契約が成立している状態になり，BはC
に対して目的物の引渡しを請求し，CがBに対して代金を請求することにな
る。また，たとえば行為能力の制限等の理由による取消権や解除権をAが有し
ていた場合には，これらもCに移転する。

　したがって，代金債権だけを（契約とは切り離して）譲渡する「債権譲渡」
（▶466条以下）とは異なる。この場合（代金債権だけをCに譲渡した場合）にもC
がBに対して代金を請求することになるが，Bは，Aに対して目的物の引渡し
を請求することになる。また，Aの取消権や解除権は（Cに）移転しないの
で，Aは（Bからの請求に対して）これら（取消権や解除権）を主張することがで
きる。

契約上の地位の移転の要件　　AのBに対する代金債権をCに譲渡する場合にはAとC
との合意で足り，Bへの通知またはBの承諾は，債権が
譲渡されたことをBに対抗するための対抗要件にすぎない（▶467条1項）。し
かし，Aが売主としての地位をCに譲渡する場合には，Aが（Bに対して）目
的物を引き渡すべき債務をCが負うことになり，Aはもはや（Bとの）契約関
係から離脱する（目的物を引き渡すべき債務も負わない）ので（免責的債務引受であ
る），Bの利害関係は大きく，したがって，契約上の地位の移転にはBの承諾
が必要とされるのである。

　もっとも，Aが不動産をBに賃貸しており，かつ，Bの賃借権が対抗要件を
備えていた場合に，Aがその不動産をCに譲渡したときには，とくにBが承諾
しなくとも，賃貸人としての地位はAからCに移転する（▶605条の2第1項，
ただし同条2項による例外にも注意）。また，Bの賃借権が対抗要件を備えていな
くとも，AとCとの合意のみで（Bの承諾がなくとも）賃貸人としての地位をA
からCに移転することができる（▶605条の3）。だれが賃貸人であっても，B
に利害関係はあまりないからである。なお，このように，契約上の地位の譲渡
は，物が譲渡されたときに，その物に関する法律関係まで移転するか否かとい
う形で問題となることが多い。

　また，ゴルフクラブの会員権の譲渡（これも一種の契約上の地位の譲渡である）
に関する事件であるが，これ（会員権の譲渡）を第三者に対して対抗するに

36 第1章 契約総論

は，指名債権の譲渡（▶467条2項）に準じて，確定日付のある証書による（ゴルフ場経営者への）通知または（ゴルフ場経営者の）承諾が必要であるとされた判決がある（★最判平成8・7・12民集50巻7号1918頁）。

4　契約の解除

| 解　除 | 民法は，当事者の一方が債務を履行しない場合に，相手方の一方的な意思表示によって契約の効力を消滅させて契約関係を清 |

算することを認めており，これを契約の**解除**とよぶ（▶540条1項）。当事者の一方が債務を履行しないとき（たとえば買主が代金を支払わないとき）には，相手方は裁判によって強制的に履行させることもできる（▶414条。➡第3巻）。しかし，いまだ商品を引き渡す前であれば，むしろ契約を解除してその商品を別の者に売った方が簡単であろう。そして，損害が生じたときには（たとえば売り急いだために安くしか売れなかったとき）損害賠償を請求すればよい（▶415条）。このように，解除は，相手方が債務を履行しないときの簡便な救済手段となる。

　解除とは以上のような制度であるから，まず，相手方が債務を履行しない場合に認められる（▶541条〜542条）。また，ある契約類型について特別に認められる解除もある（▶612条2項など）。これらは，ある一定の場合に法律により当然に認められる解除であるので**法定解除**という。しかし，契約をする際に，当事者の一方または双方が，ある一定の場合に（またはまったく任意に）解除できる旨を定めることもあり（▶540条。解除権を「留保する」と表現することもある），これを**約定解除**という。

1　法定解除

⬛ Case 1-5　AとBとは，Aが所有する自転車をBに売却する契約をした。しかし，履行期を定めなかったのをいいことに，いつまで待っても，Bは代金を支払う様子がない。いいかげん嫌気がさしたAは，この契約を解除したい。どのような手続によるべきか。

第1章　契約総論　37

解除権行使の方法　解除権行使の方法は，相手方に対する意思表示による（▶540条1項）。この他に，裁判所に解除を請求する方法（判決により解除する）や，一定の場合には契約は当然に失効するという制度も考えられるが，前者は面倒であり，後者は，相手方に酷であって，しかも，解除権者が望まないときまで契約を失効させる必要はない。

　解除の意思表示は撤回することができない（▶同条2項）。取引の混乱をもたらすからである。

　かつての解釈論では，債務不履行の形態として，履行遅滞，履行不能および不完全履行の3つが認められており，解除についても，これに即して説明されるのが普通であった。しかし，2017年の改正によって，以下のように，「催告による解除」と「催告によらない解除」とに分けられることになった。債務者が債務を履行しない場合でも，いきなり解除できるのではなく，再度のチャンスを与える為に催告をするべきであり，催告をしても履行がないときに，541条に従って催告による解除をすることができる。しかし，履行が不能となった場合などは催告をする意味がないので，このときには，542条に従って，催告によらない解除をすることができるのである。

催告による解除の要件　**(1)　債務者が債務を履行しないこと**　履行期が徒過しても履行がないときに（かつては履行遅滞と呼んだ），解除をすることができる（▶541条）。もっとも，前述のように，履行不能等については542条による催告によらない解除をすることができるので，ここでは，それ以外の債務不履行が問題となる。

　(a)　履行期が徒過したこと　履行の徒過とは，412条によれば，確定期限があるならその時（▶412条1項），不確定期限があるときは債務者が期限到来を知った時（▶同条2項），期限がないときは債務者が請求を受けた時（▶同条3項）である。この請求は，541条が要求する催告との関係で問題となる（➡次頁）。

　(b)　履行しないことが違法であること　おもに同時履行の抗弁権（▶533条）や留置権（▶295条）が問題となる。前述したように，同時履行の抗弁権が存在するときには債務者は債務を履行しなくとも債務不履行責任を負わないの

で，債権者としては，解除をしたいなら債務者の同時履行の抗弁権を消滅させる必要がある。具体的には，期限到来時または請求時に自分の債務の弁済を提供しなければならない。しかし，一度提供すれば継続する必要がないことは前述のとおりである。これも541条の催告との関係で問題となる（➡本頁(2)）。

伝統的には，これ以外に「債務者に責任があること」も解除の要件とされていた（▶改正前543条ただし書参照）。債務者に債務不履行責任を負わせることができるのは債務者に帰責事由がある場合に限定され，しかも，帰責事由とは，債務者に故意または過失がある場合（または信義則上これと同視すべき場合）と解釈されていたので，解除の際にもこれが必要とされたのである。しかし，一方が債務を履行しない場合には相手方も履行する必要がないことは双務契約における対価的牽連関係から当然であり，損害賠償のように相手方の責任を追及する制度とは意味あいが異なる。そこで，2017年の改正により帰責事由は不要とされた。

(2) **相当の期間を定めて催告すること**　催告とは，債務者に対して履行を促すことである。「（履行がなければ）解除する」という警告をつける必要はない。また，多少多めの金額を催告したとしても，どの債務の履行を求めているのかが債務者にわかるなら催告として有効である。

催告には「相当な期間」を定める必要があるが（▶541条），ある程度は履行の準備ができていることを前提としてよく，あらたにゼロから履行をするのに必要な準備期間であることを要しない。また，指定された期間が相当でなかったとしても，催告後相当な期間を経過すれば解除権が発生すると解釈されている。

ところで，412条によれば期限の定めがないときには履行の請求があって初めて履行遅滞となるので（▶412条3項），541条による解除をするには，412条による請求をして相手方を遅滞に陥れた後に改めて541条による催告をしなければならないようにもみえる。しかし，債務者に2度もチャンスを与える必要はないので，541条による催告が412条による請求をも兼ねることが認められている。したがって，自分の債務の弁済を提供して相当期間を定めて催告をすれば，期間経過後に解除権が発生する（**Case 1-5**）。また，期限の定めのある双務

契約において債権者が弁済期に自己の債務の履行を提供しなかったときにも同様の問題が生じる。すなわち、債権者の方も弁済の提供をしていないのだから債務者は遅滞には陥っていないので、まず弁済の提供をして相手方を履行遅滞に陥らせた上で改めて541条による催告をしなければならないようにもみえる。しかし、ここまで債務者を保護する必要もない。そこで、どちらも履行を経過したことにより双方の債務とも期限の定めのないものとなるので、一度弁済の提供をして相当期間を定めて催告をすれば期間の経過とともに解除権が発生すると解釈されている。

(3) **期間内に履行がないこと**　541条によれば、期間内に履行がないときに解除権が発生する。もっとも、債務者としては履行の提供をすればよいので（▶492条）、厳密には「期間内に履行の提供がないこと」というべきか。

　一部のみの不履行の場合には未履行の部分についてのみ解除が許されるが、しかし、そのために（一部の不履行のために）契約全体の意味がなくなってしまうときには契約全体の解除が認められるべきであろう（たとえば全3巻からなる百科事典の第1巻のみもらってもあまり意味がない）。また、契約から生じる本質的な義務ではない「付随的義務」の違反の場合も同様であり、そのために、契約全体の意味がなくなる場合にのみ契約解除が認められるべきである（★最判昭和36・11・21民集15巻10号2507頁：百選Ⅱ-42）。さらに——付随的義務の問題と重なるが——不履行が（期間経過時において）軽微であるときにも解除は認められない（▶541条ただし書）。

催告によらない解除　これに対して、以下の場合には催告をする意味がないので、催告をしないで直ちに契約を解除することができる（▶542条）。

　① 履行不能（▶同条1項1号）　もはや履行が不可能なのだから催告しても無意味なのである。なお、一部が不能である場合は、一部の解除をすることもできるし（▶同条2項）、残存する部分のみでは契約をした目的を達することができないときには全部を解除できる（▶同条1項3号）。

　不能か否かは取引上の常識によって定まるのであり、物理的な不能に限られない（▶412条の2第1項）。たとえば、AがBに不動産を売却したが登記をしな

40 第1章 契約総論

いうちに同じ不動産をCにも売却したという場合には，AのBに対する債務は不能とはならない（BはAに登記の移転を請求できる）。しかし，AがCに登記を移転してしまえば（Cから登記を戻してもらう可能性がまったくないわけではないが）常識的には履行不能である。

なお，履行不能の場合であっても，541条により催告をして解除することを禁止すべき理由はない。履行不能か否かが必ずしも明らかでないときに，このような解除を認める実益がある。

② 履行拒絶（▶542条1項2号） この場合も，一部について拒絶があったときは，一部の解除をすることもできるし（▶同条2項），残存する部分のみでは契約をした目的を達することができないときには全部を解除できる（▶同条1項3号）。

③ 定期行為 契約の趣旨から一定期日までに履行されないと意味がなくなる契約を定期行為といい，クリスマスケーキの売買契約などが例としてあげられる（12月25日を過ぎて持って来られても意味がない）。契約の性質上定期行為であるものを絶対的定期行為とよび，合意によって定期行為とされたものを相対的定期行為というが，単に履行期が定まっているだけでは定期行為ではない。定期行為の場合には，期日が過ぎてしまえば債権者は催告をしないで解除する

✐ Topic 1-4

受領遅滞に基づく解除

受領遅滞の場合，すなわち債権者の側が履行を受けることを拒絶したり（履行を受けることが）不可能だったりしたときには，債務者の注意義務は軽減されるし，履行の費用が増加したなら債権者が負担すべきこととされる（▶413条）。債権者の側にも責任があるという趣旨であるが，この責任の一環として債務者の側からの解除は許されるか？ 従来の通説・判例は「受領は債権者の権利であって義務ではない」として否定し，ただ，例外的に受領する旨の特約があるときには特約違反による解除を認めた。もっとも，近時は，受領遅滞も債務不履行の一種なので解除できるとする見解も有力である。しかし，これに対して，否定説からは，双務契約の場合には債権者は自分の債務を履行しないであろうから，それを理由に解除が認められるし，また，債務者には供託（▶494条）等の手段もあるので，あえて解除まで認める必要はないと再反論されている。

ことができる。もはや履行されても債権者の利益にならないので，催告をする
意味がないからである。なお，542条の特則として商法525条があり，このとき
には解除の意思表示すら不要である。

④　その他催告をしても契約をした目的を達するに足りる履行がされる見込
みがないとき。

解除権の不可分性　債権者または債務者が複数いるときには，平等の割合
で分割して権利を有し義務を負うのが原則であるが
（▶427条），契約の一部について解除を認めると複雑すぎるので，解除について
は，全員が，または全員に対してのみ解除できることとされた（▶544条）。こ
れを**解除権不可分の原則**という。もっとも，252条は544条の特則であるとし
て，共有物の賃貸借の解除について544条1項は適用されないとした判決もあ
る（★最判昭和39・2・25民集18巻2号329頁）。

解除権の行使　解除の意思表示がされると契約を清算することとなり，各
当事者は，お互いに相手方を契約前の状態に戻すべきこと
となる（▶545条1項）。具体的には受け取った物や代金の返還であり，これを
原状回復義務という。

解除の効果①　(1)　**契約の遡及的無効**　契約から生じた法的効果ははじ
めからなかったことになる（**Further Lesson 1-2**で述べるよ
うに遡及効を否定する見解もある）。具体的には，①契約から生じた債権はなかった
ことになり（▶536条1項にも注意），②契約によって生じた物権移転の効果も遡
及的に復帰し，③契約によって債権が消滅していたときは債権が復活する。

ただし，第三者の権利は保護される（▶545条1項ただし書）。ここでいう「第
三者」とは「解除された契約から生じた法律効果を基礎として（解除までに）
新たな権利を取得した者」と定義され，給付目的物の譲受人・抵当権者・差押
債権者・賃借人などが例とされる（ただし後述するように対抗要件が必要であ
る）。これに対して，契約による債権そのものの譲受人・転付債権者・差押債
権者などは第三者ではない（★最判昭和42・10・27民集21巻8号2161頁：百選Ⅱ
-27）。「新たな権利」を取得したわけではないので，元来の契約当事者から独
立した独自の立場を有しないからである。したがって，契約上の債権の譲受人

42　第1章　契約総論

が弁済を受けた後に契約が解除されたときは，この者は受けた弁済を返還しなければならない。

　また，たとえば給付目的物を譲り受けた者が「第三者」として保護されるためには対抗要件が必要であるとされる（★大判大正10・5・17民録27輯929頁）。しかし，いわゆる「対抗問題」とは二重売買が典型例であるところ，解除をした

Further Lesson 1-2
▶▶▶▶▶　解除に基づく原状回復義務の法的性質

　契約を解除した場合の原状回復義務の法的性質については，見解が分かれている。

　(1)　直接効果説　　解除によって契約は遡及的に無効となるとする。取消し（▶121条）と同様に理解するわけである。したがって，契約から生じる債務も遡及的に消滅するので，未履行であるならもはや履行の必要はなく，履行が済んでいる場合には，その給付は法律上原因のないものとなり不当利得（▶703条参照）として返還すべきことになる。また，給付物の所有権も遡及的に戻るので（厳密には「戻る」のではなくはじめから移転していなかったことになる），解除には物権的効果がある。ただし，第三者の権利を害してはならないとされているので（▶545条1項ただし書），このかぎりで遡及効は制限されていることになる。

　(2)　間接効果説　　契約の効力は解除により影響を受けないとする見解である。そもそも121条と545条とでは条文の文言がまったく異なり，545条1項には契約が無効になるとは書いてなく，ただ，両当事者がお互いに相手方を元の状態に戻す義務があると規定しているだけである。したがって，すでに履行された給付については返還する義務が生じ（しかし所有権が当然に戻るという物権的効果ではなく「戻すべき」という債権的効果しかない），未履行の部分について履行拒絶権が発生すると説く。この立場からは，545条1項ただし書は当然のことを注意的に規定したにすぎないことになる。

　(3)　折衷説　　　間接効果説は「未履行の部分については履行拒絶権が発生する」と説明するが，これは不自然でありスマートではない。そこで，折衷説は，未履行の部分については（将来に向かって）債務が消滅し，すでに給付がされた部分については返還すべき債務が発生するとする（立法者もこのように考えていたようである）。

　しかし，解除の効果については545条で定められているので，以上の見解の対立は説明方法の差にすぎないといえる。であるなら，直接効果説の方が，物権的効果を認める分だけ債権者保護に役立つのではなかろうか。本書では，この見解を前提として検討する。

者と第三者との関係はこのようなものではない。そこで，対抗要件としての登記ではなく，権利資格保護要件として登記が必要であると理解されている（なお，間接効果説や折衷説によるなら，本当に対抗問題である）。

解除後の第三者との優劣は，取消後の第三者の場合と同様，復帰的物権変動があったものとして対抗問題として扱われている。

(2) **原状回復義務**　　契約が遡及的に無効となる結果，すでになされた給付は法律上原因のないものとなり不当利得として返還することになる（▶545条1項）。もっとも，これには批判があり，不当利得の場合には原則として（＝善意なら）「現存利益」を返還すればよいところ（▶703条），545条1項で求められているのは「原状回復」なのであるから，両者は性質が異なるという。たしかに，不当利得であるとしても特殊な不当利得である点に注意を要する。

その特殊性の1つは，もとの（解除された）契約との関連性が強いことである。たとえば，もとの契約が商事性を有するなら原状回復義務にも商事利率が適用される（ただし2017年改正によって民事の法定利率と商事の法定利率の区別はなくなった）。また，もとの契約の保証人は，契約の解除による原状回復義務についても原則として責任を負う（★最判昭和40・6・30民集19巻4号1143頁：百選Ⅱ-22）。

原状回復義務の内容は，原物が存在するならその物の返還である。所有権そのものは当然に復帰するが（直接効果説の物権的効果），占有や登記なども戻さなければならない。

原物が滅失・損傷しているときは問題である。原物の受領者に責任のある滅失・損傷のときには価格返還すべきことに異論はないが，受領者に責任のない滅失・損傷のときが議論となる。不当利得に近づけて考えるなら現存利益を返還すべきであろうし（滅失・損傷した分の価格償還は不要），原状回復を強調するなら価格返還すべきところであろう。契約の清算過程であるのだから後者が妥当と思われるが，相手方が危険を負担すべき場合も考えられなくはない。たとえば，いまだ売主の倉庫の中にある内に滅失したときは，売主に責任がなくとも売主が危険を負担すべきではなかろうか。

労務等無形の給付についても価格返還すべきである。

金銭給付のときには，利息を付けて返還しなければならない（▶545条2項）。金銭以外の物を返還するときは，果実も返還しなければならない（▶同条3項）。

また，返還者は，必要費・有益費の返還を請求することができる。この根拠として，196条を援用する見解と不当利得の一般原則による見解とがある。契約関係を前提としない196条のような条文を，契約関係にある者の間に適用してよいか否かの問題である。

原状回復義務の内容に関しては，なお，不当利得に関する説明（➡第5章）をも参照してほしい。

(3) 損害賠償　解除をして契約を清算しただけでは充分な救済にならないこともある。たとえば，買った物を転売して差額を儲けることになっていたときや，買えなかったために他からより高い値段で買わざるをえなかったときなどである。したがって，このようなときには，解除して，さらに損害賠償を請求することもできる（▶545条4項）。一見当然のようであるが，解除とは契約を「なしにする」制度であるから，契約が履行されていたなら得たであろう利益を請求するのは矛盾であるともいえる（かつてのドイツ法はそのように規定していた）。そこで，損害賠償請求できることを明確にするために，このような条文が立法されたのである。

545条4項は「損害賠償の請求を妨げない」というのみであるので，損害賠償請求権の発生を積極的に認めた条文ではない。損害賠償の根拠は545条4項ではなく，債務不履行として415条に基づいて認められる。もちろん，解除によって得た利益（たとえば代金の支払いを免れた等）を差し引く必要がある（損益相殺）。

目的物の価格が変動しているときは損害賠償額の算定時が問題となる。詳しくは第3巻債権総論で説明されるが，判例によれば416条が適用され，①損害賠償責任が発生した時（解除時，ただし履行不能による解除なら不能時）の価格は通常損害（▶416条1項）として当然に請求でき，②価格騰貴による増加額等は特別損害（▶同条2項）として債務者が予見していたか予見しうべきであったときのみ請求できるとする。もっとも，有力説は，賠償額の算定に416条を使

うことに反対し，当事者間の公平などを考慮して決めるべきであるという。しかし，具体的な結論は，判例と大差ないことが多い。

損害賠償義務は期限の定めのない債務であるので請求を受けた時から遅滞に陥る（▶412条3項）。つまり，この時から利息が発生する（不法行為による損害賠償義務とは異なる）。

なお，双務契約を解除した場合，両当事者の原状回復義務は同時履行の関係に立つ（▶546条）。さらに，解除による損害賠償義務も，解除した者の原状回復義務と同時履行の関係にあると解釈されている。たとえば，売主が解除して損害賠償を請求する場合，買主の損害賠償義務と売主の原状回復義務（代金返還）とは同時履行の関係に立つ。

解除権の消滅　解除権が発生しているのにいつまでも解除をしないと，相手方が不安定な状態に置かれる。そこで，相当期間を定めて確答を求め，返事がないときには解除権は消滅するとされた（▶547条）。

また，解除権者が，故意または過失により目的物を著しく損傷する等返還することができなくなったとき，または，加工等により他の種類の物に変えたときは，解除権を放棄したものと考えられるので，解除権は消滅する（▶548条）。しかし，解除権を有することを知らなかったときは別である。なお，解除権発生前の目的物の譲渡等においても548条は適用されると解釈されている。

解除権の消滅時効　とくに条文はない。すると，解除権は形成権であるから166条2項により20年の消滅時効にかかるようにみえる。しかし，契約から生じる債権自体が5年または10年で時効によって消滅する（▶同条1項）ことを考えると，債権そのものは消滅しているのに解除権のみ存続するのは明らかに不合理である。そこで，判例は，（2017年改正以前の）債権の消滅時効（▶改正前167条2項）に準じて10年（商事では5年）で時効消滅するとした（ただし商事消滅時効は廃止された）。時効の起算点は，解除原因発生時すなわち債務不履行時である。そして，解除権の行使によって生じる原状回復義務は普通の債権であるから10年で消滅する。したがって，判例によれば，債務不履行後10年以内に解除すればよく，原状回復義務はその時（解除時）から10年の間存続することになる。

46 　第1章　契約総論

　以上のような判例に対しては，学説上批判が多い。債権そのものが5年また
は10年しか存続しないのに比べてあまりに長いからである。そこで，本来の債
権が時効消滅するか否かによって決めるべきであり，解除権や原状回復につい
て独立の消滅時効を考える必要はないという。これによれば，履行期から5年
または10年ということになろう。

2　約定解除

　契約の際に，当事者の一方または双方が，ある一定の場合には，あるいは，
まったく任意に解除をすることができる旨合意することも認められ（▶540
条），これを約定解除という。相手方の債務不履行がなくとも解除できる旨合
意されることもあるが（一種のキャンセル権），また，相手方の債務不履行が
あった場合に法定の要件よりも緩い手続で（催告不要など）解除できるように
特約をすることもある。担保目的で解除権が留保されることもあるし（▶579条
以下），さらに，売買契約に際して手付が交付されたときには解除権が留保さ
れたものとされる（▶557条）。
　約定解除には，明らかに法定解除のみを前提としている541条から542条を除
き，540条以下の規定が適用され，要件・効果もほぼ法定解除に準じて考えれ
ばよい。ただ，消滅時効については，債務不履行時からではなく，契約により
解除することができる時から5年または10年と解すべきであろう。そして，原
状回復義務は，解除時から5年または10年経過することにより時効で消滅する
が，これについては前述したような批判がありうる。

3　事情変更の原則

　民法が予定する解除制度は法定解除と約定解除だけであるが，それ以外のと
きに解除することはまったく認められないのだろうか？　とくに価格騰貴など
で経済情勢がまったく変わったときに問題となる。通常なら，経済情勢の変化
によるリスクは各当事者が負うべきであろう。しかし，急激なインフレなど両
当事者がまったく予想していなかったような大きな変化が生じたときには，そ
れでも契約を維持しろというのは当事者にとって酷となることもあろうし，他

方，相手方もそれを見越して契約を締結したわけではないのだから，契約を解除しても相手方の期待を不当に裏切るわけではない。そこで，このような場合には解除（または契約内容の改定）を認めてもよいとされ，これを**事情変更の原則**（法理）という。元来は，債権総論（➡第3巻）で扱うべき内容であるが，解除に関係するかぎりで，ここで簡単に述べておく。

事情変更の原則の要件 (1) **基礎事情の変更** 契約成立の当時その契約の前提とされていた基礎的な事情が変わることであり，**行為基礎の喪失**といわれることもある。この理論はおもに第一次世界大戦後のドイツのハイパー・インフレの頃に発達してきた理論であり，したがって，ここで念頭に置かれているのもそれに匹敵するような客観的事情の急激な変化であって，単なる主観的な（個人的な）事情の変化ではない。急激なインフレや戦争などによる価格の異常な暴騰などが典型例である。

(2) **予見不可能** 予見が可能であるなら当事者は事情の変更をも折り込んで契約条件を定めたはずであるので，事情の変更を理由として契約の拘束力を否定するには，契約成立時には事情の変化を予見することが不可能であったことを要する。

(3) **帰責性なし** 事情の変更につき当事者に責任があるときには契約内容の改定や解除を認める必要はない（★最判平成9・7・1民集51巻6号2452頁：百選Ⅱ-40参照）。

(4) **契約を維持することが信義則（▶1条2項）に反すること** 事情の変更のために，給付と対価との間に耐えられない程の不均衡が生じたことが必要である。

(5) **当事者の主張** 当事者が主張しないのに，裁判所が職権で事情変更の原則を適用することは許されまい。

事情変更の原則の効果 (1) **契約内容の改定** インフレや価格暴騰が典型例なので，対価の改定を求めることが多いであろう。これを立法化した制度として借地借家法の賃料増減額請求権がある（▶借地借家11条・32条）。

(2) **契約の解除** ただし，契約内容を改定して済むならそうするべきであり，契約内容を改定して契約を維持することがかえって相手方に酷となる場合

48 第1章 契約総論

や契約内容の改定が不可能な場合にかぎって解除が認められる。

4 合意解除

ここまでは当事者の一方的な意思表示による解除であるが，当事者双方の合意によって契約を解除することができるのは当然であって**合意解除**とか**解除契約**とかいう。その効果は，合意の解釈にもよるが，遡及的無効とされ，すでになされた給付は不当利得として返還するべきである。その際には，703条以下の規定が適用され，545条以下は適用されないとされる（★大判大正 8・9・15民録25輯1633頁）。第三者の権利を害することができないのは当然であり，転借人がよく問題となる（★大判昭和 9・3・7民集13巻278頁）。

5 解除と類似する制度

<u>解約（告知）</u>　賃貸借契約の解除は，将来に向かってのみ効力がある（▶620条）。したがって，解除後は貸す義務も賃料を支払う義務もなくなるが，解除前の賃料や使用利益を返還する必要はない。この条文は，賃貸借の他，雇用（▶630条），委任（▶652条）および組合（▶684条）に準用されている。このような解除を，普通の解除とは区別して**解約（告知）**とよび，継続的な契約関係に特有な制度である。解除は相手方の債務不履行に対抗するための手段であるが，解約（告知）は，継続的契約を適法に終了させる制度である。

継続的契約において，告知の他に，541条以下による解除も認められるかには争いがあり，継続的契約の特殊性（信頼関係）を理由に否定する見解もある。しかし，条文の体系上の位置は適用を前提としており（▶541条以下は契約の総則である），解除と解約（告知）とは目的が異なるので（解除は債務不履行に対抗する手段であるが解約は継続的契約を終了させる手段である），債務不履行があるなら解除を認めてもよいであろう。

なお，たとえば「賃借人が一回でも賃料の支払いを忘れば契約は当然に（解除や解約の意思表示がなくとも）終了する」旨の合意もよくある。一種の条件付の（解除）契約であり，**失権約款**という。法定解除の手続（催告・解除の意思表

示など）が不要となるので便利ではあるが，他方，社会経済的弱者に対する押し付けとならないように留意されるべきであろう。

| 取消し・撤回 |　解除と同じく，一方的な意思表示によって法律行為の効力を消滅させる制度に**取消し**がある。しかし，解除は，契約が有効に成立しているのに相手方が履行しないときの対抗手段であるのに対して，取消しは，能力の制限・意思表示の瑕疵など契約の成立過程に問題がある場合の対抗手段である（➡第1巻　民法総則参照）。また，解除は，契約についてのみ認められる特殊な制度であるが，取消しは，意思表示一般について（たとえば単独行為についても）認められる。

　取消しは能力の制限や意思表示の瑕疵などの場合に認められるが，それ以外の場合に一度した意思表示を取り止めることを，取消しと区別して**撤回**という。前述した申込みの撤回（▶523条1項）の他に，遺言の撤回（▶1022条）などがある。どのような場合に撤回できるのか必ずしも明らかではないが，大抵はいまだ本来の効力が生じていない段階での取りやめである（▶523条1項や1022条など）。

5　定型約款

| 約　　款 |　交渉して契約内容を決めて契約書を作成するのが原則であるが，しかし，予め印刷された契約書を使用することも多く，このような定型的な契約書を**約款**あるいは（**定型約款**）という。保険契約などが典型例であり，とくに消費者契約においてしばしば使用される。このときには業者が一方的に内容を決定し，しかも，（予め印刷されているのであるから）交渉によって契約内容を変更する余地もなく消費者としてはイエスかノーかを言うだけである。そして，多くの場合には消費者はロクに読みもしないで署名するであろうし，また，保険契約のような複雑かつ膨大な約款だと読んでも充分には理解できない。

　これでも「合意があった」といえるのかが問題となるが，他方，約款を使用することにはそれなりの合理性もある。そもそも保険契約などは相手方によっ

て契約条件が異なるわけではなく，同一の条件ですべての顧客と契約をするのであるから契約交渉によって内容を決定する余地はないし，また，保険契約などのように複雑な契約の場合には，細かい契約条件すべてについて一々丁寧に説明するのは不可能である。そこで，約款を渡して，消費者の側も「酷いことは書いていないであろう」と信頼して署名することになる。そして，本当に酷いことが書いてないのであればとくに問題はない。

　そこで，定型約款を契約の内容とする合意をしたとき，さらに，定型約款を準備した者が予めその定型約款を契約内容とする旨を表示していたときには，その約款に含まれる個別の条項についても合意があったものとみなされることとなった（▶548条の2第1項）。ただし，約款を準備した者の相手方の利益を不当に害する条項については，合意しなかったものとされる（▶同条2項，なお消費契約8条以下も参照）。もちろん，相手方から請求があったときには，約款の内容を示すことが前提である（▶548条の3）。

　また，約款の変更についても，相手方の一般的な利益に適合するとき等その変更が合理的である場合には，個別に相手方と合意をしなくとも契約内容を変更することができるとされた（▶548条の4）。

第1章　契約総論　51

☑ *Exam*

　AとBは，5月1日に，Aの所有する別荘を代金5000万円でBに売却する旨の合意に達し，6月1日に契約書を作成することとし，さらに，7月1日に登記申請手続と代金の支払いをすることにした。Bは，このためにC銀行から5000万円の融資を受けており，また，5月1日の時点ですでに別荘を6000万円で友人Dに転売する約束を（Dと）していた。

　問1　Aは，5月15日になって，代金6000万円でなければ売却しないと言い出した。Bは，どのような主張をすることができるか。

　問2　5月15日に第三者の放火によって別荘が燃えてしまったにもかかわらず，AもBも別荘が焼失したことに気がつかないで6月1日に契約を締結した場合に，Bは，どのような主張をすることができるか。

　問3　5月15日に別荘が焼失したが，これは，5月14日にAが別荘に滞在した際にガス湯沸器の口火を付けたまま自宅へ帰宅したためであった。ところが，AもBも別荘が焼失したことに気がつかないで6月1日に契約を締結した場合には，Bは，どのような主張をすることができるか。

　問4　契約書作成後の6月15日に，別荘が第三者の放火によって燃えてしまった場合はどうか。

　問5　契約書作成後の6月15日に，Aの失火によって別荘が燃えてしまった場合はどうか。

解答への道すじ

　各制度の「棲み分け」の問題であるが，また，法律構成により，請求できる損害賠償の範囲が異なるのではないかという点も考えてほしい。

　[問1]　一応合意には達したが契約書を作成していない段階でも契約が成立しているといえるか。成立していないとするなら，Bは，どのような主張をすることができるか（いくら損害賠償できるか）。

　[問2] および [問3]　2017年改正により，契約が原始的に不能であっても，損害賠償の請求はできる旨が規定された（412条の2第2項）。では，いくら損害賠償請求ができるか。（なお，契約が有効であるなら，解除することも可能ではある。）

　[問4] および [問5]　典型的な問題ではあるが，法的効果，とくに（損害賠償請求ができるときには）請求できる損害の範囲についていろいろと考えてみてほしい。

第2章　契約各論(1)
交換型契約

1　売　買

1　売買の意義

　売買とは，売主がある財産権を買主に移転することを約し，買主がこれに対してその代金を支払うことを約することによって成立する，双務・有償・諾成契約である（▶555条）。売買の対象は財産権であり，所有権その他の物権，債権，有価証券，無体財産権などの譲渡がこれにあたる。買主はその対価として一定額の金銭を支払うことを目的とする。なお，その他の反対給付を対価とする契約を，交換という（➡100頁参照）。

　売買は有償契約の代表的なものであり，売買に関する規定は他の有償契約に準用される（▶559条）。

2　売買の成立

　売買は諾成契約であり，方式の自由が認められている。なお，不動産売買や一定の消費者取引においては，事業者に書面の作成・交付が義務づけられているが（▶宅建業37条，割賦4条，特定商取引4条），これらは契約の成立要件ではない。

　売買の成立については，申込みと承諾の合致に関わる契約の総則規定（▶521条以下）が適用され（➡第1章参照），その有効性は法律行為の一般的な有効要件に従うが，民法は，売買契約の拘束力に関連して，とくに予約と手付につき規定しているため，はじめにこれらの意義と機能について概観してみよう。

予　約

　(1)　予約の意義　　将来において一定の契約を締結することを義務づける合意または，将来における当事者の一方的な意思表

示により一定の契約を成立させることができる旨を予め約する合意をもって，**予約**という。当事者の一方のみが契約締結を義務づけられる予約を片務予約，当事者双方が義務づけられる予約を双務予約とよぶ。また，一方的な意思表示により契約を成立させる権利が，一方当事者のみに付与されている場合は一方予約，両当事者に付与されている場合は双方予約とそれぞれ称されている。

たとえば，売買契約につき当事者間で合意に達したが，売主または買主側の都合により，最終的な契約の成立を留保しつつも，その拘束力は予め確保しておきたいと欲する場合に，「予約」が活用される。金銭消費貸借などの要物契約においては，予約により金銭交付前の合意（融資約束）に拘束力をもたせることが可能となる点において，意義を有していた（2017年改正により，諾成的消費貸借が認められる〔➡102頁参照〕）。

また，諾成契約については，相手方の承諾を義務づけるにとどまる片務・双務予約より，一方的な権利行使により直ちに契約を成立させる一方・双方予約が有用となる。このような将来における契約の拘束力を予め確保する機能に着目して，金融取引においては担保として債権者に権利を付与する一方予約が用いられることが多い（代物弁済予約）。

(2) **民法上の予約**　　民法は，売買契約における**一方予約**について明文規定を設けている（▶556条）。**売買の一方の予約**においては，一方当事者が相手方に対して，売買を成立させる旨の意思表示を一方的に行うことにより，売買契約が成立する。

売買の一方の予約は他の有償契約についても準用される（▶559条）。

(3) **予約と本契約**　　一方予約において，当事者の一方が契約を完結させる旨の意思表示を行う権利（形成権）のことを，**予約完結権**と称する。そして，その意思表示により最終的に成立した契約を「本契約」という。すなわち，予約は，当事者の予約完結権の行使により本契約となる。一方予約は，この権利が一方当事者のみに付与されている。

なお，日常行われている宿泊・レストラン・商品購入に関する「予約」は，当日まで契約を成立させない趣旨で行われる合意ではなく，履行に先立って契約を締結しているにほかならないとすれば，それは本契約であって民法上の予

約ではない。その場合，後のキャンセルは，すでに成立した本契約の合意解除ということになる。

(4) **停止条件と予約**　将来における契約の効力発生が予定されているが，その最終的な成否については未確定であるという点では，予約は停止条件付契約と共通の機能を有する。ただし，停止条件の場合，契約はすでに成立しており，将来における一定の事実の発生という，予め合意された条件の成就によりその効力が発生するのに対し，一方予約においては，当事者の意思表示により契約が成立する点において，形態を異にする。

| 手　付 |

(1) **手付の意義と機能**　契約締結の際に，当事者の一方が相手方に対して交付する金銭その他の有価物を，**手付**と称する。手付は主として次のような機能を有するが，手付の交付にいかなる意味をもたせるかについては，当事者の意思によって定まる。

(a) 証約手付　手付の交付は，契約が成立した旨につき意思の明確化を図るとともに，その証拠としての機能を営む。売買のような諾成契約において重要な意義をもつ。

(b) 解約手付　当事者が解除権を留保する趣旨で交付する手付を，**解約手**

✐ Topic 2-1

中間的合意と予約

　不動産取引や企業取引は，契約締結過程において交渉を重ねた末に最終的な合意に達し，契約が成立するというプロセスをたどる場合が多い。そしてその過程で，覚書・基本合意・仮契約等の中間的合意がしばしば交わされるが，こうした契約成立前段階における合意の中で，民法上の予約とはどのような位置づけを有するといえるであろうか。予約は，予約完結権行使により直ちに本契約成立となるため，すでに契約上の権利義務内容については最終的な合意に達しており，拘束力が生じていることを前提とする。したがって，少なくとも予約完結権のない当事者の側にはもはや契約関係から脱退する自由はなく，権利者は予約完結権を行使して履行の実現を求めることができる。この点において，その段階にいたっていない合意・取決めとは区別する必要がある。もっとも，後者の段階にあっても，当事者が不誠実に交渉の円滑な継続を妨げたりした場合には，損害賠償責任が生じることがある。

付という。その効果として，債務不履行など解除を基礎づける客観的事実がなくても，手付を交付した当事者が手付を放棄するかまたは，交付を受けた側がその倍額を償還することにより，契約を解除することができる。解除権が行使されなかった場合，手付は代金の一部についての履行として意味をもつ。民法は，売買において買主が手付を交付した場合について規定し，これを解約手付と定めている（▶557条）。そのため，手付の意味は当事者がこれをいかなる趣旨で交付したかによって確定されるが，同条の存在により，手付が交付された場合は原則としてこれを解約手付とする旨の推定が働くと解されている。

　解約手付に対しては，契約の拘束力を弱めるものであり，合意の尊重をうたう近代法原理にそぐわないという指摘もあるが，無方式の諾成契約において容易に拘束力が生じることとのバランスを取り直す点に，その意義を求める見方が強い。

　(c)　違約手付　　債務不履行の際に手付の没収または倍額償還する趣旨において交付される手付を，**違約手付**とよぶ。これには，手付をもって損害を塡補する「損害賠償額の予定」としての意味を有するものと，手付の没収を違約そのものに対するペナルティ（**違約罰**）とし，これとは別に損害賠償責任が発生することを妨げない趣旨で交付される場合とがある。

　(d)　内金・申込証拠金　　内金とは，契約成立の際に代金の一部として支払われる金銭を指すが，これが直ちに民法上の手付を意味するとはかぎらず，当事者がその没収または倍額償還を伴う手付として交付した場合にのみ，手付となる。

　また，事業者による不動産売買において，契約締結前に，購入希望者が優先的に契約を締結する権利を確保するために交付する金銭は，申込証拠金とよばれるが，これも手付とは異なり，契約成立にいたらなかった場合，事業者は返還しなければならないとされている。

　(2)　**解約手付と違約手付**　　解約手付と違約手付を兼ねた手付は認められないか。すなわち，当事者が違約手付として手付を交付した場合，それは民法557条の適用を排除する旨の反対意思の表明と解されるのか。そうであるとすると，この場合，手付による解除はできないことになる。学説には，解約手付

が，手付金相当額の負担のみにより容易に契約から脱退しうることを意味するのに対し（このようにいえるかどうかは手付額にもよるが），違約手付は契約の拘束力を強化して履行を促進する趣旨において交付されるため，両者は矛盾し，したがって，違約手付として手付が交付された場合は，解約手付に関する557条の適用は排除されると解するものがある。しかしながら判例は，違約手付の合意は解約手付に関する規定と相容れないものではなく，解除権留保と併せて債務不履行における損害賠償の予定をも織り込んだ手付を交付することは差し支えない，として両者の併存を肯定している（★最判昭和24・10・4民集3巻10号437頁）。そうすると，債務不履行が生じた場合でも手付による解除が認められ，損害については手付によって清算されることになる。

　もっとも，違約手付が上記のような損害賠償の予定としてではなく，違約罰として交付された場合も同様とすると，後述するように解約手付においては損害賠償の請求が排斥されるため（▶557条2項），解約手付としての効力を認めることにより，手付に加えて損害賠償責任を認める違約罰の趣旨が没却される，との指摘がある。

　(3)　**手付（解約手付）の要件**　　売買における解約手付について規定する民法557条に従い，その要件・効果を確認しておこう。まず，上述したように，解約手付の効果は契約の解除である。それでは要件はどうか。

　(a)　手付の交付　　手付としての金銭その他の有価物の授受により，手付が成立する。557条1項は，買主が売主に対して交付することを予定している。ここにいう交付は現実の提供でなければならない。

　(b)　手付の放棄・倍額償還　　買主による手付放棄の意思表示または，売主による手付の倍額償還により，各当事者は契約を解除しうる。売主の償還は現実の提供であることを要する。

　(c)　相手方の履行に着手前であること　　手付による解除はいつまで認められるだろうか。これを無制限に肯定すると，契約の実現に対する相手方の正当な期待・利益を害し，手付金相当額を超える損害が生じるおそれがあるため，一定の制限を設ける必要がある。そのため，「その相手方が契約の履行に着手した後」は解除することはできない（▶557条1項ただし書）。それ以降は，合意

もしくは法定の解除事由なくして契約から脱退することはできないが，履行に着手した相手方の側から解除することは妨げられない。改正前における判例・通説であるが，2017年改正により明文化された。なお，「履行の着手」の意味については次の点が問題となる。

「履行の着手」時期の判断基準につきどのように理解すべきか。判例は，単なる履行の準備あるいは計画では足りず，「客観的にみて履行の一部と評価できる行為」または「履行の提供に不可欠な前提行為」を指すと解している（★最大判昭和40・11・24民集19巻8号2019頁：百選Ⅱ-48）。具体的には，他人が所有する不動産の売主が所有権を取得して登記を経由し，買主への移転に備えた場合（前掲★最大判昭和40・11・24），履行期到来後に買主が代金を用意して売主に履行を催促した場合（★最判昭和33・6・5民集12巻9号1359頁，最判昭和57・6・17判時1058号57頁），などがこれにあたるとされている。

履行期前の行為も含まれるか。最高裁は，不動産の買主が土地測量により代金を確定した上で，履行期前に残代金を支払う用意がある旨を示して口頭の提供を行い，手付による解除を望む売主に対して履行を催促した事案において，「履行の着手」にあたるか否かについては，「当該行為の態様，債務の内容，履行期が定められた趣旨・目的等諸般の事情を総合勘案して決すべき」旨を述べつつ，特段の事情がないにもかかわらず履行期前に上記の事実があったのみでは，履行の着手ありとはいえない，と判示した（★最判平成5・3・16民集47巻4号3005頁）。

結局は，手付による解除が，相手方の契約実現に対する正当な期待を不当に害し，信義則に反して許されないと評価しうるか否かを基準にすることになろうか。

(4) **手付（解約手付）の効果**　解約手付の効果は契約の解除である。そこで，解除に関する諸規定の適用の有無が問われるが，557条2項は，545条4項の適用を排除することにより，解除権を行使した当事者の損害賠償責任を否定する。解約手付に基づく解除は債務不履行解除ではないため，「履行の着手」前に解除を制限し，手付金相当額を供与することで，相手方の利益については手当てされている，と考えられるからである。

ただし，違約罰としての違約手付についてはこの限りではない。

売買の費用 売買契約の費用については，当事者双方が平等に分担する（▶558条）。たとえば，目的物の鑑定費用，契約書作成費用，印紙代などがこれにあたる。この原則は他の有償契約にも準用される（▶559条）。なお，弁済に関する費用は原則として債務者が負担することとされているため（▶485条本文），運送費用，登記・登録費用などは，特段の合意がないかぎり売主の負担となる。

3 売買の効力

売主・買主の権利・義務 売買契約が成立すれば，その効力として，売主・買主に一定の債権債務が発生する。その具体的内容は合意によって定まるのであるが，基本的な権利義務および，売主が買主に引き渡した目的物または移転した権利が契約の内容に適合しない場合における責任につき，とくに規定が設けられている。

（1）**財産権移転義務** 売主の買主に対する主要な債務は，**財産権移転義務**である（▶555条）。物権変動における意思主義（▶176条）の理解により，かかる義務の意義が問われるが，少なくとも，他人物売買などにおいては，売主に権利の調達・供与義務を負わせることに意味がある。また，財産権移転義務には，所有権等の移転とともに，財産権の確保と実質的支配の移転にかかわる，目的物の引渡義務も含まれるほか，売主は権利の移転についての対抗要件供与義務を負う（▶560条）。

なお，売買の対象となる財産権には，所有権のみならず，債権その他の財産権も含まれる。債権譲渡も売買の形式をとることがあるし，建物売買が敷地の賃借権の譲渡を伴うことも多い。

（2）**果実の帰属および代金の利息** 売主は目的物の引渡まで果実を取得することができ（▶575条1項），反対に買主は，引渡しの日から代金の利息を支払う義務を負う（▶同条2項本文）。契約締結により所有権が移転することを前提とすれば，果実収取権は所有権に含まれる権能であるから，売主は売買成立後引渡しまでに収取した果実を買主に引き渡さなければならず，買主も売主

に対してその間の目的物の管理費用を支払う必要がある。また，利息について
は，原則として引渡しの有無にかかわらず代金の弁済期から支払義務が生じ
る。ところが，民法は両者の義務を等価的に捉え，簡易な決済を図ることとし
たのである。

　同条によれば，目的物の現実的支配が移転するまでは売主が果実を取得しう
るから，引渡期日が到来しても，引渡しがあるまでは売主に果実収取権が帰属
する。買主は，代金支払期限が到来していたとしても，それまでは管理費用お
よび代金の利息を支払わなくてよい。もっとも，引渡し前に代金が支払われた
場合，買主は果実の引渡しを請求しうると解されている（★大判昭和7・3・3
民集11巻274頁）。

　引渡しがされても，代金支払期限が到来していなければ，買主は利息を支払
う義務を負わない（▶575条2項ただし書）。

**契約不適合(1)
：総 論**
　(1) 担保責任から契約不適合へ　改正前民法は，**売主担保責任**について定めていた。売買における対価的均衡に鑑みれば，売主は，供与した財産権または給付した物が対価に見合っている旨を担保しなければならず，財産権の不備・制限ないし物の品質・性状の欠如が認められるときは，責任を負わなければならない，という趣旨に立脚している。そして，目的物の品質・性状に関する「物の瑕疵」および，移転した財産権の不足・制限に関する「権利の瑕疵」（権利の全部または一部が他人に属する場合，数量不足，使用収益に必要な権利の不足，他人の担保物権の負担が存する場合）につき，類型的に規律していた。

　このような担保責任は，2017年改正により，目的物の種類，品質，数量または移転した権利の**契約不適合**における買主の権利に関する規定に改められた。この改正の意義は，以下の点にある。改正法の理解を深めるために，改正前の議論とあわせて要点を整理して確認しよう。

　(a) **伝統的理解からの脱却**　改正前においては，物の瑕疵を中心とする担保責任の意義と債務不履行責任との関係について見解が分かれており，担保責任を債務不履行責任と区別して，特定物売買における売主の責任に固有の特別規定と位置づける**法定責任説**がかつては支配的であった。この見解は2つの理

論的根拠に立脚している。第1に,「初めから瑕疵が存する特定物を瑕疵がない物として給付することは原始的不能であるから,瑕疵なき物の引渡債務は無効である」という原始的不能論（原始的不能＝無効）があげられる。法律行為の有効要件として目的の実現可能性が唱えられていることに基づいている。第2に,特定物の売主の債務内容は契約締結時の現状において目的物を引き渡すことに尽きている（▶改正前483条）,という「特定物ドグマ」が主張されていた。そこで,当初から瑕疵が存する場合であっても,その現状で引渡しをすれば債務不履行にならず,品質・性状に関する合意は債務内容を構成しない,という理解に基づいて,瑕疵ある物と買主が支払うべき対価との間に生じた不均衡を是正して買主を特別に保護するための制度として,担保責任を観念していた。この考え方によれば,担保責任は不動産あるいは美術品などに代表される特定物売買に特化して認められる売主の責任であり,種類売買における債務不履行責任とは要件・効果において区別されるべきことになる。

　この見解に対して,やがて次のような新たな理解が台頭するところとなった。売主の債務内容は,自ら約したことを根拠として合意内容に従って定まるのであり,特定物・種類物を問わず売主は契約内容に適合する品質・性状において引き渡す債務を負うべきであって,瑕疵がある物の給付は契約（債務）不履行にほかならず,担保責任は債務不履行責任の特則として理解すべきである,という考え方である（**契約責任説・債務不履行責任説**）。

　2017年改正はこの方向に従い,法定責任説およびその基礎にある伝統的理解からの脱却を図った。

　(b)　**売主の責任・買主の権利の統一化・簡明化**　　新たな理解（**契約責任説・債務不履行責任説**）に立つ2017年改正の特色は,担保責任の諸類型を契約不適合に対する売主の責任・買主の権利に統一化し,債務不履行責任に一般化して簡明にしたことである。その前提として,次のような伝統的理解の修正が行われた。第1に,履行不能は,原始的・後発的いずれであっても債務の有効な成立・存続を妨げず,履行請求権以外の責任ないし権利がなお認められる（▶412条の2）。第2に,売主は,特定物・種類物を問わず,種類・品質・数量において契約で約した内容に適合する物または権利を給付・移転すべき債務を負

う（▶562条）。第3に，売主は，引渡しまたは買主の受領遅滞までに目的物に関して生じた契約不適合につき，責任を負う（▶567条）。そのため，売主は，特定物・種類物を問わず，かつ，不適合の発生が原始的・後発的いずれであったかを区別することなく，契約内容に適合しない目的物を引き渡した売主は責任を負う。契約不適合の有無については，売主の債務内容の決定に関する当事者間の合意が重視され，契約解釈によって確定される。

こうした特色は，商品・物品売買において当事者間の合意およびその実現を尊重し，契約の拘束力を重視する現代契約法の要請に適うとともに，契約不履行ルールの策定に関する近時の国際的な動向にも調和するものである。

(c) 買主の権利の概要　それでは，買主はいかなる場合においてどのような権利を有するのか。その内容について予め要約すると，第1に買主は，契約内容に適合する目的物または権利を給付・移転するよう，**追完請求**することができる（▶562条）。第2に，**代金減額請求**（▶563条）または**解除**（▶564条）を

Further Lesson 2-1

▶▶▶▶▶ **不特定物売買における瑕疵担保責任と2017年改正**

改正前における瑕疵担保責任に関する重要判例として，不特定物売買に対する適用の可否について判示したものがある（★最判昭和36・12・15民集15巻11号2852頁：百選Ⅱ-51）。この判決は，買主が「瑕疵の存在を認識した上でこれを履行として認容し債務者に対しいわゆる瑕疵担保責任を問うなどの事情が存すれば格別」，そうでないかぎり，買主は目的物の受領後においても債務不履行に基づく権利（追完請求権，損害賠償請求権，解除権）を失わない旨を説示した。同判決は，不特定物売買における債務不履行責任と瑕疵担保責任の適用区分を示したようにもみえるが，債務不履行解除を認めたものであったため，瑕疵の存在を認識した上で履行認容するとはどういう意味なのか，その上で認められる瑕疵担保責任とは何を指すのかなどが問われていた。

改正法においては，少なくとも特定物・不特定物の区別および債務不履行責任と瑕疵担保責任との適用区分についてはその意義を失い，目的物の受領後であっても，契約不適合を知ってから1年以内に売主に対してその旨を通知すれば，買主は契約不適合に基づく権利を行使することができる（▶566条）。仮に買主が不適合の存在を認識しながら履行認容したと認められる場合において，そのことが権利行使にどのような影響を与えるかについては，そのような受領の趣旨に応じて個別に決せられよう。

することができる。第3に，**債務不履行による損害賠償請求**（▶564条）を妨げない。それでは，その詳細につき以下に解説しよう。

> **Case 2-1**　Aは，Bから住居用の甲建物を購入したが，同建物には建築当初より構造上の欠陥があり，Aはこれを知らずに売買契約を締結した。Aの入居後間もなくして，雨漏り，壁の亀裂，床の歪みなどが露呈するにいたったが，AはBに対してどのような権利を行使することができるか。
>
> **Case 2-2**　Aは，Bから事業用機械乙を購入して引渡しを受けたが，使用を開始してから間もなくして，乙に不具合があることが判明した。AはBに対してどのような権利を行使することができるか。

契約不適合(2)
：買主の権利

(1)　追完請求権　引き渡された目的物が種類，品質または数量に関して契約の内容に適合しないときは，買主は，売主に対し，目的物の修補，代替物の引渡しまたは不足分の引渡しによる履行の追完を請求することができる（▶562条1項本文）。引き渡された目的物または移転した権利の契約不適合は債務不履行（不完全履行）であるから，完全履行請求権として追完請求権が発生する。改正前における伝統的理解を貫けば，特定物につき理論上当然には追完請求は認められないが，この立場も，売主が一定の品質・性能を明示または黙示に保証した場合あるいは，修補義務を課すのが信義に適うと認められる場合において，かかる保証または信義則を根拠とする修補請求を認めることによって，具体的妥当性の確保に努めてきた。なお，新築住宅の売買に関する特別法（住宅の品質確保の促進等に関する法律）は，改正前から，瑕疵担保責任の特例として瑕疵修補請求権を明文化している（▶品確95条3項）。2017年改正はこれをさらに一般化して明快にしたものである。

　追完請求権の内容につき買主は，目的物の性質および不適合の状態に応じて，修補請求・代物給付請求・不足分の給付請求のいずれかを選択することができる。追完請求の可否自体については特定物・種類物との間に区別はないものの，その方法ないし具体的内容に関しては必ずしも同一ではない。すなわち，特定物売買においては目的物が当初より確定しているため，その状態が契約内容に適合しなかったとしても，買主は契約の対象となっていない他の物につき代物給付を求めることはできない。これは改正法においても同様である。

したがって，**Case 2-1** において，AはBに対し欠陥のない住宅として甲以外の建物の引渡しを請求することはできず，修補請求ができるにすぎない。

　売主は，買主に不相当な負担を課すものでないときは，買主が請求した方法と異なる方法による履行の追完をすることができる（▶562条1項ただし書）。買主が選択した方法が他の方法に比して売主にとって重い負担となり，他の方法であっても買主に過大な不利益を課すのでなければ，売主の利益に配慮してもよいからである。**Case 2-2** において，Aは追完の方法として修補または代物給付を選択できるのが原則であるが，Aが代物給付を求めた場合であっても，Bは，修補が容易であって適切かつ迅速にこれをすることができるのであれば，乙を引き取った上でさらに自己の負担において代わりの機械を調達して引き渡すのではなく，修補による追完をすることができる。

　契約不適合の有無は引き渡された物または移転した権利の客観的な状態に即して決せられ，売主の帰責事由の存否を問わないが，買主の帰責事由によって契約不適合が生じた場合，その不利益は買主が負担すべきであるから，買主は追完請求することができない（▶562条2項）。代金減額請求（▶563条3項）および解除（▶543条）についても同様である。

　(2)　**代金減額請求権**　　次の場合において買主は，契約不適合の程度に応じて代金の減額を請求することができる。①買主が相当の期間を定めて追完の催告をしたが，その期間内に追完がない場合（▶563条1項）。さらに以下の場合においては，買主は催告をせずに直ちに代金の減額を請求することができる（▶563条2項）。②追完が不能の場合（▶同項1号）。③売主が追完を拒絶する意思を明確に表示した場合（▶同項2号）。④定期行為においてその期間内に追完がない場合（▶同項3号）。⑤その他，催告しても追完される見込みがないことが明らかな場合（▶同項4号）。このような代金減額請求権の特色を整理すると次のようになる。

　第1に，改正前は，権利の瑕疵における担保責任類型の一部について代金減額請求権を認めるにとどまっていたが，2017年改正により，有償契約における契約不適合に対する救済手段として一般化されるにいたった。目的物または権利の状態が契約内容に適合しておらず，相手方が支払うべき対価との間に不均

衡が生じている場合，これを是正するための法的手段として，代金減額請求権を認めるのが公平にして合理的といえるからである。

第2に，追完請求権との関係についてみると，契約不適合における対価的不均衡の是正手段としては，目的物を対価に見合う適合状態へと補完することを目的とする追完請求権と，不適合状態に即して対価を減じることを目的とする代金減額請求権の2通りの方法が存するが，2017年改正において，両者の自由選択ではなく，追完請求権の優位が明らかにされた。すなわち，一次的には追完請求，そして売主が追完しない場合あるいは，追完が不能または合理的に期待できない場合における二次的な救済手段として，代金減額による対価的調整が位置づけられる。そのため，売主が速やかに修補または代物給付による対応を申し出たにもかかわらず，買主がこれを拒んで代金減額請求を選択することはできない。契約の履行・実現の優位という基本方針を体現したルールであり，現代契約法および取引法に関する国際的な法調和に適ったものである。なお，契約不適合が買主の帰責事由によるものであるときは，その不利益は買主が負担すべきであるから，代金減額請求は認められない（▶563条3項）。追完請求権と同様である。

第3に，代金減額請求権は売主に新たな責任を加重するものではなく，契約不適合の事実のみを根拠として，売主の帰責事由の有無を問わずに認められる調整手段であるため，損害賠償請求権とは区別されるべき権利である。改正前から学説上は，担保責任における損害賠償責任の意味につき，売主の帰責事由の有無に応じて，本来の意味における損害賠償と代金減額とに二分すべき旨を説くものが有力化していたが，2017年改正によりその区別が一層明瞭となった。

(3) **解 除**　買主は，債務不履行に基づく解除権（▶541条・542条）の行使を妨げられない（▶564条）。契約不適合を根拠とする権利である以上，債務不履行一般において認められる債権者の権利行使を否定すべき理由はないからである。ここでは，以下の2点について補足する。

まず，上記の救済手段との関係に留意して整理すると，解除が認められる場合は代金減額請求権と概ね共通している。すなわち，原則として相当期間を定

めて追完の催告をすることを要するが（▶541条），催告を要しない例外とし
て，追完不能，明確な追完拒絶，定期行為，その他追完される見込みがない場
合があげられる（▶542条）。このように両者の要件が共通するのは，代金減額
が一部解除に等しい機能を果たすからである。代金減額請求権との区別は，契
約不適合の重大性の有無すなわち，催告解除の場合は契約不適合が契約および
取引上の社会通念に照らして軽微でないこと（▶541条ただし書），無催告解除の
場合は残存部分のみでは契約目的を達成することができないこと（▶542条1項
3号）を要する点に求められる。

　次に，改正前との比較を通して理解を深めておこう。第1に，伝統的理解に
よれば，相手方（債務者）の権利を一方的に消滅させる法定解除は損害賠償と
並ぶ債務不履行責任の一態様であり，債務者の帰責事由を要すると解されてき
た。その後，契約からの脱退・解放を意味する解除は，損害賠償責任とは目
的・機能を異にするとして，帰責事由の存否ではなく契約を維持・継続しがた
い事由の有無を重視する理解が確立され，これをうけて改正法は，解除の要件
につき債務者の帰責事由を不要とした。そこでさらに，上記のとおり追完請求
権・代金減額請求権との関係に留意を要するところとなったのである。

　第2に，改正前においては，担保責任における解除は催告を要しない点が特
色であったが，契約目的の達成不能が要件とされていることから，追完が容易
に可能な場合など軽微な瑕疵を理由として直ちに解除できるわけではなく，ま
た，債務不履行（不完全履行）解除においても，追完不能または合理的期待に
欠ける場合には催告不要と解されていたため，要件に関しては改正法において
も大きな変更はない。債務不履行に基づく解除に一元化してシンプルになった
点に特色がある。

　(4)　**損害賠償**　　買主は，債務不履行に基づく損害賠償請求を妨げられない
（▶564条）。契約不適合を理由とする責任であることから，損害賠償請求権の有
無および範囲については，債務不履行一般における損害賠償に関する規律に従
う（▶415条・416条）。すなわち，契約不適合が売主の帰責事由によらない旨に
ついて立証されないかぎり，買主はこれによって生じた通常損害または，当事
者が予見すべき特別な事情によって生じた損害の賠償を求めることができる。

66 | 第2章　契約各論(1)

　改正前においては，担保責任における損害賠償の意義につき議論があった。伝統的理解である法定責任説は，これを特定物売買における信頼利益の賠償と解していたが，①信頼利益の意味が不明確である，②売主が無過失であっても信頼利益の賠償をしなければならないのはなぜか，③過失ある売主の責任が信頼利益の賠償に限定されるのはなぜか，といった批判がされていた。契約責任説に対しても，売主が無過失であっても履行利益の賠償が認められることの当否が問われていた。これらの批判は，特定物と種類物との間および，債務不履行責任との不均衡を指摘するものであるが，改正法は，前述のように損害賠償と区別して代金減額請求権を一般化するとともに，損害賠償請求権については債務不履行責任の要件・効果に従う旨を明確化した。

　(5)　**買主の権利相互の関係**　　上記の諸権利の関係について改めて整理しておこう。契約不適合に対する買主の権利として，一次的には追完請求権が認められる。契約内容に適合する履行の実現を優先させるためである（履行の優位）。売主が追完しない場合またはそれが不能もしくは合理的に期待できない場合，二次的な救済手段として，代金減額請求による対価的調整または解除権の行使が認められる。両者の区別は，契約不適合の重大性の有無に応じて決せられる。さらに買主は，売主の側において帰責事由の不存在が立証されないかぎり，債務不履行に基づく損害賠償請求が可能である。追完請求権・代金減額

Further Lesson 2-2
▶▶▶▶▶ **契約不適合と帰責事由の意義**

　改正前における担保責任の特色として無過失責任性が説かれており，そこで認められる損害賠償の意味が議論の対象とされていたが，その背景には，民事責任における過失責任主義の観点から，債務不履行責任の要件である帰責事由の意義を「故意過失およびこれと同視すべき事由」と解する伝統的理解があった。ところが，契約の遵守・尊重という観点から，契約責任においては当事者が自ら約した債務内容の不履行それ自体が責任根拠となる旨の理解が新たに提唱された。これによれば，損害賠償責任の成否は，不履行の事実および，債務者を免責すべき合理的理由（帰責事由の不存在）の存否によって決せられる。改正法はこの理解に沿うものであり，契約不適合における売主の損害賠償責任もこれに従う。

請求権・解除権の行使は両立しないが，損害賠償請求権はこれらの諸権利に併存して認められる。

Case 2-1 において，まずAはBに対して甲の修補を求めるべきであるが，適切な修補がされなかった場合または，修復には建直しを要する場合もしくはBが修補を拒否した場合は，代金減額を求めることができる。また，代金減額請求が認められる場合において，不具合の程度が大きく現状では居住に堪えないと認められるときは，解除することができる。これらに加えてAは，入居の遅れ，居住の不便または解除により被った損害の賠償を求めることができる。

Case 2-2 も同様である。修補が不能または迅速かつ適切にこれを行うことが困難である場合，Aは代物給付を求めることができるが，代わりの機械の迅速な調達・給付も不能もしくは困難であれば，代金減額または解除することができる。その他，事業上受けた損失につき，Bに対して賠償請求することも可能である。

> **契約不適合(3)**
> **：物に関する不適合**

（1）**契約不適合の意義**　契約不適合の有無は，いうまでもなく，物または権利の状態が契約内容に適合するか否かによって決せられる。そこで，物または権利がいかなる状態において引き渡され，または供与されるべきかにつき，どのような要素が契約内容に取り込まれたかを確定する必要が生じるが，これについては，契約上の表示，契約目的，さらには取引通念に従い，契約解釈によって判断される。改正法は，物に関する不適合（引き渡すべき物の種類・品質・数量の欠如）と権利に関する不適合（供与すべき権利の全部または一部が他人に属する場合においてこれを移転することができなかったときを含む）とに分類するが，これは，改正前の担保責任における物の瑕疵および権利の瑕疵に対応しており，契約不適合の具体的な意味を知るには，改正前における瑕疵の意義が手がかりとなるため，これをもとに主要な問題類型について解説する。

（2）**物に関する不適合**　（a）**意　義**　引き渡された目的物が，売主が契約上明示または黙示に保証した場合その他，給付すべき契約内容として合意された品質・性状を欠いていた場合，契約不適合にあたる。契約において明確に定められていなくても，契約目的および取引通念に照らして，目的物がその種

類の物として通常有すべき品質・性状を欠いている場合，契約の補充的解釈によって不適合が認定される。改正前における判例は，瑕疵の認定を柔軟に行いながら対価的不均衡の是正に努めてきたが，改正法においては，売主の債務内容の確定に際して契約解釈をどのように行うべきかが問われる。

なお，改正前においては，物の瑕疵が契約締結時または目的物の受領時において「隠れた」ものであることが担保責任の要件とされていた。その意味については，瑕疵の存在を買主が知らず，かつ，通常の注意を払っても容易に発見できなかったであろうと認められることを指すと解されていた。改正法では，目的物がどのような状態にあることを前提として契約内容が確定されたかに関する解釈の問題となる。

　(b)　不適合の類型　　(i)　物理的欠陥　　目的物それ自体の物質的な品質・性状の欠如が瑕疵にあたることはいうまでもない。**Case 2-1** および **Case 2-2** におけるような物質的な欠陥がまさにこれにあたる。

> ■ **Case 2-3**　Aが自己所有の甲土地をBに売却する旨の本件売買契約において，甲地の面積につき100m^{2}と表示されたが，実際には80m^{2}しかなかったことが判明した場合，BはAに対してどのような権利を行使することができるか。

　(ii)　数量不足　　引き渡された目的物の数量が不足している場合，不足分の追完請求によって補充されるのが通常であろうから，品質における契約不適合に準じるが，**Case 2-3** のような土地の面積不足など特定物の数量不足については追完になじまず，別途検討を要する。改正前においては，この問題類型について「数量指示売買」における数量不足に関する担保責任を定めており，その解釈は改正法においても妥当すると目されるが，数量指示売買は要件ではなく，数量に関する契約不適合の問題として，より柔軟な運用が予定されている。

　数量指示売買とは，売買目的物につき一定の数量を有する旨が示され，その数量を基礎として代金額が算定されたことが認められる売買をいう。これに該当する場合，売主は表示された数量を有する物として目的物を給付する債務を負う。そこで，一定の数量を有することが契約にとっていかなる意味をもち，

どのようにして契約内容に取り込まれたかに関する解釈が重要となるが，判例によれば，数量指示売買といえるためには，単に数量が表示されただけではたりず，「一定の面積，容積，重量，員数または尺度あることを売主が契約において表示し，かつ，この数量を基礎として代金額が定められた売買」であることを要する（★最判昭和43・8・20民集22巻8号1692頁）。たとえば，**Case 2-3** の甲地の売買において，同地の面積につき100m²と表示されただけでは，目的物を特定するための方法としての情報提供にすぎず，これにとどまらず，一定面積あたりの価格（例：1 m²あたりの単価）を定めた上で，これを基準に100m²有するものとして全体の対価が決定されていたことが必要である。この場合Aは，甲地をその現状のままではなく，100m²ある土地としてBに引き渡す債務を負う（▶483条）。このような数量指示売買の意義はもっぱら代金減額請求権の認定になじむものであり，解除あるいは損害賠償請求の可否については，代金額の算定方法よりも数量確保に込められた契約上の意味内容が重要となるため，数量不足に対する買主の権利は，数量指示売買に限定されず認められるものと解される。

　たとえば，甲地の面積が実際には80m²しかなかった場合，BはAに対し，不足する部分の割合に応じて代金減額を求めることができるが，80m²では契約目的を達成することができない場合（例：甲地の面積につき100m²有することが買主の利用目的の達成にとって必要である旨を売主が知りながら数量確保を約した場合），解除することができる。いずれの場合も，債務不履行に基づく損害賠償請求を妨げない。

　損害賠償の範囲については416条の問題となるが，買主が不足部分の値上がり益（土地が表示された数量どおりの面積を有していれば得られたであろう履行利益）の賠償を求めることはできるか。改正前における判例には，数量不足の担保責任の内容について，面積の表示が代金額決定の基礎にとどまらず，契約目的を達成する上で特段の意味を有する場合でなければ，履行利益の賠償までは認められない，と判示したものがある（★最判昭和57・1・21民集36巻1号71頁：百選II-52）。同判決は，数量の表示が代金額算定の基礎とされたというだけで当然には履行利益の賠償まで認められないが，いかなる趣旨において数量が約され

70　第2章　契約各論(1)

たのか，その確保を通して契約上どのような利益が保証されたのかによって，これを認める余地があることを示唆するものであり，改正法においても妥当しよう。具体的には，目的物の数量が買主の特別な利用目的・転売目的に適合する旨の数量保証あるいは，数量不足により買主が被った損害ないし逸失利益の賠償を予め売主が引き受ける旨の損害担保約束がなされた場合などがあげられる。

　なお，改正前においては，数量不足を理由とする担保責任につき買主の善意が要件とされていたが，改正法では契約解釈の問題となるところ，買主が数量不足につき悪意で契約を締結した場合は，表示された数量が確保されている旨が合意内容に取り込まれたと評価することができないであろうから，契約不適合にあたらないといえよう。

　(iii)　心理的欠陥　**Case 2-1** において，甲建物で過去に自殺者が出たという事実が後になって判明した場合，このような事情は建物の品質・性状には影響しないため，契約不適合といえるかが問題となる。改正前における物の瑕疵に関する裁判例には，一般的にみて購入者が嫌悪すべき心理的要因も瑕疵にあたるとして（★横浜地判平成元・9・7判時1352号126頁，東京地判平成7・5・31

Further Lesson 2-3
▶▶▶▶▶　数量超過の場合における代金増額請求の可否

　Case 2-3 において，甲地の面積が120m²であった場合，Aの側からBに対して代金増額請求することができるか。数量不足の場合における代金減額請求権の類推解釈として成り立ちうるようにも思える。改正前における判例は，代金増額に関する当事者間の合意がある場合を除いて，担保責任の類推適用による代金増額請求を否定した（★最判平成13・11・27民集55巻6号1380頁）。たしかに，契約で約した数量を供給することができなかった場合において売主が責任を負うべきことと，契約で約されていない超過部分について買主に新たな債務を負わせることの当否とは，問題を異にするように思われるが，①超過分に応じて代金を支払う趣旨を含めて対価が決定された旨の契約解釈をどのようにして行うか，②約定されていない超過数量につき買主が対価を負担せずに保持することは不当利得であり，償還するのが公平ではないか，③契約の前提ないし基礎に関する修正を理由として，交渉による契約改訂を推進すべきか，などが課題として指摘されている。

判時1556号107頁），解除を認めたものがある。こうした事情は建物価格の下落要因となって対価的不均衡をもたらし，快適な利用目的の達成を妨げるのが通常であるため，契約不適合にあたると解してよいと思われるが，学説には，このような問題は，錯誤・詐欺あるいは契約締結過程における情報提供義務違反として処理すべき旨を説くものもある。

(iv) 環境的欠陥　　**Case 2-1** において，契約締結時すでに甲建物の近隣に暴力団事務所が存在していたことが引渡し後に判明した場合，このような生活環境を阻害する要因も建物の瑕疵といえるであろうか。これは目的物自体の欠陥にあたらず，周辺の環境が建物の使用収益に影響を及ぼしているにすぎないが，改正前の裁判例においては，物の瑕疵にあたるとして代金減額的な損害賠償を認めたものがある（★東京地判平成7・8・29判時1560号107頁など）。さらに，契約締結時において甲の近隣に高層建築が行われる計画が存在しており，後にこれが実行されたために，甲建物の日照・眺望が害されるにいたった場合

📝 Topic 2-2

土壌汚染と契約不適合

　土地の売買において地中に有害物質が含まれていた場合，このような土壌汚染は契約不適合にあたるが，たとえば，地中に含有されていた物質甲が契約後になって新たに法令上の規制対象となった場合はどうか。改正前の担保責任に関する判例は，瑕疵の有無は契約締結時の取引観念を斟酌（しんしゃく）して決定されるため，その時点において甲が有害物質である旨の認識可能性に欠ける場合は瑕疵にあたらない，と判示した（★最判平成22・6・1民集64巻4号953頁：百選Ⅱ-50）。買主の生命・身体の安全を害する物質が土地に含有されていた以上，有害性の認定時期にかかわらず契約不適合にあたる，と解するのが買主保護に資するが，不適合の評価が契約後の事情によって左右されるとなると，売主は契約時に予見できなかった事情につきいつまでも責任を負わなければならず，不安定な地位に立たされる。

　改正法においては，すぐれて契約解釈の問題となる。契約時において甲が有害物質である旨の認識可能性を欠いていた以上，「有害物質甲を含有しない土地」は契約内容となりえず，「現時点において有害と認められている物質を含有しない土地」を給付内容として定めたにとどまるものと解釈すべき場合と，「およそ利用目的を妨げる有害物質を一切含有しない土地」が契約内容とされたと認定できる場合とに分かれようか。最終的には個別具体的に判断すべきことになろう。

はどうか。2017年改正前の裁判例には，日照・眺望の良好性が契約上予定されていた場合において担保責任を肯定したものがある（★大阪地判昭和61・12・12判タ668号178頁など）。将来における日照・眺望の良好性は建物として通常有すべき性状とまではいえないため，A・B間の売買契約において，甲につき日照・眺望が維持確保される旨が契約内容として取り込まれたか否かによって決せられよう。

改正法では契約解釈による契約内容の確定の問題となるが，居住用建物として通常有すべき生活環境または，契約目的に適った利用を阻害する環境的要因も，契約不適合に含まれる余地があろう。

なお学説は，これについても，錯誤・詐欺，情報提供義務違反，さらには消費者契約法4条に基づく保護などによる解決を指摘する。

(c) 目的物の滅失等による危険移転　買主が引渡しを受けた後に目的物が滅失・損傷し，これにより契約不適合が生じた場合，それが当事者双方の責めに帰することができない事由によるときは，買主は上記の権利を行使することはできず，かつ，代金の支払いを拒むことができない（▶567条1項）。当事者双方の帰責事由によらない目的物の滅失・損傷の危険は，目的物の引渡しによって買主に移転することを示している。売主が契約の内容に適合する目的物につき履行の提供を行ったにもかかわらず，買主が受領遅滞に陥り，その後引渡しが完了する前に目的物が滅失・損傷した場合においても，その履行の提供によって買主に危険が移転するため，同様となる（▶同条2項）。

このことは，先に述べたように，引渡しまたは履行の提供までに生じた契約不適合につき，売主が責任を負うべき旨を示している。その場合，後に目的物が滅失・損傷したとしても買主の権利は失われない。

⚞ Case 2-4 Aは甲土地を所有しているが，これをBがCに対して売却した。以下の場合において，Cが甲の所有権を取得するにいたらなかったとき，CはBに対してどのような権利を行使することができるか。
　(1) Bが甲地をAから買い取ってCに移転する旨を約した場合
　(2) Bが甲地を自己所有に属すると称して売却していた場合

第2章 契約各論(1) 73

契約不適合(4) ：権利に関する不適合

(1) 権利に関する不適合の意義 供与した権利の契約不適合の有無についても，移転すべき権利の内容・状態について定められた契約内容にしたがって判断される。その具体例としては，改正前における権利の瑕疵は，前述したように，権利の全部または一部が他人に属する場合，使用収益に必要な権利の不足，他人の担保物権の負担が存する場合に類型化されていたところ，これらは改正法における権利の不適合においても典型例として妥当すると解されるため，以下にまとめておこう。

(2) 他人の権利の売買 (a) 他人物売買の意義 他人の物ないし権利を売買の目的とした場合，売主は，その権利を取得して買主に移転する義務を負う（▶561条）。これは，契約成立時に売買目的物が売主の所有に属している必要はなく，他人物売買も契約としては有効である旨を示している。ここにいう「有効性」は，他人の物ないし権利の移転を目的とする売買であっても，売主にはその権利を調達・供与する債務が有効に発生すること（債権的効力）を指すにとどまり，最終的に有効に権利が移転するかどうか（物権的効力）は，かかる債務の履行の可否の問題となる。契約締結時において他人に属する物で

Further Lesson 2-4
➤➤➤➤➤ **権利の調達とその法律構成**

他人物売買を **Case 2-4**(1)，(2)のように2類型に分けて区別することは，権利移転を果たせなかった場合だけでなく，権利移転が実現した場合の法律関係の理解についても，次のような整理を促す。他人物処分につき，事後に所有者の追認を得ることによってその処分権限が補われた場合，116条類推適用により，処分行為が遡及的に効力を生じるとされている。このことを「追完」概念により説明づける理解もある。しかしながら，**Case 2-4**(1)のような場合において，売主が所有者から目的物を取得して買主に移転したとしても，それは履行期に債務の本旨に適った履行がされたに他ならず，これを無権代理行為の追認に引き寄せて構成したり，遡及効を認めたりする必要はない。したがって，他人物売買において事後的に権利移転が実現したといっても，そのすべてを追完により説明すべきではなく，その有効射程は，**Case 2-4**(2)のように当初より売主に処分権限あることを前提として売買され，追認により所有者から買主に「直接」かつ「遡及的」に権利移転することを認めるべき場合ということになろう。

あっても，売主がその物を調達・取得して買主に移転することを約して売買することは実際に少なくないし（**Case 2-4**(1)），売主が自己の物として売却するか（**Case 2-4**(2)），あるいは所有者から処分を許されていると称して売却する場合もありうる。その履行については，売主が所有者から目的物を取得した上で買主に移転する方法（**Case 2-4**(1)）または，予め所有者の処分授権を得るかまたは事後に追認を得る方法（**Case 2-4**(2)）によって実現され，買主の権利取得が可能となる。

　問題は，買主への権利移転が実現しなかった場合である。売主に処分権限がない場合でも，即時取得制度や民法94条2項類推適用などにより善意の買主が権利取得しうることがあるが，そうでないかぎり，売主が権利を調達・供与することができなければ，債務不履行にあたる。

　目的物の権利の全部が他人に属する場合，売主の責任は債務不履行一般の規定に従い，解除および損害賠償となる（▶415条・416条・541条・542条）。なお，改正前においては，悪意の買主につき損害賠償請求権が否定されていたが，改正法では，目的物が他人に属する旨につき契約締結時に買主が知っていたからといって，直ちに損害賠償請求権が排除されるわけではなく，売主の態様ひいては，それを踏まえてどのような合意されたのか（例：権利の調達に関する売主の保証の有無），追完の可否および，買主が追完不能の旨について当初から知っていたか否か，などに応じて判断されるべきことになろう。さらに，改正前は善意の売主に解除権を認めていたが，改正法では不履行債務者の側からの解除権の行使は認められず，合意解除の余地が残されているにとどまる。

　(b)　**権利の一部が他人に属する場合**　　**Case 2-4** において，B所有の甲土地として売却した土地の一部が，実は隣地に住むA所有の土地であった場合など，売買の目的とされた権利の一部だけが他人に属する場合，移転した権利の契約不適合にあたる（▶565条）。したがって，CはBに対して，不足部分をAから取得して移転するかまたはその追認を得るよう求め，それができない場合，不足部分の割合に応じて代金減額請求するかまたは，残存部分のみでは契約目的を達成することができないときは，解除権の行使することができる。いずれの場合も，債務不履行を理由とする損害賠償請求を妨げない。

改正前においては，解除および損害賠償請求につき買主の善意を要件としていたが，目的物の一部が他人に属する旨につき契約締結時に買主が知っていたとしても，その一事をもって買主の権利が排除されるわけではなく，それを踏まえてどのような合意がされたのか，追完の可否および，追完不能の旨までを買主が当初から知っていた否かなどによって決せられよう。

なお買主は，売主以外の第三者が所有権を主張して争うなど，売買目的物について権利を主張する者があるために，買い受けた権利の全部もしくは一部を取得することができず，または失うおそれがあるときは，その危険の限度に応じて，代金の全部または一部の支払いを拒絶することができる（▶576条）。履行した後で事後的に担保責任を追及するだけでなく，このような代金支払拒絶権が認められることにより，買主の損害予防が図られる。他人のための担保物権あるいは用益物権が付着している場合にも適用される。ただし，売主が相当の担保を提供した場合はこの限りでない（▶同条ただし書）。

また売主は，代金支払いを拒絶する買主の事後の履行を確保するため，代金の供託を請求することができる（▶578条）。

> **Case 2-5**　Aは乙土地を所有しているが，これをBに対して売却した。以下の場合において，BはAに対してどのような権利を行使することができるか。
> (1)　乙地につきCの地上権が設定されていた場合
> (2)　乙地につきDの抵当権が設定されていた場合

(3)　**権利の制限**　**Case 2-5**(1)のように，目的物に他人の用益権が付着しているため，その使用収益が制限されている場合あるいは，逆にその使用収益にとって必要不可欠な用益権が備わっていない場合などにおける「目的物の利用制限」および，他人の担保物権による負担・制限が付着している場合は，移転した権利の契約不適合にあたる（▶565条）。

(a)　**他人の用益権による利用制限**　売買目的物に，他人の地上権，永小作権，地役権，賃借権などが設定されており，これらが買主に対しても対抗力を有している場合，かかる権利者の占有により買主の使用収益は制限される。このような場合において買主は，契約目的達成の可否に従い，使用収益の制限の

程度に応じて代金減額または，解除を選択することができる。このほか，使用収益が妨げられたことによって生じた損害につき，債務不履行に基づいて売主に対して賠償請求することを妨げない。

また，売買目的物たる土地につき，その利用のために必要な地役権（例：隣地に通路を開設して通行使用するための通行地役権）が存する旨を売主が約したにもかかわらず，それが存在しなかった場合についても，同様となる。

改正前においては，善意の買主について解除権および損害賠償請求権を認めていた。改正法では，買主がこれらの権利の制限につき悪意であったとしても，それを踏まえてどのような合意がされたのか，権利の除去または補充による追完の可否および，それが不能である旨についてまで買主が当初から知っていたか否かなどに応じて判断されることになろう。

(b)　抵当権等の担保権の負担が存する場合　　**Case 2-5**(2)におけるように，売買目的物である不動産に抵当権などが存在する場合，買主の使用収益は制限されないが，これらが対抗力を有するかぎり追及効が認められるから，実行されると買主は所有権を喪失する。このような危険に対する買主の保護手段として，次のようなものがあげられる。

①売買代金額≧被担保債権額である場合，売買代金の全部または一部を担保権者に対して代位弁済（▶474条1項）することにより，抵当権は消滅する。

②売買代金額＜被担保債権額の場合でも，代価弁済（▶378条）または抵当権消滅請求（▶379条以下）により，代金相当額を担保権者に支払うことで抵当権の負担から解放される。

①②の場合，売主への代金支払義務は，同人に対する求償権との相殺により決済すればよい。そして，抵当権消滅請求の手続が終了するまで，買主は売主に対して代金支払拒絶権を有する（▶577条）。

けれども，買主がつねにこのような保護手段を予め講じるとは限らない。設定登記により買主が抵当権の存在を認識しており，目的物に抵当権の負担が付着している事実を織り込んで契約が締結された場合であれば，売買契約においてすでにその危険に対する手当てが行われているため，抵当権の負担は契約不適合にあたらない。しかしながら，契約締結時において抵当権実行の危険が顕

在化しておらず，売主が抵当権の消滅を約したかあるいは，抵当権実行の危険がないことを前提として契約が締結されたにもかかわらず，抵当権が存続して実行の危険にさらされるにいたった場合は，契約不適合にあたる。

第1に，抵当権等の行使により目的物の所有権を喪失した場合，売主の権利供与義務の債務不履行にあたるため，買主は契約を解除することができる（▶565条→564条）。

第2に，買主が代位弁済または抵当権消滅請求などにより，自ら費用を支出して所有権喪失の危険を回避したときは，売主に対して，その費用の償還を請求することができる（▶570条）。買主が目的物の保持を望む場合はこのような対応となる。

どちらの場合も，損害賠償の請求を妨げない（▶565条→564条）。抵当権等が行使された場合において，抵当権の消滅を売主が保証した等の事情があれば，抵当権の負担がないことを前提とする履行利益の賠償も可能であろう。

契約不適合(5)
：期間制限
(1) 物の種類・品質に関する不適合 (a) 権利保存要件としての通知 目的物の種類または品質に関する契約不適合については，買主が目的物を受領した後にこれを発見した場合において，いつまで権利を行使することができるかが問題となる。買主は「その不適合を知った時」から1年以内にその旨を売主に通知しなければならない（▶566条本文）。この通知が買主の権利を保存するための要件となり，これを怠ると権利が消滅する。その趣旨は，契約不適合に対する買主保護と，引渡しによって履行が完了したものと信じた売主の免責に対する期待保護との調和を図る点に求められている。そのため，契約不適合につき売主に悪意または重過失ある場合は，通知をしなくても買主の権利が保存される（▶同条ただし書）。さらに商人間の売買においては，買主は目的物の受領後に遅滞なく検査して契約不適合の発見に努め，通知しなければならない（▶商526条1項）。

改正前においては，担保責任の期間制限につき，買主が瑕疵を知った時から1年を権利行使期間と定められていた。判例は，かかる権利行使期間を除斥期間と捉え，かつ，その期間内に買主は，売主に対する裁判外の権利行使で足りるとしつつも，瑕疵の存在および権利の内容ならびに根拠を具体的に明示する

ことを求めていた（★最判平成4・10・20民集46巻7号1129頁）。これに対しては，短期間にそこまで求めるのは，売主が誠実に対応しない場合や瑕疵の手当てにつき交渉が難航した場合などにおいて，買主保護に欠ける旨が指摘されていたが，2017年改正によって修正された。買主が契約不適合を知ってから1年以内にすべきことは，具体的な権利行使ではなく，その前提となる通知で足りる。契約不適合の事実を知らずに目的物を引き渡した売主の免責期待は，契約不適合の通知によってくつがえされるため，売主の利益に対する配慮としては，これで必要かつ十分であるとの判断に基づいている。

（b）　一般消滅時効との関係　　買主は，上記の通知によって保存した諸権利につき，その後に具体的に選択して行使することになるが，その行使期間は債権の一般消滅時効に服する（▶166条1項1号により5年）。それでは，買主が引渡しを受けた後に契約不適合の事実に気づかないかぎり，通知の前提に欠けることから，いつまでも権利が存続することになるのか。

まず，商人間の売買については，買主は目的物の受領後に直ちに発見することができない瑕疵であっても，6か月以内に瑕疵を発見して通知しなければ，責任追及できない（▶商526条2項）。

次に，同条の適用がない場合はどうか。改正前における判例は，担保責任に関する期間制限は，一般消滅時効の適用を排除するものではなく，引渡しの後遅くとも通常の消滅時効期間の満了までに瑕疵を発見して権利行使することを買主に期待してよいから，瑕疵に気づかなかった場合であっても，担保責任に関する権利は引渡し時を起算点として債権の消滅時効にかかる旨を明らかにした（★最判平成13・11・27民集55巻6号1311頁：百選II-53）。改正法においても，566条は買主の権利を引渡し後いつまでも存続することを認める趣旨ではないため，買主は引渡し時から一般消滅時効の期間経過（▶166条1項2号により10年）までに契約不適合の事実を発見・通知して，権利行使すべきことになる。

（2）　**物の数量に関する不適合**　　上記の権利保存要件は，目的物の数量に関する不適合については適用されない。数量不足などにつき売主は引渡し時において容易に認識し得るため，566条によって保護する必要はなく，買主の権利行使はもっぱら一般消滅時効に服することになる。

(3) **権利の不適合**　移転した権利の不適合を理由とする権利行使について
も，買主に速やかな通知を求めることによって保護すべき売主の期待は認めら
れず，566条は適用されない。この場合も買主の権利はもっぱら一般消滅時効
に服する。

**契約不適合(6)
：その他の制限**
(1) **競売における契約不適合**　競売における目的物の
不適合についても，買受人は，目的物の所有者である債
務者に対して，解除権を行使するかまたは代金減額を求めることができる（▶
568条1項）。競売においては債務者による履行を観念できないため，追完請求
権はない。また，債務者が自らの意思に基づいて売買する場合と異なり，その
帰責事由を問うことができないことから，損害賠償請求も認められない。ただ
し，債務者が物または権利の不存在を知りながらその旨を申し出なかったと
き，または債権者がこれを知りながら競売を請求したときは，買主はこれらの
者に対して損害賠償を請求することができる（▶同条3項）。

　債務者が無資力のときは，配当を受けた債権者に対して，代金の全部または
一部返還を求めることができる（▶同条2項）。債権者は，執行財産の換価価値
に即して利益を受けられるにすぎず，不適合により売却価格の調整を要する場

Further Lesson 2-5
▶▶▶▶▶　法律上の不適合

　土地売買において，土地につき都市計画法あるいは建築基準法などの法令上の利
用制限が存した場合，このような「法律上の不適合」に対する責任はどうなるであ
ろうか。これを目的物の利用制限という観点からみれば，他人の用益権による利用
制限と共通するため，「権利に関する不適合」に準じる。売主が追完することがで
きない不適合であるという点では，面積不足のような「物の数量に関する不適合」
に類する。あるいは，「物の品質に関する不適合」と捉えることも考えられる。民
法改正前の判例には，「物の瑕疵」にあたるとしたものがある（★最判昭和41・
4・14民集20巻4号649頁など）。
　改正法では契約解釈および契約不適合に関する諸規定の運用に委ねられることに
なるが，その実益は，権利行使期間の制限および競売における責任の有無に反映さ
れるため，①売主の免責期待を保護すべきか，②競売において目的物に関する法令
上の利用制限を不問に付すのが妥当かどうかという観点が必要であろう。

合にはこれに服すべき地位にあるからである。

競売においては，物の種類または品質に関する不適合に対する買主の権利が排除される（▶同条4項）。その根拠は，競売物件は種類または品質に関する不適合を伴う場合が多いため，そのすべてについて売主の責任を認めると，執行における清算関係の安定が著しく害されるおそれがあるのに対して，買受人にそのリスクを甘受することを求めても決して不合理とはいえない，という点にある。

(2) 債権の売主の責任　(a)　一般原則　債権も譲渡可能な財産権として売買の対象に含まれる。債権譲渡が売買の形式で行われることも多い。そこで，売却された債権の状態も責任の対象となり得るが，物の売買と同様に解してよいかが問題となる。

原則として，他人に属する債権，債権の不成立，無効などの不発生，消滅および，抗弁権の付着など，債権の帰属・存否・負担の有無は，561条以下の責任の対象となる。

それでは，弁済期に債権の履行が実現しなかった場合，債務者のみならず，売主も責任を負うべきか。この点につき民法は，売主が債務者の資力を担保した場合に責任を負う旨を示す（▶569条1項）。金銭債権に主眼が置かれているが，このことは，譲渡された債権の最終的な履行の有無に関するリスクは，買主—債務者間において調整すべき問題であり，債権の売主が当然に責任を負うわけではない，という理解に基づいている。

そうであるとしても，債務者の信用不安が懸念される場合などにおいては，優良債権である旨を売主がとくに保証して売買することがありうる。そこで，このように売主が債務者の資力を担保した場合は，いつの時点における資力を担保したのかがさらに問われる。民法は，これを売買時における債務者の資力を担保したものと推定し（▶569条1項），弁済期が未到来の債権につき，売主がとくに債務者の将来の資力を担保したときは，弁済期における資力を担保したものと推定する（▶同条2項）。

また，売主が，抵当権あるいは保証人により実現が確保されている債権であることを保証して売買したが，そのような担保が存在しなかった場合は，契約

不適合として責任を負うことなる。

> **❖ Case 2-6**　Aが自己所有の甲土地をBに賃貸し，Bは同地上に乙建物を建築・所有していたが，後にBは，Cに対して乙建物を甲地の借地権とともに売却した。ところが，甲地の擁壁部分に欠陥があり，建物倒壊の危険が生じたため，Cは乙建物を取り壊すことを余儀なくされた。CはBに対してどのような主張をすることができるか。

　(b)　「借地権付建物」売買における敷地の欠陥　　借地上の建物売買では，建物所有者が，その建物につき借地権とともに売買するのが通常であるが，**Case 2-6** のように敷地に欠陥があった場合，買主は建物の売主に対して責任を追及することができるか。この場合，売買の対象は「建物＋土地賃借権」であるが，敷地の欠陥が土地賃借権に関する契約不適合といえるかが問題となる。一見すると当然に肯定してよさそうであるが，賃借権は債権であるところ，賃貸目的物の性状も債権たる賃借権の内容に含まれるのか，そしてこのような場合における買主Cの保護は，建物・借地権の売主Bまたは，土地賃貸人Aのどちらの責任において図るべきなのかが，問われるところとなる。

　改正前における担保責任に関する判例は，①敷地の瑕疵は，土地賃貸人に対する修繕義務の履行あるいは瑕疵担保責任を追及することによって解決されるべき欠陥であり，売買目的物たる賃借権の瑕疵とはいえない，②賃借権は債権であるところ，債権の売主は，その最終的な履行までを当然に担保するものではないから（▶569条参照），賃貸人において負担すべき修繕義務の不履行は賃借権の瑕疵にあたらない，と判示した（★最判平成3・4・2民集45巻4号349頁：百選Ⅱ-54）。**Case 2-6** のような事例においては，CはもっぱらAに対し土地賃借人として責任追及すべきであり，Aが使用収益のために適切な措置を講じなかったからといって，Bに対して責任を問える筋合いにはない，というのである。ただし同判決は，賃貸人の修繕義務の履行により補完されない瑕疵すなわち，敷地の面積不足や法令上の使用制限などは，賃借権の瑕疵にあたるとしている。

　もっとも，債権といっても，賃借権は金銭債権とは異なり，物の利用を目的とする権利であるから，債務者の将来の資力と賃貸目的物の性状・品質の担保

とを同一視すべきではない点に注意を要する。改正法においては，売買契約の内容として，契約目的に応じた使用収益に適う建物および，そのために必要な権利を売主が供与することが取り込まれ，これを前提として対価が定められた場合は，契約不適合として買主の権利行使を認めるべきこととなろう。

契約不適合(7)：他の制度・法理との関係　**(1)　錯誤取消しとの関係**　改正前においては，瑕疵担保責任に基づく解除と錯誤の関係が論点とされていた。とりわけ法定責任説からは，①担保責任の適用対象は，特定物売買において契約締結時に瑕疵が存在し，かつそれが「隠れた瑕疵」であった場合であるから，瑕疵を知らずに購入した買主の錯誤と共通する，②特定物の品質・性状は売主の債務内容にならず，動機にすぎないため，このような場合における買主の保護手段として担保責任と錯誤が機能する，という理解が導かれる。

そこで，両者が要件を充足して競合する場合における適用関係につき，①錯誤優先説，②担保責任優先説，③選択的主張説が対立していた。

改正法では，契約不適合と錯誤の関係という問題に置き換えられる。一般に，契約締結時においてすでに債務不履行の原因が生じている場合は錯誤と競合し得るため，目的物が契約当初から契約不適合の状態にあった場合も同様となる。その場合買主は，引き渡された物が契約内容に適合していない旨を主張して契約を解除することができるが，錯誤を理由とする取消しを主張する実益はどこに求められるであろうか。

第1に，権利行使期間についてはどちらも共通している（▶126条・166条1項1号）。なお，契約不適合については通知による権利保存が求められるため（▶566条），買主がこれを怠った場合に錯誤無効が意味をもつが，このような場合は錯誤無効の主張も信義則上制限されるべきであろう。

第2に，追完が可能である場合または代金減額によるべき場合は解除が認められないが，このような場合は重要な錯誤にもあたらないであろう。

そこで第3に，買主が欲する品質・性状が売主の債務内容として取り込まれるに至っていない場合があげられる。この場合における品質・性状の欠如は契約不適合にはあたらないが，それが契約の基礎とされた事情であり，契約目的に照らして重要なものであると認められるときは，取消しが認められる（▶95

条1項)。そのため，契約不適合における契約内容の認定によるが，買主にとって錯誤は，契約不適合と認められない場合において補充的役割を果たすものとして機能することがありえよう。

(2) **契約締結上の過失責任との関係**　改正前においては，担保責任が特定物の原始的瑕疵を対象とする旨の理解を前提として，目的物の品質・性状に関する売主の情報提供義務・説明義務違反に基づく責任との関係が問われていた。改正法では，契約締結に際して売主が提供した情報・説明が契約内容に取り込まれたと認められるときは，契約不適合の問題となるが，それが契約内容に至っていない場合においては，情報提供義務・説明義務違反が，買主の適切な意思決定を妨げた不誠実な態様を根拠とする責任として，補充的役割を担うことになろう。もっとも，ここにいう損害賠償が代金減額的機能を果たすとすれば，効果において契約不適合と共通する。

買戻し　(1) **買戻しの意義**　不動産の売主が，契約締結時に買主と交わした特約に基づいて，一定期間後に買主が支出した売買代金または特約によって定められた代金および，契約費用と同額の金銭を支払うことにより，その売買契約を解除して不動産を復帰させることを指して，**買戻し**という。売買の形式を応用した資金調達の手段であり，自己が所有する不動産を売却することにより資金を得た上で，目的を達成した後に同額の金銭を支払って再び不動産を受け戻すことを予定して行われる。したがって，その機能に着目すれば，事実上の担保目的の売買といってよい。なお，このような買戻しの特約は約定解除権の留保を意味している。

(2) **買戻しの要件**　(a) **売買契約締結時における特約**　買戻しは，売買契約と同時に当事者間で締結した特約に基づいて行われる（▶579条）。「同時」性の要件の趣旨は，売買契約締結当初から合意により買戻しが予定されていることを要求する点にあると思われるが，当事者の私的自治に照らし，事後の合意でも差し支えないとする見解もある。

(b) **不動産であること**　買戻しの対象は，不動産に限定されている。これは，第三者の取引安全を図るため，買戻し特約を登記により公示することを可能とするための前提要件である。

84 第2章 契約各論(1)

(3) **買戻しの効果** (a) 買戻権の発生 買戻し特約の効果として，売主には買戻権が付与される。これは，先述したように約定解除権の一種と解される。

(b) 買戻権の行使期間 買戻権の行使期間は，特約で定めることができるが，10年を超えて設定することはできず（▶580条1項），また，後から期間を伸長することはできない（▶同条2項）。期間の定めがない場合は，5年以内に行使しなければならない（▶同条3項）。

このような期間制限は，買主を長期間にわたり不安定な地位に置かないことを目的とする。

(c) 買戻しの実行要件 売主は，上記の行使期間内に代金と契約費用を買主に対して提供しなければ，買戻権を行使することができない（▶583条1項）。また，買主が不動産につき必要費または有益費を支出していたときは，民法196条に従い，売主はこれを償還しなければならない（▶同条2項）。

(d) 買戻権行使の効果 買戻権は約定解除権の一種であるから，権利行使の効果として売買契約が解除され，売主に不動産の所有権が復帰する。

(e) 買戻権の対抗要件 買戻権の効果は解除であるため，第三者の利益を害するおそれがある。そこで，売主が売買と同時に買戻し特約を登記（付記登記）することが，第三者に対する対抗要件とされている（▶581条1項）。解除一般に関しては，民法545条1項ただし書により第三者が保護されているが，買戻しに基づく解除については，債務不履行解除などと異なり，はじめから解除による財産回復を予定している売主の利益を確保するとともに，第三者に不測の損失を被らせないため，このような規定がとくに設けられた。

なお，この登記は条文上，売買と同時に行うべきものとされているが，第三者の出現前にすればよいとする見解もある。

買戻し特約の登記がされていても，第三者が賃借人である場合は，一定の保護が与えられている。対抗要件を備えた賃借人は，解除後1年を超えない範囲で売主に対しその賃借権をもって対抗することができる（▶581条2項）。財産回復についての売主の利益と，買戻権行使まで所有者として使用収益しうる買主の用益権，および賃借人保護との調和を図る趣旨である。ただし，売主を害

する目的で行われた賃貸借については，買戻しに基づく解除の効果を対抗される（▶同項ただし書）。

　売主は特約の登記により，不動産の転得者に対して買戻しに基づく解除の効果を対抗することができるが，転得者が不動産につき必要費または有益費を支出していた場合は，196条に従い，売主はこれを償還しなければならない（▶583条2項）。

　(4)　再売買の予約　　上で説明したように，民法が定める買戻しは要件が厳格であるため（売買と同時に特約すべきことや，対象の限定〔不動産〕，期間制限，代金・費用の提供など），やがて，「売買一方の予約」を活用しながら，買戻しと同じ機能を果たす法的手段が登場することとなった。それが**再売買の予約**である。これは，売主が将来において目的物を再び買い受ける旨の予約（売買一方の予約）を買主との間で締結し，後に売主が予約完結権を行使することにより，目的物の回復を図るという法形式を指す。ここでは，買戻しのような原契約の解除ではなく，新たな売買に基づく財産回復という方法がとられているが，目的・効果において変わるところはない。

　(5)　財産権移転型担保（譲渡担保）への発展　　買戻しも再売買の予約も，資金調達のための譲渡であり，その実質は担保に他ならない。ただ，金銭を借り入れるのではなく，売買の形式をとるため，被担保債権は存在しない。

　そこで，今日の金融取引においては，このような担保目的の財産譲渡を効果的に実現すべく，「財産権移転型担保」が活用されるにいたっている。取引によって生じた債務を担保するために，債務者または第三者が有する一定の財産権を債権者に移転し，債務者が被担保債権を弁済することにより，担保目的が達成されて財産が復帰する，という法形式がそれである。これを**譲渡担保**という（詳細は，➡第2巻　物権・担保物権法に譲る）。

4　特殊な売買(1)—特定商取引

　特定商取引の意義　　1970年代に，営業所以外の場所で行われる事業者—消費者間の売買として，訪問販売による消費者被害が社会問題化した。このような**無店舗販売**においては，事業者の不意打ちに遭った

86 第2章 契約各論(1)

無防備な消費者が，巧妙な勧誘により十分な情報および考慮機会を与えられないまま契約締結に及んでしまったり，強引または執拗な勧誘により困惑した状態でやむなく締結に応じるといった，不当勧誘が問題となる。これをうけて，1976（昭和51）年に**訪問販売法**が制定された。しかしながら，その後，電話勧誘販売など訪問販売の形態をとらない不当な無店舗販売が横行するところとなり，さらにマルチ商法による新たな消費者被害が深刻化するなど，消費者問題が続出したため，それらに対応すべく法改正が重ねられ，2000（平成12）年に「特定商取引に関する法律」（以下，**特定商取引法**とする）へと改正されて，現在にいたっている。同法は，①訪問販売，②通信販売，③電話勧誘販売，④連鎖販売取引（マルチ商法），⑤特定継続的役務提供契約（エステ，英会話教室，学習塾など），⑥業務提供誘引販売（内職商法，モニター商法），⑦訪問購入の7類型にわたる売買をもって，「特定商取引」と定め，消費者保護を図っている。

主な規制内容 **(1) 不当な勧誘・誇大広告の禁止** 重要事項に関する不実告知・不告知ならびに威迫困惑行為・不当誘引（▶特定商取引6条・21条・34条・44条・52条・58条の10），さらに通信販売・連鎖販売取引・特定継続的役務提供契約・業務提供誘引販売においては，誇大広告および，承諾をしていない相手方に対する電子メール広告ならびにFAX広告（通信販売のみ）の提供（ただし特定継続的役務提供契約を除く）が禁止されている（▶特定商取引12条・12条の3～5・36条・36条の3～4・43条・54条・54条の3～4）。これらの禁止規定の違反の効果としては，事業者に対する罰則（業務の停止など）に加えて，重要事項の不実告知および不告知に基づく誤認を理由とする取消権が認められる（▶特定商取引9条の3・24条の3・40条の3・49条の2・58条の2）。

(2) 書面交付義務 事業者は，消費者から申込みを受けたときは，直ちに重要事項に関する申込み内容を記載した書面を，契約締結の場合にはその後遅滞なく，契約内容を明らかにする書面を，消費者に交付しなければならない（▶特定商取引4条・5条・18条・19条・37条・42条・55条・58条の7）。取引条件・契約内容に関する明確な認識に基づく消費者の意思決定を確保するためである。もっとも，この書面交付義務には私法上の効力はなく，書面交付が契約の

成立要件となるわけではない。

　(3)　**クーリング・オフ**　　消費者は，契約の申込み内容を記載した書面または契約内容を明らかにする書面を受領してから一定期間において，申込みの撤回または契約の解除をすることができる（▶特定商取引9条・24条・40条・48条1項・58条・58条の14。ただし，通信販売には適用されない）。これを**クーリング・オフ**という。理由を問わずに契約から脱退しうる点において，民法上の解除権とは異なる。この場合事業者は，損害賠償または違約金の支払いを請求することはできない（▶特定商取引9条3項など）。なお，この権利行使は書面でしなければならない。

　クーリング・オフは，契約への拘束につき消費者に再考する機会を保障するものであり，書面交付義務と連動して，消費者の明確かつ十分な認識と考慮に基づく意思決定を確保することを目的としている。クーリング・オフ期間は原則として8日間であるが，連鎖販売取引・業務提供誘引販売については20日間とされている。なお，クーリング・オフに関する規定は強行法規であり，これに反して消費者に不利な特約は無効である（▶特定商取引9条8項など）。

　クーリング・オフは，以下の場合には認められない。①書面を受領した日から期間が経過した場合（▶特定商取引9条1項ただし書など），連鎖販売取引については，②商品の引渡しを受けた日から90日間経過したとき，③商品を再販売したとき，④商品を使用またはその全部もしくは一部を消費したとき（▶特定商取引40条の2第2項）。

　また，クーリング・オフとは異なるが，訪問販売および電話勧誘販売において消費者は，通常必要とされる分量を著しく超える商品の売買契約または役務提供契約につき，契約締結時から1年以内であれば，申込みの撤回または契約の解除をすることができる（▶特定商取引9条の2・24条の2）。

　(4)　**損害賠償額・違約金の制限**　　事業者は，契約が解除された場合において，消費者に対し，以下の額に法定利率により算定された遅延損害金を加算した金額を超えて請求することができない（▶特定商取引10条など）。①商品または権利が返還された場合は，通常の使用料または使用利益相当額もしくは，販売価格と返還時の価格との差額が使用料等相当額を超えるときはその額。②商

品または権利が返還されない場合は販売価格相当額。役務提供後は当該役務の対価相当額。③商品・権利・役務の引渡し・移転・提供前である場合は，契約締結および履行のために通常要する費用相当額。

対価不払いの場合において解除がされない場合であっても，上記②の制限に服する（▶同条2項）。

消費者契約法の制定　特定商取引法は，特定の取引類型に対する個別的規制を目的としており，すべての消費者契約に適用されるわけではない。さりとて，あらゆる消費者契約が同法の規制になじむともいえない。そこで，2001（平成13）年に**消費者契約法**が制定され，包括的保護が図られることとなった。なお，消費者契約法は特定商取引法の適用を妨げるものではない。主な内容として，不当勧誘に基づく取消権を消費者に認めるとともに（▶消費契約4条），不当条項の無効について定めるなど（▶消費契約8条～10条），私法上の効力規定が盛り込まれたこと，適格消費者団体を認定し，事業者に対する差止請求を認める制度が導入されたこと（▶消費契約12条以下），などがあげられよう（詳細は，➡第1巻 民法総則に譲る）。なお，誤認による取消権および適格消費者団体による差止請求権（▶特定商取引58条の18～24）は，特定商取引法にも導入された。

5　特殊な売買(2)—信用販売

信用販売の意義　売買の原則形態は，目的物の引渡しと引き換えに代金が支払われる**現金売買**であるが，事業者—消費者間の売買においては，物または役務を販売する事業者が信用を供与し，購入する側が後から代金を割賦払いする形式がとられることが多い。これを**信用売買**または**信用販売**という。この形態の売買には，販売業者が信用を供与する場合と，第三者たる金融機関すなわち銀行や信販会社（クレジットカード会社）が信用供与する場合とがあり，今日の消費者取引において重要な役割を果たしているため，消費者保護の観点から，特別法（割賦販売法）による規制に服する。また，信用売買の基本型は売買であるが，消費者が信用供与をうけて後から代金額を支払う点において，金銭消費貸借ないしこれに類する要素をも帯びている。

	割賦販売法上，信用販売の類型は以下の3種に大別される。
信用販売の種類	

(1) 割賦販売　販売業者が購入者から商品・権利または役務の対価を，複数回（2か月以上の期間にわたり3回以上）に分割して受領する形態をいう（▶割賦2条1項1号）。個々の商品・権利・役務の販売ごとに行う場合のほか，販売業者が予め購入者との会員契約に基づいて証票等（カードなど）を発行・交付し，会員たる購入者がこれを提示することにより，複数の販売による代金額の合計を分割払いする形態（リボルビング方式・総合方式）がある。このような割賦販売においては，販売業者が自ら信用供与を行う。

(2) ローン提携販売　購入者が商品・権利または役務の提供を受けるにあたり，その対価を金融機関から借り入れ，その債務の保証を販売業者または委託を受けた保証業者（信販会社など）が行い，購入者が金融機関に対して割賦で返済する（2か月以上の期間にわたり3回以上）形態を指す（▶割賦2条2項1号）。割賦販売におけると同じく，個々の販売ごとに行う場合のほか，販売業者と購入者間の会員契約に基づき，カード等の提示により，複数の販売の代金総額を割賦により返済する形態（総合ローン提携販売）がある（▶同項2号）。このように，ローン提携販売は，販売業者または信販会社と購入者間の売買契約と保証委託契約，購入者と金融機関との金銭消費貸借契約および，販売業者または信販会社と金融機関との保証契約により，構成される。そのため，信用供与を行うのは対価を融資した金融機関であり，購入者は金融機関に対して，金銭消費貸借契約上の債務の弁済を割賦方式で行うことになる。

(3) 信用購入あっせん　購入者が，信用購入あっせん業者（信販会社）の加盟店となっている販売業者から商品・権利または役務を購入するに際して，信販会社が販売業者に対価の立替払いを行い，購入者が信販会社に割賦で返済する形態の売買をいう（▶割賦2条3項）。これにも，個々の取引ごとに行う**個別信用購入あっせん**のほか，信販会社と購入者間の会員契約に基づいて発行・交付されたクレジットカードの活用により行われる，**包括信用購入あっせん**がある。割賦購入あっせんは，販売業者と購入者間の売買契約に加えて，販売業者と信販会社間の加盟店契約および立替払い契約，信販会社と購入者間の立替

払委託契約（個別信用購入あっせん）または会員契約（包括信用購入あっせん）に
より，構成される。信用供与を行うのは信販会社である。

問題点および法的規制 割賦販売法の適用を受ける信用売買に付与させる特別な効
果のうち，主なものは以下に述べるとおりである。

ちなみに，同法の適用対象は，政令において定められている指定商品・指定
権利・指定役務に限定される（▶割賦２条５項）。

(1) 契約締結上の規制 販売業者は，購入者に対し，①対価（販売価格と
賦払金額），②支払時期および回数・方法，③商品・権利・役務の引渡し・移
転・提供時期，④解除に関わる事項，⑤所有権移転に関する定めがあるときは
その内容，という取引条件を開示し，これらの内容を表示した書面を契約締結
後遅滞なく交付する義務を負う（▶割賦４条など）。

なお，2000（平成12）年の法改正により，インターネット上の取引について
は，政令で定める方法により，契約内容を明らかにする書面交付に代わる代替
措置が認められるにいたった（▶割賦４条の２）。

ただし，上記の書面交付は契約の成立要件ではなく，書面交付義務に違反し
た販売業者に対しては罰則が適用される。

(2) クーリング・オフ 個別信用購入あっせん販売については，クーリン
グ・オフが適用される。期間は８日間である（▶割賦35条の３の10第１項）。

なお，クーリング・オフではないが，個別信用購入あっせんにおいては，特
定商取引におけると同じく，①通常必要とされる分量を著しく超える過量販売
を理由とする解除（▶割賦35条の３の12），②重要事項に関する不実告知・不告
知を理由とする取消し（▶割賦35条の３の13）が認められる。

クーリング・オフに関する上記の諸規定は強行法規であり，これに反する特
約で申込者等に不利なものは無効となる（▶割賦35条の３の10第15項）。

(3) 契約内容の規制 第１に，債務不履行解除および期限の利益喪失約款
に関する規制があげられる。販売業者は，賦払金の不払いを理由として，解除
または期限未到来の賦払金の支払請求を行うには，20日以上の相当期間を定め
て書面による催告をしなければならない（▶割賦５条１項など）。

第２に，解除における損害賠償または違約金は，以下の制限に服する（▶割

第2章　契約各論(1)　　91

賦6条1項など)。①商品または権利が返還された場合は，通常の使用料または使用利益相当額もしくは，割賦販売価格と返還時の価格との差額が使用料等相当額を超えるときはその額。②商品または権利が返還されない場合は割賦販売価格相当額。③商品・権利・役務の引渡し・移転・提供前である場合は，契約締結および履行のために通常要する費用相当額。

Further Lesson 2-6
▶▶▶▶▶ **売買契約の無効と立替払契約の効力**

　売買契約が無効である場合，抗弁接続により，購入者は立替払金の支払を拒むことができるが，それでは，購入者が立替払契約の無効を主張して既払いの立替払金の返還を求めることはできるか。判例は，上記の創設規定説を前提としつつ，①売買契約と立替払契約は別個独立の契約であり，売買契約が公序良俗違反により無効となる場合であっても，原則として立替払契約が無効となることはない，②売買契約と立替払契約につき一体性が認められ，信義則に照らして立替払契約とあわせて効力を否定すべき特段の事情があるときはこの限りではない，と判示した（★最判平成23・10・25民集65巻7号3114頁：百選Ⅱ-56〔第7版〕)。

　複数の法律行為につき密接関連性が認められる複合取引において，一方の法律行為が無効となる場合に他方の法律行為の効力も否定されるのか，その当否につきどのように判断すべきなのかについては，重要な課題として残されている。なお，割賦販売法により立替払契約の解除・取消しができる場合（➡90頁参照）はこの限りではない。

Further Lesson 2-7
▶▶▶▶▶ **抗弁の接続の意義**

　割賦販売法上の抗弁の接続を同法の適用対象外の取引について類推適用することはできるか。割賦販売法30条の4の意義をどのように理解するかによって異なる。

　(1)　確認規定説　　学説上は，抗弁の接続は複数契約の密接関連性から導かれる一般法理であり，割賦販売法30条の4はこれを明文化して確認する例示規定であると解する見解が有力である。この理解に立てば，割賦販売以外の取引であっても，同条の趣旨が妥当する複数契約にこれを類推適用することを認めてよいことになる。

　(2)　創設規定説　　割賦販売法30条の4は特別法上の個別規定であるから，一般化にはなじまず，同条は，別個独立に締結された複数契約における抗弁切断の例外として，消費者保護のために特別に創設されたものである，というのが判例の理解である。したがって，割賦販売法の適用対象外の取引について当然に類推適用することはできない（★最判平成2・2・20判時1354号76頁)。

92　第2章　契約各論(1)

解除がされない場合であっても，割賦販売価格または割賦提供価格から既払賦払金および法定利率による遅延損害金を控除した額に制限される（▶割賦6条2項）。

(4)　**抗弁の接続**　　ローン提携販売および信用購入あっせんにおいて最も問題となるのが，「抗弁の切断・接続」である。これらの信用販売は，実質的には，販売業者・購入者・金融機関または信販会社の三者間取引であるが，法形式としては，販売業者と購入者間の売買契約と，購入者と金融機関または信販会社間の金銭消費貸借契約（ローン提携販売）または立替払い契約（信用購入あっせん）は，それぞれ当事者を異にする別個の契約である。そのため，売買契約において商品の引渡しの不履行または瑕疵がある場合，購入者は販売業者に対して代金支払いを拒絶することができ，錯誤・詐欺・強迫により契約が取り消された場合も同様となるが，これらの抗弁事由を，売買契約の当事者でない金融機関・信販会社に対して主張することは原則として許されない（抗弁の切断）。そうすると，購入者はこれらの場合においても，金融機関・信販会社に対する返済を免れないこととなる。しかしながら，取引の実態に鑑みれば，売買契約と信用供与はまったく無関係に成立しているわけではない。販売業者と金融機関・信販会社の間には密接な関連共同性が認められ，信用供与は売買契約上の販売業者の履行が適切に行われることを前提としていると考えられるため，信販会社などが売買契約において生じた事情と関係なく返済を求めうると解すべき合理的理由はない。そこで，両者の関係（いわば目的と手段の関係）を重視して，割賦販売法は，購入者は，販売業者に対して生じている事由をもって，金融機関・信販会社に対しても対抗することができることとした（▶割賦30条の4第1項など）。これを**抗弁の接続**という。

2　贈　　与

1　贈与の意義

当事者の一方が，ある財産権を無償で相手方に移転することを目的とする契約を，贈与契約という。友人・知人に好意である物を譲る場合や徳義上の贈

答・返礼はもちろん，一定の受益者に対する寄附などもこれに含まれる（もっとも，受贈者に対して直接に給付するのではなく，慈善団体やその発起人に対して目的・使途を定めて寄附を行う場合は，贈与でなく「信託」と解すべきことが指摘されている）。家族間の財産分与の一環として行われることもある。なお，贈与は原則として贈与者だけがある財産権を移転することを義務づけられる片務契約であるため，「交換型契約」というより，財産権移転型契約と称すべきであろう。

さて，このような贈与契約においては主として次のことが問題となる。第1に，贈与契約が成立するためには何が必要とされるか，そして，贈与にはどの程度の拘束力が認められるのか。これは，贈与者はいつから契約に拘束されるのか，贈与が成立した以上，契約を遵守しなければならず，その負担から脱退することはつねに許されないのか，さらには，定期的な給付を目的とする贈与が行われた場合，その拘束力はいつまでであるのか，という問いに関わる。

第2に，贈与者はどのような責任を負うのか。たとえば，目的物に不具合があった場合に贈与者は当然に責任を負わなければならないのか。

第3に，受贈者も贈与者に対して一定の負担を約した場合，このことは贈与契約上の権利義務関係にどのような影響を与えるか。また，贈与者の死亡により効力が生じる旨を約した贈与と，遺贈の関係はどうか。

これらの諸問題は，贈与が無償契約であることに鑑みて，贈与者の負担と受贈者の利益に対してどのように配慮すべきかに関連しており，売買のような有償契約と比べてどのような相違がなぜ認められるのか，という視点も重要となる。

民法は贈与につき，おおむね上記の問題に関する規定を置いている（▶549条〜554条）。そこで，本節においては，これらについて概説していくことにする。

2　贈与の成立および拘束力

諾成契約性　英・独・仏などの欧米諸国においては，贈与意思の確保・尊重および贈与者の相続人の不利益防止の観点から，贈与は要式契約とされており，契約の成立につき公正証書の作成等が要求されている。

ところが，日本民法では，贈与は諾成契約とされており，自己の財産を無償で移転する旨の贈与者の意思表示と相手方（受贈者）の受諾により効力が生じると規定されている（▶549条）。これは，徳義上の贈与約束を重んじるわが国固有の取引慣行を尊重し，方式の負担を課すことなく贈与者の自由な意思決定を保証しようという趣旨に基づいている。

　したがって，冒頭で説明したところとあわせると，贈与は，片務・無償・諾成契約として分類されることになる。

贈与の拘束力　**(1)「書面によらない贈与」の解除可能性**　書面によらない贈与については解除が認められている（▶550条本文）。このことから，贈与は諾成契約であるが，書面を作成するまでは確定的な拘束力が生じていないということができる。その趣旨は，①軽率な贈与の防止と贈与意思の確保，②法律関係の明確化に求められている。もっとも，②は贈与に限らずすべての諾成契約について要請されるところであるが，とくに贈与についてこのような立法上の配慮がされているのは，贈与約束は軽率に行われる場合が多く，贈与者が無償で財産移転の負担を負うことに照らせば，その場合にも同人に直ちに契約の遵守を求めるのは酷であると考えられたからである。そこで，贈与を諾成契約とする一方で，拘束力を緩和して贈与意思を確保する機会を与え，利益バランスを取り直すこととされたのである。

　ところで，ここにいう書面とは何を指すか。同条における書面性の要求をもって，贈与を実質的に要式契約に等しいものとして扱う趣旨であると理解すれば，正式な贈与契約書の作成がないかぎり解除できるということになろう。

　しかしながら，判例は，書面性の意義を緩やかに解しており，上記①②の趣旨に照らして，証書あるいは正式な贈与契約書でなくても，一定の書面に贈与意思を明確に認定しうる程度の記載があれば足りるとしている（★最判昭和60・11・29民集39巻7号1719頁：百選Ⅱ-47）。判例には，知事に提出した農地移転許可申請書（★最判昭和37・4・26民集16巻4号1002頁），受贈者への中間省略登記手続を求める前主宛ての内容証明郵便（前掲★最判昭和60・11・29）などの肯定例がある。

　このような書面の緩和化は，贈与意思が何らかのかたちで明確に示された以

上，贈与者は契約に拘束され，もはや解除はできないことを意味しており，贈与の諾成契約性が維持されていることを示している。

(2) **解除の制限**　書面が作成されないかぎり，贈与はいつでも解除できるのであろうか。そうであるとすると，贈与者はたとえ履行後であっても，いつでも贈与を解除して財産の返還を求めることができることになるが，これでは受贈者の利益を害することはなはだしい。

そこで，書面が作成されなくても，「履行の終わった部分については」もはや解除することができないことになっている（▶550条ただし書）。履行までされた以上，贈与者の贈与意思は明確であると評価することができる上，贈与約束にとどまらず履行を受ける段階にまでいたった受贈者の利益は保護に値する，と解されるからである。

引渡し，移転登記，登記申請情報の交付などがこれに該当するとされている。なお，書面によらない農地の贈与につき，判例には，引渡しのみでは履行が終了したとはいえず，知事の許可があるまで解除できる旨を示したものがあるが（★最判昭和41・10・7民集20巻8号1597頁），学説は，引渡しがあれば贈与意思の明確化と受益者の要保護性を認定するに十分であり，知事の許可はこの趣旨とは別個の手続的要件であるとして，反対する。

❖Case 2-7　(1)　Aは，娘の配偶者であるBに対して，自己所有の甲不動産を贈与し，所有権移転登記を終えたところ，まもなくBの不貞行為により婚姻関係が破綻し，BはAをも虐待するようになった。AはBへの贈与を解除して甲不動産の所有権移転登記の抹消手続請求をすることができるか。
(2)　Cは，義弟であるDに対して，自己所有の乙不動産を贈与する旨を約し，書面を作成したが，その後Cの事業が不祥事により破綻し，Cは個人資産の多くをその責任の引当てとせざるをえなくなった。そのため，Dへの贈与を履行して乙不動産を失うと，Cの生計維持が困難となるおそれが生じるにいたった。Cは上記贈与を解除することができるか。

---

(3) **受贈者の忘恩行為・贈与者の生活困窮に基づく解除可能性**　贈与契約が履行完了により終了した後に，受贈者の忘恩行為によって贈与の基礎となった当事者関係が破綻するにいたったり（**Case 2-7**(1)），書面が作成された後で贈

96 第2章 契約各論(1)

与者が経済的困窮に陥り，贈与の履行により生計維持が困難となるような場合
(**Case 2-7**(2))，贈与者は贈与を解除して，財産の返還・回復請求，あるいは履
行を拒絶することは可能か。贈与は徳義に基づく無償契約であることから，諸
外国の立法例には，このような事由による贈与の解除を認めるものがあるが，
日本の民法にはこれを承認する明文規定はなく，少なくとも条文上は，書面作
成または履行がされた以上，解除は認められない。

　しかしながら，裁判例および学説は，一定の場合に贈与の効力を否定すべき
ことを認める。**Case 2-7**(1)のような忘恩行為につき，下級審裁判例の中に
は，贈与の基礎となった特別な情誼関係が破綻・消滅し，贈与の効果を維持す
ることが信義に反すると認められる場合，信義則を根拠とする解除を認めたも
のがある（★新潟地判昭和46・11・12判時664号70頁，大阪地判平成元・4・20判時
1326号139頁）。

　このような受贈者の不誠実および給付を保持させることの必要性と合理性
（贈与者の側における財産回復の必要性も含む）に着目した信義則構成のほか，学
説には，履行後の受贈者の態様を契約の効力に反映させるため，負担付贈与
（➡次頁参照）として受贈者の不履行を理由とする解除を認める余地を指摘する
ものや，受贈者の不誠実を解除条件とする構成，あるいは，事情変更の原則
（法理）による解除構成などが提唱されている。とくに **Case 2-7**(2)のような場
合は，事情変更の原則の緩やかな適用がありうる。

　さらに近時では，贈与を基礎づける原因関係・目的を単なる動機として排除
せずに，贈与の成否に関する法的評価において積極的に反映させるべき旨を説
く見解もある。これによると，契約の基礎となる目的喪失による失効が認めら
れる。

3　贈与の効力─贈与者の義務

贈与者の基本的義務　贈与契約が有効に成立すれば，贈与者は受贈者に対
して目的となっている財産権を移転し，これを実質
的に確保・享受するのに必要な行為をする義務を負う。目的物の引渡し，移転
登記手続など対抗要件具備への協力，さらに，農地の贈与など一定の場合に

は，許可申請手続への協力などがこれに含まれる。

また，履行の提供まで目的物につき善管注意義務を負うと解されている（▶400条）。したがって，契約締結後に贈与者の不注意により目的物を損傷・紛失した場合は，債務不履行責任が生じる。これについては，贈与が売買などと異なり，贈与者の好意による無償契約である点を重視して，自己の財産におけると同一の注意義務に軽減すべしとする見解もある。

なお，贈与は片務契約であるから，原則として受贈者は何らの義務をも負わない（もっとも，受領遅滞の責任が生じることはあろう）。

贈与者の引渡義務　改正前においては，贈与者は目的物の瑕疵または不存在につき原則として担保責任を負わず，悪意の場合にかぎり責任を負うとされていた（▶改正前551条）。贈与は無償契約であるから，贈与者に対価性を維持すべき責任はなく，目的物の価値に対する受贈者の期待・信頼を保護する必要性に乏しい，というのがその理由である。

改正法は，贈与者の引渡債務の内容は契約によって定められる，という基本的理解に立つ。したがって，引き渡された目的物が契約内容に適合しないときは，契約不適合を理由とする受贈者の権利行使（代金減額請求権を除く）を妨げない。その上で，無償性に対する考慮は契約解釈において行われるべきことになるが，贈与者は，目的物を特定した時の状態において引き渡し，又は移転することを約したものと推定される（▶551条1項）。そのため，別段の合意がないかぎり，贈与者は特定時の現状で引き渡す債務を負うにとどまる。

4　特殊の贈与

負担付贈与　受贈者の側も一定の給付を行う義務を負担する旨を約した場合，これを負担付贈与とよぶ。たとえば，贈与契約において，受贈者が贈与者の老後の扶養・介護を行うことを約したような場合がこれにあたる。負担の内容は当事者間の合意によって決定されるが，贈与者による財産権移転と対価関係に立つにはいたらない程度の給付を指すものと解されている。

負担付贈与も贈与の一種であるから，贈与契約に関する規定が適用される

（▶553条）。たとえば，書面によらない負担付贈与は解除可能であるが，履行が
された場合はもはや解除することができない。なお，贈与者の給付が未履行で
あっても，受贈者の負担の履行が終了している場合は，受贈者の信頼保護の見
地から，贈与者による解除は許されないと解されている。

　また，負担付贈与には，その性質に反しないかぎりにおいて，双務契約に関
する諸規定が準用される（▶553条）。受贈者も義務を負うことから，双務契約
に準じて当事者間の公平を図る必要があるからである。たとえば，受贈者が負
担を履行しない場合，贈与者は債務不履行を理由として贈与契約を解除するこ
とができる（★最判昭和53・2・17判タ360号143頁）。また，贈与者は目的物の契
約不適合または不存在につき，受贈者の負担の限度において，売主と同様の責
任を負う（▶551条2項）。

　もっとも，贈与者の給付と受贈者が負う負担とは対価関係に立たないため，
受贈者が同時履行の抗弁権を行使することの可否については，争いがある。ま
た，受贈者の責に帰すことができない事由により負担が履行不能となった場合
に，危険負担に関する536条を準用して贈与者の給付義務を消滅させることに
ついても，見解が分かれている。ただし，反対説も，事情変更の原則による贈
与者の救済を指摘する。

定期贈与
定期的な給付を継続的に行うことを目的とする贈与を，**定期
贈与**という。通常の贈与と異なる点は，贈与者または受贈者
が死亡した場合，契約関係が相続人に承継されることなく，効力が失われるこ
とにある（▶552条）。その理由は，こうした贈与は当事者間の特別な関係に基
づいてとくに行われることから，一身性を帯びており，それが当事者意思にも
適うと解される点に求められている。

死因贈与
死因贈与とは，贈与者の死亡により効力が生じる贈与のこと
を指す。遺言による贈与である**遺贈**と共通する機能を有する
が，遺贈が贈与者の単独行為であるのに対して，死因贈与は当事者間の合意に
基づく契約である。民法は，両者の共通性に鑑みて，死因贈与については，そ
の性質に反しないかぎり，遺贈に関する規定を準用することとしている（▶
554条）。問題は遺贈に関するどの規定が準用されるかである。基本的には効力

に関する規定が準用され，方式については準用を否定するのが判例の立場であるが（★最判昭和32・5・21民集11巻5号732頁），生前の贈与者の意思を確保するために，遺言と同様の方式性を要求する学説もある。判例・学説上の主要な争点となったのは，死因贈与の解除可能性である。贈与は書面の作成により解除できなくなるが（▶550条本文），遺言については，遺言者は遺言の方式に則っていつでも撤回しうるとされているため（▶1022条），問題となる。判例は，贈与者の最終意思を尊重する立場から，方式の点を除いて民法1022条が死因贈与にも準用され，贈与者はいつでも方式を問わずに解除しうると解している（★最判昭和47・5・25民集26巻4号805頁）。これに対し学説上は，死因贈与も贈与契約である以上，その拘束力を生前贈与より弱めるべき合理的理由はなく，受贈者の期待を不当に害してはならないとして，1022条の準用を否定する見解が有力である。

　それでは，**負担付死因贈与**がされた場合，いつまで解除が認められるであろうか。たとえば，AがBの死亡まで同人を扶養することを約し，これが履行された場合には，Bの死亡時にその遺産をAに贈与する旨の契約などがこれにあたる。負担付贈与の側面に照らせば，書面が作成されるかまたは，Aの負担が履行済みであれば，Bが後に遺言などによりかかる贈与を解除することは許されないが，死因贈与の観点からみれば，上記の判例に従うといつでも自由に解除しうることになる。負担付贈与の有償性と受贈者の利益・期待保護の必要性および，贈与者の最終意思の尊重とのバランスをどのように図るかが問われる。この点につき判例は，負担の履行期が贈与者の生前と定められ，かつその負担の全部またはこれに類する程度に履行された場合，特段の事情がないかぎり解除は認められない旨を示した（★最判昭和57・4・30民集36巻4号763頁：百選Ⅲ-86）。これは，そもそも死因贈与における贈与者の最終意思の尊重は無償性を前提としており，負担付死因贈与において負担を履行した受贈者の利益を一方的に害することはできない，という考慮に基づいている。

3 交 換

1 交換の意義

当事者が互いに金銭以外の財産権を移転し合うことを目的とする契約を，交換という。売買も財産権の移転と引き換えに代金支払いを行う点において，広義の交換といえるが，対価関係に立つ金銭以外の有価物を相互に移転しあうのが，民法上の交換である。交換は，双務・有償の財産権移転型契約の原型であるが，貨幣経済の発展により，商品取引は，等価の物どうしの交換でなく，商品と価格の交換としての売買がその主流を占めるようになっている。

2 交換の成立・効力

交換契約は，当事者が相互に金銭以外の財産権を移転することを約することによって成立する，**双務・有償・諾成契約**である（▶586条1項）。その効果として，当事者双方は，対価性ある財産権の移転を互いに義務づけられる。当事者間の権利義務および責任については，売買の諸規定が準用される（▶559条）。

第3章　契約各論(2)
貸借型契約

1　消　費　貸　借

1　消費貸借の意義

　物の貸借を目的とする契約類型のうち，金銭その他の消費物を目的物とし，借主はこれらを消費した後に，同じ種類・品質および数量の物を返還することを目的とする契約を，**消費貸借**という（▶587条）。消費による使用収益と同一物の調達・返還が予定されている点において，目的物そのものを借りた時の原状において返還することが義務づけられる**使用貸借・賃貸借**とは異なっている。資本主義経済下の取引社会では，金銭消費貸借がその主流を占める。生活または事業のための資金調達の手段として行われる融資がこれにあたり，金融取引における担保・信用供与の基礎を形成している。金銭消費貸借については，消費者信用という観点からみれば過剰融資・超過利息制限・不当な取立てなどが深刻な問題となっているが，これらはすぐれて消費者保護ないし利息債務の問題ともいえるため，本章は民法上の消費貸借に関する諸規定を対象とするにとどめたい。

2　消費貸借の成立

要物契約性　　民法587条によれば，消費貸借契約は，当事者の一方（借主）が借りた物の返還を約すことに加えて，相手方（貸主）から金銭その他の物を受け取ることによって，その効力が発生する。したがって，消費貸借は，その成立に目的物の授受を必要とする**要物契約**である。目的物の貸与により拘束力を確定させようとしたローマ法の伝統を承継したものと解されている。また，消費貸借は，貸主が目的物を交付して初めて契約が成立する

ため，あとは借主の返還義務が生じるにすぎないことから，**片務契約**とされている。

有償性については，伝統的に**無償**が原則とされており，上記の要物性は，金銭その他の有価物の貸与につき，対価なしで拘束される貸主の負担への配慮に結びついている。しかしながら，金銭消費貸借においては，借主が貸与の対価としてさらに一定の利息を支払うことを義務づけられる「利息付消費貸借」が認められており，利息の有無に応じて，有償・無償に分かれる。

諾成契約性の承認

(1) **改正前の動向**　消費貸借の要物契約性を貫くと，融資約束のみでは契約が成立しておらず，拘束力が生じていないため，貸主は「貸す義務」を負わないことになる。これに対し判例は，古くから要物性を緩和しながら実務上の要請に応えようと努めてきた。たとえば，後に金銭が交付されて消費貸借が成立した場合を前提として，金銭交付前に作成された公正証書につき，金銭授受により完成した契約上の債務を表示するものとしてその有効性を認めるものや（★大判昭和11・6・16民集15巻1125頁），同じく金銭交付に先立って行われた抵当権設定登記について，将来において発生確実な債権を担保することを目的とする抵当権設定も有効であるとして，その効力を肯定するもの（★大判明治38・12・6民録11輯1653頁）がそれである。

さらに，融資に関する合意に法的意義を認めるべく，融資約束の不当破棄を理由とする不法行為責任を認めた裁判例も出た（★東京高判平成6・2・1判時1490号87頁）。また，改正前においては，消費貸借予約が認められることを前提とする規定が存在した（▶改正前589条）。

そこで学説上，少なくとも利息付消費貸借については，その有償性に鑑みて**諾成的消費貸借**の承認を説く見解が支配的となっていった。無償性を前提とする貸主の負担を考慮する必要がなく，貸与に関する当事者の意思が明確に示されれば，その合意を尊重してよいと考えられるからである。

(2) **諾成的消費契約（要式契約）**　2017年改正により，書面でする合意による消費貸借契約の成立を認める旨（**要式契約**）が明文化された（▶587条の2第1項）。この場合消費貸借は，貸主が金銭その他の物を引き渡すことを約し，借

主が受け取った物と同一の種類，品質および数量の物を返還することを約することによって成立する。消費貸借がその内容を記録した電磁的記録によって行われたときは，書面でされたものとみなされる（▶同条4項）。書面という方式が求められるのは，予め契約内容を明確化することによって借主保護を図るためである。

　このように，消費貸借契約の成立要件に関する改正法の目的は，金銭消費貸借における諾成化の要請と借主保護との調和に求められる。

　なお，借主は，貸主から目的物を受け取るまで，契約を解除することができる（▶同条2項本文）。借主は借りる義務を負わないことを示している。ただし，貸主が解除によって損害を受けたことを立証したときは，借主に対してその賠償を求めることができる（▶同項ただし書）。

　また，書面でする消費貸借は，借主が貸主から目的物を受け取る前に当事者の一方が破産手続開始の決定を受けたときは，その効力を失う（▶同条3項）。資力を失った借主に対して貸主に貸す義務を負わせるのは酷である一方，貸主につき破産手続開始決定がされた場合，借主が破産債権者として配当を受けた後に同人に対する返還請求権が破産財団を構成することになり，手続が煩瑣となるためである。消費貸借予約に関する改正前の民法589条の趣旨が維持されている。

利息付消費貸借　消費貸借は原則として無利息であるが（▶589条1項），利息の特約があるときは，貸主は，借主が目的物を受け取った日以降の利息を請求することができる（▶同条2項）。利息が元本使用の対価であることに基づく。

3　消費貸借の効果

貸主の義務　(1)　**貸与義務**　消費貸借が要物契約であるとすれば，契約成立前に貸主につき目的物交付義務が生じることはないが，書面でする消費貸借が成立する場合には，目的物を交付すべき債務が発生する。

　(2)　**引渡義務**　貸主の引渡義務の内容は契約によって定められるため，引

き渡された目的物の状態がこれに適っていなければ契約不適合となるが，無利息の場合は，その無償性に鑑みて贈与者の引渡義務に準じるものとされ，引渡義務の内容は目的物の特定時における現状引渡しをすれば足りるものと推定される（▶590条1項）。これに対して，利息付消費貸借の場合は，売買における契約不適合に関する諸規定が準用される（▶559条）。また，利息の有無を問わず，借主は，種類または品質に関して契約に適合しない物の価格を返還すれば免責される（▶590条2項）。

借主の義務　(1)　**元本返還義務**　借主は，契約終了時において，受け取ったのと同一の「種類・品等・数量」の金銭その他の有価物を返還しなければならない。返還不能となった場合は，その時点における物の価格を返還すべきことになるが，目的物が金銭であって，それが強制通用力を失ったときは，402条2項に従い，借主は他の通貨をもって返還する義務を負う（▶592条）。

(2)　**利息支払義務**　利息付消費貸借の場合，借主は元本返還に加えて，利息を支払う義務を負う。利息支払義務の有無および内容は当事者間の合意によって決定されるが，商人間では，約定がなくても当然に利息支払義務が生じる（▶商513条1項）。また，利息の内容につき具体的な合意がないときは，法定利率が適用される（▶404条）。なお，約定利率の設定についても当事者の合意が無制限に尊重されるわけではなく，特別法（利息制限法，出資取締法，貸金業規制法）により規制されているが，割愛する。

消費貸借の終了　消費貸借は継続的契約であるため，その終了時期を確定する必要がある。これは，主として借主の返還義務の履行期に関わる。

(1)　**返還時期の定めがある場合**　約定された時期が履行期となるが，借主は，返還の期限の定めの有無にかかわらず，いつでも返還をすることができる（▶591条2項）。貸主は，借主がその時期の前に返還をしたことによって損害を受けたときは，借主に対してその賠償を請求することができる（▶同条3項）。改正前においても，借主には期限の利益があり（▶136条1項），これを放棄して期限前に返還することも可能であったが，貸主の利益を害してはならず，利

息付消費貸借であれば，期限までの利息を支払わなければならないと解されていた（▶同条2項）。そのため，借主はいつでも返還することができる旨が定められていたが（▶改正前591条2項），改正法はこれらをより明確化したものである。

(2) **返還時期の定めがない場合**　期限の定めがない債務については，債権者はいつでも履行請求することができ，その時から債務者は履行遅滞に陥る，というのが原則であるが（▶412条3項），消費貸借においては，貸主は相当期間を定めて催告をすることができるとされており（▶591条1項），その期間経過をもって履行期が到来すると解するのが多数説である。消費貸借は継続的契約であり，一定期間借主が目的物の利用を確保することが本来的に予定されているからである。ここにいう相当期間については，契約目的に応じて確定される。

4　準消費貸借

> **⚅ Case 3-1**　(1)　AがBに対して1000万円で商品を売却したが，履行期が到来したにもかかわらず，Bの代金支払いの目途が立たないため，Bの要請により，Aとの間で，支払期限を1年後とした上で，代金債務を元本1000万円・年利率15％の利息付貸金債務に切り替え，新たに担保が設定された。
> (2)　Aは取引先のBに対して，別個の取引に基づく各500万円，300万円，200万円の売掛代金債権を有していたが，弁済期や利率などが異なるため，債権管理上の便宜のためにこれらを一本化し，AのBに対する，元本1000万円・年利率15％・弁済期1年後の利息付貸金債権に改める旨の約定がされた。

意　義　　Case 3-1(1)のように，金銭その他の物を給付する義務を負う者がある場合において，後にこれを消費貸借の目的とする旨の約定を当事者間で行った場合，消費貸借が成立したものとみなされる（▶588条）。これを**準消費貸借**という。この場合，A・B間において消費貸借契約が締結されて貸金が授受されたわけではなく，売買契約上の代金債務の決済方法につき，貸金債務の返済という方式による旨の約定がされたわけであるが，民法はこれを消費貸借に準じて扱い，このような当事者間の合意を尊重すること

としたのである。改正前においては，準消費貸借の対象について消費貸借以外の原因によって生じた債務と規定されていたが，判例は消費貸借によって生じた債務を対象とする準消費貸借を認めており（★大判大正2・1・24民録19輯11頁），改正法はこの判例法理を明文化したものである。

準消費貸借の成立　本来の消費貸借と異なり，すでに当事者間において前提となる旧債務（**Case 3-1**(2)におけるBの売買代金債務）が有効に発生しているため，貸主から借主に対して金銭その他の目的物の交付を改めて行う必要はない。その意味において，改正前においても準消費貸借は諾成契約とされており，旧債務を消費貸借の目的たる新債務とする旨の約定により，準消費貸借が成立する（▶588条）。この場合は書面も要求されない。なお，旧債務が不成立・無効であった場合，準消費貸借は前提を欠き，その効力を生じない。反対に準消費貸借が効力を生じないときは，旧債務がそのまま存続する。

準消費貸借の効果　(1) **旧債務の消滅・新債務の発生**　準消費貸借の成立により，旧債務が消滅して準消費貸借上の新債務が生じる。その効果は本来の消費貸借と異ならないため，上記の消費貸借の説明があてはまるが，目的物の授受がないため，貸主の担保責任が準消費貸借において固有に問題となることはないといえようか。

(2) **旧債務と新債務の関連性**　問題は，前提となった旧債務と準消費貸借によって生じた新債務との関連性である。

第1に，旧債務における同時履行の抗弁権は存続するか。たとえば**Case 3-1**(1)において，Bがいまだ商品の引渡しを受けていない場合，新債務の弁済を拒絶することができるか。判例は，「債務の同一性」の有無に応じて判断する立場を採用する（★大判昭和8・2・24民集12巻265頁，最判昭和62・2・13判時1228号84頁）。同一性の有無は当事者意思に従って決定されるが，明らかでないときは同一性が推定され，抗弁権が存続するという。

これに対し多くの学説は，準消費貸借が締結された趣旨すなわち，個々の契約目的を実質的に判断すべき旨を指摘する。この考え方によれば，準消費貸借が，「旧債務の履行期延長」の趣旨で行われた場合は抗弁権が存続し（もっと

も，弁済猶予とともに反対債務の先履行を承認する趣旨であれば，抗弁権は消滅するといえよう），新債務への切り替えにより契約関係の新たな立直し・再構成を図る趣旨であったときは，旧債務上の抗弁権は切断・消滅する。

第2に，旧債務のための担保についても，判例には，上記の「同一性判断説」により，存続を肯定するものがあり（★大判大正7・3・25民録24輯531頁），原則的には継続して新債務を担保する意思が認められようが，新債務への担保の存続により保証人の負担が加重されるようなときは，その同意を要するといえよう。

2 賃 貸 借

1 賃貸借の意義

当事者の一方（賃貸人）が，相手方（賃借人）に対して，ある物の使用収益を提供し，相手方がその対価として賃料を支払うことおよび，引渡しを受けた物を契約が終了したときに返還することを目的とする契約を，**賃貸借契約**という。終了時に借りた物そのものを締結時の原状に復して返還すべき点において，消費貸借とは異なる。賃貸借の対象は不動産のほか，自動車，書籍，CDのような動産など多様であり，取引社会において賃貸借が果たしている機能はきわめて重要である。私たちが生活・事業・娯楽のために必要とする物がすべて自己の所有物であるとは限らず，その場合多くは，対価を支払って他人の所有物を使用収益することになるからである。そのため，賃貸借によって生じる賃借人の権利すなわち**賃借権**は，他人の物の利用を目的とする権利の典型といえる。

また，賃貸借は売買などと異なり，継続的給付を目的とする契約であり，当事者間の信頼関係を基礎として成り立っているため，その効力について検討するにあたっては，この点に十分配慮する必要がある。

なお，賃借権は，賃貸人に対して目的物の使用収益の提供を求めることを目的とする賃貸借契約上の**債権**であるが，民法は，これ以外に，他人の土地利用を目的とする権利として，とくに**用益物権**を設けている。これらは一定の用益

目的における土地の支配権であり，生活基盤として必要な土地の恒常的利用を確保する趣旨に基づいている。もっとも，用益物権は所有権に対する負担・制約が大きいため，所有者がその設定を望まないことが多く，実際には，不動産利用についても主として賃借権の活用が選択されていた。賃借権と用益物権の相違点および，それに由来する問題点については後述する。

　ところで，不動産賃貸借においては，その対象が生活基盤として不可欠な財産であることから，賃貸人―賃借人間に地位の格差が存在し，賃貸人優位の契約関係が形成される傾向にあった。その結果，不公正な内容を有する賃貸借契約や，賃貸人による不当な権利行使が社会問題化するところとなった。そこで，特別法の制定により賃借人の地位の強化が図られた。建物保護法（1909〔明治42〕年），借地法・借家法（1921〔大正10〕年）による立法的手当がそれであり，現在では，**借地借家法**（1991年法律第90号）への改正・統一化にいたっている。同法は，権利の存続期間，更新，効力，条件変更などにつき，建物所有を目的とする借地権（地上権・土地賃借権）を対象として両権利の均衡を図るとともに，建物賃借権を強化することを目的としている。

　さらに今日では，賃貸借は，金融あるいは資産運用の手段としても，重要な機能を果たしている。**リース契約**，**サブリース契約**は，賃貸借の応用である。

2　賃貸借の成立

諾 成 契 約　　賃貸借は，賃貸人が賃借人に対して目的物を使用収益させる旨を約し，その対価として賃借人が賃料を支払うことを約すことによって効力を生じる，双務・有償・諾成契約である（▶601条）。不動産賃貸借も，その成立にあたり書面作成などの方式を要しない。

敷金・権利金　　賃貸借契約の成立にあたり，これに付随して締結された契約（**敷金契約**）に基づいて，賃借人が賃貸人に対して一定額の金銭を交付することがある。この金銭を**敷金**という。一般に不動産賃貸借において行われている。敷金とは，賃料債務その他の賃貸借に基づいて生じる賃借人の賃貸人に対する金銭の給付を目的とする債務（賃料不払，用法違反による損傷等における責任）を担保する目的で，賃借人が賃貸人に対して交付する金銭

をいう。賃貸人は，賃貸借が終了し，かつ，目的物の返還を受けたときまたは，賃借人が適法に賃借権を譲渡することによって賃貸借関係から脱退したときにおいて，賃借人に対し，受け取った敷金の額から，賃貸借に基づいて生じた賃借人の賃貸人に対する金銭の給付を目的とする債務の額を控除した残額を返還する義務を負う（▶622条の2第1項）。改正前は敷金に関する規定が存在せず，その規律については判例法理に委ねられていたが，改正法は，敷金に関して積み重ねられてきた判例・通説を集約して立法化した。なお，この控除につき改正前の判例は，賃貸借終了後における賃借人の残債務は敷金に当然に充当され，このことは敷金契約の効果として当初から予定されているものと解している（★最判平成14・3・28民集56巻3号689頁）。この解釈は改正法においても継承されていると解されよう。また，敷金は賃貸人のための担保であるから，敷金への充当ができるのはもっぱら賃貸人であって，賃借人の側から充当請求することはできない（▶同条2項）。

　権利金も敷金と同じく，賃貸借契約に付随して賃借人から賃貸人に対して交付される金銭であるが，その趣旨は，賃料前払い・譲渡性の対価・場所的利益または営業利益の対価など，多様である。敷金と異なり，賃貸借終了時における返還義務は原則として存在しないが，権利金の趣旨および解除事由によっては，賃貸借が中途解約された場合に一部返還が認められる場合がある。

3　賃貸借の効力─当事者間の効力

存続期間　賃借権の存続期間は当事者の契約自由に委ねられるが，50年を超えることはできず，これより長い期間を約定しても，50年に縮減される（▶604条1項）。この期間は合意により更新することができるが，50年を超えることはできない（▶同条2項）。このような期間の上限が設けられた趣旨は，所有者以外の者に過度に長期間の使用収益を委ねることは，所有者の権利を過剰に制限し，目的物の改良などを妨げるおそれをもたらす，という懸念に求められる。改正前はこの上限期間を20年と定めていたが，20年を超える不動産賃貸借に対する要請が高まったこと，および，改正前においては20年を超える土地の使用収益につき用益物権の活用が予定されていたが，実際

にはあまり利用されていないことから，2017年改正により，地上権および永小作権と同一の上限期間（▶268条2項・278条1項）に伸長された。

　処分権限を有しない者（例：被保佐人，被補助人，不在者の財産管理人）が賃借権を設定する場合，その期間は短期間に制限される（短期賃貸借）。長期間の賃借権設定は処分行為にあたるからである。その期間の上限は，①山林の賃貸借につき10年，②それ以外の土地の賃貸借につき5年，③建物の賃貸借につき3年，④動産の賃貸借につき6か月となっている（▶602条）。

　賃借権の期間が満了したにもかかわらず，賃借人が目的物の使用収益を継続し，賃貸人がこれに対して異議を唱えなかったときは，同一の契約内容において賃貸借が更新されたものと推定される（▶619条1項前段）。これを黙示の更新という。ただし，更新後の賃貸借については，期間の定めがない賃貸借と同じく，617条の規定により各当事者はいつでも解約申入れをすることができる（▶619条1項後段）。

借地借家法上の存続期間　**(1) 借地権の存続期間**　不動産利用を目的とする権利の設定につき，所有者が賃借権を選択すると，民法は賃借権の存続期間につき上限を定めるにとどまり，短期の制限がないことから，長期賃貸借を望まない賃貸人は自由に短期間の賃借権設定を行うことができ，かつ更新の有無や更新条件の設定（賃料増額など）も自由であるため，賃借人の利用が十分に確保されないおそれがあった。そこで，借地借家法は，借地権の存続期間を原則30年とし，これより長い期間を約定することもできるとした（▶借地借家3条）。この法定期間は建物の存続期間に対応しており，建物所有のための借地権の目的に適う利用を保護するものとなっている。

　借地権の存続期間中に借地上の建物が滅失または取り壊され，借地人が借地権設定者（地主）の承諾を得て建物を再築したときは，かかる建物再築により借地権の存続期間が延長され，その承諾日または築造日のいずれか早い日からさらに20年間伸張する（▶借地借家7条1項）。借地人が建物再築の通知をしたにもかかわらず，借地権設定者が2か月以内に異議を述べなかったときは，承諾があったものとみなされる（▶同条2項）。

　(2) 借地権の更新　借地契約が更新された場合，存続期間は，最初の更新

のときは20年，その後は10年とするが，これより長い期間を約定することは妨げられない（▶借地借家4条）。

　更新は，合意による場合はもちろん，①借地人の更新請求，②黙示の更新によっても行われる。

　借地人は存続期間満了時において更新請求することができ，建物の存続を条件として，従前の契約と同一条件での更新が認められる。借地権設定者は更新を拒絶することができるが（▶借地借家5条1項），自由に認められるわけではなく，①借地権設定者および借地人が土地の使用を必要とする事情，②借地に関する従前の経過および土地の利用状況，③借地権設定者による土地明渡しの条件または引換えに行う財産上の給付（立退料の提供）の申出の有無を考慮して，更新拒絶につき正当事由ありと認められることが要件とされている（▶借地借家6条）。すなわち，正当事由の有無は，所有者自身による土地利用の必要性など地主側の事情のみならず，借地人の利用が十分に確保されたか，借地権喪失に対する補償の有無はどうか，等の借地人側の事情との利益衡量により決せられる。いわゆる立退料の提供は正当事由の考慮要因の1つであるが，地主の側に他の正当事由が一定程度存することを前提としつつ，借地人の側の事情と比較して，更新拒絶あるいは解約申入れを認めるにはなお十分でないと評価される場合において，その補完的要素として機能する。そうすると，立退料提供の要否および額の相当性については，更新拒絶または解約申入れ後に当事者双方の事情が明らかとなってから判断されるのが通常といえる。そのため，正当事由の有無は更新拒絶または解約申入れ時における事情を基準として判断されるのが原則であるが，立退料の提供申出は事実審の口頭弁論終結時までに行えば足りると解されている（★最判平成6・10・25民集48巻7号1303頁：百選Ⅱ-62）。

　なお，借地権の存続期間確保に関する上記の諸規定は強行法規であり，これに反して借地人に不利な特約を設けても，それは無効となる（▶借地借家9条）。

　ところで，このような借地権の強化は，反対に土地所有者の負担・制約を増大させ，借地の供給を抑制することとなってしまった。そこで借地借家法は，利用目的に応じた借地の供給・利用を促進するために，**定期借地権**等を導入し

た（▶借地借家22条以下）。定期借地権とは，存続期間を50年以上としつつ，その更新ないし延長および終了時の建物買取請求を予定しない，建物の存続期間に応じた期間限定の借地権をいう（▶借地借家22条）。借地契約上の特約によって定めることができるが，公正証書等の書面によってこれをしなければならない（▶同条後段）。このほか，借地権設定から30年以上経過した日に，借地権設定者に相当価格で建物を譲渡して借地権を消滅させることを目的とする，建物譲渡特約付借地権（▶借地借家24条），事業用建物のための借地権で，存続期間を10年以上（30年未満）として，同じく期間延長や建物買取を予定していない事業用建物のための借地権（▶借地借家23条2項）がある。

(3) **借家権の存続期間・更新・解約**　　借家権とは，借地借家法上の建物賃借権を指す。借家権は利用目的が多様であるため，借地権のような存続期間の法定化はされていないが，更新や解約申入れに際して，借家人の利用権確保が図られている。なお，期間を1年未満とする建物賃貸借は，期間の定めがないものとみなされる（▶借地借家29条1項）。

第1に，期間の定めがある場合において，更新拒絶または更新にあたり条件変更（賃料増額など）をする場合には，期間満了の1年前から6か月前までの間に，相手方に対してその旨を通知しなければ，従前の契約と同一の条件で更新されたものとみなされる（▶借地借家26条1項本文）。賃貸人が上の通知を行った場合であっても，期間満了後に借家人が使用を継続しており，これに対して遅滞なく異議を述べなかったときは，更新されたものとみなされる（▶同条2項）。なお，更新後は期間の定めのない借家権となる（▶同条1項ただし書）。

もっとも，賃貸人が上記の期間において更新拒絶の通知をしても，当然にそれが認められるわけではなく，①賃貸人および借家人が建物を必要とする事情，②建物賃貸借に関する従前の経過，建物の利用状況および現況，③賃貸人による建物明渡しの条件または引換えに行う財産上の給付（立退料の提供）の申出の有無，を考慮して，更新拒絶につき正当事由ありと認められることが要件とされている（▶借地借家28条）。

第2に，期間の定めがない場合，賃貸人はいつでも解約申入れをすることが

できるが，賃貸借は解約申入れの日から6か月経過後に終了する（▶借地借家27条1項）。その場合でも，右の期間経過後も賃借人が使用を継続し，賃貸人がこれに対して遅滞なく異議を述べなかったときは，借家権が存続する（▶借地借家26条2項）。

また，期間の定めがある場合における更新拒絶と同じく，解約申入れは正当の事由があることを要件とする（▶借地借家28条）。

建物賃貸借についても，更新がなく期間満了によって終了する定期建物賃貸借を行うことができる（▶借地借家38条）。その要件は，①賃貸借契約が公正証書等の書面によって行われたこと（▶同条1項），②賃貸人が賃借人に対して，定期建物賃貸借である旨につき書面を作成・交付して説明したこと（▶同条2項），③賃貸借期間が1年以上である場合は，期間満了の1年前から6か月前までに，賃貸人が期間満了により賃貸借が終了する旨を賃借人に対して通知したこと（▶同条4項），である。なお，②につき判例は，賃貸借契約書とは別個独立の書面を要求する（★最判平成24・9・13民集66巻9号3263頁）。そのねらいは，明確な手続の履践により賃借人の認識を確保するとともに，定期賃貸借に関する認識の有無をめぐる紛争を防止することにある。

賃貸人の権利義務　(1)　**使用収益供与義務・賃料債権**　賃貸人の主要な権利義務は，契約目的に適った目的物の使用収益を提供する義務と，賃料債権である。すなわち，賃借人に対して目的物を引き渡し，賃借権の存続期間において，債務の本旨に従って賃借人の適切な使用収益を維持しなければならず，その対価として賃料の支払いを求めることができる。

(2)　**修繕義務**　賃貸人に(1)で述べた義務があることから，その一環として，目的物の修繕義務が生じる（▶606条1項）。これは，目的物の通常の用法に従った使用収益に必要な範囲で修繕する義務を指す。賃借人の帰責事由により発生した障害につき，改正前は，原因を問わず賃貸人に修繕義務を負わせた上で，賃借人は用法違反による損害賠償義務を負うとする見解もあったが，改正法では，賃貸人は修繕義務を負わない旨が明文化された（▶同項ただし書）。

なお，606条は任意規定であり，特約で排除することは妨げられない。使用

収益に必要な負担をどのように分配するかについては，当事者の意思が尊重されてよいからである。実際にも，修繕・管理を賃借人の負担とすることと引き換えに，賃料の減額や賃借人による自由な改装等を認める場合がある。

賃貸人が自ら修繕等目的物の保存に必要な行為をしようとするとき，賃借人はこれを拒むことはできない（▶同条2項）。必要な使用収益の維持には賃借人も協力義務を負う。ただし，賃貸人による保存行為が賃借人の意思に反し，そのために賃借人が契約目的を達成できなくなるような場合は，賃借人は契約を解除することができる（▶607条）。

(3) **費用償還義務**　賃貸人は，適切な使用収益の確保にかかわり，費用を償還する義務を負う。賃貸人が負担すべき費用には，①必要費（目的物の保存に必要な費用）と，②有益費（目的物の価値の増加に要した費用）がある。

賃借人が必要費を支出したときは，賃貸人に対して直ちにその償還を請求することができる（▶608条1項）。特約がないかぎり賃貸人が修繕義務を負う以上，修繕費用も同人の負担とすべきだからである。なお，賃借人は，賃貸人の所有物である目的物につきいつでも自由に修繕することができるわけではなく，賃借人が修繕することができるのは，①賃貸人に修繕が必要である旨を通知し，または賃貸人がその旨を知ったにもかかわらず，相当期間内に修繕をしない場合，②急迫な事情がある場合に限られることが，改正法において明文化された（▶607条の2）。ここにいう必要費には，契約上とくに予定された使用収益を維持するために要した費用も含まれる。

賃借人が有益費を支出した場合は，契約終了時においてその価値が現存する限度で，賃貸人はこれを償還しなければならない（▶608条2項）。目的物の改良費・造作費などがこれにあたるが，これらは賃貸人が本来負担すべき使用収益の維持に必要な費用とは異なり，賃借人が自身の利用の便宜のために行った投下資本である。したがって，賃貸人による費用負担は，契約終了時において価値が増加した状態で目的物の返還を受けることに伴う，不当利得の清算としての意味をもつ。

有益費といえるかどうかは，客観的に評価される。そのため，特殊な利用目的のために投下された資本などは，賃貸人にとって価値が増加したとはいえ

ず，有益費とならない。

償還すべき有益費の算定については，賃貸人の選択に従い，支出した費用の額または，目的物の価値増加額のいずれかが基準となる（▶196条2項の準用）。

賃借人は有益費の償還請求権を担保するために，賃貸人の目的物の返還請求に対して留置権を行使しうるが，有益費が高額に上る場合，賃貸人に酷な負担を課すことになるため，裁判所は，賃貸人の請求により，その償還につき相当の期限を供与することができる（▶608条2項ただし書）。この場合，弁済期未到来となるため，賃借人は留置権を行使できなくなる。

なお，上述の費用償還請求権は，目的物の返還時から1年以内に行使しなければならない（▶622条→600条）。

(4) **契約不適合** 賃貸借は有償契約であるから，売買における契約不適合に関する諸規定は，賃貸借にも準用される（▶559条）。ここでは，そのうち主要なものについて解説する。

(a) **他人物賃貸借** 賃貸人が目的物の所有権を有していなかった場合も，他人物売買におけると同じく（▶559条→561条），賃貸借契約は有効に成立し，賃貸人はなお使用収益を供与する義務を負うと解されている。

①賃貸人が賃貸権限を得られないときは，賃借人は契約を解除し，損害賠償を請求することができる（▶559条→564条）。また，真正所有者の請求により目的物を明渡し・返還した場合，履行不能により賃貸借は終了する。

②真正所有者が権利主張するときは，少なくとも解除するまでの間，賃借人は，賃料支払いを拒絶することができる（▶559条→576条）。

③真正所有者は目的物の使用料相当額につき不当利得返還請求することができるため，賃貸人が賃料を収受していた場合，同人に対してその返還を求めることができる。ただし，善意占有者には果実収取権があるため，賃貸人が賃料を収受する権限ありと信じていたときは，返還しなくてよい（▶189条）。

賃借人が賃料支払いを拒絶したまま使用収益を継続していたときは，真正所有者が同人に対して不当利得請求しうるかどうかが問われる。学説の多くは，ⓐ賃借人が賃料支払いを拒絶しうるのは，使用収益を供与できない賃貸人に対する関係においてであって，真正所有者との関係ではこの限りではない，ⓑ賃

借人は対価を出捐せずに他人の物を使用収益しうる立場にない，ⓒ使用料相当額は最終的に真正所有者に帰属すべき利益である，という理由により肯定する。

(b) **目的物に関する不適合**　目的物の品質が賃貸借の目的に適合しない場合，賃貸人は修繕義務を負うため，その不履行があれば，債務不履行の一般原則に従い，賃借人は損害賠償請求あるいは解除をすることができる。

賃料債務はどうなるか。まず賃借人は，不適合の程度に応じて，修繕義務が履行されるまで賃料の支払いを拒絶することができる。そして，追完されない間，賃借人は対価に見合った使用収益を享受できないのであるから，不履行の期間に応じて賃料が減額されるべきであろう。法律構成としては，賃貸人の使用収益供与義務の履行がない以上，その対価としての賃料債務も発生しないということになろうか。

目的物の一部が滅失その他の事由によって使用収益することができなくなった場合，それが賃借人の帰責事由によらないときは，使用収益することができなくなった部分の割合に応じて，賃料が減額される（▶611条1項）。この場合において，残存部分のみでは賃借人が契約目的を達成することができないときは，同人は契約を解除することができる（▶同条2項）。

(5) **妨害排除義務**　第三者が目的物につき不法占有しているために賃借人の使用収益が妨げられている場合，賃借権侵害が生じているといえるが，賃借人に対して使用収益供与義務を負っている賃貸人は，所有者としてかかる侵害を排除することにより，債務の本旨に適った使用収益の回復を行う義務がある。賃貸人が所有権に基づく妨害排除請求権を行使しない場合は，賃借人は賃借権保全のため，債権者代位権により占有の排除を図ることも可能とされている。判例は，対抗要件を備えた不動産賃借権につき，賃借人による妨害排除請求を認めていたが（★最判昭和30・4・5民集9巻4号431頁），2017年改正により明文化された（▶605条の4）。

賃借人の権利義務　(1) **使用収益権（賃借権）・賃料債務**　賃借人の主要な権利義務は，賃貸人に対して契約目的に適った目的物の使用収益の提供を求めることを内容とする賃借権と，その対価として賃料

を支払う債務である。賃料には，使用収益の対価とともに，通常使用によって目的物に当然生ずべき減価・損耗に対する塡補の意味も含まれている。賃料支払時期については，動産・建物・宅地については毎月末，その他の土地については毎年末，収穫の季節があるものについてはその季節の後遅滞なく，それぞれ支払うべきものとされている（▶614条）。ただし，同条は任意規定であり，当事者が特約により自由に定めてよい。

　賃借人が賃料不払いに陥った場合，賃貸人は催告の上で契約を解除することができるが（▶541条），賃貸借は継続的契約であり，当事者間の信頼関係を基礎として成り立っていることから，賃料不払いにより信頼関係が破壊され，契約関係の継続が困難となるにいたったと評価しうる程度の事情が存することが必要とされている（★最判昭和39・7・28民集18巻6号1220頁は，解除権の行使が信義則に反することを認めた判例である）。このことを前提として判例は，無催告解除特約が設けられていた場合においても，かかる特約は，無催告解除を認めても不合理とはいえないような事情が存するときに解除権を行使しうる，とする趣旨であると解釈している（★最判昭和43・11・21民集22巻12号2741頁）。

　(2)　**善管注意義務・用法遵守義務**　　他人の物を使用収益する賃借人は，賃借権の存続期間中，目的物につき善良なる管理者としての注意をもって保管する義務を負う。賃借人の不注意により目的物を滅失または損傷させた場合，賃貸人に対する損害賠償責任が生じる。また，使用収益に際しては用法を遵守する義務を負う。用法は目的物の性質ないし契約目的に応じて確定され，契約で明示的に定められる場合も多い。賃借人の用法違反により，当事者間の信頼関係が破壊され，賃貸借関係の継続が困難と認められるときは，賃貸人は契約を解除することができる。判例には，借地人が賃貸人に無断で建物の増改築をするときは無催告解除しうる旨の特約がある借地契約において，賃貸人の承諾を得ずに増改築がされた場合につき，それが土地の通常の利用上相当であり，賃貸人に著しい影響を及ぼすものではなく，当事者間の信頼関係を破壊するおそれがないことから，解除権の行使は信義則に反して許されない，と判示したものがある（★最判昭和41・4・21民集20巻4号720頁）。

　(3)　**通知義務**　　賃借人は賃貸人に対して適切な使用収益の供与を求める権

118 第3章 契約各論(2)

利があることから，目的物の修繕や，侵害の排除に必要な措置を請求すること
ができるが，その必要性が生じたときは，遅滞なく賃貸人にその旨を通知する
義務を負う（▶615条）。賃借人がこれを怠ったために賃貸人が過分な費用を要
した場合，賃借人は損害賠償責任を負う。

(4) **賃料減額請求権・解除権**　賃借物の一部滅失による賃料減額請求権・
解除権についてはすでに説明した（➡116頁参照）。このほか，目的物が農地な
どのように耕作または牧畜を目的とする土地である場合において，不可抗力に
より賃料を下回る減収となったときは，その収益の額にいたるまで，賃借人は
賃料の減額を請求することができる（▶609条）。不可抗力により引き続き2年
以上減収が続いた場合，賃借人は契約の解除をすることができる（▶610条）。
事情変更の原則に類する，農地および採草放牧地の賃借人保護のための政策規
定である。これ以外の賃貸借においては，賃借物からの収益の可否に関するリ
スクは，特段の合意がないかぎり，賃借人の負担となる。

(5) **敷金交付義務**　賃貸借契約に付随して敷金契約が締結されたときは，
賃借人は敷金を交付する義務を負う。敷金返還をめぐる諸問題については後述
する。

(6) **借地借家法上の特則**　建物所有を目的とする土地の賃貸借および建物
賃貸借における賃貸人の権利義務については，借地借家法による保護が与えら
れている。不動産賃貸借は長期間の継続的契約であることから，衡平な契約関
係を維持すべく，契約締結後の事情変更に対する適切な利益調整（契約内容の
改訂）がとくに求められる。

(a) **賃料増減額請求権**　賃料等が，目的不動産に対する公租公課の増減あ
るいは，不動産価格の上昇もしくは低下その他の経済事情の変動により，また
は近隣類似の不動産の賃料等に比較して不相当となったときは，契約条件にか
かわらず，当事者は，将来に向かって賃料の増減額を請求することができる
（▶借地借家11条1項・32条1項）。なお，この権利は，賃借人のみならず，賃貸
人にも認められるが，とくに不増額特約が設けられていた場合，賃貸人は賃料
増額を請求することができない（▶同項ただし書）。

増額について協議が整わない場合，増額を正当とする裁判が確定するまでの

間，賃借人は自ら相当と認める額を支払うことで足りる。ただし，裁判確定により既払い額に不足があることが明らかとなったときは，賃借人は不足額に年1割の利息を付して支払う義務を負う（▶借地借家11条2項・32条2項）。

　減額について協議が整わない場合，減額を正当とする裁判が確定するまでの間，賃貸人は自ら相当と認める額の支払いを賃借人に請求することができる。裁判確定により受領額に超過があることが明らかとなったときは，賃貸人は超過額に年1割の利息を付して返還する義務を負う（▶借地借家11条3項・32条3項）。

　これらの諸規定を**事情変更の原則**（法理）の具現化とみるか，同原則を緩和する特別規定と解するべきかについては争いがあるが，近年では，不動産業者が収益目的において所有者から不動産を借り上げるにあたり，賃料自動増額特約・不減額特約が設けられたが，その後の景気低迷に起因する減収が生じた場合，かかる特約の効力および減額請求の可否が争われることがある。この点につき判例は，サブリース契約につき，借地借家法11条・32条が強行規定であり，特約により直ちに排除されないことを前提としつつ，減額請求の可否および相当賃料額の決定に際しては，特約の存在を含めて，賃貸借契約において当事者が賃料額決定の要素とした事情・経緯等を総合的に判断すべき旨を示している（★最判平成15・6・12民集57巻6号595頁，最判平成16・6・29判時1868号52頁）。

　(b)　借地条件の変更等　　借地人が，契約で定められた用法に違反して建物を建築または増改築することは原則として許されないが，以下のような例外が認められている。

　①建物所有を目的とする借地契約において，その建物の種類・構造・規模・用途を制限する旨の借地条件が定められたが，後に法令による利用規制や付近の土地の利用状況の変化などの事情変更が生じ，その借地条件と異なる建物所有を目的とすることが相当であるにもかかわらず，借地条件の変更につき当事者間で協議が整わないときは，当事者の申立てにより，裁判所が借地条件を変更することができる（▶借地借家17条1項）。事情変更に基づく裁判所による契約改訂を認める規定である。

　②借地上の建物の増改築が契約上制限されている場合において，借地人が土

地の通常の利用上相当とすべき増改築を行うにつき，当事者間で協議が整わないときは，借地権者の申立てにより，裁判所が増改築につき借地権設定者の承諾に代わる許可を与えることができる（▶借地借家17条2項）。

賃貸借の終了

（1）**終了事由**　(a)　期間満了　期間の定めのある賃貸借は，存続期間の満了により終了する。更新および，借地借家法上の期間延長・更新拒絶についてはすでに説明した（➡110頁参照）。

(b)　解約申入れ　期間の定めのない賃貸借については，当事者はいつでも解約申入れをすることができる。この場合において賃貸借は，次の猶予期間が経過した後に終了する。①土地賃貸借につき1年，②建物賃貸借につき3か月，③動産および貸席の賃貸借につき1日（▶617条1項）。ただし，収穫の季節がある土地の賃貸借については，その季節の後次の耕作に着手する前に，解約申入れをしなければならない（▶同条2項）。

もっとも，借地借家法の適用がある借地については存続期間が法定化されており，建物賃貸借においても解約申入れにつき正当事由を要する点については，留意を要する（➡112〜113頁参照）。

(c)　解　除　賃貸借の法定の解除事由には，債務不履行解除のほか，減収による解除（▶610条），賃借物の一部滅失による解除（▶611条2項），賃借権の無断譲渡・転貸を理由とする解除（▶612条2項），賃借人の破産手続開始による解除（▶破53条1項）がある。

解除の要件については，とくに債務不履行に関し，賃貸借が継続的契約であることに鑑みて，当事者間の信頼関係が破壊され，契約関係の維持・継続が困難となるにいたったかどうかという観点が重要であることはすでに指摘した（➡117頁参照）。

解除の効果に関しては，賃貸借の解除には遡及効がなく，将来に向かってのみ効力が生じる点に注意しなければならない（▶620条）。継続的契約である賃貸借の解除に遡及効を認めると清算の負担が過剰かつ複雑となる上，既給付部分が債務の本旨に適っているのであれば，そのかぎりにおいて給付を維持すべきだからである。このような将来効のみを有する解除を指して，とくに**解約告知**とよぶことがある。

(d) 目的物の全部滅失　　目的物の全部が滅失その他の事由により使用収益不能となった場合，賃貸借契約はこれによって直ちに終了する（▶616条の２）。2017年改正は，従来の判例（★最判昭和32・12・３民集11巻13号2018頁）・学説に関する確認規定としてこれを明文化した。

(2) 終了の効果　　(a) 原状回復　　賃貸借が終了したときは，賃借人は目的物につき原状回復義務を負い，目的物を受け取った後にこれに生じた損傷につき，それが通常の使用収益によって生じた損耗および経年変化または，賃借人の責めに帰することができない事由によるものである場合を除き，原状に復して返還しなければならない（▶621条）。したがって，原状回復に要する費用は賃借人が負担すべきであるが，そこに目的物の通常使用に伴う劣化・減価・汚損等（通常損耗）が含まれないのは，これらは賃貸借の性質上当然に予定されており，賃借人が使用収益の対価として負う賃料債務にすでに含まれていると考えられるからである。改正前の判例は，明確な特約がないかぎり，敷金に通常損耗に関する修補費用を充当することは，賃借人に賃料債務とあわせて二重の負担を課すこととなって許されない，と解していたが（★最判平成17・12・16判タ1200号127頁），2017年改正によりその旨が明文化された。

　賃借人が目的物に付属させた物については，それが目的物の通常の使用収益にとって有益でないときは，賃借人は収去義務を負う。付属物が目的物の価値を増加させる場合，それが分離可能であれば，賃借人に収去権が認められる（▶622条→599条）。また，付属物が賃貸人の所有に帰する場合，賃借人に有益費償還請求をすることができる（▶608条２項）。

　(b) 建物買取請求権・造作買取請求権　　借地借家法は，借地権・借家権の存続期間満了時において，借地人・借家人に建物買取請求権・造作買取請求権を与えている。

　①借地権の存続期間が満了し，更新がないときは，借地人は借地権設定者に対し，借地上の建物を時価で買い取るよう，求めることができる（▶借地借家13条１項）。借地人には原状回復義務があることから，本来であれば建物を収去して土地を明け渡さなければならないが，建物保護の要請と借地人の投下資本回収の確保のため，とくに付与された権利である。建物買取請求権の確保のた

め，借地人は，借地権設定者の土地明渡請求に対して同時履行の抗弁権および留置権を行使しうる（★最判昭和33・6・6民集12巻9号1384頁，最判昭和42・9・14民集21巻7号1791頁）。ただし，期間満了前に借地権設定者の承諾を得ずに残存期間を超えて存続するものとして新築された建物については，借地権設定者の負担軽減のため，同人の請求により裁判所は代金支払いにつき相当の期限を許与することができる（▶同条2項）。この場合同時履行の抗弁権も留置権も成立しない。

　②建物賃貸借において，賃借人が賃貸人の同意を得て建物に付加した造作（畳，建具，冷暖房器具その他の備付け設備）につき，賃借人は賃貸人に対してこれらを時価で買い取ることを求めることができる（▶借地借家33条1項）。これは，有益費償還請求権と共通の趣旨に基づいている。

　賃借人は，賃貸人の建物引渡請求に対して，同時履行の抗弁権・留置権を行使することができるかについては，見解が分かれる。判例は，ⓐ造作代金債務と建物引渡義務は別個の原因から生じた債権債務であり，対価的牽連性がない，ⓑ造作代金債権は建物自体から生じた債権とはいえない，との理由からこれらを否定するが（★最判昭和29・7・22民集8巻7号1425頁など），学説上は，ⓐ造作のみならず建物の引渡しをも拒絶しうると解しないと，造作買取請求権の実現が確保されない，ⓑ判例の立場に立つと，賃借人は造作を分離して代金支払いを求めざるをえないが，建物に付属させたままで造作買取請求権を認めてその価値の維持を図ろうとした立法趣旨に反する，とする反対説が多い。

　(c)　敷金返還　　すでに述べたように，敷金が交付されていた場合において，賃料債務その他賃貸借に基づいて生じた賃貸人の賃借人に対する金銭の給付を目的とする債務（賃料不払い，用法違反など）が生じたときは，賃貸人はその額を敷金に充当することができ，これを控除した残額を賃借人に返還すべき義務を負う（▶622条の2）。

　賃貸人の敷金返還義務と賃借人の目的物の返還義務の関係につき，改正前においては，同時履行の抗弁権および留置権の成否が論点となっていた。判例は，①敷金は目的物返還までの間に生じる損害を担保することを目的としているから，その返還義務の発生は賃貸借終了時ではなく目的物返還時であり，目

的物返還が先履行の関係に立つ，②賃貸借契約と敷金契約は別個の契約であり，両債務は1つの双務契約上の債権でない上，両者の間には著しい価値の差が認められ対価性がない，として，敷金返還請求権の発生時期につき明渡し時を採用し（★最判昭和48・2・2民集27巻1号80頁：百選Ⅱ-61〔第7版〕），同時履行の抗弁権を否定した（★最判昭和49・9・2民集28巻6号1152頁：百選Ⅱ-65）。改正法もこれを継承し，敷金は明渡し後に清算・返還されるべきこととされた。

　目的物の通常損耗・経年劣化に関する補修費用については，前述したように（➡117頁参照），通常の使用収益によって当然に生ずべき損失はすでに賃料によって填補されており，原状回復義務に含まれないため（▶622条の2），賃借人が敷金によりこれを負担すべき旨の特約について明確に合意されていないかぎり，敷金に充当されない（前掲★最判平成17・12・16）。通常損耗・経年劣化の填補の負担に関する特約も可能であるが，その認定に際しては，賃借人に予期しない特別な負担を課さないよう，配慮すべきである。

4　賃貸借の効力—第三者に対する効力・当事者の変更

　賃貸借は継続的契約であることから，その存続期間中に，賃貸人が所有者として目的物を他者に譲渡したり，あるいは賃借人が賃借権を譲渡・転貸することがある（たとえば，借地人が借地上の建物を第三者に譲渡するときは，建物所有権とともに，その基礎となる敷地の借地権も譲渡するのが通常である）。その効力についてはさまざまな問題があるが，以下に解説する。

賃貸人の地位の移転　　(1)　**賃貸目的物の譲渡と賃借権の効力**　　賃借権は契約上の債権にすぎないから，その存続期間中に賃貸人が目的物を第三者に譲渡した場合，賃借人はその譲受人に対しても当然に目的物の使用収益の提供を求めることができるわけではなく（契約または債権の相対性），譲受人の同意により賃貸借関係が承継されないかぎり，同人の所有権に基づく明渡請求により賃借権は履行不能のため消滅する。後は賃貸人の債務不履行責任が残るが，賃借人の使用収益権限の喪失は回避できない。

　この点用益物権は，対抗要件を備えることにより，用益物権設定者以外の第三者（例：目的物の新所有者）に対しても対抗することができるから，目的物の

譲渡は使用収益に影響を及ぼさない。

(2) **不動産賃借権の対抗力**　そこで，このような場合における賃借権の維持が問題となる。民法は，不動産賃借権につき，賃借権登記をもって，賃貸不動産の物権取得者その他の第三者に対する対抗要件としている（▶605条）。上記の原則にもかかわらず，不動産賃借権は，用益物権と同じく，登記を備えることにより，賃貸不動産の譲受人に対して対抗することができ，賃借権が存続するのである。不動産賃借権に物権的効力を付与して賃借人を保護する特別規定といえる。しかしながら，賃借権登記は共同申請に基づいて行うことを要するため，賃貸人がこのような賃借権の強化を望まず，登記手続に協力しないときは，この限りではない。

そのため，借地借家法は，民法605条の特別法として，賃借人が単独で備えることができる対抗要件について規定した。借地権の対抗要件としての建物登記（▶借地借家10条）と建物賃借権の対抗要件としての建物引渡し（▶借地借家31条）である。借地上の建物については，借地人が所有者として単独で登記申請することができる。土地と建物は別個の不動産であるため，土地所有者以外の借地人の所有に属する建物の存在を公示することにより，第三者は借地権の存在を推認しうることから，建物登記が建物所有権のみならず，敷地に関する借地権の公示としての機能を担うのである。

また，建物賃貸借については，建物所有者でない賃借人が占有を開始していれば，第三者は現況確認により賃借権の存在を認識しうるため，引渡しをもって対抗要件としても第三者の取引安全が害されることはない。

以上のような賃借権の強化（対抗力付与，存続期間の法定化，譲渡性の承認〔➡127頁で後述〕）は，**不動産賃借権の物権化**と称されている。

この建物登記は，保存登記に限らず，表示に関する登記でもよいとされているが（★最判昭和50・2・13民集29巻2号83頁），借地人以外の他人名義での建物保存登記についても，借地権の対抗力を認めてよいかどうかについては，争いがある。判例は，借地人が自己名義の建物所有権保存登記を備えていることを要求し，借地人の親族名義での保存登記につき対抗力を否定している（★最大判昭和41・4・27民集20巻4号870頁：百選Ⅱ-58，最判昭和47・6・22民集26巻5号

1051頁〔反対意見あり〕）。その根拠は，①他人名義の登記は建物所有権登記として無効であるから，借地権の対抗要件としての効力も認められず，それが公示制度の理想に合致する，②借地借家法上の保護を受けようとする借地人は，自己名義で建物登記すべきである，という諸点に求められよう。

　これに対し学説上は，①少なくとも借地人と同居の親族名義であれば，登記ある建物により借地権の存在を推認することができ，土地取引における現地検分を加味すれば，借地権の公示としての機能を十分に果たしており，取引安全を害するおそれはない，②借地借家法における賃借人保護の趣旨に鑑みて，実態に即した柔軟な解釈をすることが望ましい，との理由から，対抗力を肯定する見解も有力である。

　このように，賃借権の対抗力は，主として賃貸不動産の新所有者に対する関係において問題となるが，賃借権と相容れない用益物権との優劣あるいは，二重賃借権の設定における対抗関係についても適用されよう。民法605条は「物権を取得した者その他の第三者」と規定しているが，二重賃借権の優劣も排他的な物的支配をめぐる争いであり，不動産賃借権の物権化に照らせば，対抗要件の有無により決すべきであろう。

　(3)　**賃借権の対抗の効果**　　(a)　賃貸人の地位の移転　　賃借人が賃貸不動産の譲受人に対して不動産賃借権をもって対抗することができる場合，その効果として，賃貸人の地位が譲受人に移転し，譲渡人との賃貸借関係が譲受人—賃借人間に承継される。判例は古くから賃貸人の地位の当然承継を認めていた（★最判昭和39・8・28民集18巻7号1354頁）。ここにいう「当然」とは，賃貸借関係の承継に関する譲渡当事者間の合意および，賃貸人の交代に対する賃借人の承諾が不要であることを意味する。2017年改正により，賃貸人の地位の移転に関する規定が新設されたが，改正前における判例法理を確認するものである（▶605条の2第1項）。ここにいう賃貸人の地位の移転は譲渡当事者の意思の効果ではないが，次の2点に留意する必要がある。

　第1に，譲渡当事者間の合意により賃貸人の地位を譲渡人に留保することができる（▶同条2項）。賃貸不動産の譲受人が賃貸人としての事務処理等の負担を譲渡人に委ねつつ，収益を分配することを欲する場合などにおいて有用であ

る。賃借人の側としても，当初の賃貸人との間で賃貸借関係が維持されるため，その保護に欠けるところはない。このような留保合意は，譲受人所有の不動産について譲渡人が収益管理することを目的とするため，譲渡当事者間における賃貸借の形式をとるが，この関係が終了したときは，賃貸人の地位の留保はその根拠を失い，譲受人に移転する。

第2に，賃借権の対抗要件の有無にかかわらず，譲渡当事者間の合意によって賃貸人の地位を移転させることは妨げられない。この場合において，賃借人の承諾は不要である（▶605条の3）。賃貸人の地位の移転は賃貸人の義務の移転を伴うが，その履行態様は賃貸人が誰であってもとくに変わるところはなく，その承継を認めることがむしろ賃借人にとって有利であるといえるからである。改正前の判例の立場であり（★最判昭和46・4・23民集25巻3号388頁：百選Ⅱ-41），改正法においても継承された。

(b)　賃貸人の権利行使　　新賃貸人が賃借人に対して賃料請求・解約告知などの権利行使をするにあたり，改正前の判例・通説は，所有権登記を要すると解していた（★最判昭和49・3・19民集28巻2号325頁：百選Ⅱ-59）。その理由は，①賃貸人の地位と所有権は密接不可分の関係に立ち，その権利行使に登記を要求することが，公示制度の理想に合致する，②未登記所有者による権利行使を認めると，賃借人が賃料二重払い等の危険を負うおそれがあるため，所有者を確知することにつき，賃借人にも正当な利益がある，という点に求められている。2017年改正はこの見解を明文化した（▶605条の2第3項）。

なお，賃貸人の地位の移転は，賃貸不動産の新所有者が賃借権の負担を引き受けること前提とするため，両者はもはや相容れない物的支配を争う関係にない。そのため，ここで要求されている登記は，同一不動産に関する使用収益支配の優劣決定のための本来の意味における対抗要件ではなく，**権利保護資格要件**であるなどと解されている。

(c)　賃貸人の債務の承継　　賃貸人の地位の移転により，費用償還債務および敷金返還義務も譲受人に承継される（▶605条の2第4項）。敷金については，賃貸借契約と敷金契約が別個の契約であることから，譲渡当事者間の合意なくして賃貸人の地位が移転する場合において当事者間で敷金の引渡しがないとき

であっても，賃貸借が終了した場合において譲受人は，預託されていない敷金を賃借人に返還しなければならないかが問われていた。判例は承継肯定説に立っていた（★最判昭和44・7・17民集23巻8号1610頁など）。①敷金契約は賃貸借契約に従属すべきものである，②賃貸人の地位の移転は賃借人の同意なくして行われうるから，賃借人が関知しない譲渡により不利益を被らせるべきではない，③敷金返還の負担については譲渡当事者間で調整することを期待してよい（売買代金額に反映させる等），というのがその根拠である。2017年改正によりこの判例法理が明文化された。

> ◼️ **Case 3-2** (1) Aは，自己所有の甲建物をBに賃貸していたが，賃貸借の存続期間中に，Bは同建物の賃借権をCに譲渡した。
> (2) (1)の例で，Bが甲建物をさらにCに転貸した。

賃借権の譲渡・転貸　（1）**譲渡・転貸の要件**　賃貸人の地位の移転と異なり，賃借権の譲渡・転貸は，賃貸人の承諾を要する（▶612条1項）。賃貸人の義務と異なり，賃借人の義務（賃料債務，善管注意義務・用法遵守義務）の履行態様には属人的要素が多く，自己の所有物の利用を誰に認めるかは，賃貸人の利害に大きく影響する重要事項といえるからである。

（2）**承諾譲渡の効果**　Case 3-2(1)において，賃借権が適法に譲渡された場合，Bは賃貸借契約から離脱し，A・B間の賃貸借関係はCに承継され，Cが賃借人となる。

この場合，A・B間の敷金契約もCに承継されるか。判例は，賃借権譲渡によって，Cが新たに負担することになる債務についてまで当然にBが担保しなければならないというのは，Bの予期に反して不利益を被らせる結果となり妥当でないとして，BがCの債務不履行についても担保することを約すか，敷金返還請求権を譲渡するなどの特段の事情がないかぎり，承継を否定する（★最判昭和53・12・22民集32巻9号1768頁：百選Ⅱ-66）。判例はもっぱらBの利益に配慮しているが，このように解しても，賃借権譲渡はAの承諾を要するから，敷金についても合意による調整が可能であること，Cが敷金の出捐を免れるべき理由はないことに照らせば，当然承継否定説が妥当といえようか。

このように敷金関係の承継の可否については，賃貸人の交代と区別すべき点に注意すべきである。

(3) 承諾転貸の効果 　(a) 基本的法律関係 　**Case 3-2**(2)において，BがAの承諾を得て甲建物をCに転貸した場合，A・B間では従来の賃貸借関係が存続し，B・C間において転貸借関係が生じる。転貸借はあくまで転貸人であるBの使用収益権限すなわち賃借権に基づいて成り立つものであるから，A・B間における賃貸借の存続期間を超える転貸借は，その範囲につきAに対して対抗することができない。

ただし，借地借家法は，建物賃貸借において，賃貸借が期間満了または解約申入れにより終了するときは，転借人に対してその旨を通知しなければ終了をもって同人に対抗することができず，転貸借は通知から6か月の猶予期間を経て終了するとしている（▶借地借家34条）。

また，借地人が借地上の建物を賃貸した場合，建物賃借人は土地の転借人ではないが，借地権が期間満了により消滅するにあたり，その1年前までにその事実を知らなかったときは，建物賃借人の申立てにより，裁判所は，同人が借地契約の終了を知った日から1年を超えない範囲内において，明渡しの猶予期間を許与することができる（▶借地借家35条）。

なお，Cに用法違反などの債務不履行があり，Aが損害を被った場合，履行補助者（利用補助者）の過失としてBの帰責事由に含まれ，BはAに対して債務不履行責任を負う。

(b) 賃貸人—転借人間の効果 　Aの承諾はあくまでB・C間の転貸借を適法化するものであって，賃借権の譲渡と異なり，A・C間において新たな賃貸借関係の承継ないし形成をもたらすものではないが，民法は，A・B間の賃貸借に基づくBの債務の範囲を限度として，CはAに対して直接に履行する義務を負う旨を定めている（▶613条1項）。このような賃貸人—転借人間の直接請求権の趣旨は，賃貸人の保護と関係当事者間の法律関係の効率化に求められる。そのため，AはBに対する賃料債権額を限度として，Cに対して賃料請求することができる。CはAに弁済することによりBに対して免責され，BもAに対する関係において免責される。なお，AのCに対する直接請求権の承認

は，AのBに対する本来の賃料請求を妨げるものではない（▶同条2項）。

　(c)　解除の効果　　A・B間の賃貸借が中途で解除された場合，転借人Cの地位にどのような影響が及ぶか。転借権の利用権限は賃借権を基礎としており，賃借権が存続する範囲において賃貸人に対して対抗することができるにとどまるため，賃貸借契約の解除により賃借権が消滅した場合，転借人は賃貸人からの明渡請求に応じなければならないと考えられるが，転借人の利益にも配慮する必要がある。2017年改正によれば，合意解除と債務不履行解除とで区別され，賃貸人は合意解除をもって賃借人に対抗することができないが，債務不履行解除の場合はこの限りでない（▶同条3項）。この区別は従来の判例法理を継承したものである。

　すなわち，合意解除の場合は，賃貸人が予め転貸借を承諾しながら，その後の合意によりこれを中途でくつがえすことは矛盾態様にあたり，賃貸人が転借人に対して賃借権の消滅を主張することは信義に反するというのが判例・通説である（★最判昭和38・4・12民集17巻3号460頁など）。なお，その後の賃貸借関係については解釈に委ねられているが，A・B間では当事者間の合意が尊重されてよいから，解除によりBは離脱し，AがCに対してかかる解除を対抗することができない結果，A・C間で残存期間の賃貸借が継続することになろう（Bが離脱した後，CはAに対して転借権を対抗しうることから，Bの地位をAが承継する）。

　これに対して，Bの賃料不払いなどを理由とする債務不履行解除の場合，Cは転借権をもってAに対抗することはできないと解するのが判例である（★最判昭和36・12・21民集15巻12号3243頁）。その根拠としては，①転貸借に対する賃貸人の承諾は，賃借人の債務不履行により賃貸借を継続し難い事情が生じた場合にまで転貸借の存続を認める趣旨ではない，②転借人の地位は賃借人に従属するため，このようなリスクも甘受すべきである，などがあげられる。なお，転借人に対する催告の要否につき，明渡しを求められる転借人に賃貸借を維持する機会を付与すべきである上，賃貸人は転借人に対して直接に権利行使しうるから，これを要求しても酷ではないとする必要説もあるが，判例は不要説に立つ（★最判平成6・7・18判時1540号38頁）。賃貸人は賃貸人・転借人のいずれ

に権利行使するかにつき自由であり，転借人が賃借権の運命に従うのはやむをえない，といえるからである。

　また，転借権の消滅時につき判例は，賃貸人による返還請求時とする見解を明示している（★最判平成9・2・25民集51巻2号398頁：百選Ⅱ-64）。ⓐ賃貸借解除により基礎を失った転借権をもって，もはや賃貸人に対抗することができなくなる，ⓑ返還請求により転貸借の履行不能が確定する，ⓒそれ以降は賃貸人に対する不法行為責任・不当利得返還義務の問題となるが，それまでは解除の事実を知らずに使用収益を継続した転借人の利益が保護されてよい，というのがその根拠のようである。学説上は，ⓐ賃貸借解除により転借権はその基礎を失って消滅する，ⓑ解除時より転貸人は使用収益権限を失うから，転貸賃料の収受を認めるべきではない，とする解除時説も有力である。

　(4)　**無断譲渡・転貸**　　BがAに無断で賃借権の譲渡・転貸を行った場合，Aは賃貸借を解除することができる（▶612条2項）。このような譲渡・転貸はAとの関係では適法とはいえず，同人に対して対抗することができない。そのため，AはCに対して明渡請求しうるとともに，Bとの賃貸借をも解除することができるのである。賃貸人に無断で目的物を他人に使用収益させることは，賃貸人に対する背信的行為といえるからである。

　ところで，判例・学説は，無断譲渡・転貸をもって直ちに解除権ありとするのではなく，賃貸借が個人的信頼を基礎とする継続的関係であることに鑑み，無断譲渡・転貸が賃貸借を継続しがたいほどに当事者間の信頼関係を破壊する背信的行為と認められる場合にのみ，解除権が発生すると解している（★最判昭和28・9・25民集7巻9号979頁など）。賃貸借の性質と612条の趣旨に照らした制限解釈である。したがって，無断でされたものであっても，信頼関係破壊にいたらない程度の相当な譲渡・転貸であれば，解除権は発生せず，譲渡・転貸が適法とされるため，Cの権利をもってAに対抗することができる。判例は，利用態様あるいは使用収益の主体につき実質的な変更がない場合などにおいては，信頼関係破壊にいたらないと判断している（★最判平成8・10・14民集50巻9号2431頁：百選Ⅱ-60）。

　なお，借地借家法は，借地権の譲渡・転貸につき，それらが借地権設定者に

不利となるおそれがないにもかかわらず，同人が承諾しないときは，借地人の申立てにより裁判所が承諾に代わる許可を与えることができる旨を定めている（▶借地借家19条）。

5　特殊な賃貸借—リース・サブリース

> :::Case 3-3　Uは業務用コンピュータ1台を必要としていたところ，リース業者であるLがSからコンピュータを購入し，物件は直接SからUに引き渡され，UがLに対して利用の対価を支払う旨の契約が締結された。

リース
(1)　**リース契約の意義**　**Case 3-3** のような取引形態を**リース契約**という。ある商品の購入・使用を欲するユーザーUが，購入資金を有しないために，リース業者であるLがサプライヤー（供給者）Sから物件を買い受けて所有権を取得し，Sから商品の引渡しを受けたUが，Lに対して使用の対価（リース料）を支払うという形式がとられる。

　リース契約は，法形式としては，S・L間における売買契約とU・L間における賃貸借契約との結合から成り立つが，実質的には金融目的の取引であり，Lを介してS・U間で売買契約があり，その購入資金につきU・L間で融資契約が締結されたに等しい機能を果たしている。そのため，クレジット取引と同じく，リース契約を三者間の信用提携売買と捉える法律構成も提唱されているが，物件の所有権はあくまでLに帰属する点に注意しなければならない。

　(2)　**リース契約をめぐる法的問題**　(a)　リース料の不払い　Uがリース料不払いに陥った場合，期限の利益を喪失し，Lは残リース料全額をUに対して請求しうるとともに，リース契約を解除して物件を引き揚げることができる。しかしながら，それではリース期間満了時の物件価格と解除時のそれとの差額につきLが不当に利得することとなるため，その清算が義務づけられている（★最判昭和57・10・19民集36巻10号2130頁）。

　(b)　目的物の契約不適合　リース契約においては通常，目的物が売買契約の内容に適合しない場合において，リース業者の契約不適合に関する責任を免除し，ユーザーは供給者に対して直接請求しうる旨の特約が付されている。そ

の趣旨は，リース業者が果たす実質的機能は金融であり，目的物の利用に関する障害は供給者とユーザー間において解決すべきであるとの取引実態に求められる。そのため，LがSに対して有している契約不適合に基づく権利につき，Uに譲渡またはUによる代位行使が認められるということになろうが，問題は，物件が契約内容に適合しないことを理由として，UがLとの間の契約を解除することができるかどうかである。重大な契約不適合が存する場合は，売買契約のみならず，賃貸借契約の目的も達成されないのであるから，肯定されるべきであろう。さらに，LとSの一体性を強調するなら，Uは契約不適合を理由にLに対してリース料の支払い拒絶あるいは減額を求めることができるという構成も可能となろう。

> **⚃ Case 3-4**　Aが所有する甲建物につき，不動産業者であるBとAとの間で，同建物をBが一括して借り上げた上で，第三者に賃貸するなどの収益・管理を行い，Aに対して月ごとに一定の対価を支払う旨の契約が締結され，これに基づいてBは同建物をCに賃貸した。

サブリース　(1)　**サブリース契約の意義**　Case 3-4 のような取引形態をサブリース契約という。不動産所有者の資産運用のための手段として活用され，民法上の転貸借に類するが，目的物の利用はB自身ではなく第三者が行うことが当初から予定されており，Bはもっぱら収益・管理にあたることを目的としている点において，本来の賃貸借・転貸借とは異なっている。もっとも，一口にサブリースといっても，その形態はさまざまであり，A所有の土地に，Bが保証金として資金提供した上で建物設計・施工・監理を行う形態もあれば，B自身による使用収益を含むものもある。

(2)　**サブリースの法的性質**　判例実務は，賃貸借・転貸借構成に立脚しているようであるが（★最判平成15・10・21民集57巻9号1213頁：百選Ⅱ-67など），学説上は，賃貸借のみならず，委任・請負の要素をも含むと解する混合契約構成，不動産運用に関するAとBの共同事業・収益分配を目的とする無名契約構成などが提唱されている。サブリースに関する諸問題に対して，民法上の賃貸借法理がどこまで妥当するか，借地借家法の適用の可否はどうか，等に関わっ

てくる。

(3) **サブリースをめぐる法的問題**　(a) 賃料減額請求の可否　サブリース契約締結の後，不動産不況によりBの収益が著しく減少するにいたった場合，BはAに対して支払うべき対価の減額を求めることができるか。A・B間で賃料自動増額特約・不減額特約が結ばれていた場合に問題となる。これらの特約は，長期間に及ぶ継続的契約における賃料改定を効果的に行うべく，予め一定期間ごとに賃料を自動的に増額し，減額をしない旨を約すものであり，Aにとっては将来にわたる賃料保証の意義を有している。

この問題については，借地借家法上の賃料減額請求（▶借地借家32条）の可否が問われる。もっとも，サブリースにつき賃貸借構成をとらなければ，そもそも同法の適用はなく，事情変更の原則による改定の余地が残るにとどまるが，賃貸借構成に立つ場合は，以下の点につき検討する必要が生じる。

第1に，このような特約により借地借家法32条の適用を排除することができるか。同条は不増額特約による賃貸人のリスク負担の有効性を承認するが（▶同条1項ただし書），同じように自動増額特約・不減額特約による賃借人のリスク負担に関する合意は尊重されるであろうか。判例は，同条は強行法規であるから，かかる特約が存在するからといって，直ちに賃借人による賃料減額請求権の行使が妨げられるわけではないと説く（前掲★最判平成15・10・21）。

第2に，そうだとすると，上の特約にもかかわらず，なお賃料減額請求の可否が問題となるが，その成否および相当額を決するにあたり，いかなる判断基準を立てるべきであろうか。判例は，当事者間が賃料額決定の要素とした事情などを総合的に判断すべきであるとして，賃料額決定の経緯や特約設定にいたった事情，とくに当時の賃料相場との乖離の有無・程度および収支予測にかかわる事情などを考慮すべき旨を指摘する（前掲★最判平成15・10・21）。基本的には，①A・B間の契約は事業上の収益目的であることの評価をどうするか，②上記特約は賃料相場変動のリスクをもっぱらBが負担する趣旨であるといえるか，③特約を根拠としてAが経済変動のリスクを免れることが，損益の衡平な分担に適うか，などがポイントとなろう。

(b) 転借人の地位　サブリースにつき賃貸借構成に立てばCは転借人とな

るが，Ａ・Ｂ間の賃貸借が解除または期間満了により消滅した場合，Ｃの地位
にどのような影響をもたらすか。Ａ・Ｂ間の賃貸借契約が転貸目的であり，当
初からＢではなく転借人Ｃによる使用収益が予定されていたことに鑑みれば，
少なくともその存続期間においてはＣの使用収益権限が確保されてよいように
思われる（当初よりＢではなくＣによる使用収益を目的としているため，Ｃの権利が
Ｂの使用収益権限を基礎として存立しているという要素が弱い）。そこで，合意解除
はもちろん，債務不履行解除がされた場合であっても，これをもって信義則上
Ｃに対して対抗することはできないとする見方が勢力を増している。

判例には，Ａ・Ｂ間の賃貸借がＢの更新拒絶により終了した場合において，
上記の要素に加えて，ＡがＣへの転貸借に主体的に関与していた事情などを考
慮した上で，Ａは信義則上Ｃに対して賃貸借の終了をもって対抗することがで
きないと判示したものがある（★最判平成14・3・28民集56巻3号662頁：百選Ⅰ
-3）。

3　使 用 貸 借

1　使用貸借の意義

使用貸借とは，他人の物を無償で使用収益し，終了時に借主が借りた物を原
状に復して返還することを目的とする契約をいう。賃貸借との相違は，借主に
賃料すなわち使用収益の対価を支払う義務が生じない**無償契約**である点にあ
る。そのため，使用貸借が無償契約である点に鑑みて，民法は，契約の拘束力
や借主の義務，貸主の責任などにおいて，有償契約である賃貸借とは異なるか
たちで当事者間の利益バランスを図っている。

2　使用貸借の成立

使用貸借は，当事者の一方（貸主）が目的物を引き渡すことを約し，相手方
（借主）が受け取った目的物について無償で使用収益をして契約が終了したと
きに返還することを約することによって，その効力を生じる（▶593条）。

改正前においては，使用貸借は，無償で貸与する貸主の負担を緩和すべく，

消費貸借とともに要物契約とされていたが，使用貸借は親族間あるいは親しい隣人・知人間で行われるのみならず，無償で行われる使用収益供与のニーズが多様化していることから，2017年改正において**諾成契約**に修正された。その上で，無償性に由来する貸主の負担に配慮して，書面による使用貸借を除き，借主が目的物を受け取るまで，貸主は契約の解除をすることができることとされ，贈与（▶550条）に類する調整が行われた（▶593条の２）。

Further Lesson 3-1

▶▶▶▶▶ **使用貸借の認定をめぐる紛争の実態と法的問題点**

　親族間などにおいては，無償かつ無期限で物の使用収益を委ねる合意がされることがあるが，その内容が「好きなようにしてよい」程度のものであると，それが使用貸借か贈与のいずれであるかが不明確となり，当事者間で認識が食い違う場合も出てくる。不動産の場合は，そのまま長期間経過し，当事者が死亡した後に，相続人間でその所有権の帰属をめぐり深刻な紛争が生じることもある。たとえば，Aが自己所有の甲土地につきその弟であるBとの間で上記のような合意を行い，その後A・Bが死亡し，CがAを，そしてDがBをそれぞれ相続したが，やがて甲地の所有権の帰属が争われるに至った場合などがそれである。

　この場合，第１に登記の推定力により，登記名義人が所有者として推定され（★最判昭和34・1・8民集13巻1号1頁），この推定は占有による権利推定（▶188条）に勝ると解するなら，BおよびDへの所有権移転登記がされておらず，Cが相続登記した場合は，甲地は登記名義人であるCの所有地と推定され，DがA・B間の贈与に基づく所有権取得を反証して推定を覆さなければならない。第２に，かかる反証ができない場合でも，DはBの占有と併合して取得時効を主張しうる余地がある。このとき，B・Dの占有には自主占有の推定（▶186条1項）がはたらくので，今度はこれを争うCの側において，A・B間の使用貸借の事実など他主占有権原を立証するか，権原不明の場合は，客観的にみてBに所有者として支配してきたとは評価できない態様が認められるなどの他主占有事情を立証して，取得時効の成立を阻止する必要が生じる（★最判平成7・12・15民集49巻10号3088頁）。かかる事情の有無については，登記名義をAのままとした理由，Bが占有するに至った経緯，Bの支配態様その他諸般の事情が総合的に勘案される。仮にBが他主占有であったとされても，なお相続人Dによる新たな事実的支配が自主占有と評価され，独自に取得時効の対象となる場合がある（★最判平成8・11・12民集50巻10号2591頁：百選Ⅰ-67）。

3 使用貸借の効力

貸主の権利義務

(1) **使用収益忍容義務**　目的物の交付により使用貸借が成立すれば，拘束力が生じるから，契約の終了まで，貸主は借主による目的物の使用収益を忍容すべき義務を負う。これは消極的な義務にすぎず，無償契約であることから，貸主は対価に見合う使用収益を維持すべき積極的な義務（修繕義務など）を負わない。

(2) **引渡義務**　貸主の引渡義務については，無利息消費貸借における貸主と同じく，贈与者の引渡義務に関する551条が準用される（▶596条）。したがって，貸主の引渡義務の内容は最終的には契約によって定まり，引き渡された目的物の状態がこれに適っていなければ契約不適合となるが，無償性に鑑みて，贈与におけると同じく，引渡義務の内容は目的物の特定時の現状引渡しで足りるものと推定される。

なお，貸主の主な権利は，契約終了時における目的物の原状回復請求権である。

借主の権利義務

(1) **善管注意義務・用法遵守義務**　借主は使用収益の対価を支払う義務を負わないが，目的物につき善管注意義務を負うほか，契約または目的物の性質によって定まる用法に従って使用収益すべき義務を負う（▶594条1項）。また，借主は，貸主の承諾なくして目的物を第三者に使用収益させることはできない（▶同条2項）。借主がこれらの義務に違反した場合，貸主は契約を解除することができる（▶同条3項）。借主の用法違反により損害が生じたときは損害賠償責任が生じるが，貸主は目的物の返還時から1年以内に権利行使しなければならない（▶600条）。

(2) **費用負担**　貸主に修繕義務がないことから，通常の使用収益に関する必要費は借主が負担する（▶595条1項）。それを超える非常必要費（例：震災など非常時における補修費用）および有益費については，買戻しに関する583条2項が準用され（▶同条2項），所有者である貸主負担となる。すなわち，非常必要費については，その支出額につき借主は貸主に対して償還請求権を取得し（▶583条2項より196条1項），有益費については，目的物の価格の増加が現存する場合にかぎり，貸主の選択に従い，借主の支出額または増価額につき償還請

求することができる（▶196条2項）。ただし，有益費の償還については，貸主の請求により，裁判所は相当の期限を許与することができる（▶583条2項ただし書）。

(3) **原状回復**　借主は，契約終了時において，目的物を原状に復して返還する義務を負う。なお，借主が付加した造作が目的物の価値を増加させる場合，有益費償還請求権が生じるが，分離可能であれば，借主は収去権を有する（▶599条1項・2項）。

**使用借権の第三者
に対する効力**　借主の使用借権は，賃借権と同じく債権であるが，賃借権のような対抗要件（▶605条）はなく，また借地借家法の適用もないため，対抗力は認められない。したがって，貸主がその存続期間中に目的物を第三者に譲渡したり，第三者のために用益物権を設定するなどした場合，使用借権はこれらの第三者に対して対抗することはできず，貸主に対する債務不履行責任が残るにとどまる。二重に使用借権が設定された場合は相互に対抗力を有さず，その優劣は事実上履行の先後で決せられよう。

　不法占有者が違法に使用借権を侵害している場合はどうか。まず借主は，占有の訴えのほか，債権者代位権により貸主が有する物権的請求権を行使することができよう。使用借権に基づく妨害排除請求権については，対抗要件を備えた不動産賃借権について妨害排除請求権を認める見解（▶605条の4）に従えば否定されよう。また，債権侵害に基づく不法行為責任が成立する場合もあろう。

4　使用貸借の終了

　期間の定めのある使用貸借については，期間満了により終了する（▶597条1項）。問題は，返還時期の定めがない場合である。当事者間の特別な関係から，使用貸借では予め返還時期を定めない場合も少なくない。そこで，返還時期につき定めがない場合において，無償性に照らして認められる使用貸借に固有の終了事由につき，以下に整理しよう。

**契約目的達成
による終了**　返還時期を定めていなくても，使用収益の目的を定めていた場合においては，その契約目的に照らして必要な使用収益が完了した時点で，使用貸借は終了する（▶597条2項本文）。たとえば，試験

対策用に書籍・ノートを貸与した場合は，試験終了時がこれに該当しよう。また，経済的に困窮している知人のために無償で住居を貸与した場合において，同人の経済状態が十分に回復したときなども，これにあたろうか。

解除による終了 使用収益の目的が定められた場合において，その使用収益終了前または，終了の有無をめぐって当事者間で争いがあるときであっても，使用収益するに足りる相当期間を経過したときは，貸主は契約を解除することができる（▶598条1項）。期間の相当性については契約目的に応じて判断されようが，無償で貸与する貸主の負担と借主保護の必要性との調和が重要である。

　返還時期のみならず，使用収益の目的もとくに定めていないときは，貸主はいつでも契約を解除することができる（▶同条2項）。

　いずれの場合においても，借主の側からはいつでも契約を解除することができる（▶同条3項）。自己の物を無償で使用収益させることを忍容する貸主の負担解放に資する上，借主が使用収益を継続する必要性を失った以上，契約を終了させるのが合理的といえるからである。

借主の死亡 借主の死亡も，使用貸借の終了事由とされている（▶597条3項）。使用貸借が，個人的信頼関係とりわけ借主に対する特別な人的信頼を基礎とする無償契約であることから，借主の相続人についても当然に使用貸借関係が承継されるとすると，貸主の意思に反して過剰な負担を課すおそれがあるからである。

　もっとも，不動産の使用貸借などにおいては，借主が死亡しても，同居の親族が居住を継続するなどにより，契約目的に適った使用収益が終了していないと認められる場合もありうる。このような場合，597条3項は任意規定であるから，借主本人だけでなく，その家族による利用も含めて無償貸与する趣旨で契約が締結されたのであれば，借主死亡により当然に使用貸借が終了すると解すべきではないであろう。しかしながら，借主本人の存在が無償で使用収益を認める上で不可欠な前提となっていたときは，使用貸借が終了するか，あるいは賃貸借への転換が認められるべきであろう。

**信頼関係破壊
による解除**　使用貸借は，当事者間の特別な信頼関係に立脚する契約で
あるから，上記の終了事由以外にも，当事者間の信頼関係
が喪失し，無償契約関係を維持しがたい状態にいたったときは，契約の解除が
認められてよい。法的根拠としては，598条1項類推適用のほか，借主の不誠
実による信頼関係破壊であれば，信義則上の債務不履行を理由とする解除とい
うことになろうか。

第4章　契約各論(3)
労務提供型契約ほか

なす債務　ここまでに説明してきた契約のうち，贈与，売買および交換は**与える債務**を内容とする契約であり，消費貸借，使用貸借および賃貸借は**貸す債務**を内容とする契約であったが，以下に説明する雇用，請負，委任および寄託は，他人の労務を利用する契約であり，**なす債務**を内容とする契約である。もっとも，「与える」も「貸す」も「なす」の内であるともいえるので，結局「その他」の（「与える」や「貸す」以外の）なす債務である。

このうち，雇用契約の場合には労働者は使用者の指揮・監督の下に労働に従事するが，請負や委任の場合には独立性が強い。また，寄託とは物を預かることであり，この場合には労務とは言い難い面もある点でやや特殊である。

1　雇　　用

雇用の概念　雇用とは，当事者の一方（労働者）が労働に従事することを約束し，相手方（使用者）が，これに対して報酬を与えることを約束する有償の双務契約である（▶623条）。請負や委任と比べると，労働者は使用者に従属的な関係にあるのが特徴である。

なお，従属的な労務提供契約である雇用契約では，特別法（労働法）による規制がされている。使用者と労務者とは法律的に対等な立場ではあるものの，自ら生産手段を所有しない労働者は他人に雇われなければ生活できないので，使用者と対等の立場で取引できる関係にはない。そして，資本主義が発達して生産手段が少数の巨大資本の間で独占されるようになると，この格差はますます大きくなり，他方，労働者の側も数が増え，しかも，自分達の利害が共通し

ていることを意識するようになるといわゆる労働者階級が成立して労働運動が
盛んになった。この成果として20世紀に入ると労働者保護のための立法がされ
るようになり，これらを労働法と総称している。

　重要なものは労働基準法，労働組合法，労働関係調整法（これら労働三法とい
う）および労働契約法である。労働基準法は労働条件の最低限の基準を法定
し，労働組合法は労働者が組合を作って団結して使用者と交渉する権利を保障
し，労働関係調整法は，労使間の紛争につき労働委員会による調停のあっせん
手続を定めている。事業または事務所に使用され，かつ，賃金を支払われる者
には労働法が適用されるので（▶労基9条），結局，他人のために労働をする契
約のほとんどにはまず労働法が適用され，民法は補充的な意味しかない。以下
でも，適宜，労働法による修正も指摘していく。

雇用契約の成立　契約内容については民法ではとくに規制はないが，労働
基準法の基準を満たしていなければならないのは当然で
ある。これに反するときはその部分は無効となり，その部分については同法の
基準によるし（▶労基13条），また，労働条件は明示しなければならない（▶労
基15条）。なお，労働組合と使用者との間で締結された労働協約は，その労働
組合に属していない労働者にも適用される可能性がある（▶労組17条）。

　契約成立に関連して，いわゆる試用期間の法的性格が問題となることが多
い。いまだ本採用となる前の段階であるので，使用者が労働者を不適格と認め
るときには解雇することもありうる趣旨と解釈されているが，しかし，まるで
不合理な解雇は許されないとするのが判例である（★最判昭和48・12・12民集27
巻11号1536頁）。採用内定の後の内定取消しにも同様の問題がある。

　なお，雇用契約を締結する際に労働者が将来使用者に損害を与えたときに備
えて身元保証人をたてることも多く，この場合には身元保証人が思わぬ重い責
任を負うことになりかねない。そこで，身元保証ニ関スル法律（身元保証法）
による規制がされているが，これについては債権総論（➡第3巻）を参照して
ほしい。

後払いの原則　624条によれば，労働者は，労働が終了した後，または，
期間によって報酬を定めたときには期間が経過した後でな

ければ報酬を請求できない。したがって，同時履行の抗弁権もない。

　では，約束した仕事が中絶したときはどうなるのか？　中絶後の部分の報酬については536条で処理されることになろう。もっとも，使用者に責任がある事情によって中絶したときには，536条2項が適用されるのか労働基準法26条が適用されるのか問題がある。また，その際の使用者に責任がある事情の解釈につき，前述した領域説（➡30頁）に注意が必要である。

　他方，中絶するまでの分については，624条の原則からすれば（仕事が終了していないのだから）労働者は報酬を請求できないことになりそうであるが，それでは気の毒であるので，使用者の責任がない事由によって中絶したときでも，履行の割合に応じて報酬を請求できることとされ，また，履行の中途で雇用が終了したとき（雇用の終了については後述）も同様とされた（▶627条の2）。

　なお，労働基準法24条によれば，賃金は，（原則として）通貨で直接労働者に支払わなければならず（▶労基24条1項），また，毎月1回以上一定の期日に払う必要がある（▶同条2項）。さらに，出産など一定の非常の場合には，支払期日以前であってもすでにした労働に対する賃金は払わなければならない（▶労基25条）。

権利譲渡の禁止　　雇用契約は人間的な信頼関係を前提とする契約であるので，使用者は，労働者の承諾がないのに（労働者に労働させる）権利を第三者に譲ることはできないし（▶625条1項），労働者も，使用者の承諾なく第三者に労働をさせることはできず（▶同条2項），労働者がこの義務に違反したときには使用者は契約を解除することができる（▶同条3項）。

　使用者が625条1項の義務に違反したときについては明文がなく，権利の譲渡が無効であると解する見解と，権利の譲渡を労働者に対抗できないと解する見解とがあるが，いずれにせよ労働者は単に無視すればよいのである。いわゆる出向について問題はあるが，やはり（原則として）労働者の同意が必要なのではなかろうか。

第4章 契約各論(3)　143

Case 4-1　ＡはＢの工場に雇われている旋盤工であるが，工場の照明が暗いために事故が起きそうで不安である。Ａは，Ｂに対して何か法的な主張をすることができるか。

安全配慮義務　623条から，労働者は労働に従事する義務を負い使用者は報酬を支払う義務を負うことは明らかであるが，この他に，使用者は，労働者の生命および健康などを危険から保護するように配慮すべき義務（安全配慮義務）を負うとされている（ドイツの民法618条はこの旨を規定している）。なお，公法的な規制としては労働安全衛生法が使用者の危険防止義務を定めているが，ここで問題となるのは，使用者の私法上の義務である。一般論としても（そもそも雇用契約などなくとも）他方の生命や健康などの安全に配慮すべきことは当然であり，これに反して他人に損害を与えたときには不法行為責任が生じるが（▶709条），しかし，労働者は使用者の指揮・監督に従って労働をするのであるから，使用者は，その分だけより労働者の安全に配慮すべきなのである。かつては，使用者側の過失により労働者に損害が生じたとき（たとえば工場の設備の安全性に問題があったとき）には使用者の不法行為責任が追及されるのが普通であったが，昭和50年前後からは，使用者の安全配慮義務違反を追及する裁判が増えてきた。実践的には，①過失の立証責任（安全配慮義務は契約に基づく義務であるから安全配慮義務違反は〔使用者の〕債務不履行なので使用者の側で「過失がなかった」旨の立証責任を負う），②時効（不法行為責任は原則として3年経過すれば時効で消滅するが〔▶724条〕債務不履行責任なら5年または10年である〔▶166条1項〕）などで実益があるとされている。もっとも，前者（①）に関しては，労働者の側で使用者がどのような義務に違反したのかを具体的に主張しなければならないとされるところ（★最判昭和56・2・16民集35巻1号56頁），これは事実上過失を立証するのと大差ないので，安全配慮義務違反を主張した方が労働者にとって有利とはいえないとの指摘もある。なお，2017年改正後は，債務不履行責任については，過失というより，帰責性を問題とすることになろう（▶415条1項ただし書）。

　たしかに，労働者は使用者に従属した立場で労働に従事するのであるから使

144 第4章 契約各論(3)

用者は労働者の安全に配慮すべきであり，その義務は，一般論として他人の安全に配慮すべき義務よりは重いものであろう。したがって，一般の不法行為責任と区別すべきであるとの主張は説得力があるが，安全配慮義務を負う根拠（信義則〔▶1条2項〕がよく主張される），安全配慮義務が成立する範囲（雇用契約以外の契約でも成立するのか？）および安全配慮義務の内容（工場の設備を整えることなどの他にどのような義務があるのか？）など細かい問題についてはいまだ解決されるべきものも多い。たとえば，そもそもは使用者が管理する施設や設備の安全性を確保するべき義務であったので，（道路交通法上の注意義務のような）一般的な注意義務は安全配慮義務とは言わない（★最判昭和58・5・27民集37巻4号477頁）。また，安全配慮義務違反の効果についても議論がある。たとえば，**Case 4-1** でも，工場の照明が暗いために事故が起きてAに損害が生じたとき，AがBに対して損害賠償を請求できることについては異論がないが，AがBに対して照明を明るくするように請求できるのか，また，照明を明るくするまでは労働を拒否することが認められるのかなどについては議論がある。

雇用契約の終了

（1）**期間の定めがある場合**　期間の定めがあるときには，雇用契約は，期間が満了すれば終了する。しかし，雇用契約は，労働者に拘束を加えるので，5年以上の期間を定めたときには5年経過後は（どちらからも）契約を解除できる（▶626条1項，なお，労働基準法14条に特則がある）。もっとも，630条により雇用契約においても解除の遡及効は制限されているので，626条の解除は解約（告知）と解釈されるべきであろう。

　契約期間が満了した後も労働者が引き続き労働に従事しており，使用者も（これを）知りながら異議を述べないときには，契約は，従前の契約と同一の条件で更新されたものと推定される（▶629条）。ただし，各当事者は627条に従って解約の申入れをすることができる（つまり期間を定めなかった契約として扱われる）。賃貸借についても同様の制度があった（▶619条参照）。

　626条1項に基づいて解除をするには，使用者は3か月前に予告をしなければならないし，労働者は2週間前に予告しなければならない（▶同条2項）。しかし，とくに予告をしなくとも，解除の意思表示をしてから所定の期間を経過すれば契約は終了すると考えてよいであろう。

(2) **期間の定めがない場合**　契約期間を定めなかったときは各当事者はいつでも解約の申入れをすることができ，このときには，申入れの日から2週間を経過すれば契約は終了する（▶627条1項）。期間によって報酬を定めた場合には，使用者からは，次の期間以降について解約の申入れをすることができるが，当期の前半に申入れをしなければならず（▶同条2項），ただ，6か月以上の期間によって報酬を定めた場合には3か月前に解約申入れをすればよい（▶同条3項）。

　しかし，労働法上は，解雇（使用者の側からの解約）はさまざまな制限に服する。主なものをあげるなら，①不当労働行為となる場合（▶労組7条），②国籍・信条などによる差別となる場合（▶労基3条），さらに，③労働基準法違反を申告したことによる場合（▶労基104条2項）などであり，それ以外の場合であっても，明らかに理由のない解雇は許されない（▶労契16条）。また，解雇を正当とする理由があっても労働基準法19条の制限に服するし，同法20条の手続に従うべきである。

(3) **その他**　628条によれば，やむをえない事由がある場合には，契約期間が定まっているときでも，各当事者は直ちに契約を解除することができる。具体的には天災等により事業の継続が困難となった場合などが考えられる。ただし，その事由が当事者の一方の過失によって生じたときには，相手方に対して損害賠償の義務を負う（▶同条2文）。また，使用者について破産手続開始の決定がされた場合も，契約期間が定まっていても労働者または破産管財人は627条に従って雇用契約を解除することができる（▶631条）。

　さらに，これらの解除以外に，541条や543条による解除を認めてよいかが問題となる（賃貸借などでも同様の問題があった）。これを否定するなら，相手方の債務不履行があっても「やむを得ない事由」に該当しなければ解除することはできないことになるが，必ずしもそれ程の債務不履行ではなくとも，541条に従って催告をしても是正されないようなときには解除が認められることがあってもよいのではなかろうか。

　なお，労働基準法20条1項ただし書の「やむを得ない事由」は，628条のそれよりも狭く解釈されるべきであろう。628条は期間が定まっていても解除で

146 第4章 契約各論(3)

きる点に意味があるが，労働基準法20条1項ただし書は，予告なしの解除が許
されるか否かの問題だからである。労働者の（業務外の）負傷による就労不能
などの場合には，中途解雇は許されるが予告は必要であると考えられる。

2 請 負

請負の概念 ▶ 請負とは，ある者（請負人）がある仕事を完成することを約
束し，相手方（注文者）が，仕事の完成に対して報酬を支払
うことを約束する有償の双務契約である（▶632条）。大工さんに家を建てても
らうような建築請負契約が典型例であり，請負人の立場が比較的独立している
点が雇用との違いである（注文者としては設計図を渡す程度であって「ここに釘を打

✐ Topic 4-1

所有権の移転時期

　物の製作を請け負った場合に製作物の所有権は何時から注文者に移転す
るかという問題がある。従来の判例は，請負人が材料の全部または主要な
部分を供給したときは製作物の所有権はいったん請負人に帰属し，それを
注文者に引き渡した時に所有権も注文者に移転するとした（★大判大正
3・12・26民録20輯1208頁）。そして，例外的に，注文者が材料を供給し
た場合（★大判昭和7・5・9民集11巻824頁），報酬を（工事の進行に応
じて）支払った場合（★最判昭和44・9・12判時572号25頁），さらに，注
文者に所有権が帰属するとの明示または黙示の合意がある場合（★最判昭
和46・3・5判時628号48頁）には，建物の完成と同時に注文者が所有権
を取得するとされた。

　判例は，請負人の報酬を確保する為に建物の所有権はまずは請負人が取
得すると解するのであろうが，これに対しては，請負人には留置権（▶
295条）もあるし同時履行の抗弁権（▶533条）もあるのだから，とくに判
例のように解すべき必然性は少ないともいえる。そして，そうであるな
ら，つねに注文者が原始的に（建物完成と同時に）所有権を取得するとし
た方が当事者の意思にもあうし（注文者の為の建物である）物権変動の一
般理論にも合致するという見解も有力である。もっとも，物権変動の一般
理論としても，所有権は代金支払いや引渡しの時に移転するという見解も
有力に主張されているのであるから（➡第2巻），判例のような考え方も
おかしいわけではない。

て」とか「ここにペンキを塗って」などと指示するわけではない)。また，仕事の完成が債務の内容なのであり，このように一定の結果を出すことを内容とする債務を「結果債務」という。これに対して，結果までは保証しない債務は「手段債務」と呼ばれる。

なお，請負人が自分で調達した材料で何かを製作して相手方に供給する契約を**製作物供給契約**という。何かを製作するという点では請負契約としての性格も有するが，出来た物の所有権を移転する点では売買契約としての性格を有する。代替物を製作する場合なら売買契約であるし不代替物（建物や仕立服など）を製作する場合なら請負契約であると「場合分け」して考える見解もあるが，売買と請負との混合契約であり両方（売買と請負）の規定が適用されると考えるのが妥当であろう。上に，大工さんに家を建ててもらう契約は請負契約であると述べたが，しかし，通常は大工さんが木材等を調達してくるのであろうから，これも厳密には製作物供給契約である。

請負人は比較的独立した立場から仕事の完成を請け負うので，下請業者に仕事をさせてもよい。しかし，下請業者の故意・過失については請負人も責任を負うべきであろう（➡第3巻参照）。

報酬の支払時期　請負契約の場合には仕事の完成と報酬の支払いとが対価的な関係に立つのであるが，633条によれば，目的物の引渡しと報酬の支払いが同時履行の関係（▶533条参照）にあるとされた。立法者によれば，請負とはある仕事を「買い取る」契約だからである。したがって，仕事の完成義務と報酬の支払義務とでは完成義務の方が先履行されるべき関係にあり，後払いが原則とされていることになる。

ただし，仕事全体が完成しなくとも，仕事が分割可能であり，分割された部分の給付によった注文者が利益を受ける場合には，注文者に責任がない事由によって中絶したときでも，注文者が受ける利益の割合に応じて報酬を請求できることとされ，また，（仕事の完成前に）請負が解除されたとき（請負の解除については後述）も同様とされた（▶634条）。実際にも，契約によって，工事の進行に応じて報酬を支払うべき旨が合意されていることが多い。

| 148 | 第 4 章　契約各論(3)

請負人の担保責任

(1)　瑕疵の修補，契約解除または損害賠償　たとえば完成した建物が雨漏りするなど仕事の目的物が契約に適合しないときは，注文者は，売買契約と同様に（▶559条），修補や代替物の引渡しなどの追完，報酬の減額や損害賠償を請求したり，契約を解除したりすることができる。なお，2017年改正以前に，修補に代わる損害賠償と代金支払いとの間には同時履行の関係があるとした判決があるが（★最判平成 9・2・14民集51巻 2 号337頁：百選Ⅱ-70），これは改正後も同様であろう。

　ただし，仕事の目的物の瑕疵が，注文者の提供した材料の性質や注文者の指図によって生じたときには，請負人は責任を負わない（▶636条）。もっとも，請負人が，材料または指図が不適当であることを知りながら指摘しなかったときには（例外として）責任を負う（▶同条ただし書）。また，請負人が担保責任を負わない旨の特約をしたときでも，知りながら告げなかった事実については責任を負う（▶559条による572条の準用）。

　(2)　責任の存続期間　以上の規定による追完，報酬の減額や損害賠償の請求，請負契約の解除は，注文者が不適合を知った時から 1 年以内にその旨を請負人に通知しないときは，することができない（▶637条 1 項）。長期間経過すると瑕疵の判定が困難になるからである。ただし，仕事目的物の引渡しの時または（引渡しを必要としないときには）仕事の完成の時に，請負人が不適合を知っていたか，重大な過失によって知らなかったときは例外とされる（▶同条2 項）。

請負契約の終了

　前述のように仕事が契約に適合しない場合に注文者は契約を解除できる他，請負人が仕事を完成しない間は，注文者は，いつでも契約を解除することができる（▶641条）。そもそも注文者のための仕事なので注文者が「いらない」と言うなら仕事を完成する必要はないからであるが，その代わり，注文者は，請負人に生じた損害を賠償しなければならない。

　また，注文者が破産手続開始の決定を受けたときには，請負人の側からも，また，破産管財人の側からも契約を解除することができる（▶642条 1 項）。この場合には，請負人は，仕事が完成する以前であっても，すでにした仕事の報

第4章　契約各論(3)　149

酬や費用について破産財団の配当に加入することができるし（▶同条2項），また，破産管財人（注文者）の側から契約を解除したときには，請負人は，契約の解除によって生じた損害について配当に加入することができる（▶同条3項）。

3　委　　任

委任の概念　委任とは，当事者の一方（委任者）が法律行為をすることを委託して相手方（受任者）が承諾する契約である（▶643条）。もっとも，656条により「法律行為でない事務の委託」も委任に準じて扱われる。これ（▶656条）を**準委任**とよぶこともあるが，通常は委任と準委任とは厳格には区別されないので，普通に「委任」というときには広く事務処理を委託する契約であると考えてよい。典型例は，代理人となって法律行為をするように頼む場合であり，弁護士に裁判を頼むような例があげられる（民事事件における弁護士の仕事の中心は「訴訟代理」であり，依頼者に代わって裁判所に出頭して主張をしたり証拠を提出したりする）。

　この例（弁護士）からもわかるように，ある「まとまった」事務の処理を頼むのであるから受任者は独立した立場にあり裁量の範囲も広く，この点で，使用者の指揮・監督の下に従属的な労働に従事する雇用契約とは区別される。また，請負契約ではある仕事を完成する義務を負うが（結果債務），委任契約では「完成」までは要求されていない（手段債務）。もっとも，現実にはこれらの区別は困難であることも少なくない。たとえば，会社の中である程度の地位にある者と会社との関係は雇用か委任か見極めが難しく（労働法の適用の有無で問題となる），また，仲介業者のように成功報酬を受けるときも委任か請負か多少あいまいとなる（成功しないと報酬が貰えないのだから請負とも理解できる）。とくに，いわゆる専門家（弁護士，医者や建築家など）に依頼をする契約が請負であるのか委任であるのかが問題となることが多い。当初の目的を達成することまでが契約内容に含まれているのか（請負契約），目的達成のための努力をする契約にすぎないのか（委任契約）が区別の基準となる。

　上に，代理人となるように頼む場合が委任の典型例であると書いたが，代理

権の授与と委任とは区別される（➡第1巻参照）。委任の効果は対内的なものであり，委任によって受任者は委任者のために法律行為をする義務を（委任者に対して）負うのであるが，「代理人が本人のためにすることを示してした法律行為の効果は本人につき生じる（直接本人が権利を取得したり義務を負ったりする）」（▶99条）という対外的な効果は，代理権の授与によって生じる。そして，委任以外でも組合などの対内関係に基づき代理権を授与する場合も考えられるし，他方，委任に基づいても間接代理のかたちで事務処理をすることがありうるので（問屋。▶商551条），委任と代理権授与とは区別するべきである。

委任は諾成契約である。また，643条からは無償の片務契約であるようにみえるが，報酬を支払うべき旨を定めることもできるので（▶648条1項参照），このときには有償の双務契約となる。無償が原則とされているのはローマ法以来の伝統であり，委任のような高級労務では報酬をとることはハシタナイことと意識されていたようであるが，今日では報酬をとることも多いのは言うまでもない（なおローマ時代でも受任者は「謝礼」を受け取ったが，これは仕事の「対価」ではない）。

受任者の義務　(1)　**善管注意義務**　受任者は，委任の本旨に従い，善良な管理者の注意をもって，委任事務を処理する義務を負う（▶644条）。いわゆる**善管注意義務**であり（➡第3巻参照），これに対する概念は，たとえば無償の寄託契約における「自己の財産に対するのと同一の注意」である（▶659条）。しかし，委任は高度の信頼関係に基づく高級労務なので，無償の場合でも善管注意義務を負うとされた。

受任者は自らの裁量に基づいて事務処理をすることとされているので，委任者に（受任者に対する）指図権があるのか否か，また，その範囲が問題となる。委任者の指図が不適当であるときには受任者はその旨指摘して忠告する義務を負うが，それでも委任者が指図を撤回しないときは，受任者がその指図に反した行動をとることは許されないであろう。ただし，司法書士が土地の売主・買主の双方から登記手続の委託を受けて必要な書類を預かった場合に売主が書類の返還を求めたので司法書士が返したところ売主が別の者に土地を売却して登記をしたという事案で，司法書士の（買主に対する）損害賠償義務を認めた判

決がある（★最判昭和53・7・10民集32巻5号868頁）。この場合には，売主と買主の双方から委託を受けたのだから，司法書士が，買主の同意なく売主に書類を返還したことは（買主に対する）義務違反とされたわけである。

委任は高度な信頼関係を前提にするので，受任者が，別の者に事務処理をさせることは原則として許されない。ただし，委任者の承諾を得たとき，または，やむをえない事由があるときには復受任者を選任することも認められる（▶644条2）。

(2) **報告義務・引渡義務**　受任者は，委任者の請求があれば委任事務の処理について報告する義務を負うし，委任が終了したときにも，経過および結果を報告する義務がある（▶645条）。

また，受任者は，委任事務を処理するにあたって受け取った金銭や収取した果実を委任者に引き渡さなければならない（▶646条1項）。また，引き渡すべき金銭や，委任者の利益のために用いるべきであった金銭を自己のために消費したときには，消費した日以降の利息を支払わなければならず，さらに損害があるときには賠償しなければならない（▶647条）。

また，受任者は，委任者のために自己（受任者）の名で取得した権利を委任に移転しなければならない（▶646条2項）。

委任者の義務　(1) **報酬請求権**　受任者は，報酬を受ける旨の特約がなければ報酬を請求することはできない（▶648条1項）。もっとも，商人が営業の範囲内において他人のために行為をしたときには当然に相当な報酬を受けることができるとされており（▶商512条），弁護士に訴訟を委任した場合には報酬額についてとくに定めなかったとしても，当事者の意思を推定して相当な報酬額を請求できるとした判決もある（★最判昭和37・2・1民集16巻2号157頁）。

報酬を受ける旨の特約がある場合には，委任事務を履行した後でなければ請求することはできず，期間によって報酬を定めたときには，624条2項が準用されて期間が経過した後でなければ報酬を請求できない（▶648条2項）。つまり「後払い」である。しかし，雇用契約などと同様に，委任者に責任がない事由によって中絶したときでも，履行の割合に応じて報酬を請求できることとさ

れ，また，履行の中途で委任が終了したとき（委任の終了については後述）も同様とされた（▶同条3項）。

また，委任契約においても，請負契約と同様に，仕事の成果に対して報酬を支払う旨を合意することもあろう。この場合には，仕事の引渡と同時に支払うべきこととされ，さらに，一部の支払も認められる（▶648条の2）。なお，これに関連して，不動産仲介業者が仲介した後に委任者が仲介契約を解除して，業者が仲介した相手方と直接に取引をした場合に，報酬を支払わないでもよいのかが問題となった。意図的に仲介業者を排除して相手方と取引をしたような場合に130条を適用して報酬を請求できるとした判決もあるが（★最判昭和45・10・21民集24巻11号1599頁），他方で，とりたてて仲介業者を排除したわけではないときには報酬を請求できないとされた例もある（★最判昭和39・7・16民集18巻6号1160頁）。

(2) **費用償還請求権など**　委任者は，委任事務の処理に必要な費用を支出したときには費用および利息の償還を請求することができるし（▶650条1項），場合によっては費用の前払いを請求することもできる（▶649条）。また，委任事務を処理するのに必要な債務を（受任者が）負担した場合には，債務を弁済するように委任者に請求することもできる（▶650条2項）。さらに，受任者が委任事務を処理する際に過失なく損害を受けたときには委任者に対して賠償を請求することもでき（▶同条3項），これは（委任者にとっては）無過失責任であると解されている。

| 委任の終了 |

(1) **解　除**　委任は，高度な信頼関係を前提にしており信頼関係が存続するかぎりで継続されるべき契約なので，各当事者からいつでも解除できることとされた（▶651条1項）。この解除には遡及効はないので（▶652条），いわゆる解約（告知）であると解釈される。

ただし，相手方に不利な時期に解除したときに，および，受任者の利益をも目的とする委任契約（ただし有償というだけでは足りない）を委任者が解除したときは，相手方に生じた損害を賠償しなければならない（▶651条2項）。この問題については，2017年改正以前の判例であるが，最判昭和43・9・20判タ227号147頁，最判昭和56・1・19民集35巻1号1頁（百選Ⅱ-71）などが参考にな

ろう。なお，やむをえない事由があるときは，この損害賠償も不要である。

（2）　**その他の終了事由**　　さらに，委任は，委任者または受任者が死亡した
とき，委任者または受任者が破産手続開始決定を受けたとき，および，受任者

✐ Topic 4-2

診療契約

　法律行為でない事務の委託についても委任の条文が準用され（▶656
条），とくに委任と区別するときには準委任という。そして，事務の委託
とはデスクワークに限られず，たとえば，医師と患者との契約（診療契
約）なども準委任である。しかし，診療契約は，さまざまな点で特殊な契
約である。

　⑴　診療契約は「患者を治す」ことを請け負う契約のようにもみえるの
で，請負か委任かが一応問題となりうる。しかし，前述したように，請負
契約とは「ある結果を出す」契約（結果債務）であるのに対して委任契約
は「結果を出すべく努力する」契約（手段債務）であるところ，医者は患
者が治ることを請け合うことはできない。医者が最善を尽くしても患者の
健康が良くならないこともありうるからである。したがって，診療契約は
委任契約（厳密には準委任契約）であり，患者の健康が良くならなかった
というだけでは契約違反にはならない。医者が最善を尽くさなかったこと
まで証明されなければ債務不履行責任を問われることはないのである（大
工の場合には「大工が最善を尽くしても家は完成しなかった」などという
言い訳は通らないことと比較されたい）。

　⑵　契約当事者が誰かも必ずしも明らかでないこともある。医者と患者
が直接に契約を締結するなら問題はないが，たとえば，意識を失った患者
が医者のところまで運び込まれて来たときはどうであろうか。また，個人
で開業している医者ではなく，病院で診察・治療を受けたときには，契約
当事者は担当医ではなく（法人としての）病院であろう。

　⑶　医者の過失によって患者が損害を被ったときに，どのような法律構
成で責任追及をするべきか議論された。診療契約上の善管注意義務（▶
644条）の違反になるが，他方，不法行為に基づく損害賠償請求（▶709
条）もできる。かつては，不法行為による責任追及が一般的であったが，
逆に，契約責任を追及する方が被害者に有利であるとして「流行」したこ
ともある。しかし，この方が患者に有利であるとも簡単には断定できない
（➡143頁参照）。また，訴訟では（契約責任と不法行為責任との）双方を
主張することが許されるので，結局，両方とも主張されることが多い。結
局は，どちらの法律構成によるにせよ，医者の義務を具体化することが重
要であり，判例の集積を待つしかないであろう。

154 第4章 契約各論(3)

が後見開始の審判を受けたときにも終了する（▶653条）。これも，委任が高度
な信頼関係を前提とするからである。もっとも，委任者が後見開始の審判を受
けても受任者には不利益はないので，このときには委任は終了しない。

(3) **終了後の処分** 委任が終了しても，急迫の事情があるときには，受任
者またはその相続人などは，委任者またはその相続人などが委任事務を処理す
ることができるようになるまでは必要な処分をしなければならない（▶654
条）。また，委任の終了事由は，相手方に通知したとき，または，（通知しなく
とも）相手方が知っていたときでなければ，相手方に対抗することができない
（▶655条）。

4 寄 託

寄託の概念 寄託とは，当事者の一方（**受寄者**）が相手方（**寄託者**）のため
にある物を保管することを約束する契約である（▶657条）。
他人のために物を保管するとは要するに「預かる」ことであり，倉庫業者など
を考えればよい。なお，受寄者が物を支配している点に特徴があるので，貸金
庫の場合は，金庫の賃貸借と考えるべきであろう。

「預かる」と「借りる」とは違う。たとえば，Aの自転車をBに「貸す」（使
用貸借または賃貸借）という場合はBのための契約であり，Bが自転車を利用し
たいからAから貸してもらうのであるが，Aの自転車をBに「預ける」（寄託）
という場合はAのための契約であり，Aの家が手狭になったから自転車をBに
預かってもらうのである。したがって，たとえば契約期間を1年間と定めたに
もかかわらず半年でAが「返してほしい」と求めた場合には，使用貸借または
賃貸借であるならBは「1年間は貸してくれる約束ではないか」と反論できる
が，寄託の場合にはもちろん返さなければならない（▶662条）。

2017年の改正以前は，寄託契約は要物契約とされていたが，これは改正によ
り改められた。しかし，そもそも寄託者の為の契約なのであるから，寄託物の
受取り前は寄託者は契約を解除することができるとされ（▶657条の2第1項），
また，寄託者が寄託物を引き渡さないときには受寄者にも解除権が認められる

第4章　契約各論(3)　　155

（▶同条2項）。原則として（とくに報酬を支払う旨を定めないかぎり）無償契約であるが，報酬を支払う旨を定めたときは，保管して返還する義務と報酬を支払う義務とが対価的な関係に立つので双務・有償契約となる。

**受寄者および
寄託者の義務**　　**(1)　受寄者の義務**　　受寄者は，寄託者の承諾がなければ，寄託物を使用することはできない（▶658条1項）。当事者間の信頼関係を前提とするからである。また，寄託者の承諾を得たとき，または，やむを得ない事由があるときでなければ，寄託物を第三者に保管させたこともできない（▶同条2項）。

　無償で預かった場合には，受寄者は，自己の財産に対するのと同一の注意をもって保管すれば足りる（▶659条）。他人の物を預かっているのではあるが，無償であることを考慮して注意義務を軽減したのである。大雑把に言えば，「故意または重過失」の場合にのみ責任を負うと理解してよい（もっとも自己の財産であるなら破棄してもかまわないのであるからそもそも「注意義務」など考えられないはずとも言えるが）。

　さらに，受寄物について，第三者が権利を主張して訴えの提起などをするときには，受寄者は寄託者に通知する義務を負う（▶660条1項）。この場合であっても，寄託者に返還する義務は免れないし（▶同条2項），逆に，寄託者に返還したことによって第三者に損害が生じても責任を負わない（▶同条3項）。

　(2)　寄託者の義務　　寄託者は，寄託物の性質または瑕疵によって受寄者に損害を与えたときには損害を賠償しなければならない（▶661条）。預けた物から有害な薬品が滲み出して他の物を汚染したような場合が考えられよう。ただし，寄託者がその性質または瑕疵を知らなかったことについて過失がなかったときや，受寄者が知っていたときは賠償の必要はない（▶同条ただし書）。

　その他，委任に関する条文が準用されるので（▶665条），報酬を支払う旨の特約があるなら寄託者は報酬を支払う義務があるし（▶648条），必要に応じて費用を償還する義務もある（▶649条および650条）。

寄託物の返還　　契約において寄託物の返還時期を定めた場合であっても，寄託者は，いつでも（返還時期の前でも）寄託物の返還を求めることができる（▶662条1項）。前述したように，そもそも寄託者のための

契約だからであるが，返還時期の前に返還請求したことによって受寄者が損害を受けたときは，寄託者に対して賠償を請求できる（▶同条2項）。

これに対して，受寄者の側は，返還の時期を定めなかった場合ならいつでも返還することができるが，返還の時期を定めたときには，やむをえない事由がないかぎり期限前に返還することはできない（▶663条）。また，返還の場所は，原則として，保管していた場所である（▶664条）。

なお，寄託物の一部滅失等によって生じた損害等の賠償は，返還時から1年以内に請求しなければならないし（▶664条の2第1項），逆に，この1年間は，損害賠償請求権が時効にかかることはない（▶同条2項）。

**特殊な寄託①
：混合寄託**　複数の者が寄託した物の種類・品質が同一である場合には（たとえば石油や穀物など），各寄託者の承諾があれば，混合して保管することができる（▶665条の2第1項）。このときには，同じ数量の物を返還すればよいし（▶同条2項），寄託物が一部滅失した為に全部を返還できないときには，割合に応じて返還することができる（▶同条3項）。ただし，損害賠償の義務を負う可能性はある。

⚑ Case 4-2　(1)　AはB銀行に預金していたところ，AがB銀行から融資を受けたい旨申し出たので，B銀行は，Aが預金を有することを考慮して（万一Aが返済できない場合には相殺（▶505条）すればよいと思って）貸付けをした。このとき，Aの債権者Cが預金を差し押さえたとして，その後にB銀行が相殺することは許されるか。

(2)　AはB銀行に預金していたところ，何者かがAの通帳と印鑑を持参して（Aを装って）B銀行から融資を受けたい旨申し出たので，B銀行は，Aが預金を有することを考慮して貸付けをした。ところが，その者（何者か）が行方不明になって返済期限も経過した後にB銀行が相殺をすることは許されるか。

(3)　DがB銀行から融資を受けようとしたところ「担保がない」と拒絶された。そこで，Dの友人であるEが「これで口座を作ればいいじゃないか」と言って金を渡してくれたので，Dは，自分（D）の名義で口座を作り（そうでないと融資は受けられない），銀行から融資を受けた。この（D名義の）口座は誰に帰属するのか。また，Dの返済が滞ったときにB銀行が相殺することは許されるか。

(4)　Fは取引相手であるG（B銀行に口座を有する）に送金しようと思って，間違えて，同じ銀行に口座を有するHの口座に振り込んでしまった。Fは，B銀行相手に返還を求めることができるか。

| **特殊な寄託②** | 受寄者が寄託物を消費することができ，種類，品質および
| **：消費寄託** | 数量の同じ物をもって返還すればよい場合を消費寄託とい

い（▶666条１項），消費貸借に関する規定のいくつかが準用される（▶同条２項
および３項）。銀行に金を預ける場合が典型例であり，この場合に特有なさまざ
まの問題がある。債権総論で扱われることが多いが，ここでも概略を見ておこ
う。

（1）**差押え後の相殺**　預金者が融資を受けたい旨申し出たとき，銀行は，
万一返済が滞っても（預金と）相殺すれば貸付けを回収できるので貸し付ける
であろう。しかし，預金者の債権者が預金を差し押さえた後になって銀行が相
殺できるのかが問題となり（**Case 4-2**(1)），最高裁（★最大判昭和45・6・24民集
24巻6号587頁：百選Ⅱ-39）は，銀行の「相殺に対する期待」を保護する態度を
示し，2017年改正により明文化された（▶511条１項）（➡第３巻参照）。

（2）**相殺と478条**　何者かが，預金者の通帳と印鑑を持参して払戻しを請
求したときには，銀行は，他に本人確認の方法もないので払戻しをするであろ
う。この場合には，銀行は善意かつ無過失であるかぎり保護される（▶478
条）。同じ理屈で，何者かが預金者の通帳と印鑑を持参して融資を求めたよう
な場合でも（**Case 4-2**(2)），銀行を保護する必要がある（★最判昭和48・3・27民
集27巻2号376頁。なお，偽造または盗難されたカードによる払戻しについて➡第３巻
参照）。

（3）**預金の帰属**　**Case 4-2**(3)のような場合には，この口座は，実質的に
出捐をしたEに帰属しているとするのが判例である（★最判昭和32・12・19民集
11巻13号2278頁など。もっとも★最判平成15・2・21民集57巻2号95頁：百選Ⅱ-73や
最判平成15・6・12民集57巻6号563頁なども参照のこと）。ただし，EがDに金を
貸して，その金をDが自分の名前で銀行に預けたのなら，この口座はもちろん
Dに帰属する（**Case 4-2**(3)はこれとは異なる）。

なお，口座はEに帰属するのであるが，この口座はDに帰属すると信じてD
に融資をした銀行は478条により保護される（➡本頁(2)参照。★最判昭和59・2・
23民集38巻3号445頁：百選Ⅱ-34）。だから，D名義の口座がEに帰属するとして
も銀行が不利益を受けることはない（➡第３巻参照）。

158 第4章 契約各論(3)

(4) **誤振込み** まったくの勘違いにより別人の口座に振り込んでしまった
場合でも（**Case 4-2**(4)），預金は有効に成立すると判決された（★最判平成8・
4・26民集50巻5号1267頁：百選Ⅱ-72）。勘違いなのか否かは銀行にはわからない
からである。しかし，**Case 4-2**(3)で口座は実質的に出捐をしたＥに帰属する
とした判決と整合するのかが問題とされることがある。

なお，**Case 4-2**(4)の場合でもＨが得をするわけではなく，ＦはＨに不当利
得として返還請求できるのは当然であろう。しかも，ＨがＢ銀行に対して払戻
しを請求することも否定したかのように解釈できる判決もある（★最判平成
15・3・12刑集57巻3号322頁。もっとも★最判平成20・10・10民集62巻9号2361頁も
参照のこと）。

5 組　　合

組合の概念 　組合とは，当事者が出資をして共同の事業を営むことを約束
する契約である（▶667条1項）。もっとも，これは契約ではな
く，合同行為であると理解する見解もある（合同行為については➡第1巻参照）。
契約としての規制になじむか否かの対立であったが，この問題の一部は，2017
年改正によって解決された。すなわち，他の者が出資をしないからといって同
時履行の抗弁権や解除を主張することができるわけではないし（▶667条の
2），1人について意思表示の無効または取消の原因があっても，他の組合員
の間では組合契約は有効である（▶667条の3）。出資は労務でもよい（▶667条
2項）。また，金銭で出資することにした者が出資を怠ったときには，利息を
払い，さらに損害を賠償しなければならない（▶669条）。

このように組合とは共同で事業をするための組織ではあるが，法人格を取得
するような強固な組織ではなく，より緩やかな結合である。したがって，たと
えば生活協同組合などは，「組合」という名称がついてはいるが，法人格を有
するので法律上は社団である。このような（法人格を有する）組合と区別するた
めに，667条の組合のことを**民法上の組合**とよぶこともある。複数の建設会社
が協力して1つの大規模な工事を請け負うような場合が，民法上の組合の典型

第 4 章 契約各論(3) 159

例とされている（その工事限りでの共同事業なので一々会社を作るような面倒なことはしない）。

いわゆる権利能力なき社団（➡第 1 巻参照）も組合と同様に法人格を有しないが，実態は法人格を取得できるような「社団」であるので組合とは区別される。具体的には，以下のような点で組合と権利能力なき社団とは区別され，組合の方が緩い結合であるだけに各組合員の個性が強く出ているとされる。

① 組合財産は総組合員の合有に属するが（▶668条），権利能力なき社団の財産は構成員の総有に属すると解されている（合有と総有については➡第 2 巻参照）。

② 組合の債権者は，組合に対してのみではなく，個々の組合員に対しても権利を行使することができるが（▶675条参照），権利能力なき社団の債務は構成員全員に総有的に帰属するので，構成員が個人として責任を負うことはないと解されている（➡第 1 巻参照）。

しかし，最近では，このように社団と組合とを対立したものと捉えるのではなく，社団と組合には連続した面があって程度の差にすぎないとみる見解もある。

> **❖ Case 4-3** それぞれが高名な環境問題の評論家であるＡ・ＢおよびＣの 3 名は，共同で環境問題の啓蒙活動を行うこととして民法上の組合Ｄを組織した。この際，Ａは現金100万円を出資し，Ｂは書籍等の資料（100万円相当）を現物出資し，Ｃは，自己所有の建物（100万円相当）を組合の事務所として提供した。
> (1) Ｃが健康を害してＤでの活動を継続することが困難になったので「Ｄを退会したい」と言い出し，財産の分割を求めた。これは認められるか。
> (2) Ｃが退会する前に，ＤはＥに対して300万円の債務を負っていた。Ｅが，すでに退会したＣに対して返済を要求することは認められるか。

**組合の財産関係①
：組合財産の帰属**　上に述べたように，組合財産は組合員の合有に属するとされる。668条には「共有」と書いてあるが，いわゆる共有（▶249条以下）の場合には持分の処分や分割請求が認められるところ（▶256条および258条），組合の場合には持分の処分等が制限され（▶676条 1 項），財産の分割請求も認められないので（▶同条 2 項），668条での「共有」は

合有を意味すると解釈されている。組合財産の分割請求が認められないのは，これを認めると共同事業が崩壊するからである。したがって，**Case 4-3**(1)の場合も分割請求はできず，Ｃは，脱退をして持分の払戻しを請求すべきことになる（▶681条）。

668条からは，個々の財産（**Case 4-3** なら現金，書籍等の資料および事務所）が組合員の合有に属するようにみえる。しかし，個々の組合員は組合員としての資格でのみ（組合を通して）個々の財産を支配しているのだからこのような理解は妥当ではないと主張し，組合財産を全体として捉えた上でそれが組合員の合有に属していると考えるべきであるとする見解もある。

なお，組合には法人格はないので組合名義の登記は認められない。たとえば**Case 4-3** でも事務所をＤ名義で登記することはできないので，結局，①Ａ・ＢおよびＣの共有として登記するか（しかし煩瑣である），②たとえばＡを代表者と定めてＡ名義で登記するしかない。そのため，権利能力なき社団の場合と同様さまざまな問題が生じる（➡第１巻参照）。

> **組合の財産関係②**
> **：損益分配など**

組合員間での損益分配の割合が定まっていないときには出資の価格に応じて定められるし，また，利益または損失についてのみ分配の割合が定まっているときには，その割合は利益および損失に共通であると推定される（▶674条）。

これは単に内部での割合にすぎないのではなく，組合の債権者も，（債権発生時に割合を知っていたときには）この割合に従って各組合員に対して権利を行使することができ，割合を知らないときには等しい割合で権利行使できる（▶675条）。つまり，組合の債権者は，組合財産に対して執行できるのみならず，各組合員の個人財産に対して執行することもできるのである。

そして，675条は「債権の発生の時」の組合員に責任を負わせているので，たとえば**Case 4-3**(2)でも，Ｅは，すでに退会したＣに対しても100万円請求することができる（▶680条の２第１項）。もっとも，Ｃは退会時に持分の払戻しを受けたであろうところ（▶681条１項），この際には組合債務も考慮されているはずなので（たとえば組合財産が全部で300万円相当であり組合の債務も全部で300万円なら払い戻すべき金額はない），ＥがＣに100万円請求すると，Ｃは二重に払っ

たようなかたちになる。その分は，Cが組合に対して求償することになる（▶680条の2第2項）。なお，組合員個人に対して債権を有している者は，組合財産について権利行使することは認められない（▶677条）。この点では，組合財産と組合員の個人財産とは分離しているのであり，組合財産の「独立性」とよぶこともある。

また，すでに述べたように，組合員は，持分を処分しても組合および組合と取引をした第三者に対抗することはできないし，組合財産である債権を（その持ち分についても）権利行使することもできず，さらに，組合を解散して組合財産を清算する場合でないかぎり，組合財産の分割を請求することはできない（▶676条）。

組合の業務執行　**(1)　対内的な業務執行**　組合の業務執行は組合員の過半数で決定し，各組合員が執行する（▶670条1項）。もっとも，これを，特定の組合員（業務執行者）に委任したすることもできるが（▶同条2項・3項），この場合でも，総組合員の合意によって業務を決定したり執行したりすることができる（▶同条4項）。業務執行者については委任に関する644条から650条までの規定が準用され（▶671条），さらに，正当な理由がなければ辞任できないし，正当な理由がなければ解任されることもない（▶672条）。なお，業務執行者でない組合員も，組合の業務および組合財産の状況を検査する権利はある（▶673条）。

また，常務（日常的な業務）については，各組合員または各業務執行者が単独で行うことができる（▶670条3項）。

(2)　対外的な行為　670条は対内的な意味での業務執行を念頭にしているが，対外的な取引については670条の2が規定している。組合には法人格はないので，法律的には，組合員全員が共同で法律行為を行い，権利を取得し義務を負うことになる。しかし，現実には，組合を代表する者が，自分の分については本人として，他の者の分については代理人として法律行為をすることになろう（**組合代理**ということもある）。670条の2第1項によれば，各組合員は，組合員の過半数の同意があるなら，他の組合員を代理することができる（2017年改正以前の判例であるが，★最判昭和35・12・9民集14巻13号2994頁参照）。そして，

業務執行者がある場合には，業務執行者のみが代理権を有し，業務執行者が複数いるときは，その過半数の同意があるときのみ代理することができる（▶同条2項）。なお，常務については，各組合員または各業務執行者が，単独で代理できる（▶同条3項）。

なお，訴訟行為について，民事訴訟法29条が組合にも適用されるとした判決もあるが（★最判昭和37・12・18民集16巻12号2422頁），民事訴訟法29条は権利能力なき社団を前提とした規定であるので組合にまで適用するべきではないという批判もある。

組合員の加入・脱退

(1) **組合員の加入**　組合員全員の同意があれば，組合契約に従って，新たに組合員を加入させることができる（▶677条の2）。

(2) **組合員の意思による脱退**　組合契約で組合の存続期間を定めなかったとき，または，ある組合員の終身の間組合が存続すると定められているときには，各組合員はいつでも脱退することができる（▶678条1項）。ただし，やむをえない事由がないかぎり，組合に不利な時期に脱退することはできない（▶同条1項ただし書）。また，組合の存続期間を定めた場合であっても，やむをえない事由があるなら脱退することができる（▶同条2項）。

さて，678条の1項と2項とを合わせて読むなら，やむをえない事由があるときはつねに（存続期間の定めがあってもなくても）脱退できることになる。このかぎりで678条は強行規定であり，やむをえない事由があっても脱退できないとする組合契約は無効であるとした判決がある（★最判平成11・2・23民集53巻2号193頁：百選Ⅰ-17）。

(3) **組合員の意思によらない脱退**　この他，①組合員が死亡したとき，②組合員が破産手続開始の決定を受けたとき，③組合員が後見開始の審判を受けたとき，④組合員が除名されたときにも脱退する（▶679条）。ただし，除名は，正当な理由がある場合にかぎり，他の組合員の全員一致によってのみすることができる（▶680条）。

(4) **脱退組合員の責任・持分の払戻し**　前述したように，脱退した組合員は，脱退しても，脱退前に生じた組合の債権については責任を負う（▶680条の

第4章 契約各論(3) 163

2第1項)。ただし，これも前述したように，脱退時の清算は脱退時の組合財産
の状況による（つまり組合債務は差し引いて清算する）こととされるので，脱退し
た組合員が脱退前の債務を弁済すると，（実質的には）二重に債務を負担するよ
うな事態も考えられる。そのときには，組合に対して求償することができる
（▶同条2項）。

　脱退したときには，脱退した組合員は持分の払戻しを受けることができる。
これは，（前述のように）脱退の時の組合の財産状況に従うこととされ（▶681条
1項），その組合員が現物出資をした場合でも金銭により払戻しをすることが
できる（▶同条2項）。

組合の解散　　上に述べた「脱退」という制度は組合が存続することを前提
としているが，組合の目的である事業が成功したとき，また
は，成功が不可能となったとき等には組合は解散する（▶682条）。また，やむ
をえない事由があるときは，各組合員が解散を請求することもできる（▶683
条）。組合が解散したときは，総組合員または総組合員により選任された清算
人が組合財産を清算し（▶685条），余った財産は各組合員の出資の割合に応じ
て分配される（▶688条2項）。

6　終身定期金

終身定期金の概念　　終身定期金とは，当事者の一方が，自己，相手方また
は第三者の死亡にいたるまで定期に（たとえば月10万円
というように）金銭その他の物を相手方または第三者に給付する契約である（▶
689条）。年金などを考えればよい。689条には書いてないが，通常は，債権者
が債務者にまとまった金銭等（▶691条では「元本」と表現されている）を交付
し，その運用益のなかから一定額を定期的に債務者が債権者に支払うことが多
いであろう。

　立法者は，このような契約が流行すると思っていたようである。まとまった
金銭を誰かに交付して，その代わりに老後の面倒をみてもらうという形で使わ
れることを予想していたのであろう。しかし，現実には，その者を養子として

164 第4章　契約各論(3)

財産を相続させ，その代わりに老後の面倒をみてもらうという方法が一般化したので，終身定期金は，立法者が考えた程には使われていない。むしろ，これから，このような契約に対するニーズが出てくるのではなかろうか。

終身定期金の解除，存続の宣言　債権者が元本を債務者に交付して債務者が終身定期金を給付することを約束した場合には，債務者が義務を履行しないなら，債権者は元本の返還を請求することができる（▶691条）。

　また，たとえば，AがBと終身定期金契約を締結して，Bが，Aの父（Cとする）の死亡にいたるまでCに毎月一定額を給付する旨約束した場合において，Bの責めに帰すべき事由によってCが死亡したときには（極端な例だがBがCを殺害したようなとき），債権者などの請求により，裁判所は，終身定期金債権が相当期間存続する旨を宣言することができる（▶693条）。

7　和　　解

和解の概念　和解とは，当事者がお互いに譲歩をして争いをやめる契約である（▶695条）。たとえば，AがBに対して「100万円を貸したので返して欲しい」旨要求したのに対してBが「借りたのは50万円である」と反論して争いになった場合に，お互いに25万円分譲歩して「借金の額は75万円とする」と合意をして争いをやめる場合が考えられる。この場合には，和解の後になって「AがBに貸したのは実は80万円であった」という証拠がでてきたとしてもAはBに5万円譲ったこととされ（▶696条），いまさらAがBに80万円請求することは許されない。これを和解の**確定効**という。

　たとえば，交通事故などで被害者と加害者とが「加害者は被害者に200万円を支払い，その代わりに被害者はその余の権利を放棄する」旨の合意をすることがある。この場合には当事者がお互いに譲歩をしたか否かは不明なので（本当に損害額が200万円であるかもしれない）厳密には695条の和解ではないとされ，（あえて和解と区別するときには）示談とよばれる。このような場合にも696条の確定効が認められるかが問題とされる。当事者がお互いに譲歩をしたからこそ696条の効果が認められるともいえるが，しかし，普通は，示談も和解に準ず

るものとして扱われている。

　そうすると，「加害者は200万円を支払い，被害者はその余の権利を放棄する」旨の示談をした後になって被害者の治療費が200万円をはるかに超えることが判明したとしても，今更請求できないことになる。しかし，たとえば交通事故による「むち打ち症」のように，示談当時には予想できないような損害が後になって現れた場合には「全損害を予想できないような状況で，早急に，小額の金額によって示談がされた場合には，この示談の効力は，示談の当時には予想できなかったような損害には及ばない」と判決されたことがある（★最判昭和43・3・15民集22巻3号587頁：百選Ⅱ-104）。

✐ Topic 4-3

和解と錯誤

　すでに述べたように，AがBに対して「100万円を貸したので返して欲しい」と請求したのに対してBが「借りたのは50万円である」と反論して争いになって「借金の額は75万円とする」と和解をした場合には，後になって「AがBに貸したのは実は80万円であった」という証拠がでてきたとしてもAは80万円を請求することはできない（▶696条）。したがって，この場合に，Aが「錯誤により和解契約を取り消す」（▶95条）と主張することも許されないのは当然であろう。

　しかし，たとえば上の例でBが「これは上等のジャムであって75万円相当の価値があるから，これを渡すことで勘弁して欲しい」と言ってジャムを渡したが実は粗悪品であったという場合には，Aは錯誤による和解契約の（2017年改正前95条による）無効を主張することができるとされた（★最判昭和33・6・14民集12巻9号1492頁：百選Ⅱ-76）。争いの対象となり和解がなされたのは「借金の額がいくらか」という問題であり，「ジャムが上等であるか否か」は争いや和解の対象とはならなかったのだから（和解の前提にすぎない）696条の確定効も生じないのである。

166 第4章 契約各論(3)

☑ *Exam 1*

　AはBに対して甲建物を給付したが，その後まもなくして，雨漏り・壁の亀裂・窓の開閉不全などの不具合が露見するにいたった。この場合におけるA・B間の法律関係につき，甲建物の給付原因が売買・贈与・建物建設請負のいずれであったかによって，それぞれどうなるかを論じた上で，それらの異同について整理しなさい。必要に応じて場合分けをしてもよい。

▷ **解答への道すじ**

　解答に際しては，以下の点に十分留意されたい。
(1)　Aの債務内容は，財産権移転型の契約（売買・贈与）と労務提供型契約（請負）とでどのように異なるか。
(2)　Aの責任のあり方につき，有償契約（売買・請負）と無償契約（贈与）との間には，どのような相違点があるか。
(3)　各々の契約類型における瑕疵担保責任の要件・効果はどうなっているか。Aの態様に応じて異なるか。

☑ *Exam 2*

　A所有の乙土地につき，A・B間において，居住用の建物所有を目的とする賃貸借契約が締結された。Bは同地に丙建物を建築して居住している。この事実を前提として，以下の問1～3につき，それぞれ検討しなさい。各設問は独立した問いであるものとする。
　問1　A・B間の賃貸借契約の存続期間中に，Aが乙土地をCに売却し，所有権移転登記が経由された。CがBの借地権を否認し，同人に対して丙建物の収去ならびに乙土地の明渡しを求めたとして，これは認められるか。なお，丙建物については，Bの妻であるD名義で所有権保存登記がされているものとする。
　問2　(1)において，丙建物がB所有名義で保存登記されていたとして，BがAに対して敷金300万円を差し入れていた場合，賃貸借終了時においてBはCに対して敷金返還請求をすることができるか。
　問3　Bは乙土地の借地権付きで丙建物をEに売却した。この場合におけるA・B・E間の法律関係につき整理して論じなさい。乙土地の借地権譲渡につき，BがAの承諾を得ていたか否かによって，どのような違いが生じるか。なお，BはAに対して敷金300万円を差し入れているものとする。

> 解答への道すじ

次の点に注意しながら，解答されたい。
(1) 賃貸不動産の譲渡と借地権の対抗力
(2) 借地権の対抗要件としての建物登記の意義
(3) 賃貸人の地位の移転と敷金関係の承継
(4) 賃借権譲渡の要件と効果とりわけ無断譲渡の効果および，賃借権譲渡と敷金関係の承継

☑ Exam 3

　A，BおよびCの3名は，それぞれが100万円ずつ出資をして共同で事業をすることとし，民法上の組合Dを組織した。Dは，建物（200万円相当）を購入してA名義で登記をし，事務所として使用している。
　問1　Dは，事業用の資金として，E銀行から300万円を借り入れた。期限が到来しても返済されないとき，Eは，誰に対して，どのような請求をすればよいか。
　問2　Aは，個人の生活の為の資金として，サラ金業者Fから300万円の借金をした。期限が到来しても返済されないとき，Fは，誰に対して，どのような請求をすればよいか。
　　また，FがAに対する債務名義（判決）を得て（Dの）事務所を差し押さえた場合に，Dは，何か反論をすることができるか。

> 解答への道すじ

　問題文では「Dは」と書いたが，Dには法人格はない点に注意しなさい。また，民事訴訟法等の関連分野をも検討する必要があるので，やや難易度の高い問題ではある。
　[問1]　Dに対する請求（つまりはA・B・C全員に対する請求）や各組合員に対する請求の他に，Dの事務所を差し押さえることができるか検討しなさい。
　[問2]　Aの持分の差押えも考えられる（▶会社609条参照）。

第5章　事務管理・不当利得

1　事　務　管　理

1　事務管理の意義と法的性質

> **Case 5-1**　暴風雨が吹き荒れた日の翌朝，Aは隣人B宅の窓ガラスが割れているのを発見した。Bが留守だったので，親切心にかられたAは，B宅の割れた窓ガラスを取り除き，窓枠にベニヤ板を打ち付けて応急措置を施した。このために，Aは1万円（ベニヤ板などの資材購入費）を支出した。

事務管理の意義　民法は，この場合のAの行為のように，その義務がないにもかかわらず，他人のためにする意思でその他人の事務を処理する場合を事務管理とし，事務管理者（以下，「管理者」という）と他人（以下，「本人」という）との間に，一定の権利義務関係を発生させている（▶697条以下）。それによると，Aは，有益費用として1万円の償還を請求できる（▶702条1項）。

では，Bが，「Aは留守宅の敷地に無断で入り込んだ上，自己の財産である（残った）窓ガラスを破壊し，窓枠に釘を打ち付けて損傷を加えた。だから不法行為だ」として，損害賠償を請求してきたらどうだろうか（形式的には709条の要件を充足する）。

民法典は明示していないが，管理者の事務処理行為は，原則として，この関係に基づく適法なものとされ，不法行為は成立しない（違法性が阻却される）と考えられている。

このようにみてくると，民法は，**Case 5-1** においてAがとったような行為を「親切」として「奨励」しているように思われるかもしれない。しかしながら，必ずしもそうではない。**Case 5-1** で，Aが実は大工で，隣家の窮状を見

かねて半日仕事を休み，窓の応急修理を行ったとしよう。この点は後述するが，一般的には管理者に「報酬請求権」は認められておらず，Aは，Bに対して半日分の大工手間賃を請求できないと考えられる。

つまり，民法は，事務管理を積極的に奨励することまではしていないのである。また，特別な場合を除き（▶船員14条や消防24条等参照），事務管理が義務づけられることもない。

要するに，民法は，事務管理について，奨励も抑制もしない中立的な立場をとっており，ただ，相互扶助の観点から，一定の場合に，事務管理として法定の債権債務関係を成立させることで，当事者間の利害の調整を図るという立場をとっているのである。

事務管理の法的性質 　事務管理は，事実行為（たとえば，**Case 5-1**の窓の応急修理）によっても，法律行為（➡後述**Case 5-3**）によっても行われうるが，当事者は，事務管理の法律効果（管理継続義務や費用償還請求権など〔➡後述171〜174頁〕）の発生を意図してこれらを行っているわけではない。したがって，事務管理は，法律行為ではなく準法律行為だとされる。

また，事務管理に基づく債権債務関係は，当事者の合意によらずに発生することから，不当利得および不法行為とともに，法定債権債務関係といわれる。

2　事務管理の要件

事務管理の要件としては，①他人の事務を（事務の他人性），②その他人のために（事務管理意思），③法律上の義務なくして（法律上の義務の不存在），開始し（以上，▶697条1項），④それが本人の意思に反し，または本人のために不利であることが「明らかでない」こと（本人意思・利益への適合性）（▶700条ただし書），の4つがあげられることが多い。

事務の他人性 　**Case 5-1**のAの行為のうち，B宅の割れた窓ガラスを取り除いたり，窓枠にベニヤ板を打ち付けたりする行為（客観的他人の事務）は，「事務管理意思」をもって行ったことが事実上推定される。ただし，「客観的他人の事務」を自己の事務と誤信して行った場合には，「事務管理意思」を欠くので事務管理は成立しない。

反対に，自宅の修理や自己の飼い犬の世話など，客観的にみて自己の事務であることが明らかなものは，たとえ，他人の事務と誤信し他人のためにしたとしても，事務管理とならない。

そうすると，問題は，**Case 5-1** のＡの行為のうち，ベニヤ板や釘を購入する行為のように，それ自体としては他人の事務とも自己の事務ともいえないものである（中性の事務）。中性の事務については，事務管理意思をもって行えば，事務管理が成立しうるとされる。

事務管理意思　事務管理が成立するためには，他人のためにする意思（＝事務管理意思）が必要である。事務管理意思は，特定の誰かのためである必要はなく，およそ他人のためでさえあれば，匿名であっても（たとえば，首輪のついた迷い犬の世話をする），本人を誤信していても（友人Ａの飼い猫だと思って世話をしたが，実は犬猿の仲のＢの飼い猫だった）よい。さらには，自宅敷地との境界の崩れかかった隣地の崖に崩落防止措置を施す場合のように，他人のためにする意思と自己のためにする意思とが併存していてもかまわない。

法律上の義務の不存在　委任契約が存在する場合や扶養義務のある親族間である場合，警察官や消防士など，職務として救助義務を負っている場合など，管理者が，契約に基づいて，または法律の規定に基づいて他人の事務を処理する義務を負っている場合は，それら契約または法律の規定に従って処理すれば足りるので，事務管理は成立しない。

なお，法律上の義務がまったく存在しない場合だけではなく，一定の義務を負っている者がその義務の履行としてした行為でも，その義務の範囲を超えていた場合には，その超えた部分について事務管理が成立しうる。また，ここでいう義務は，本人に対する義務を意味するから，第三者に対する関係では自己の義務の履行であってもよい（たとえば，無委託保証人による保証債務の弁済は事務管理としての法的性質を有する）。

本人の意思・利益への適合性　次項で述べるように，管理者は，いったん始めた事務管理を継続する義務を負うが（▶700条本文），「事務管理の継続が本人の意思に反し，又は本人に不利であることが明らかであるとき

第5章 事務管理・不当利得　171

は」，管理を継続してはならない（▶同条ただし書）。このこととの均衡および本人の自己決定権の尊重という観点から，（▶697条にはない要件だが）事務管理の成立要件として，「本人の意思に反しまたは不利であることが"明らかでない"こと」があげられる（通説）。もっとも，この要件は消極的要件であるから，事務管理の成立を否定するためには，本人が，その意思や利益に反することの"明らかなこと"を証明しなければならない。

　ただし，自殺者を救助したり，飲酒運転をしようとしている友人を押しのけて代わりに運転したりする場合のように，本人の意思が公序良俗や強行規定に反する場合は，本人の意思を尊重する必要はないので，事務管理が成立する。

　なお，この要件は本人の自己決定権を尊重するためのものであるから，本人が追認するのであれば，特段の事由のないかぎり，事務管理の成立を認めてよい（通説）。

3　事務管理の効果

違法性阻却　事務管理は，一面では，他人の権利領域への介入であり，形式的には不法行為の要件を充足する。しかしながら，前述のとおり，事務管理の成立によって違法性は阻却され，不法行為とはならない。

管理者の本人に対する義務　（1）　**事務管理義務**（▶697条）　管理者は，本人の意思に最も適合するように事務を管理しなければならない（▶697条1項）。また，本人の意思を知っているとき，またはこれを推知しうるときは，その意思に従う必要がある（▶同条2項）。

　なお，事務管理における注意義務のレベルは，善管注意義務であるとされる（▶698条の反対解釈）。したがって，管理者がこれを怠って事務処理をしたために本人に損害を生じたときは，債務不履行として損害賠償責任を負う。

　もっとも，本人の身体，名誉等に対する急迫の危害を避けるために事務管理をするとき，たとえば，服の上からやけどを負った人を助けようとして衣服を脱がせたところ，かえって傷を悪化させてしまった場合などには，悪意または重過失でないかぎり，責任を負わない（**緊急事務管理**〔▶698条〕）。

　（2）　**通知義務**（▶699条）・**管理継続義務**（▶700条）　事務管理を開始したと

きは，管理者は本人にそのことを通知しなければならない。また，いったん事務管理を開始した以上，管理者は，原則としてこれを継続しなければならない。管理者がこれらの義務に違反したために本人に損害が生じた場合は，損害賠償責任が発生する。

(3) **その他委任規定の準用による義務**（▶701条）　冒頭で述べたところからもわかるように，事務管理は，他人の事務処理という点で委任と共通する。そこで，701条は委任に関する諸規定のうち，645条から647条の規定を準用している（それぞれの内容については第4章〔➡151頁〕を参照）。

管理者の本人に対する権利

(1) **有益費用償還請求権**（▶702条1項）　管理者が，本人のために有益な費用を支出したときは，その償還を請求することができる。ここでいう「有益費用」は，支出の時点を基準としておよそ本人の利益になる費用を指す。したがって，物に関する費用に限られず，また必要費を包含する点で，196条や608条にいう「有益費」よりも広い。

ただし，事務管理が本人の意思に反していた場合（前述のとおり，本人の意思に反することが明白な場合，事務管理は成立しないから，本人の意思に反するかどうか明らかでなかったが，後に反することがわかったという場合である），本人は，現に利益を受ける限度でのみ償還義務を負う（▶702条3項）。もっとも，本人の意思が公序良俗や強行規定に違反する場合は原則どおり出捐額全額と解すべきである（通説）。

(2) **代弁済請求権・担保提供請求権**（▶702条2項・650条2項）　管理者が本人のために有益な債務を負担したときは（➡後述 **Case 5-3** 参照），本人に対し，自己に代わって弁済するか，または債務が弁済期にないときは相当の担保を提供するよう請求することができる（▶650条2項）。なお，事務管理が本人の意思に反するときは，(1)の場合と同様に，代弁済請求権等の範囲も現存利益に縮減される（▶702条3項）。

(3) **損害賠償請求権**　火事現場に飛び込んで取り残された子どもを救助した際に，衣服が汚損・損傷した場合など，管理者が事務処理に際して損害を被った場合，管理者は本人に対してその損害の賠償を請求することができるだろうか。委任では，これが認められているが（▶650条3項），701条があえて

650条3項を準用していないことから，事務管理では認められないとも考えられる。しかし，通説は，相互扶助の観点から，事務管理に際して必然的に生ずる損害については，これを「有益費用」として，その償還請求を認めることで（▶702条1項），実質的に損害賠償を認めている。

ただし，この解釈によっても，救助者が死亡・負傷した場合の損害まではカバーできない。かといって，このような損害を含めて一般的に，管理者に対する本人の損害賠償義務を認めることは，本人の立場からみれば，いらぬお節介をされた上に，莫大な損害賠償義務まで負わされることになり，かえって不合理である。尊い自己犠牲を払った救助者（管理者）の保護は（ひいては相互扶助精神の涵養），私法上の制度ではなく，公的補償制度によって図られるべきであろう（そのような制度としては，「警察官の職務に協力援助した者の災害給付に関する法律」などがある）。

> **Case 5-2** 医師Aは早朝の散歩中，路上で倒れているB（Aの知己ではない）を発見した。様子を見たところ，意識がなく危険な状態と判断したので，自宅医院まで背負って連れ帰り，必要な治療を施した。その甲斐もあってBは回復した。AはBに対して診療報酬基準に従って治療費の支払いを請求することができるか。

(4) **報酬請求権** 他人の事務処理という点で共通する委任が無償を原則とすること，報酬請求権を一般的に認めることは，かえって「親切の押し売り」を許すことになりかねないことなどから，管理者は本人に対して事務管理の報酬を請求することができないと解されている（ただし，特別法により報酬請求権が認められる場合もある〔▶商800条，遺失物28条，水難救護24条2項など〕）。

そうすると，**Case 5-2** の場合のAもBに対して治療費の支払いを請求できないことになるが，はたしてそれで本当によいのだろうか。

Case 5-2 で，Cが意識不明のBをAのところへ連れてきて治療を依頼した場合を考えてみよう。この場合，A・C間にBの治療契約が成立し（CのBに対する事務管理になる），Aは治療費の支払いを受けることができる（Cに請求して支払ってもらった上で，CがBに有益費用として償還請求するか，CがBに代弁済請求し，BがAに支払うことになる）。これに反し，Bを救助したのがたまたま医師

Aであったというだけで，Aが一切の治療費の支払いを受けられないというのでは，不合理であろう。

そこで，通常の治療費を「有益費用」（▶702条）とみて費用償還請求権の枠内で処理することや，本人の推定的意思を根拠として医療契約の成立を認めることが考えられる。しかしながら，医師や弁護士の業務など，「社会通念上，事務管理の引き受けが有償でしか期待し得ない場合」に限ることを前提として，端的に報酬請求権を認めるべきであろう。

事務管理の対外的効果 前述のとおり，事務管理は，事実行為によっても法律行為によっても行いうる。そうすると，後者の場合，その法律行為の効果が本人に及ぶのか問題となる。本人の名で行われる場合と管理者の名で行われる場合とがありうるので，場合を分けて考えてみよう。

> **⁝⁝ Case 5-3　Case 5-1** で，Aは，自分はBであるとして，ガラス店Cとの間で，代金2万円でB宅の窓ガラスを修理してもらう契約を締結し，Cは修理を終えた。

(1) **本人の名で行われた行為**　他人の名前で法律行為を行うことは，一般に，当該他人を代理する意思で行っているものとみられるが，事務管理は，管理者に代理権を与えるものではないから，Aの行為は無権代理であり，当然に本人Bに効果を及ぼすものではない（★最判昭和36・11・30民集15巻10号2629頁）。もっとも，本人が追認すれば，遡及的に効果が及ぶ（▶113条・116条）。

(2) **管理者の名で行われた行為**　では，**Case 5-3** で，Aが自分の名前でCと契約を締結した場合はどうであろうか。この場合，AがCと修理請負契約を締結することは，AのBに対する事務管理となるが，契約はA・C間で成立し，その効果は本人Bに及ばない。Aに代理意思はないからである。もっとも，前述のとおり，AはBに代弁済を請求できるから（▶702条2項・650条2項），結果的には，BがCに対して修理代金を支払うことになろう。

4 準事務管理

▓ Case 5-4 無名歌手BのファンであったAは，Bの写真を多数撮影していたが，Bに無断でこれらをまとめて写真集を自費出版した。ところが，何の偶然か，この写真集が評判となり，それに伴ってBの知名度と人気も急上昇したため，写真集は大ベストセラーとなった。その結果，Aは1億円の純益を得た。この場合において，Bは，Aに対して，どのような請求をすることができるだろうか。

準事務管理の意義
Aのおかげで人気歌手になれたようなものだから，Bとしては文句をいう筋合いでないかもしれないが，Aの行為がBの肖像権侵害として不法行為となることは疑いを入れない。ところが，そうだとすると，BがAに対して請求できるのは，せいぜい，無名歌手Bとしての肖像権使用料相当額の損害賠償にすぎない。他方で，Aの利益は，Bの写真に由来し，それがなければ絶対に得られないはずのものである。このようにみると，BはAに対して1億円の引渡しを請求できてよいのではないか，とも考えられる。

これを可能にする法律構成としては「準事務管理」が考えられる。すなわち，Aは，"自己の利益のために"，他人Bの肖像権管理という事務処理を行ったのだから，事務管理は成立しないが，本人Bの利益を保護するために事務管理に準ずるものとし，事務管理規定を通じて委任に関する諸規定を準用することで（▶701条），僭称事務管理者Aが得た利益の引渡義務（受領物返還義務〔▶646条〕）と利益の計算報告義務（顛末報告義務〔▶645条〕）とを認めることが考えられないだろうか。

もっとも，準事務管理という制度は，ドイツ民法には存在するものの（▶ド民687条2項），わが民法には存在しないので，解釈論としてこれを認めることができるかが問題となる。

準事務管理否定説
かつては，他人の事務を自己の利益のために利用することは，不法行為ないし不当利得であって，利他的な行為の結果を一定の限度で保護しようとする事務管理とはなじまないとして，準事務管理を否定する見解が通説であった。この立場は，一方で，準事務管理が問題となるような場面では，侵害者が現実にそれだけの利益をあげた以上

176 第5章 事務管理・不当利得

は，権利者において一般にそれだけの損害（損失）があったとみられるとして，損害や損失の算定を柔軟にすれば，準事務管理を認める場合との差異は小さいこと，他方で，侵害者がその特殊な才覚や能力，運などによって得た利益はむしろ侵害者に帰属させるほうが公平だと考えられることなどを主張して，準事務管理肯定説を批判した。

準事務管理肯定説 これに対して，近時では，「悪意の不法行為的侵害に対する特殊のサンクション」として，準事務管理を位置づけようとする見解が通説となっている。すなわち，現代型不法行為の特徴として，知的財産権の無断利用や **Case 5-4** のような他人の人格権の無断利用

Further Lesson 5-1
▶▶▶▶▶ **知的財産法上の規律と準事務管理**

　準事務管理に否定的な近時の見解の中には，準事務管理の主たる問題領域である知的財産権の無断利用について，特別法上の手当がされており（▶特許102条2項，実用新案29条2項，意匠39条2項，著作114条2項，不正競争5条2項，半導体集積回路25条1項など），準事務管理という制度を民法の一般理論として構築することに懐疑的なものがある（準事務管理肯定説自体には好意的な一般の教科書でも，これら特別法の規律をあげて，準事務管理論の意義が大きくないことを指摘するものが多い）。

　しかしながら，これらの規定は，侵害者が侵害行為によって得た利益を権利者の「損害額」として推定するにすぎず，本文の準事務管理否定説の考え方の延長でしかない。しかも，裁判実務は，「推定」規定であることを重くみる傾向にあり，たとえば，これらの規定は「損害の発生」を推定するものではないとして，特許権者等がその権利を実施していないときは推定がはたらかないこと，また，侵害者利益額については権利者が証明する必要があるところ，知的財産権侵害では，侵害者自身の，あるいは侵害者が適法に許諾を得た第三者の権利と被侵害権利とが複雑に絡み合って利用されることが多いが，そのような場合，権利者自身の権利が侵害者利益に寄与している割合を証明することができず，結局，侵害者利益額の証明なしとされることも多いことが指摘されている（準事務管理肯定説に対する批判も含め，これらの点については，田村善之『知的財産権と損害賠償〔新版〕』〔弘文堂，2004年〕が詳しい）。さらには，**Case 5-4** のような人格権については，特別法も存在しない。

　そうだとすると，民法の一般理論として準事務管理論を検討する意義は，なお失われていないというべきであろう。

のように，もっぱら利益を獲得することを目的として，故意に他人の排他的権
利を侵害するタイプの不法行為が現れているところ（利益追求型不法行為），こ
のような行為を抑止するには，損害の填補を目的とする損害賠償では不十分で
あるという認識から，一種の法創造として「準事務管理」という制度を認める
べきだというのである。

この立場は，損害賠償の主たる機能は損害の填補であって，損害の抑止や制
裁は副次的なものにとどまるという伝統的な理解を超えて，一定の場合には正
面から，損害抑止的・制裁的な損害賠償が認められるべきであるという主張に
つながっていく。この点で，準事務管理という考え方は過渡的な構成かもしれ
ない（もっとも，準事務管理構成のメリットとして，「自分に生じた損害でさえ算定が
難しいのに，侵害者が得た利益額という『他人の懐』を探るのはなお困難である」とい
う問題を解決するために，計算報告義務〔▶701条・645条〕が役立ちうることがあげら
れる）。

なお，準事務管理否定説も，本人が追認すれば事務管理の成立を認める上，
利益の引渡請求に追認の意思を読み取ることができるとするので，肯定説との
差は大きくないといわれることがある。しかし，追認構成と（近時の）肯定説
との違いは，後者が侵害者悪意の場合にかぎって準事務管理を認めるところに
もある。追認構成では，侵害者善意の場合にも準事務管理を認めることにな
り，かえって不当であろう。

2　不 当 利 得

1　不当利得法総説

✂ Case 5-5　Bは，Aから借りていた自転車を自己のものであるとして，事情を
知らないCに贈与して引き渡した。その後，Cは，Aから自転車の返還請求を受け
たが，これを無視して，自転車をDに1万円で売却し代金を得た。Aは，Cに対し
て，不当利得として自転車の代価1万円の返還を請求することができるか。

178　第5章　事務管理・不当利得

**不当利得制度の意義
と本質：衡平二元説
から類型論へ**
　このような設例について考えてもらうと、「Ｃは、タ
ダでＡの自転車を取得し、Ａのものと知りながらそ
れを売却して1万円の利益を得ており、他方で、こ
れにより、Ａは1万円の損失を被っている。そうすると、ＣはＡの損失で不当
な利益を得ていることになるから、Ａは、Ｃに対して、不当利得として1万円
の返還を請求できる」と考える人がいるものである。

　しかしながら、よく考えてほしい。192条によれば、取引行為によって平
穏・公然・善意・無過失に動産の占有を始めた者は、その物の権利（ここでは
自転車の所有権）を取得する。そうすると、**Case 5-5** で、Ｃは自転車の所有権
を取得しているのであるから、その後これを誰に売ろうがＣの自由であって
（▶206条参照）、Ａから文句を言われる筋合いはないはずである。ＡがＣに対し
て何かをいえるとすれば、即時取得の要件としての「取引行為」に無償取得は
含まれないとして、Ｃの所有権取得を否定するほかない（このように解する有力
説がある）。そして、このことは、Ｃの利益取得がＡとの関係で不当であると
か、公平を欠くとかいう漠然とした考慮によるものではなく、即時取得の制度
趣旨をどのように考えるかというところから決定されるべきことである（もち
ろん、その背後に「正義」や「公平」があるのは、法が究極的にはそれらの実現をめざ
すものである以上、当然である）。

　(1)　**衡平二元説**　　ところで、不当利得制度の意義について、かつては、
「形式的・一般的には正当視される財産的価値の移動が、実質的・相対的には
正当視されない場合に、公平の理念に従ってその矛盾の調整を試みようとす
る」制度であるという理解が一般的であった（衡平二元説）。このような理解は
すでに（後述の）類型論によって克服され、最近の教科書ではすでに払拭され
ているはずであるが、ある程度民法を学習した者の多くが陥る傾向、すなわ
ち、「信義則や権利濫用禁止原則など一般条項の安易な適用」と同様に、「公
平」や「正義」という言葉のもつ魅力には抗し難いということであろうか、前
述のような考え方をしてしまう者は跡を絶たない。

　類型論が批判しているように、衡平二元説の不当利得理解は、物権行為の無
因性を前提とするドイツ民法で、かつ、その場面にかぎって意味をもつ理解で

あった。ドイツ民法では，たとえば，売買契約が錯誤を理由に取り消されたとしても，物権行為はなお有効であるから，所有権は買主にとどまったままである。これは，「形式的・一般的には正当視される財産的価値の移動が，実質的・相対的には正当視されない」場合であるから，売主は，買主に対し，不当利得として所有権の返還を請求することができるというのである。物権変動につき有因主義をとるわが民法の下で（▶176条），このような不当利得理解があてはまらないことは，直ちに理解できるであろう。

また，不当利得制度が働く場面としては，他人の不動産や知的財産権が無断で利用された場合や，債務があると思って弁済したところ，実は債務が存在しなかった場合などがある。これらの場合，無断利用者や弁済受領者への財産的

✐ **Topic 5-1**
類型論と箱庭説（法体系投影理論）

　衡平二元説とは異なる視点から，不当利得の統一的把握を唱える見解として「箱庭説（法体系投影理論）」がある（加藤雅信『財産法の体系と不当利得法の構造』〔有斐閣，1986年〕。学生向けには，同『新民法体系Ⅴ　事務管理・不当利得・不法行為〔第2版〕』〔有斐閣，2005年〕参照）。

　箱庭説によれば，法律上の原因，すなわち財貨移転を基礎づける法律関係は，民商法のみならず，民事手続法や行政法など，財貨移転と関係する全実定法体系に広がっているのだから，不当利得法は，法律上の原因の欠如というレンズを通じて，これら全実定法体系が投影されたものであって，財貨移転を基礎づけるべき法律関係（表見的法律関係）が存在しないまま生じた財貨の移動による利得を回復する制度として，統一的に把握できるとされる。

　これに対し，類型論の提唱する利得類型は単なる事案類型であって，現実の不当利得類型の一部をカバーするものにすぎず，また統一的把握を断念している点で妥当でないという。

　しかしながら，箱庭説の展開する具体的な不当利得論が類型論から多くの視座を得たものであることは，論者自身が自認するところであるし，また，類型論は，不当利得の要件・効果を，法律上の原因欠如の分析，つまり，不当利得法が補完すべき法律関係の分析を通じて明らかにすることを目指しているのであって，不当利得が問題となりうる全法体系をカバーする論理構造をもっている。この点で，実質的には，箱庭説は類型論と大きく異なるものではないように思われる（この点につき，藤原正則『不当利得法』〔信山社，2002年〕参照）。

価値の移動は，実質的・相対的にはもちろん，形式的・一般的にも正当視できないが，不当利得の成立は疑われていない。これらのことからも，衡平二元説による不当利得理解が，必ずしも正鵠を射ていないことがわかるであろう。

(2) **類型論** これに対し，近時の通説である類型論によれば，不当利得における「利得の不当性」は，「公平」や「正義」それ自体によって判断されるのではなく，「法律上の原因」（▶703条）の有無によって判断されること，そしてそれは，民法にとどまらず，実定法上のさまざまな規定や制度の趣旨・目的，根拠などを探ることによってのみなしうること，さらに，その判断のあり方や不当利得の効果は，「法律上の原因」がないことを基礎づける諸制度・諸規定の趣旨や目的によって異なること（それゆえに「類型論」とよばれる），その意味で，不当利得制度も，「実定法を超越した『より高次の法』ではなく，他の諸制度と同様に実定法の平面に位置づけられる」のである。

もっとも，衡平二元説を標榜する不当利得学説や判例も，不当利得が問題となる具体的な場面では，事案について詳細な分析を加え，関連する諸制度や諸規定を勘案した上で，実質判断をしているのであって，決して，「公平」や「正義」それのみによって解決を導いているわけではない。その意味で，具体的な問題の解決にあたって，衡平二元説と類型論とで，極端な違いを生じることは多くない。しかし，衡平二元説よりもはるかに透明度の高い議論を展開することができるという点で，類型論のほうが優れているといえよう。

そこで，本節では，主として類型論の立場から，不当利得が問題となるさまざまな場面について検討してみよう。

不当利得の諸類型 不当利得をどのように類型化するか，また，各類型のネーミングをどうするかについては，論者によってさまざまであるが，最大公約数的な類型立ては，①給付利得，②侵害利得，③支出利得（これはさらに，ⓐ費用利得，ⓑ求償利得の二類型に分けられる）となろう（**図表5-1**）。

(1) **給付利得** 給付利得とは，当事者の一方が自己の意思に基づいて金銭その他のものを相手方に交付したが，その給付を基礎づける法律関係が不成立・無効・取消しなどにより存在しなかったり効力を有しなかったりした場合

第5章 事務管理・不当利得　181

図表5-1　利得類型の異同

	財貨移動の主体	財貨移動の態様
給付利得	損失者	給　付
侵害利得	損失者以外（利得者，第三者，自然現象など）	絶対権またはそれに類する権利に対する客観的侵害
支出利得	損失者	給付以外の出捐

である（要するに，利得者の財産を増加させようという損失者の「意思」に基づいて物や役務，金銭等が交付されたが，その意思が「誤っていた」場合である。ただし，特殊な場合として「目的不到達の不当利得」〔➡205頁〕）。たとえば，債務が存在しないのに，存在すると誤信して弁済した場合（非債弁済），未成年者Aが，その所有の土地を，親権者の同意なくしてBに売却し，代金支払い・引渡し・移転登記がされたが，後に，AがBとの間の売買契約を取り消した場合において，当事者双方が各自の給付したものの返還を請求する場合などがそうである。

　給付利得における利得の不当性の根拠は，「給付を基礎づける法律関係」が不存在または無効であることに求められる。したがって「法律上の原因」の有無は，契約や法律行為の成立要件，有効要件の充足の有無によって判断される。この点で，給付利得は，契約法と連続する（契約法の裏返しの）制度だといわれる。

　(2)　**侵害利得**　　侵害利得とは，法秩序が権利者に排他的に割り当てている利益が，そのような秩序（「財貨帰属秩序」という）に抵触して侵害された場合である（損失者の意思によらない財貨の移動が生じている点で，給付利得と異なる）。侵害が故意・過失等，非難されるべき行為による必要はなく，財貨帰属秩序に対する客観的な抵触があれば足りる。他人の所有物や知的財産権の無断利用を思い浮かべるとよいだろう。

　侵害利得では，財貨帰属秩序それ自体が「法律上の原因」を構成する。したがって，利得の不当性は，財貨帰属秩序（民法では主として物権法）がどのような財貨帰属割当てをしているか（法が当該の利益を排他的なものとしているか）によって判断される。この点で，侵害利得は，物権法と連続し，これを補完する制度であり，財貨帰属秩序に対する客観的に違法な侵害があれば発動される点

182 第5章 事務管理・不当利得

で，不法行為法を補完する制度でもある。

(3) **支出利得** 支出利得とは，損失者自身が，給付以外の方法で物や役務，金銭等を支出した場合をいう。要するに，本来，利得者が支出すべきものを損失者が「代わりに支出した」場合である。支出利得における利得の不当性の根拠は，まさにこの「利得者の代わりに支出した」というところにある。利得者の財産を増加させようという損失者の「意思」がない点で給付利得と異なり，また，損失者自身の行為による点で侵害利得と異なる。

支出利得は，さらに，他人の物に対して必要費や有益費を支出した場合（**費用利得**）と他人の債務を弁済し，その債務が消滅した場合（**求償利得**）とに分けられる。もっとも，費用利得や求償利得については，民法が特別な規定を用意している場合が多く（たとえば，前者について▶196条や299条など，後者について▶442条や650条，702条など），費用利得や求償利得は，これらの規定が適用されない場合に一般不当利得として問題となる。

<u>**不当利得の要件**
・効果：総説</u>▶ 不当利得の要件および効果について考慮すべきことは，利得類型によって異なる。ここでは，各類型に共通して問題となる点について，問題の所在と基本的な考え方のみを示しておくことにしよう。

(1) **要件—受益（利得）とそれに法律上の原因がないこと** 伝統的な理解によれば，不当利得の要件は，①当事者の一方が利益を受けていること（受益〔利得〕），②他方が損失を被っていること（損失），③一方の受益と他方の損失との間に因果関係があること，④受益（利得）に法律上の原因がないこと，の4つであり（▶703条），要件事実としてもこの4つがあげられる。

しかしながら，二当事者間の不当利得では，一方にとっての受益は，同時に他方にとっての損失であり，受益と損失とは同一の事象の表裏にすぎない。そうである以上，因果関係を独立に論ずる意味もない。したがって，不当利得の要件は，一方当事者に受益（利得）があることと，それに法律上の原因がないことの2つということになる。

もっとも，「法律上の原因がないこと」の主張・立証責任は，利得類型ごとに，その特徴を反映して異なる（どう異なるかは各類型の解説に譲る。なお，最近

では，結論は後述するところと同じだが，703条と704条とで併せて不当利得返還請求権が発生するという構造になっている以上，「法律上の原因がないこと」という同一の要件について，利得類型ごとに主張・立証責任の所在が異なると解するには無理があると指摘し，「法律上の原因がないこと」は，事実概念ではなく評価概念であるとしたうえで，そのような法的評価を基礎づける事実について，利得債権者に主張立証責任があると解する見解が有力である）。

これに対し，三当事者以上の間の（以下，「多数当事者間」という）不当利得，とりわけ給付利得では，給付の受領者と給付による受益者とが分離することがあるため，いったい誰と誰との間に不当利得の関係が生じるか，という意味で「因果関係」が問題となる。この点の「因果関係」をめぐる問題点については，「多数当事者間の不当利得」（➡215頁以下）を検討する際にふれる。

なお，侵害利得や支出利得でも，三当事者以上の関係が問題となる場合があるが，侵害利得や支出利得の類型それ自体からして，誰が利得者で誰が損失者かはほとんどの場合明らかであるから，通常，「因果関係」は問題とならない（ただし，後述「多数当事者間の給付利得と侵害利得」〔➡219頁以下〕参照）。

その他，要件論上の問題点については，次項以下で類型ごとに検討するが，いずれの類型でも，要件論の（そして効果論でも）中心は「法律上の原因」の有無，すなわち，「財貨移動を基礎づけるべき法律関係」は何か，その趣旨や目的，根拠は何かを探ることにある。

(2)　効　果　(a)　原物返還の原則　　民法典の規定の並びからすれば，不当利得の効果については，現存利益の返還を定める703条が原則で，704条は例外として悪意利得者に対する加重責任を定めているようにみえる。しかしながら，法律上の原因のない財貨の移動を是正するのが不当利得制度の目的であるなら，「利得したもの」の返還，すなわち，原物返還こそが原則であるというべきである。この点で，現存利益の返還義務は，善意利得者に対する優遇措置にすぎない（ただし，後述するとおり，支出利得では事情が異なる）。

(b)　価格返還義務・代償返還義務　　原物返還が不能の場合，たとえば，Aが，その所有の自動車の修理契約をBと締結し，Bは自動車を修理してAに引き渡したが，その後，Aに錯誤があったために契約が無効と判明した場合，A

は，Bの修理によって利益を受けているが，そのような利益をそのまま返還することはできない。このような場合には，受けた利益の客観的価値相当額について返還義務（**価格返還義務**）を生ずる。当初は原物返還が可能であったが，

✎ Topic 5-2
現存利益と規範の保護目的
　Bは戦傷病者戦没者遺族等援護法に基づく遺族扶助料を受け取っていたところ，国（A）は，支給裁定が誤りであったとしてこれを取り消し，Bに対して既払い分総額60万円の返還を請求した。ところが，Bは遺族扶助料に頼って生活していたため，支給額はすべて生活費に費消していた。この場合において，Bは，現存利益なしとして，Aの返還請求を拒絶しうるであろうか（★高松高判昭和45・4・24判時607号37頁の事案をベースとした設例）。

　Bは，受領した遺族扶助料全額を生活費に費消し，その分だけ生活費を節約したのだから，支給額全額につき利益は現存すると考えられる。ところが，類似の事案で，Bに現存利益なしとした裁判例がある（★大判昭和8・2・23新聞3531号8頁，前掲高松高判45・4・24など）。このことをどのように理解すべきであろうか。

　その際に手がかりとなる規定として，121条の2第3項があげられる。同規定によれば，意思無能力者及び制限行為能力者は，その善意・悪意にかかわらず，現存利益の範囲でのみ返還義務を負う。つまり，意思無能力者や制限行為能力者の財産の散逸を防ぐという制限行為能力者制度の目的から，返還義務の範囲が制限されているのである。そうだとすれば，上記設例でも，戦傷病者戦没遺族扶助制度の趣旨や目的から考えるべきであろう。

　この種の扶助料や年金などは，その多寡がそのまま受給者の生活水準を規定するという性格をもつ。受給者は受け取った金額でギリギリの生活をしているのであって，そもそも他に節約すべき財産すら有していないのが通常であり，その上，裁定の取消しによって支給額を返還しなければならないとすれば，受給者はますます困窮してしまうことになる。このような点を考慮すれば，国（A）は，受給者が費消してしまった額については原則として返還請求しえないと解すべきであろう（実際，前掲の高松高判も，「現存利益なし」と判断するにあたって，以上のようなことを認定している）。

　このように，不当利得の効果を考えるにあたっても，「法律上の原因」がないことを基礎づける制度の趣旨や目的（不当利得法が補完している規範の保護目的）を探ることが重要になるのである。

後に不能となった場合も同様である（ただし，利得消滅が認められる結果，価格返還義務が認められない場合がある〔➡188〜189頁，209〜210頁〕）。価格の算定基準時は「利得時」であるが，途中で返還不能となった場合は「不能時」である（これに対し，給付利得について，「給付時」と解する説もある）。

また，返還目的物が焼失した場合の火災保険金請求権や（第三者の放火による）損害賠償請求権など，利得者が，返還不能を生じたのと同じ原因により，目的物に代わるものを取得したときは，それを返還する義務を負う（**代償返還義務**）。ただし，代償は現存利益にすぎないので，利得消滅が認められる場合を除き，価格返還義務も負う。

この点に関連して，利得者が返還目的物を時価よりも高額で転売した場合において，価格返還義務が転売代金相当額に及ぶか（転売代金は目的物の「代償」といえるか。別の観点からみれば，「価格」は，主観的価値によるか，客観的価値によるか）については争いがある。しかし，転売代金など，利得者の才覚や運などによる利益の引渡しは準事務管理によるべきであって，利得者の有責性を問題としない不当利得では，「客観的価値（＝時価）」を返還すれば足りると解すべきであろう（反対に転売代金が時価を下回る場合は，利得消滅の問題となる）。

なお，原物返還が途中で不能となった場合の価格返還義務につき，「原物返還義務の履行不能に基づく損害賠償義務」と理解する見解がある。しかし，価格返還義務は，「法律上の原因のない財貨の移動を是正する制度である」不当利得の効果そのものであって，不当利得の制度趣旨それ自体から導かれるというべきであり，価格返還義務を導くに際し，「原物返還義務の履行不能に基づく損害賠償」なるものを観念する必要はない。

(c) 現存利益とその証明責任：利得消滅の抗弁　　703条・704条の規定の仕方からみるかぎり，現存利益の証明責任は，返還債権者である損失者にあるようにみえる。しかしながら，前述のとおり原物返還が原則と考えられることから，現存利益の証明責任は，返還債務者である利得者にあるというべきである（現存利益の証明責任について，判例は，金銭の利得についてであるが，「利益の存在は推定される」としている〔★最判平成3・11・19民集45巻8号1209頁など〕）。この意味で，703条は，善意利得者に「**利得消滅の抗弁**」を認める規定として理解す

186　第5章　事務管理・不当利得

べきである。

　もっとも，703条が善意者の不当利得返還義務を現存利益に制限する本来の趣旨は，債務がないにもかかわらず，あると錯誤して弁済がされた場合に（非債弁済），これを有効な弁済と信じて受領した者の信頼を保護することにある（**➡ Further Lesson 5-2** 参照）。この点からすると，非債弁済以外の場合において，利得消滅が認められるには，利得者が善意というだけでは足りないというべきである。利得保有への信頼が保護に値するものか否かは，事案によって異なるからである。そこで，どのような場合に利得消滅が認められるか，その際に考慮すべき点が何かについては，問題となるそれぞれの箇所で検討する。

　(d)　出費の節約　　あるものを取得した者がそれを費消してしまった場合，取得者の財産に増加がないのだから「利益は現存しない」というべきではない。取得者は，本来，自己の財産から出捐すべきものを，たまたま取得したも

Further Lesson 5-2

▶ ▶ ▶ ▶ ▶ 善意者の不当利得返還義務が現存利益に制限される本来の趣旨

　ローマ法では，個別の不当利得訴権のみが認められ，不当利得制度は一般原則のかたちでは存在していなかった。これに対し，ドイツ民法典は不当利得の一般原則を定立することを企図し，その際，ローマ法上の非債弁済による不当利得訴権（condictio indebiti）をモデルとした。

　ところが，非債弁済による不当利得訴権では，弁済者は，債務の存在について錯誤に陥っていたことを証明しなければならず，それゆえに返還請求の認められない場合が多かった。そこで，ドイツ民法典は，非債弁済による不当利得返還請求権の要件から「錯誤」を除いたのであるが，その際，弁済に法律上の原因があることに対する受領者の信頼を保護するため，その者の返還義務の範囲を現存利益に制限した。そして，このことが他の場合についての検討なくして，不当利得一般に拡大されたのである（▶ド民818条3項）。

　わが民法703条は，このようなドイツ民法の不当利得規定に依拠して起草されたと考えられる。そうだとすれば，返還義務の現存利益への制限は，非債弁済のように，受益に対する利得者の一方的な信頼保護が問題となる局面やそれに準ずる場面でのみ妥当性を有するのであって，それ以外の場合には，当然には妥当しないと考えられる（藤原正則『不当利得法』〔信山社，2002年〕4 ～ 8頁参照。なお，本節での説明には，「無効規範の保護目的の顧慮」という考え方がよく出てくるが，その点も含めて，本節の記述は同書によるところが大きい）。

のから支出したにすぎず，そのようにして「節約された出費」の限度で，利益
は現存すると考えられるからである（**「出費の節約」の理論**。★大判昭和7・10・
26民集11巻1920頁など）。金銭や代替物が受領され費消された場合の返還義務の
範囲については，このように考えるのが一般的である。

　なお，「出費の節約」をもって「利得」とされることがあるが（その意味で，
要件論のレベルで論じられることがある），給付利得および侵害利得において，出
費の節約は，「利得したことの反射的効果」であって，「利得」そのものではな
い（この点は，侵害利得の効果に関連して **Topic 5-5** で検討する）。他方で，支出利
得では，利得の押し付け防止の観点から，出費の節約を利得とみるべき場合が
ある。

　(e)　**悪意利得者の責任**　　704条は，悪意の利得者の責任について，「受けた
利益」とその利息の返還義務および損害賠償義務を定めている。しかし，後述
するように，給付利得で双務契約の清算が問題となる場合，返還義務の範囲
は，利得者の善意・悪意によって区別されるべきでない。また，支出利得で
は，利得の押し付け防止こそが問題であって，それは利得者の善意・悪意に関
わらない。したがって，悪意利得者の責任が問題となるのは，一方的給付がさ
れた場合と侵害利得の場合に限られる。そこで，悪意の利得者の責任について
はそれぞれの箇所でふれることにする（➡195頁，213頁）。

2　給付利得

要件論　　前述のとおり，給付利得の要件は，①受益（利得），②受益に法
律上の原因がないこと，の2つである。

　(1)　**受益（利得）**　　売買契約において，売主・買主双方の債務が履行され
た後で，契約が取り消された場合を想起すればわかるように，給付利得におけ
る「利得」は，「給付されたもの」それ自体であって，経済的な意味での財産
増加ではない。賃貸借契約や労働契約が無効ないし取り消された場合には，物
の使用・収益や労務それ自体が「給付されたもの」であり，「利得」である
（この場合，原物返還は不能であるから，前述のとおり，その「価格」の返還義務を生
ずる）。

188　第5章　事務管理・不当利得

(2)　**法律上の原因がないこと**　　給付利得における法律上の原因の有無は，給付の保有を正当化するべき法律関係について，成立要件や有効要件が充足されているか否かによって判断することができる（ただし，「目的不到達による不当利得」は別である）。この点で，「財産法の一般的技術的理論」から当然に判断でき，不当利得に固有の問題は存在しない。

(3)　**主張・立証責任**　　703条の規定の仕方，および，給付は法律上の原因に基づいてされるのが通常であることからみて，受益（給付）およびそれが法律上の原因を欠くことの主張・立証責任は，返還債権者である給付者にあると解される。たとえば，錯誤無効の場合であれば，法律行為の要素に錯誤があったことについて，返還債権者である給付者に主張・立証責任がある（他方で，表意者の重過失については，返還債務者である受領者に主張・立証責任がある）。なお，この点は，法律上の原因がないことを評価概念と解する見解でも同様である。

効果論　(1)　**原物返還の原則，価格返還と利得消滅**　　給付利得では，「給付されたもの」を返還するのが原則である（原物返還の原則）。それができないときは，価格返還となる。

　もっとも，給付保有に対する受領者の信頼が保護に値する場合で，かつ，利得消滅が給付と因果関係にある（その給付があったからこそ，利得の消滅が生じたという関係がある＝出費の節約がない）場合には，利得消滅の抗弁が認められ，受領者は価格返還義務を負わない。これに対し，双務契約の清算が問題となる場合には，給付受領者は，自らの決定に基づく給付の対価として，相手方から給付を受領しているのであって，非債弁済など一方的な給付がされた場合とは異なり，給付保有に対する受領者の一方的な信頼保護は問題とならない。したがって，双務契約の清算では，利得消滅の抗弁は認められない。

　そうすると，善意の給付利得者に利得消滅の抗弁が認められるのは，非債弁済をはじめとする一方的な給付がされた場合に限られることになる（▶121条の2第2項は，この趣旨から定められたものと解される。また，同条3項は，制限能力者の保護という無効規範の保護目的から，有償行為か否か，給付受領者が善意か悪意かを問わず，その返還義務を現存利益に制限している）。

第5章 事務管理・不当利得 | 189

　たとえば，AがBに対して1本1000円のワインを注文したところ，Bが誤っ
て1本1万円のワインを配達してしまい，これを受け取ったAがそうとは知ら
ずに飲んでしまった場合，Aは，利得消滅を主張して，1000円のワインの価格
相当額（すなわち1000円）を返還すれば足りる。間違って配達された1本1万円
のワインが床に落ちて割れてしまった場合では，Aは価格返還義務を負わない
（この場合，ワインが割れたことについてのAの帰責事由は問題とならない。Bの錯誤
ゆえにAがワインを自己のものと信じるにいたっている以上，Aに保管義務を観念する
ことはできないからである。この点につき，▶191条参照）。

　(2)　**清算関係における牽連関係**　　双務契約の履行過程では，当事者双方の
給付は相互に依存しあっているものとして，「牽連関係」が認められる（同時
履行の抗弁権〔▶533条〕，危険負担債務者主義〔▶536条1項〕）。他方で，給付利得
は，契約が不成立，無効または取り消された場合に成立する。つまり，給付利
得は，「誤って履行された契約の清算（巻戻し）」のために機能する制度であ
る。そこで，双務契約が不成立，無効または取り消された場合においても，双
方給付の「牽連関係」を考慮するべきではないかが問題となる。

> **▓ Case 5-6**　18歳のAは，親権者の同意を得ないで，Bから20万円でバイクを購
> 入し，代金を支払ってバイクの引渡し・登録を受けた。このことを知ったAの親権
> 者は，A・B間の契約を取り消した。この場合において，BがAに対してバイクの
> 返還を請求するとき，Aは，Bに対して代金20万円の返還と引き換えでなければ，
> バイクを返還しないと主張できるか。

　(a)　履行上の牽連関係　　A・B間の売買契約は，未成年を理由に取り消さ
れ（▶5条2項），遡及的に無効となっているから（▶121条），法形式上は，「同
一の双務契約から生じた対価関係にある債務」（▶533条）は存在せず，（不当利
得に基づく）Aの支払済み代金返還請求権とBのバイクの返還請求権とは，同
時履行関係に立たないことになる。

　しかしながら，取消しによって契約は法的には存在しなかったことになると
はいえ，まったく契約が存在しなかったのとは異なる。また，取消しと同様
に，契約の効力の遡及的消滅をもたらす制度であるとされる解除では（ただ
し，解除の効果に関するこのような理解自体大いに疑問ではある〔有力説〕），各当事

190 第5章 事務管理・不当利得

者の原状回復請求権に同時履行の関係が認められている（▶546条）。そこで，546条を類推適用して，双務契約が取り消された場合も同様に，当事者双方の（給付）不当利得返還請求権に同時履行の関係を認めるべきであろう。この点については，判例（★最判昭和28・6・16民集7巻6号629頁）・学説とも異論をみない。

> **:: Case 5-7　Case 5-6** で，Aは25歳であったが，Bが，本当は事故車で3万円程度の価値しかないのに，そうでないと偽って20万円でバイクを売りつけていたとすればどうだろうか。

　しかし，**Case 5-6** と異なり，この設例のように，詐欺を理由に契約が取り消された場合には（強迫の場合も同様だが，以下，詐欺で代表する），意見が分かれている。判例および有力説は，詐欺者にも同時履行の抗弁権を認める（詐欺不考慮説　★最判昭和47・9・7民集26巻7号1327頁。ただし，代理人による詐欺の事案）。①不当利得による契約の清算は，詐欺者の有責性とは無関係に価値中立的に行われるべきであること，②被詐欺者に生ずる不利益は，不法行為に基づく損害賠償によってカバーされうること，③同時履行関係を否定したとしても，詐欺者からの反訴は認めざるをえず，実際上の意義は小さいうえ，敗訴することになる被詐欺者が訴訟費用を負担することになって，むしろ不合理であること，などがその理由である。

　これに対し，多数説は，①詐欺者は保護に値せず，②返還請求を受けた時から遅滞責任を負わせるべきこと，③詐欺や強迫は，むしろ侵害利得であって，給付利得の処理にはなじまないこと，④同時履行の抗弁権と機能上共通し競合することも多い留置権は，占有が不法行為によって始まったときは成立しないこと（▶295条2項）などを理由に，詐欺者について同時履行の抗弁権を認めない（詐欺考慮説）。

　どちらの見解に与するかは，不当利得による契約清算制度をどのようなものとして理解するか，無効規範（この場合は▶96条）の保護目的が何であるか，それを効果論においてどの程度考慮すべきかに関わるが，やや細かい議論となるので，ここから先は，**Further Lesson 5-3** に譲ることにしよう。

第5章　事務管理・不当利得　191

> **Case 5-8** **Case 5-7** で，ＡもＢもバイクが事故車であるとは知らなかったとする。代金支払い・引渡し・車両登録後，Ａが自宅駐輪場にバイクを保管中，大洪水が発生し，バイクはこれに流されて滅失した。その後，Ａはバイクが事故車であったことを知ったので，錯誤を理由に契約を取り消した（95条の要件は充足するものとする）。Ａのバイクの返還義務はどうなるか。また，Ａは代金の返還を請求できるか。

(b)　存続上の牽連関係　　改正前民法では，バイクが滅失している以上，Ａに利益は現存しておらず，善意のＡは返還義務を負わない（▶703条）のに対して，金銭は原則として利得消滅しないので，Ｂはたとえ善意でもＡに対して代金全額の返還義務を負うことになって不均衡ではないか，という疑問を生じた。そこで，不成立，無効または取り消された双務契約の清算が問題となる場

Further Lesson 5-3
▶▶▶▶▶　詐欺取消しと履行上の牽連関係

　本文で述べたように，判例および有力説（詐欺不考慮説）は，詐欺者についても同時履行の抗弁権を認めるが，多数説（詐欺考慮説）は，詐欺者に対する「制裁」を強調して，これを認めない。しかし，それは96条の規範の保護目的にかなうのであろうか。

　たとえ被詐欺者であっても，受け取ったものは，それが可能であるかぎりは返還しなければならないのであって，しかも，その価値は，詐欺者の返還すべきものよりもはるかに小さいのが通常である（安いものを高く買わされたり，高いものを安く売らされたりするからこそ詐欺である）。したがって，詐欺者に同時履行の抗弁権を認めたとしても，被詐欺者に格別の不利益が生じるわけではない。これに対して，詐欺者について同時履行の抗弁権を認めないということは，被詐欺者無資力のリスクを詐欺者に負わせることを意味する。詐欺者の同時履行の抗弁権にさらされないという被詐欺者の利益は，詐欺者にそのような「制裁」を課してまで保護すべきものとは思われない。

　また，96条は，詐欺はもとより強迫でも，相手方に意思決定の自由があったことを前提としており，そこには，曲がりなりにも給付交換の契機が認められる。そうである以上，侵害利得ではなく，やはり給付利得として，履行上の牽連関係を考慮した処理がふさわしいというべきであろう。

　さらには，契約の清算という点で共通する解除の場合も，各当事者の原状回復義務にかかる給付は対価的均衡を欠くのが通常であるが，解除原因を与えた者かどうかにかかわりなく，同時履行の抗弁権が認められている（▶546条）。

　以上より，履行上の牽連関係については，詐欺不考慮説が妥当と考えられる。

合には，利得者の善意・悪意を問題とするべきでなく，双方給付の牽連性を考慮して，一方の返還義務の消滅により他方の返還義務も消滅すると解する見解がありえた（改正前536条1項類推説。同説によると，返還債務者が全面的に対価危険を負担する結果となる）。しかし，この考え方では，契約が有効だったのと同じ結果となり，無効・取消しという規範的評価と矛盾する。また，契約が無効または取り消されるときは，双方の給付に対価的均衡関係はないのが通常である。そこで，改正前536条1項類推の基礎を欠くとしてこれを否定したうえで，原物返還不能の場合は目的物の価格相当額の返還義務を生ずるとする見解（価格返還説）が有力に主張されていた（同説によると，目的物の価格相当額の限度で，返還債務者が対価危険を負担する結果となる）。

　この点について，2017年改正で，703条・704条の特則として，121条の2が新設された。その第1項は，「無効な行為に基づく債務の履行として給付を受けた者は，相手方を原状に復させる義務を負う」と規定するが，立法資料によれば，同項にいう原状回復義務には，原物返還が不能の場合の価格返還義務も含まれる。つまり，改正後民法は価格返還説を採用したことになる。したがって，**Case 5-8** では，Aは，原状回復義務として，バイクの価格相当額（3万円）の返還義務を負い，Bは，代金全額の返還義務を負う（なお，利息ないし遅延損害金を付するべきかも問題となるが，その点は別途検討する〔**➡ Case 5-10**〕）。

> **✦ Case 5-9** 　**Case 5-8** で，Bが，本当は事故車で3万円の価値しかないのに，そうでないと偽って20万円でバイクを売りつけていたが，大洪水でバイクが滅失した後に，Aが，詐欺を理由にBとの契約を取り消したとすればどうか。

　前述のとおり，返還義務相互の履行上の牽連関係については，詐欺者の有責性を考慮すべきか否かが争われているが，存続上の牽連関係についても同様の対立がある。

　詐欺不考慮説は，履行上の牽連関係におけるそれと同様に，不当利得による契約の清算は価値中立的に行われるべきであるとして，被詐欺者にも価格返還義務を負わせる。その結果，返還目的物の価格の限度で，返還債務者である被詐欺者が危険を負担することになる。これに対し，**詐欺考慮説**は，詐欺者の有

第5章 事務管理・不当利得 | 193

責性を考慮すれば，むしろ返還債権者である詐欺者が危険を負担するべきだとして，被詐欺者は価格返還義務を負わないとする。

ここで，履行上の牽連関係と 平仄（ひょうそく）を合わせるなら（➡ Further Lesson 5-3），存続上の牽連関係についても同様に，詐欺不考慮説を支持すべきことになりそうだが，ことはそう簡単ではない。ここから先は，細かな議論となることと，解除の場合の規律との整合性も問題となるので，**Further Lesson 5-4** で検討することにしよう。

Further Lesson 5-4
▶▶▶▶▶ **詐欺取消しと存続上の牽連関係，解除による原状回復との整合性**

詐欺不考慮説は，被詐欺者が，自らの意思決定により，対価の出捐を予定して目的物を受領した以上，そのような対価的契機を無視するべきでないから，契約の清算の価値中立性を貫徹して，被詐欺者に価格返還義務を負わせ，その限度で被詐欺者は目的物返還不能の危険を負担すべきとする。

しかし，被詐欺者が受領した物は，客観的にはいくばくかの価値があるとしても，いわば「騙されて押し付けられた物」であり，被詐欺者にとっては無価値の物でしかない。そのような物の返還不能について被詐欺者に価格返還義務を負わせるとすれば，結局，被詐欺者は，（適正価格とはいえ）いらない物を買わされたことになる。また，詐欺者は，被詐欺者にとっては無価値の物を，そうと知りながら引き渡すことで，被詐欺者に危険を移転したことになるが，危険の移転に対する詐欺者のそのような信頼は保護に値しないのではなかろうか。ここでは詐欺考慮説を支持しておきたい。

ところで，**Case 5-9** で，Aは，契約不適合を理由に契約を解除することも可能である（▶541条・542条。なお，バイクの滅失は，解除権者（A）の故意または過失によらないから，解除権は消滅しない（▶548条反対解釈。なお，Aが解除権の存在につき善意であることも必要〔▶548条ただし書〕）。Aが契約を解除した場合の原状回復義務が，無効・取消しによる場合（▶121条の2）と同じく価格返還義務を含むかどうかは，解釈に委ねられている。

ここで，詐欺考慮説と同様に，解除原因を与えた相手方の有責性を考慮すべきと考えるなら，解除権者は価格返還義務を負わないと解される。これに対し，詐欺不考慮説と同様に，契約の清算は価値中立的に行われるべきと考えるなら，解除権者は価格返還義務を負うと解することになろう。

194 第5章 事務管理・不当利得

> **Case 5-10** Aは，その所有のリンゴ園をBに売却して引渡し，移転登記を経由した。収穫期になったので，Bはリンゴを収穫し，その全部を倉庫に保管していた。その後，売買契約がBの錯誤により無効であることが判明した。この場合において，AがBに対してリンゴ園の返還を請求できることは明らかであるが（▶703条），それに加えて，倉庫に保管してあるリンゴの返還をも請求することができるだろうか。また，BがAに対して代金の返還を請求するに際して，受領時からの利息を付すべきことを請求できるだろうか。

(3) 果実・使用利益　契約が解除された場合，金銭を返還すべきときは，受領時からの利息を付さなければならず（▶545条2項），また，物を返還するときはその果実を返還しなければならない（▶同条3項。なお，使用利益は法定果実と同視すべきだから，同項にいう「果実」には使用利益も含まれると解される）。

　同じく契約の清算が問題となる給付利得においても同様に考えることができよう。そうすると，AはBに対して同人が保管中のリンゴを，BはAに対して受領時からの（法定利率による）利息を返還すべきだということになる（**545条2項3項類推説**）。

　このような考え方に対しては，善意占有者に果実収取権を認める規定が存在することから（▶189条1項），解除の場合も含めて，善意の当事者は果実・使用利益や利息の返還義務を負わないのではないかという疑問を生じうる。しかしながら，双務契約の清算が問題となる場面においては，そもそも善意・悪意を区別するべきでないし，189条・190条など「所有者—占有者関係」に関する諸規定は，物権的請求権の付随規範として侵害利得の特則であると理解すべきであるから，給付利得の場合には適用されないと解すべきである。

　他方で，売買契約において双方の債務が未履行の間，買主は物について生じた果実を，売主は代金についての利息を請求しえないとされていることから（▶575条），（解除の場合も含めて）契約の清算方法としても，575条によるべきだとする説がある。

　しかし，575条は，当事者双方の給付が（主観的には）対価的に均衡していることを前提として，それらから生じる利息と果実とがほぼ同額になるであろうことから，互いに請求しあわない意思が当事者にあるものと推定する規定であ

る。このことは，契約が“表向き”の場合にはあてはまっても，“裏向き”の場面にはあてはまらない。解除によってであれ，無効・取消しによってであれ，契約が清算される場合には，当事者双方の対価的均衡関係が崩れているのが通常だからである。したがって，契約清算の場面で575条を（類推）適用するための基礎は存在しない。

(4)　**悪意の給付利得者の責任**　　前述のとおり，双務契約の清算が問題となる場合は，利得者の善意・悪意を区別するべきでないから，悪意の給付利得者

Further Lesson 5-5
▶▶▶▶▶ **他人物売買の清算と使用利益の返還**

　ところで，**Case 5-10** では，売主（A）に目的物の所有権があったが，なかったらどうなるであろうか。次の設例で考えてみよう（解除の事案であるが，無効または取り消された場合でも同様に考えられる）。

　Aは，甲自動車をBに所有権留保つきで割賦販売し，登録名義もAとした。その後，甲は，BからC，次いでDに譲渡されたところ，Bが割賦金の返済をしなくなったので，Aは，留保所有権に基づき，Dのところから甲を引き上げた。この場合において，C・D間の法律関係はどうなるだろうか。

　まず，Dは，542条によりCとの契約を解除できるが（なお，▶548条〔反対解釈〕），甲の返還不能はCの権利供与義務（▶561条）の不履行が原因であるから，Dは価格返還義務を負わない。その上で，Dは，Cに対し，代金の返還とその受領時からの利息の支払いを請求することができる（▶545条2項）。他方，Cは，Dのもとから甲が引き上げられるまでの間の使用利益相当額の返還を請求できる（▶545条3項の拡張解釈）（➡ **Case 5-10**）。

　上記設例は，最判昭和51・2・13民集30巻1号1頁（百選Ⅱ-45）の事案を簡略化したものであるが，原審は，Cがそもそも甲の所有権を取得しておらず，それゆえ使用利益の取得権限もないことから，Dの利得に対応する「損失」がCにないとして，使用利益相当額の償還を認めなかった。これに対し，最高裁は，解除の効果が原状回復であることを理由として，上記と同様の判断を示した。

　この判決に対しては，Dから使用利益相当額の返還を受けても，所有権のないCにはこれを保持する権原がなく，それは，究極的には，所有者であるAに帰属すべきものであること，Dが二重払いをさせられるおそれがあることなどを理由として，Cに所有権がないことを問題視して反対する見解がある。

　しかしながら，Cに所有権がないために生じる問題は，物権法の枠内で処理されるべきことであり，C・D間の「契約の清算」が問題となっている以上，契約法の論理を貫徹するべきであろう。

196　第5章　事務管理・不当利得

の責任が問題となるのは，非債弁済など一方的な給付がされた場合に限られる。もっとも，その場合の悪意の利得者も，原物返還が可能なら原物返還義務を，不能なら（原則として）価格返還義務を負う点では，善意の利得者と変わりがない。

これに加えて，704条は，悪意の利得者について，利息付与と損害賠償責任とを定めている。

このうち，金銭についての利息付与は，金銭債権特有の考慮によるものというべきであって，利得者の善意・悪意を問わず認められるべきである（▶419条参照。なお，善意利得者が金銭を返還すべき場合について，通常の運用利益〔法定利率による利息相当額〕は現存利益に含まれるとしたものとして，★最判昭和38・12・24民集17巻12号1720頁：百選Ⅱ-77）。

他方で，704条にいう「損害賠償責任」の法的性質については争いがあるところ，判例（給付利得について，★最判平成21・11・9民集63巻9号1987頁）・通説は，不法行為と解している。したがって，その成立には，別途，不法行為の要件を充足する必要がある。

3　特殊な給付利得

民法は，法律上の原因のない給付がされたにもかかわらず，特別な考慮から，例外的に返還請求が否定される場合を定めている（▶705条～708条）。また，明文の規定は存在しないものの，一定の結果の発生を期待してそれ自体としては有効な給付をしたが，給付の目的とした結果が発生しなかった場合に，不当利得の成立が認められる場合がある（**目的不到達による不当利得**）。

前者と後者とは性格が異なるが，給付利得一般とは異なる考慮が必要になるので，特殊な給付利得として一括して検討することにしよう。

非債弁済　　（1）　**不存在債務の弁済**（▶705条）　　(a)　705条の趣旨と適用範囲　　債務が存在しないにもかかわらず，弁済として給付してしまった場合（広義の**非債弁済**），給付に法律上の原因はないから，弁済者は，受領者に対して，給付利得としてその返還を請求することができる（▶703条・705条反対解釈）。

しかしながら，債務の不存在を知りつつ弁済した場合に，後になって「やっぱり返してくれ」というのは，「自己の先行行為に矛盾する行動」にほかならず，禁反言の原則に反するし，有効な弁済があったと信じた受領者の信頼を裏切る行為である。そこで，民法は，そのような弁済者の返還請求を認めないことにして，受領者の信頼を保護している（▶705条。**狭義の非債弁済**。なお，善意受領者の信頼は，利得消滅の抗弁という形でも保護されている〔▶703条参照〕）。

なお，双務契約の清算，たとえば，Aがその所有の土地をBに売却し，代金支払い・引渡し・移転登記を終えた後で，Bが錯誤に陥っていたことが判明したが，AがBの錯誤を知っていた場合に，705条を適用すると，Bは代金の返還を請求できるが，Aは土地の返還を請求できないことになってしまい，きわめて不合理な結果となる。そこで，双務契約の清算において同条の適用は否定されるべきである（多数説。705条適用肯定説もあるが，その説でも両当事者悪意が要件とされている）。

(b) 返還請求権排除の要件：弁済者の「悪意」　705条は例外的に返還請求権を排除するものであるから，弁済者が債務不存在を知っていたこと（**弁済者の悪意**）の証明責任は，これによって利益を受ける受領者にある。

さて，問題は「悪意」の意味である。強迫により，存在しない債務を存在するものとして認めさせられ，弁済してしまった場合を考えれば，「悪意」を文字どおりの意味に理解するわけにいかないことは自明であろう。705条の趣旨が禁反言の原則と弁済受領者の信頼保護にあることからみて，「悪意」は制限的に解されるべきである（➡ **Topic 5-3**）。

そうだとすれば，たとえ債務の不存在を知って弁済した場合でも，無理からぬ事情があるなど任意といえないときは，「悪意」というべきでない。たとえば，自己の知らない公正証書による強制執行を免れるために弁済した場合（★大判大正6・12・11民録23輯2075頁），弁済に際して留保を付していた場合（★最判昭和35・5・6民集14巻7号1127頁，最判昭和40・12・21民集19巻9号2221頁），制限超過利息であることを知りながら，（判例理論によれば元本消滅後に）元本や利息として弁済した場合（★最判昭和43・11・13民集22巻12号2526頁，最判昭和44・11・25民集23巻11号2137頁）などには，弁済者は支払ったものの返還を請求でき

る。また，債務不存在を過失によって知らなかった場合は，「悪意」に含まれない（★大判昭和16・4・19新聞4707号11頁）。

(c) 弁済としての給付　　705条により返還請求が遮断されるのは，「弁済として」給付された場合に限られる。したがって，強制執行による場合は含まれない（前掲★大判大正6・12・11）。他方で，代物弁済は弁済と同一の効力を有するから（▶482条），705条を適用してよい。

(2) 期限前弁済（▶706条）　　期限前であることを知りながらあえて債務者が弁済したなら，それは期限の利益の放棄とみられるから（▶136条2項），非債弁済ではない。そうすると，706条が規定しているのは，債務者が錯誤によって期限前に弁済した場合である。この場合，債務自体は有効に存在してい

✍ Topic 5-3

705条の存在意義

　ところで，そもそも，債務の不存在を知りながら弁済をするなどということが起こりうるのだろうか。そのような場合を実質的にみれば，弁済者は，「債務の弁済として」ではなく，「贈与の意思で」給付をしているのではないだろうか。そうだとすれば，705条の存在意義はよくわからないものとなる。

　この点は，705条の歴史的沿革を知ることによって明らかになる。すなわち，ローマ法以来の非債弁済の不当利得は，もともとは弁済者の「錯誤」を要件とするものであったが，ドイツ民法の不当利得規定の起草過程で，錯誤の証明の困難を考慮して錯誤が要件からはずされて，弁済者の保護が図られた（この点については，**➡ Further Lesson 5-2** 参照）。その結果として，弁済者に錯誤がないこと，つまり債務の不存在を知って弁済したことの証明責任を弁済受領者に課したのが，ド民814条であり，705条はその系譜に連なるものである。

　このように，非債弁済における弁済者の悪意とは，本来，弁済者が錯誤の証明に失敗した場合を含むものであったが，弁済者保護の観点からこれを転換し，弁済者に錯誤がなかったことを弁済受領者が証明しないかぎり，返還請求が認められるものとしたのが，ドイツ民法および日本民法の不当利得規定なのである。

　本文でも解説しているとおり，債務の不存在を「知って」は，弁済者の側に有利に制限的に解釈すべきとされるが，その理由は，705条の以上のような沿革にも求められる（以上につき，藤原正則『不当利得法』〔信山社，2002年〕60頁参照）。

るのだから，たとえ給付の返還を認めたとしても，いずれ債務者がその債務を履行しなければならないことに変わりはない。そこで，706条は，債務者は給付の返還を請求できないものとし（その結果，弁済は有効とされる），その代わりに，期限までの運用利益の返還を請求できるものとしている。

なお，返還請求権排除の要件として「錯誤」は要求されていないが（▶706条本文），運用利益の返還請求をするには錯誤が必要であり，かつ，債務者はそのことを主張・立証する必要がある（▶同条ただし書）。

(3) **他人の債務の弁済**（▶707条）　他人の債務を"他人の債務として"する弁済は，第三者弁済であって，原則としてその他人の債務は消滅する（▶474条）。したがって，弁済者は債権者に対して給付の返還を請求できず，債務者に対して求償するほかない（▶499条以下参照）。

他方で，他人の債務を"自己の債務と誤信して"弁済した場合，給付は，"他人の債務の弁済"に向けられたものではないので，第三者弁済の効果を生ぜず，また，弁済者自身の債務も存在しないので，弁済者は，非債弁済として給付の返還を請求できる（▶703条）。

ところが，有効な弁済があったと信じた債権者は，債権証書を破棄したり，担保を放棄したり，消滅時効中断の措置をとらなかったりなどして，そのために，後に真の債務者から取り立てることが困難になることがある。そこで，そのような善意の債権者を保護するため，弁済者の返還請求権を排除して，第三者弁済があったのと同様の効果を発生させることにしたのである（▶707条）。なお，他人の債務を他人の債務として弁済した場合でも，債務の性質や債務者の意思から，第三者弁済の要件を充足しないときは（▶474条参照），707条を類推適用するべきだとされる（通説）。

❖ Case 5-11　Aは1年前からBと愛人関係にあったが，これを維持するため月額100万円をBに給付していた。ところが，AとBは些細なことから大喧嘩となり，愛人関係は解消されるにいたった。Bに給付した金が惜しくなったAは，Bに対し，1年分合計1200万円の返還を請求したいが，認められるだろうか。

200　第5章　事務管理・不当利得

不法原因給付

(1) **意　義**　Aは，Bとの愛人関係を維持するために，同人に1200万円を贈与したのであるから，この贈与は公序良俗に違反し無効である（▶90条）。そうすると，Bに1200万円を保持する法律上の原因はないことになるから，AはBに対して1200万円の返還を請求できそうである。

しかしながら，これを認めることは，自ら公序良俗に反する不法な行為をしたAが，まさにその不法を理由に国家（裁判所）に助力を求めることを認めることにほかならない。また，かえってAのような行為を助長することになりかねない。そこで，民法は，このような給付を「不法原因給付」として，その返還を認めないことにしている（▶708条本文。**クリーン・ハンズの原則**「法の助力を求める者は自らの手を汚していてはならない」の具体化だとされる）。

このように，90条は，不法な債務の履行を認めないことで不法の実現自体を阻止する方向で，708条は，履行されてしまった不法な債務の回復に対して法が助力を与えない方向で，不法な行為を抑止するために機能する。この点で，90条と708条とは表裏の関係にあるといわれる。

さて，以上の説明は，**Case 5-11** については納得のいくことであろうが，次のような場合はどうであろうか。

> ✂ **Case 5-12**　某大学法学部4年生のA・B・Cは同1年生のDを賭けマージャンに誘い，「学生のたしなみだ。君が勝つこともある」などといって躊躇するDを仲間に引き入れた。案の定，Dはカモにされて負け金1万円を支払わされた。その後，Dは，民法総則の講義で賭博は90条違反で無効だということを学んだので，Aらに対して1万円の返還を請求したところ，Aらは，不法原因給付だから返還義務はないという。Aらの主張は認められるだろうか。

(2) **返還請求権排除の制限**　(a) **不法性の比較**　Aらが不法原因給付を理由に1万円の返還を拒絶できるとすると，結局，賭けマージャンの目的が達せられたことになるわけで，Aらの不法を放置することになる。他方で，Dは，先輩に誘われて断りきれず，やむなく賭けマージャンに参加したのであって，その不法性はAらのそれに比べて小さい（ということにしておこう）。そうだとすれば，Dの返還請求は認められてよいのではないか。

708条ただし書は，「不法な原因が受益者のみに存したときは」，返還請求を認めているが，給付者の不法性に比べて受益者の不法性が圧倒的に高いときにも，同規定の適用を認めてよいとされている（不法性の衡量。708条の適用自体を否定したものだが，★最判昭和29・8・31民集8巻8号1557頁参照）。

　このように，不法原因給付を理由とする返還請求権の排除は，「両刃の剣」であって，返還請求権の排除により，かえって，90条による不法実現阻止の目的が没却されてしまうという弊害を生じうることに留意する必要がある。そうだとすれば，とにかく「不法な原因」で「給付」がされさえすれば，返還請求できなくなるわけではないということになろう。不法性の衡量はそのための考え方の1つであるが，それだけではなく，判例・学説は，「不法」や「給付」を制限的に解釈することによって，不法原因給付の成立する範囲を限定し，妥当な解決を導こうとしている。もっとも，708条の適用制限だけを目的として，このような概念操作をすることに対しては疑問もある（➡202頁参照）。

　(b)　「不法」の意義　　708条本文にいう「不法」について，判例は，単に強行規定違反というだけでは足りず，「社会生活および社会感情に照らし，真に倫理，道徳に反する醜悪なものであること」を要するとしている（★最判昭和37・3・8民集16巻3号500頁。同旨の判示として，最判昭和35・9・16民集14巻11号2209頁，最判昭和40・3・25民集19巻2号497頁など〔いずれも強行規定違反が「不法」にあたらないとされた事例〕。また，仮装譲渡〔▶94条〕も「不法」にあたらないとされる〔★最判昭和27・3・18民集6巻3号325頁，最判昭和41・7・28民集20巻6号1265頁など〕）。

　このように，不法の意義について，判例・学説は，公序良俗違反と同義と解するか，さらにそれよりも狭く捉える傾向にあるといわれている。

　(c)　「給付」の意義　　同様に，判例・通説は，「給付」の意義についても，「受益者に終局的な利益を与えるものでなければならない」として，制限的に解釈する傾向にある。「終局的」でなければ，不法が完全には実現されていないわけで，この時点で返還請求を遮断するのでは，不法実現の阻止という90条の目的に悖り，かえって不法の実現に裁判所が加担することになるからである。

金銭や動産ならば交付・引渡しが，この意味で「給付」にあたることに異論
はないが，不動産の場合は見解が分かれている。

判例は，既登記の不動産については，引渡しだけでは「給付」といえず，移
転登記を経由して初めて「給付」となるとしているが（★最判昭和46・10・28民
集25巻 7 号1069頁），未登記の不動産については，引渡しだけで「給付」となる
という（★最判昭和45・10・21民集24巻11号1560頁：百選Ⅱ-82）（いずれも妾に対する
贈与の事例）。後者の場合，債務者が引き渡しさえすれば，履行は完了し債務は
消滅してしまうが，前者の場合，債務者には移転登記義務が残っているし，引
き渡しただけで「給付」となって返還請求が遮断されるとすると，受益者から
の移転登記請求を認めざるをえず（この点は，不動産の所有権帰属に関する後者の
判例理論〔➡ **Topic 5-4** 参照〕を前提とするが，異論もある），不法の実現に裁判所
が加担することになってしまうからである。

ところで，判例によれば，不法原因給付が問題となるかぎりにおいて，贈与
法が与える以上の優遇が贈与者（給付者）に与えられることになる。贈与の解
除ができなくなる基準である「履行の完了」（▶550条ただし書参照）は緩やかに
解されており，不動産では，およそ引渡しがあればよく（現実の引渡しである必
要すらない），また引渡しがなくても移転登記があればよいとされているからで
ある。このこととの平仄をあわせるなら，不法原因給付でも，引渡しまたは登
記があれば「給付」といえるということになろう。そこで，およそ一定の財産
的利益の交付があれば「給付」といえるとする見解も有力である。

(d) 禁止規範の保護目的　　以上のように，判例・通説は，不法性の比較
や，「不法」の意義を狭く解したり，「給付」を贈与におけるよりも狭く解した
りすることによって，708条の機械的適用による不都合を回避しようとしてい
るが，その理論的根拠は必ずしも明らかでない。

ところで，法律上の原因の分析を通じて不当利得の要件および効果を探ろう
とする類型論の立場からすれば，法律上の原因の有無を決する規範が不当利得
の成否を決し，その目的が効果に影響を及ぼすのと同様に，給付を不法とし，
法律上の原因なしとする「規範の目的」（禁止規範の保護目的）が，返還請求を
遮断すべきか否かをも決すると考えるべきであろう。すなわち，そもそも返還

第5章 事務管理・不当利得 203

✐ Topic 5-4
所有物返還請求権との関係，不法原因給付と所有権の帰属

　Aは，Bとの愛人関係を継続するため，その所有の建物（甲）をBに贈与し，引き渡した。ところが，その後，AとBは不仲となり，愛人関係は解消された。Aは，Bから甲を取り戻そうと企図し，甲について所有権登記がされていなかったことから，自己名義で保存登記を了した上，Bに対して，"所有権に基づいて"甲の返還を請求した。Aの請求は認められるだろうか（前掲★最判昭和45・10・21の事案をベースにした設例）。

　Aが，（給付）不当利得として甲の返還を請求するのであれば，708条本文により返還請求は遮断されるはずであるが，Aは，贈与契約の無効により，AからBへの所有権移転は生じていないとして，"所有権に基づいて"甲の返還を請求している。そして，規定の文言や位置づけだけからみれば，708条本文が排除しようとしているのは不当利得返還請求権であって，所有物返還請求権ではないから，Aはこれにより甲の返還を請求できることになろう。しかしながら，これを認めてしまったのでは，708条はほとんど空文化してしまう。そこで，所有物返還請求権についても708条の適用があるか，問題となる。

　この場合に所有物返還請求権を認めない点で判例・学説は一致している。もっとも，その理論構成は，端的に708条の適用を肯定するもの，法条競合説を前提として所有物返還請求権の成立自体を否定するもの，請求権規範統合説によるものなど，さまざまであるが，上記最判は，反社会的な行為の結果の復旧を許さないとする708条の趣旨から，同条の所有物返還請求権への適用を肯定しつつ，Aになお所有権があるとすると，所有と占有の分離が固定化されて法律関係が安定しないことから，法律関係明確化のために，給付の返還を請求できないことの「反射的効果」として，給付物の所有権は受領者に帰属するにいたるとした。さらに，このことを前提として，（上記最判の事案では）Bが反訴でAに対し移転登記を請求していたところ，これも認めた。

　この判決に賛成する見解が多数であるが，反対説も有力である。それによれば，708条の趣旨は，要するに「不法な行為をした者の訴えに裁判所は耳を貸さない」ということであって，所有と占有が分離したために不便を被ろうがそれは自業自得であるから放っておけばよいし，第三者が登場した場合に生ずる不都合は，その者との関係で物権法の論理に従って解決すればよい。受領者Bからの移転登記請求については，90条違反の契約の「履行」を求めるものにほかならず，なおさら認めるべきでないという。

請求を遮断するのでなければ禁止規範の保護目的を達しえない場合に機能する規定が708条だと理解すべきである。

同様の考え方は，行政的取締規定に違反する法律行為の私法上の効力に関する議論においてもみられる（私法上の効力をも否定するのでなければ，当該行政的取締規定の政策的目的を達成しえない場合に，当該法律行為は無効となると考えるべきだというのが，近時の傾向である）。そうだとすれば，不法性の比較や，不法および給付の程度などは，返還請求を遮断するのでなければ禁止規範の保護目的を達しえないかどうかを判断する際に考慮される諸事情にすぎないというべきであろう。

> ◆◆ **Case 5-13**　Ａには妻子があったが，「妻とは冷え切った関係だ。いずれ必ず離婚する。そうしたら，君と結婚したい」などと言って，部下Ｂを誘惑し，情交関係を結ぶにいたった。ところが，その後，Ａは急につれなくなり，Ｂと会話することさえ避けるようになった。そして，Ｂは，Ａにははじめから離婚する気などまったくなく，単にＢと情交関係を結びたいがために甘言を弄していたことを知った。この場合において，Ｂは，Ａに対して，不法行為（貞操権侵害）に基づく損害賠償として慰謝料を請求することができるだろうか（★最判昭和44・9・26民集23巻9号1727頁の事案をベースにした設例）。

(3)　**不法行為に基づく損害賠償請求権との関係**　相手方に配偶者があることを知りながら情交関係を結ぶことは，相手方配偶者との関係で不法行為となりうる（★最判昭和54・3・30民集33巻2号303頁。もっとも，その妥当性は現在では疑問視されている）。そうだとすれば，ＢがＡに対して損害賠償を請求することは，一方で，不貞行為への加担という不法な行為を行いながら，他方で，その不法を原因とする救済を求めていることになり，許されないのではなかろうか。

上記最判昭和44・9・26は，ＡとＢとの（不貞行為にいたる動機の）不法性を比較し，Ａの不法性がＢのそれよりも著しく大きいときは，ＢのＡに対する損害賠償請求を認めても，708条に体現された法の趣旨（＝**クリーン・ハンズの原則**）に反するものでないとして，これを認めた。この判決に対しては，不法行為に基づく損害賠償請求権について708条本文およびただし書の類推適用を認

めたものだという理解と，判決がＢのＡに対する損害賠償請求を認めるにあたって行った考慮は，不法行為の要件（とされる）「違法性」の判断にほかならず，その際に708条ただし書の趣旨が考慮されたにすぎないという理解とが対立している。

目的不到達による不当利得　一定の結果の発生を期待してそれ自体としては有効な給付をしたが，給付の目的とした結果が発生しなかった場合，たとえば，婚約に際して結納金が交付されたが，後に婚約が破棄された場合，結納金の交付という贈与自体に無効・取消原因はなく有効であるから，給付に法律上の原因がないとはいいがたい。

　このような場合は，ローマ法以来，「目的不到達による不当利得」として認められており，わが判例も当事者の意思を尊重してこれを認めている（★大判大正6・2・28民録23輯292頁など）。

　これに対して，結納金の返還を基礎づけるには，婚姻不成立を解除条件とする贈与と考えれば足り，法律関係が未純化な時代の産物である「目的不到達による不当利得」という制度自体を認める必要はないという見解も有力である。しかし，結納を交わす当事者が破談を予定するはずがなく，解除条件というのは擬制的であろう。

4　侵害利得

要件論について　(1)　**「法律上の原因」とその証明責任**　「不当利得の要件効果　総説」でも述べたように，給付利得の場合と同じく，侵害利得の要件は，①受益（利得），②受益に法律上の原因がないこと，の2つである。

　もっとも，②については，給付利得と異なり，利得者の側で「法律上の原因があること」を主張・立証すべきだと考えられる。というのは，法秩序により権利者に排他的に割り当てられている利益の侵害は原則として許されないはずだからである。そうだとすると，②は，要件事実論的には，「受益が，損失者に排他的に割り当てられている利益の侵害であること」であって，受益に「法律上の原因がある」こと，たとえば，占有正権原の存在や即時取得，取得時効

206　第5章　事務管理・不当利得

の成立などは，受益者側の抗弁となると理解すべきであろう。

　そして，このことは，侵害利得が物権的請求権と連続する制度であることおよび証拠への近接性からも根拠づけられる。

　他方で，法律上の原因がないことを評価概念と解する見解でも，同様の結論となる。すなわち，侵害利得では，法秩序により権利者に排他的に割り当てられている利益が侵害されたとの事実が主張・立証されれば，受益（および損失，因果関係）の要件が充足されると同時に，その受益に法律上の原因がないという評価が基礎づけられる。したがって，「法律上の原因がないこと」については，すでに主張・立証があることになり，改めて法律上の原因がないことを基礎づける事実を主張・立証する必要はないことになる。

　(2)　**財貨帰属割当ての侵害**　　受益（利得）については，「法秩序が損失者に排他的に割り当てている利益」（**財貨帰属割当て**）が侵害される必要がある。所有権や知的財産権などの絶対権にそのような利益が割り当てられていることは明らかであるが，財貨帰属割当てを有するものはそれらにとどまらない。また，財貨帰属割当てを有すると考えられる権利であっても，具体的にどのような割当て方をされているかは，必ずしも明白なわけではない。設例で考えてみよう。

> ❖**Case 5-14**　Aは，あるリゾート地で休暇を楽しんでいた有名芸能人Bの写真を無断で撮影し，「自分はBの友人であり，同人の許諾も得ている」と偽って，事情を知らず，かつ，そのことに過失もない（あくまで考える素材としての設例であるから「そんなことはありえない」と言わないように！）Cに写真を売却した。Cはこの写真を焼き付けたマグ・カップを製造して販売した。BはCに対してどのような請求をすることができるか。

　Cは善意・無過失であるから，BはCに対して不法行為に基づく損害賠償を請求することはできない。他方で，有名芸能人の肖像には経済的価値があり，それを利用するには通常，一定の対価を支払って本人の許諾を得る必要がある。しかも，肖像権は，人格権として本人に排他的に帰属していると考えられる。そうだとすれば，Cの行為は，本来Bにのみに帰属すべき財貨（肖像）の割当てを侵害していることになるから，BはCに対して侵害利得として，肖像

の使用許諾料相当額の償還を請求することができる。

　では，Bが有名芸能人ではなく普通の人だったとしたらどうであろうか。B
が無名の一市民だとすれば，その肖像自体に経済的価値はなく，財貨帰属割当
てはないと考えられる。したがって，無名のBの肖像権が人格権として排他的
な性質を有するとしても，財貨帰属割当てがない以上，侵害利得は成立しな
い，せいぜいCに故意・過失があることを前提として，損害賠償として慰謝料
の請求ができるだけであろう。

　ところで，**Case 5-14** で，マグ・カップが大ヒットしたことにより，それま
で下降気味であったBの人気は盛り返したが，Cは採算を見誤っていたために
かえって損をしたという場合は，どう考えるべきであろうか。かつての通説的
に，「利得」や「損失」を経済的な意味で捉えるならば，BはCに対して不当
利得の請求をできないどころか，むしろCに対して不当利得返還義務を負うこ
とになりかねない。この点から，利得や損失を経済的に捉えるべきでないこと
も理解できよう。

　前述のとおり，財貨帰属割当てを有する典型的な権利は所有権であるが，そ
の割当内容が問題となる場面としては，たとえば，鉄道会社が新駅を開設した
ところ周辺地価が高騰し，周辺土地の所有者が値上がり益を得た場合におい
て，鉄道会社が，周辺土地所有者に対して，値上がり益を不当利得として返還
請求できるかという問題がある。これを認めるべきでないことについて異論は
ないが，従来の通説的な考え方は，鉄道会社に「損失」がないことを理由とす
るのに対し，類型論では，そのような利益は，土地所有者に排他的に保障され
た利益ではない，つまり土地所有権の割当内容に含まれないと説明される。

　なお，一般に，債権は相対権であって排他性を有しないから，割当内容も有
しないと考えられるが，債権の帰属それ自体は排他的なものである（このこと
は，債権の帰属それ自体を侵害する行為が不法行為となるとされていることからもわか
る）。したがって，債権者でないにもかかわらず弁済を受領し，478条によって
これが有効な弁済とされるときは，債権の帰属を侵害したものとして侵害利得
であり（侵害利得とは別の類型とする見解もある），弁済受領者は，債権者に対し
て不当利得返還義務を負う。

208 第5章 事務管理・不当利得

(3) **侵害の態様** 財貨帰属割当てに反する財貨の移動さえあれば侵害利得は成立する。したがって，侵害利得が問題となるのは，利得者の行為による場合に限られない。第三者の行為による場合や自然現象による場合もあれば，執行行為など司法機関・国家機関による場合もある（たとえば，過誤配当につき，★最判平成3・3・22民集45巻3号322頁）。

✍ **Topic 5-5**

出費の節約は利得か？

　Case 5-14 で，BのCに対する不当利得返還請求権を認める根拠として，「Cは本来であればBに対して支払わなければならない肖像権使用料（許諾料）を節約したのだから（出費の節約），その分が利得である」と言われることがある。しかし，このような考え方には問題がある。

　すなわち，B・C間の"仮想的な"肖像権使用許諾契約を観念することができない場合，たとえば，Bが誰に対してであろうと自己の肖像権の使用を一切許諾しておらず，いくらお金を積まれてもCに肖像権使用を許諾しなかったであろうときは，節約すべき「出費」を考えることができず，Cは責任を負わないことになる。もちろん，このような批判に対して，「Cは，通常であれば有償でなければ利用できない他人の肖像を無断で使用しておきながら，Bから請求されるや，『Bと契約することはありえなかった』と主張するのは，禁反言の原則に反するので許されない」と反論することが一応可能である。しかしながら，このような反論は，Cが悪意のときは正鵠を射ているものの，善意の場合にはあてはまらない。つまり，出費の節約は，善意の利得者の返還義務の範囲を決定するための法理ではありえても，「利得」それ自体とは考えられないのである（ただし，利得の押しつけ防止が問題となる支出利得では，「出費の節約」が「利得」でありうる）。

　なお，「他人の財貨の利用」それ自体が「利得」であると考える立場でも，権利者と侵害者との間に財貨の利用契約が締結された場合を想定し，そこでの適正使用料相当額を利得額とすることになる。しかし，このことは，「利得」を金銭的に評価するための方法として用いているにすぎず，そのような仮定が現実にありうるかどうかは問題とならない。Bが絶対に使用許諾しなかったであろう場合には，B自身の肖像権使用料額を利得額算定のために用いることができないだけであって，その場合には，たとえば，Bと同クラスの芸能人が設定している肖像権使用料を参考にして算出すればよいだけのことであろう。

効果論について

(1) **価格返還義務** 侵害利得の効果は，価格の返還であるのが通例である。原物返還が可能な場合は，物権的請求権によれば足りるからである。この点で，侵害利得は，原物返還が不能の場合に機能するものであり，侵害利得は物権的請求権を補完する制度だといわれる（ただし，原物返還がありえないわけではない。たとえば，★大判昭和15・12・20民集19巻2215頁など）。価格返還義務の内容についてはすでに説明した（➡183～185頁以下参照）。

(2) **利得消滅** 前述のとおり（➡186頁），利得消滅が認められる本来の趣旨は，利得保有に対する利得者の信頼の保護にある。ところが，侵害利得の場合，利得移動は利得者自身の侵害行為に基づくのが通例であり，利得者善意というだけでは，利得保有への信頼を保護すべき契機とならない。この点で，侵害利得において利得消滅が認められるか否かは，（関連する）「実定法規の評価との整合性」という観点から，個別的に検討する必要がある。

たとえば，占有物が滅失・損傷したときは，善意の自主占有者は，現存利益の範囲でのみ「損害賠償」義務を負うとされている（▶191条）。191条は，物権的返還請求権の付随規範として侵害利得の特則だと考えられるが，同条は，占

Further Lesson 5-6
▶▶▶▶▶ 「割当内容」の意義

Case 5-14 では，多数説に従いＢが無名人の場合，「その肖像に経済的価値はない」と説明したが，本当にそうだろうか。「どんなものでも金銭に変えられるのが現代の特徴だ」と考えるなら，その肖像にまったく経済的価値がないとはいえないのではなかろうか。無名人であっても，その肖像使用に対して許諾料を支払う慣行が存在し，それが一般に承認されているのであれば，侵害利得が成立するように思われる。

そうだとすれば，ある利益の帰属が「排他的に割り当てられている」とは，「通常は，対価をもって本人の許諾を得ないかぎりその利益を利用できない」ということであろう。この点で，ある権利の「割当内容」を定めているのは，究極的には，その利益の排他的帰属を求める「社会の要請」にほかならない。したがって，「割当内容」は，それだけで意味のある定式ではなく，709条にいう「法律上保護される利益」と同様に，社会の要請に従ってつねに補充を必要とする定式だと考えられる。

有物が滅失・損傷した場合に，（侵害利得者である）善意の占有者は，価格返還義務を負わない，すなわち，利得消滅を主張しうることを定めたものと解される。この点で，善意利得者に現存利益の返還義務のみを課す703条の価値判断と平仄はあっている。

しかしながら，そこでの「善意占有者」の意味については注意を要する。というのは，189条〜191条の規定の趣旨は，善意取得（▶192条）に準ずる限定的な「取引の安全」を善意占有者に与えることにあると考えられるからである（➡ **Further Lesson 5-7**）。したがって，「善意占有者」とは，前主に権利があると信じ，前主との取引行為によって，目的物の占有を取得した者を意味すると解すべきである（なお，無過失を要求すべきか，有償行為に限るべきかについても議論がある）。

他方で，目的物の消費・加工・処分による返還不能については，善意利得者であっても価格返還義務を免れないと解すべきである。目的物を自己の用に供した結果として返還不能を招来した以上，善意利得者といえどもその結果を引き受けるべきであり，その点で，利得保有への信頼が保護に値するものとは言えないからである。

Case 5-15 Aは，甲自動車をBに割賦販売したが，Bに対する割賦金債権を担保するため，債務完済まで甲の所有権を自己に留保し，自動車登録名義も自己のままにしていた。その後，甲はBから転々譲渡され，現在ではDが保有していたところ，Bが割賦金の返済をしなくなったので，Aは，甲の所有権に基づき，執行官保管の仮処分決定を得て，Dのところから甲を引き上げた。この場合において，Aは，Dに対し不当利得として，甲の使用利益相当額の返還を請求できるだろうか。

(3) **果実・使用利益** 前述したように（➡194頁），189条以下は，規定の位置からしても，物権的返還請求権の付随規範だと考えられるので，契約の清算が問題となる給付利得については適用されず，侵害利得の場合にのみ適用されると解すべきである。

そうだとすると，この設例で，A・D間は侵害利得の関係であるから，Dが

善意であるかぎり，占有物（＝甲）の果実（使用利益）を取得する（▶189条1項）。したがって，使用利益相当額の返還義務を負わない（もっとも，189条1項は無過失を要求していないが，これを要すると解するのであれば（➡ **Further Lesson 5-7** 参照），Dは有過失といえようから，返還義務を負うことになる）。

> **■ Case 5-16** Bは，呉服店Aに忍び込み，着物生地（時価合計100万円）を盗み出した。Bは盗んだ生地をそうとは知る由もないCに80万円で売却し，Cは不特定多数にこれを切り売りして120万円を得た。この場合において，AはCに対して侵害利得として100万円の返還を請求することができるが，これに対して，Cは，生地取得の対価としてBに80万円を支払っているので，その分だけ利得は現存しない（現存利益は20万である）と主張することができるか。

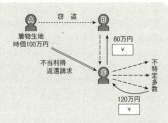

(4) 対価控除 Cの取得した生地は盗品であるので，たとえCが善意・無過失でも即時取得は成立せず，AはCに対して生地の回復を請求することができる（▶193条。ただし，盗難から2年間に限られる）。ところが，Cにより生地は不特定多数に切り売りされてしまっているので，Aは生地を取り戻しようがない。そこで，Aは，Cの処分を追認し（▶116条類推），その上で侵害利得として生地の時価100万円（さしあたり利息は度外視する）の返還を請求することができる（処分による利益〔120万円〕を返還すべしとする見解もありうるが，それは準事務管理の問題である）。問題は，このAの請求に対して，Cが，生地取得代金80万円の控除を主張することができるかである。

たしかに，利得を経済的な意味で捉えるならば，Cの「利得」は100万円－80万円＝20万円である。しかしながら，すでに繰り返し述べているように，不当利得における利得や損失は経済的な意味で理解すべきでない。本問では，A所有の生地を他に処分したこと，すなわち，生地所有権に割り当てられているAの利益を侵害したことが，Cの利得であり，かつ，Aの損失である。また，生地がCの元にとどまっていたとすれば，CはAの物権的請求権にさらされ，その際，対価控除を主張することはできないのであるから，Cが生地を処分したために物権的返還請求権によることができない場合でも同様に考えるべきで

Further Lesson 5-7

▶▶▶▶▶ 189条1項の趣旨と「善意」の意義

　本文のような考え方（➡210頁）に対しては，物それ自体については，即時取得が成立しないかぎり，占有者は善意・悪意とは無関係に返還しなければならないのに，果実・収益についてのみ，善意というだけでなにゆえに占有者が取得することになるのか，という疑問が生じよう。また，たとえば，Aが，登記図面上も実際にも隣地との境界線が誤って表示されていたために，B所有の土地を自己の土地と考えてこれを耕し，収穫を得た場合，Aは善意（かつ無過失の）占有者であるから189条1項により収穫（＝果実）を取得できるとすることで本当によいであろうか。

　民法は，一般に，善意（無過失）であるというだけでは保護を与えていないし（▶94条2項や162条・192条を参照），そもそも有償でしか利用しえない他人の物を勝手に使っておいて，「そうとは知らなかった」で済むものではないであろう。前述の設例で，Aは，自らの決定に基づいて，その利益のために他人の土地を利用したのだから，そのリスクは自らが負うべきである。したがって，（物自体はもちろん）果実の返還義務を負わされても仕方がない。

　ところが，**Case 5-15** で，Dは，その前主に代金を支払っているはずで，前主の無資力により代金の返還を受けられないというリスクを負っている。この点を考慮して，せめて果実・収益の分だけでも，代金回収不能のリスクを占有者から軽減してやろうというのが（逆にみれば，その分だけ真の所有者にリスクを負担させることになるのだが），189条1項の趣旨ではなかろうか。

　他方で，そもそも192条についても，物自体について即時取得の成立が認められるということは，真の所有者にその簒奪者の無資力のリスクを負わせることを意味しよう。

　そうだとすると，189条1項は192条とはある意味で同趣旨の規定だと考えられる。192条では，善意・無過失，かつ，取引行為による占有取得だけが保護されるのであるから，189条1項も同様に考えるべきである。189条1項は，果実・収益について，いわば「善意取得」を認めた規定なのである。

　さらに，189条1項の趣旨については，収取し処分・消費した分について返還義務を免除するだけの消極的なものか，積極的に収取権を認めるものかについても争いがあるが，前述したところからすれば，後者が妥当であろう（この点からも189条以下は703条・704条の特則だといえる）。

　なお，Dが悪意の場合，（前主とAとに）二重に果実・使用利益を返還することを余儀なくされるが（➡194頁参照），その後の調整は難問である。読者への宿題としておこう（「一番悪いのはBだから，DのBに対する不当利得が成立する」とだけは考えないように！　それこそ，類型論が忌避する「裸の公平論」だからである）。

あろう。したがって，Cは対価控除を主張しえないと解すべきである（理由は
異なるが，★大判昭和12・7・3民集16巻1089頁）。なお，この観点からすれば，C
が，Bではなく，たとえば着物商から着物生地を買い受けていたときは，別と
なろう（▶194条参照）。

　(5)　**悪意の侵害利得者の責任**　　(a)　利息付与・損害賠償責任　　これらに
ついては，悪意の給付利得について説明したところと同様である（➡195～196頁）。
　(b)　目的物の滅失・損傷と価格返還義務　　悪意の利得者のもとで目的物が
滅失・損傷した場合，悪意利得者には利得消滅が認められないから，つねに
「価格返還義務」を負うようにも思われる。しかしながら，悪意者といえども
不可抗力による返還不能については価格返還義務を負わないと解すべきであろ
う。侵害利得の特則と解される191条も，悪意占有者は，占有物の滅失・損傷に
ついて帰責事由のある場合にかぎり「損害賠償」義務を負うと規定している。
　(c)　「悪意」の意義・証明責任など　　「悪意」とは，自己の受益が法律上の
原因に基づかないことを認識していることをいい，過失の有無は問題とならな
い（通説。なお，704条が悪意利得者に損害賠償責任を課していることから，民法の通
常の用法と異なり，故意・過失と同義である〔あるいは帰責事由的な内容を含む〕とす
る有力説もある）。悪意利得者の責任は，悪意のゆえの責任であるから，「悪意」
の証明責任は損失者にある（ただし，悪意が事実上推定される場合として，★最判
平成19・7・13民集61巻5号1980頁）。
　受益時に善意であっても，その後に悪意となったときは，その時点以降（な
お，▶189条2項），悪意利得者として責任を負う。また，悪意となった以降に
生じた利得消滅は認められない（★最判平成3・11・19民集45巻8号1209頁）。

5　支 出 利 得

　支出利得の意義　　前述のとおり，支出利得は，利得者が本来支出すべきも
のを損失者が「代わりに支出した」場合に成立する（➡
182頁）。「頼まれて」代わりに支出したのであれば，当事者間には委任その他
の契約関係が存在するから，そこでの問題として処理すれば足りる（それらが
「法律上の原因」となり不当利得の問題は生じない）。また，親子間・夫婦間の監護

義務や扶養義務など法定の義務に基づく場合も同様である。

そうすると，支出利得が問題となるのは，要するに「いらぬお節介」の場合だということになる。もっとも，「いらぬお節介」については事務管理が成立することも多い。その場合は，事務管理が「法律上の原因」となるから，結局，支出利得が成立するのは，契約上も法律上も「代わりに支出すべき義務」がなく，かつ，事務管理も成立しない場合である。

このように，支出利得が「いらぬお節介」の場合に成立することから，利得者の財産計画に反して損失者が「利得を押し付ける」事態が生じうる。そこで，**「利得の押し付け」防止**が支出利得のもっぱらの課題となる。そのため，受益者の善意・悪意は返還義務の範囲に影響しない。なお，支出利得が問題となりうる場面について，民法が特別規定を置いていることがある（具体例は後述）。したがって，それらが適用される場合には，一般不当利得としての支出利得は問題とはならない。支出利得を考えるには，この点にも注意する必要がある。

求償利得　　求償利得は，他人の債務を代わって弁済した者（出捐者）と債務者との間に成立する。損失者自身の行為による点で給付利得と紛らわしいが，出捐が債務者（＝利得者）の財産を増加させる意図でされていない，つまり「給付」といえない点で，給付利得と異なり，損失者自身の行為による点で侵害利得と異なる。

ところで，そのような場合についての規定は民法典の各所に存在する。たとえば，連帯債務者（▶442条），受託保証人（▶459条），委託なき保証人（▶462条），使用者責任における使用者（▶715条2項），物上保証人（▶351条・372条），受任者や事務管理者（▶650条・702条1項〔有益費用償還請求権は，本人の債務を代わって弁済した管理者の求償権を含む〕）などである。

そして，これらの規定では，たとえば，本人の意思に反する保証人の求償権が現存利益に制限されるなど（▶462条2項），「利得の押し付け」を防止するための配慮がされている（その他，▶443条・702条3項など参照）。

もっとも，これらの規定は求償利得の特則と解されるから，一般不当利得として求償利得が問題となる場面は実際には多くない。

求償利得における「利得」は，「債務からの解放」であり，「損失」はそのた

めの出捐である（したがって，第三者弁済の要件を充足せず，債務からの解放が生じ
ない場合は，求償利得ではなく，弁済受領者との間の給付利得〔非債弁済〕になる）。
この点で，求償利得はつねに多数当事者関係の不当利得であるが，誰が損失者
で誰が利得者かは利得類型それ自体から明らかであるから，多数当事者関係特
有の問題は生じない。

費用利得　費用利得は，他人の物に投下した費用の償還が問題となる場
合である。もっとも，損失者が契約上の義務に基づいて費用
を投下した場合，それは「給付」であるから，そのような義務が表見的なもの
であった場合は給付利得である。したがって，費用利得は契約上の義務のない
場合に成立する。さらには，占有者が占有物に費用を投下した場合には，所有
者―占有者関係に関する規定（▶196条）ないしそれに準拠した諸規定（▶391
条・583条2項・299条・595条・608条など）が適用されるので，一般不当利得とし
ての費用利得は問題とならない。そうすると，費用利得が問題となるのは（前
述のとおり，事務管理も成立しない場合でなければならないので），隣の農地を自己
のものと誤信して肥料や農薬を撒いたり，他人の家の壁を勝手に塗り替えたり
した場合などのように，占有者でない者が他人の物に費用を投下した場合に限
られる。

　利得の押し付け防止については，利得者の財産計画に合致する費用のみを利
得とみるべきほか（出費の節約），196条および同条に準拠する諸規定が，有益
費については，支出額か物返還時の増加額のいずれか低い額を，必要費につい
ては，全額償還とするものの，支出時ではなく"物返還時に"償還すべきもの
としていることから，一般の費用利得についても同様に解すべきであろう。

6　多数当事者間の不当利得

多数当事者間の不当利得と「因果関係」　前述のとおり，多数当事者間の不当利得，とりわけ
給付利得では，給付の受領者と給付による受益者と
が分離することがあるため，いったい誰と誰との間に不当利得の関係が生じる
か，という意味で「因果関係」（当事者決定基準としての因果関係）が問題となる。
　この点について，かつては「**因果関係の直接性**」が要求されたこともあった

が（★大判大正 8・10・20民録25輯1890頁など），その後，「社会観念上，一方の損失により他方の受益がもたらされたと認められるだけの関係」（**社会観念上の因果関係**）があればよいとされるにいたった（★最判昭和49・9・26民集28巻6号1243頁：百選Ⅱ-80）。現在では，多数当事者間における不当利得の当事者決定は，「法律上の原因の有無」の判断枠組みによってされており，「因果関係」が問題となることはない。

　衡平二元説は，衡平の観点から「法律上の原因の有無」を判断する傾向にあるが，類型論は，基礎となっている法律関係の分析を通じて「法律上の原因の有無」を判断し，それによって当事者を確定しようとしている。そこで，以下では，多数当事者間の不当利得において，「法律上の原因の有無」の判断枠組みを通じて，どのようにして「不当利得の当事者が確定されるか」をみることにしよう。

> **Case 5-17** Bは，Cに対する100万円の債務の弁済のため，A銀行から同額を借り入れることにした。Aは，Bの指図に基づき，100万円を直接Cに交付した。ところが，A・B間の消費貸借契約が無効であることが判明した。この場合，誰が誰に対して100万円の返還を請求するべきだろうか。

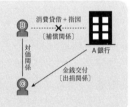

多数当事者間の給付利得　(1)　**第三者による弁済**　(a)　補償関係の瑕疵　金銭授受の当事者はAとCであるから，A損失者・C利得者として，AがCに対して返還請求すべきであるようにもみえる。

　ところが，Bの指図によるAからCへの金銭交付は，BがAから金銭を受け取ってCに交付すべきところを簡略化したにすぎない。指図による簡略化がされなかった場合に，A・B間の消費貸借契約が無効であったとすれば，100万円は，AがBに対して返還請求するほかなかろう。

　そうだとすれば，指図に基づく場合も，それが有効であるかぎり（指図と消費貸借契約は別個独立のものと考えられるので，消費貸借が無効だからといって指図も無効とは限らない）同様に考えるべきである。つまり，AのCへの金銭交付は，AのBへの「給付」と評価でき，それを基礎づける消費貸借契約が無効なのだ

から，AがBに対して返還請求すべきである（後述の二重欠缺の事案についてだが，一般論として，★最判平成10・5・26民集52巻4号985頁：百選Ⅱ-81参照）。

では，同じ設例で，A・B間の消費貸借契約は有効だが，指図が無効であった場合は（たとえば，CがA銀行でB振出しの手形を呈示して支払いを受けたところ，手形が偽造であることが判明した場合），どうだろうか。指図が無効である以上，Aには他人の債務を弁済する意思がなかったというほかなく，Aの出捐は第三者弁済とならないから，BのCに対する債務は消滅せず，Bは利得していない。そうすると，AのCに対する金銭交付は非債弁済ということになり，AがCに対して返還請求すべきだということになろう。

(b) 対価関係の瑕疵　さらに，消費貸借も指図も有効だが，BのCに対する債務が存在しなかった場合は（たとえば，BのCに対する債務はBが亡親Dから相続したものであるが，Dが死ぬ前にCに弁済していたことが判明した場合），どうだろうか。

A・B間の消費貸借も指図も有効である以上，AからB，BからCと金銭が移動した場合と同様に考えるべきである。そうすると，AのCへの金銭交付は，BがCに対して給付したのと同じと評価でき，B・C間の債権債務が不存在なら，BのCに対する非債弁済ということになる。したがって，BがCに対して返還を請求すべきである。

以上は，債務者から指図を受けた第三者が弁済した場合であるが，指図なくして第三者が弁済した場合は，B・C間に有効な債権債務が存在し，かつ，第三者弁済の要件を充足するかぎり，A・B間の事務管理または求償利得となるが，それ以外は，AのCに対する非債弁済となる。

Case 5-18　BはCから100万を借り受けていたが，自己所有の自動車をAに売却してその代金をCに対する弁済にあてることにした。A・B間で，Aが代金100万円を直接Cに支払うことで合意され，Cは受益の意思表示をした。AはCに100万円を支払ったところ，A・B間の売買契約が無効であることが判明した。誰が誰に対して100万円の返還を請求するべきだろうか。

(2) **第三者のためにする契約** (a) 補償関係の瑕疵 「第三者による弁済」の場合と同様に考えれば，補償関係であるＡ・Ｂ間に法律上の原因が欠けているのだから，ＡがＢに対してのみ返還請求できるということになりそうである。しかしながら，第三者のためにする契約では，第三者（Ｃ）の請求権は，諾約者（Ａ）・要約者（Ｂ）間の補償関係の有効性に依存していることを考慮するべきであろう。

そうだとすれば，補償関係であるＡ・Ｂ間の売買契約が無効である以上，Ｃの給付受領も法律上の原因を欠くものとなり，ＡのＣに対する非債弁済も成立するというべきである。

(b) 対価関係の瑕疵 では，ＢのＣに対する債務が不存在であった場合など，対価関係に瑕疵があった場合はどうだろうか。

諾約者（Ａ）にとって対価関係は関知しないことであるし，そもそも，Ｂ・Ｃ間の事情は，Ａ・Ｂ間の第三者のためにする契約の内容とはならない。また，要約者・諾約者間の契約が有効である以上，第三者のためにする特約も有効であり，第三者は有効に受益の意思表示をなしうる。したがって，Ｃの金銭受領はＡとの関係では法律上の原因を有するが，Ｂの債務が存在しない以上，Ｂとの間で法律上の原因を欠く。そうすると，ＢがＣに対して返還請求すべきであるということになろう。

(3) **二重欠缺** **Case 5-18** で，Ａ・Ｂ間の消費貸借契約が無効で，かつ，ＢのＣに対する債務も存在しなかった場合はどうだろうか（二重欠缺）。

ＡはＢに対して，ＢはＣに対して，それぞれ給付利得として100万円の返還請求ができるとする点では疑問の余地はなかろう。問題は，ＡからＣに対して直接の返還請求ができるかである。当事者はそれぞれ，自己の契約相手方を信頼して取引に応じたのだから，契約が無効の場合も，自分が信頼した相手方に対してしか不当利得としての追及はできないと考えるべきであろう（**契約関係自律の原則**。前掲★最判平成10・5・26）。もっとも，この点については直接請求を認めるべきだとする異論も有力である。

第5章 事務管理・不当利得   219

> **Case 5-19** Cはその所有の建物の修理をBに請け負わせる契約を締結した。Bは，建材商Aから補修用の建材を購入して，Cの建物を補修した。その後，A・B間の建材購入契約が無効であることが判明したとき，Aは誰に対して建材の返還に代わる価額の償還を請求することができるか。

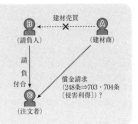

多数当事者間の給付利得と侵害利得：第三者の物の添付

A・B間，B・C間のいずれの契約の有効・無効にかかわらず，242条により，建材の所有権は付合により建物所有者Cに帰属する。問題は，248条が「損失者」すなわち元所有者（本問ではA・B間の売買が無効なので，付合時の所有者はAであったことになる）が不当利得として「償金」を請求できると規定していることをどのように考えるかである。

AがBに対して建材の価値相当額の給付利得請求権を有することに疑問の余地はない。問題は，AがCに対して（侵害利得として）直接請求できるかである。AのCへの直接請求は，Bが無資力となっている場合に意味をもつが，学説は肯定説と否定説とに分かれている。

否定説は，AはBを信頼して取引をしたのだから，原則として，その結果を引き受けるべきであり，特別な場合以外は，自己の契約相手方Bの無資力のリスクを第三者Cに転嫁することは許されず（**契約関係自律の原則**），したがって，AはCに対して直接請求することはできないという。

これに対し，肯定説は，否定説によれば，本来即時取得によってしか与えられないはずの保護が第三者（C）に与えられることになること（B・C間も売買なら，Cが即時取得しないかぎり，Aは所有権に基づいて建材の返還を請求でき，CのBに対する信頼は保護されない。ところが，本問で，否定説によると，Cは，建材を即時取得したわけではないのに，Aからの請求に曝されず，Bへの信頼が保護されることになる），否定説の論者が，一方では，**Case 5-16** の場合にCはBに支払った対価の控除を主張しえないとしながら，他方で，本問の場合にAのCに対する侵害利得を認めないとすることは，結果としてCの対価控除の主張を認めるに等

しく，矛盾しているなどとして否定説を批判し，物権変動につき有因主義をとるわが民法の下では，給付利得と侵害利得とが併存することを認めざるをえないとする。

では，**Case 5-19** と異なり，Bが日頃から世話になっているCに対する「お礼」として，無償でC宅の修理を引き受けたが，AがBから建材代金を受け取る前にBが無資力となったとすれば，どうだろうか。

B・C間が有償修理であり，BがまだCから請負代金を受け取っていなかったのならば，Aは，BのCに対する請負代金債権を代位行使することができ（▶423条），金銭債権については代位債権者への引渡しが認められるので，これにより，Aが直接Cに対して建材の時価相当額の返還を請求できるのと同じことになる。

ところが，Bは無償修理をしているので，BのCに対する債権は存在せず，Aは債権者代位権によることができない。そこで，192条の場合に，真の権利者から無償取得者への不当利得返還請求権が認められる（ただし有力説）のと同様に，Cが無償で利得しているかぎり，AはCに対して建材の時価相当額の返還を請求できると解すべきであろう。

Case 5-20 Aは，C所有ビルの賃借人Bの依頼を受けて，ビルの改修工事を請け負い，これを完成させてBに引き渡した。ところが，AがBから工事代金の支払いを受けない間に，賃貸人Cが，無断転貸を理由にBとの賃貸借契約を解除した。その後，Bは行方不明となり，Aは工事代金を回収できないでいる。この場合において，Aは，その損失でCが利得しているとして，工事による価値増加分の返還を請求できるだろうか。なお，B・C間の契約で，Cは権利金を受け取らない代わりに，改修費用をB負担とする特約があったものとする（★最判平成7・9・19民集49巻8号2805頁：百選Ⅱ-79の事案をベースとした設例）。

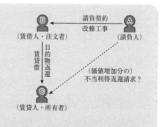

転用物訴権　この場合のAのCに対する請求のように，契約上の給付が第三者の利益となっている場合に，給付をした当事者が第三者に対して不当利得として返還請求することを「転用物訴権」（actio de in rem verso）という。

　判例は，かつて，賃料を安くする代わりに修理費用をＢが負担する特約があった事案につき，請負人Ａの損失と賃貸人Ｃの利得との間に「直接の因果関係」ありとした上で，賃借人Ｂの無資力によりＡの債権が無価値である限度において，Ａは，Ｃに対し不当利得として，修理によってＣが受けた利益の返還を請求できるとして（★最判昭和45・7・16民集24巻7号909頁），転用物訴権を広く認めるかのような判断を示した。

　しかしながら，この判例には学説の批判が強く（とくに，前掲★最判昭和45・7・16の事案でＡのＣに対する請求を認めることは，実質的にはＣに二重払いを強いる結果になって不当である），その後，最高裁は，Ｃが「法律上の原因なくして利得した」といえるためには，（Ｂの無資力に加えて）「Ｂ・Ｃ間の賃貸借契約を全体としてみて，Ｃが対価関係なしに利益を受けたときに限られる」としてＡの請求を認めず，実質的に判例を変更する判断を示すにいたった（前掲★最判平成7・9・19。なお，昭和45年判決と異なり，「因果関係の直接性」への言及がないことにも注意）。

　ところで，このような判例の考え方は，衡平二元説の枠組みにぴったりと当てはまる。すなわち，Ａ・Ｂ間の請負契約もＢ・Ｃ間の賃貸借契約もそれぞれ有効である以上，建物の価値増加というＣの受益は，"形式的・一般的には"正当なものといわざるをえないが，賃借人Ｂ無資力のためにＡの債権が無価値である一方で，Ｃが実質的に無償で利益を得ているときは，Ｃの受益は，Ａとの関係で"実質的・相対的には"正当視しえず，不当利得による調整が必要になる，と。

　これに対し，類型論の立場からは，Ｃの受益が法律上の原因に欠けるところがない以上，Ａ・Ｃ間の不当利得を問題とする余地はない。もっとも，類型論の立場からも，転用物訴権は，一種の法創造として認められている。むしろ，そのような法創造を認めるべき契機とそれをどのように評価するか，また転用物訴権の承認によって生ずる他の制度や原則との抵触についてどのように考えるかが問題であろう（➡ **Further Lesson 5-8**）。

Further Lesson 5-8

▶▶▶▶▶ 転用物訴権承認の契機

　転用物訴権が一種の法創造であるとして，その契機はどこにあるだろうか。また，転用物訴権を承認することで，他の制度や原則との抵触は生じないのだろうか。

　まず，Aは，Bに対する債務名義を得て，BのCに対する債権を差し押さえ，取立命令または転付命令を取得することでも，また，B無資力であれば，BのCに対する債権を代位行使（▶423条）することでも，目的を達することができるようにもみえる（また，それが本来の姿であろう）。しかし，この場合のBのCに対する債権としては，費用償還請求権（▶608条）が考えられるが，賃借人が実際に費用を支出しないことには費用償還請求権は発生せず，これらの方法は使えない。

　また，**Case 5-20** のような場合に，先履行をしたAがその債権を担保する方法としては，動産保存の先取特権（▶320条）または不動産工事の先取特権（▶327条）が考えられるが，いずれも債務者所有の物についてしか成立しないので使えない（▶311条・319条・325条）（なお，転用物訴権の実質的な問題は，この点の法の欠缺にあるとの指摘（藤原正則『不当利得法』〔信山社，2002年〕388頁）が重要である）。

　以上の2点で，転用物訴権を承認すべき契機があるといえよう。

　他方で，AのCに対する直接の請求権である転用物訴権を認めることは，Bに対する他の一般債権者との関係でAに優先権を与えたのと同じことになり，債権者平等の原則に反するので許されないとも考えられる。

　ところが，Cが，Aの給付による利益を（少なくとも実質的に）無償で受けているときは，Cへの直接請求を認めても，（その利益にかかるBのCに対する債権がないのだから）Aに優先権を与えたことにはならないし，Cとの関係でも，無償取得者について取引の安全を考慮する必要はないから（➡178，220頁参照），問題はないといえよう（以上の点については，加藤雅信『新民法体系Ⅴ　事務管理・不当利得・不法行為〔第2版〕』〔有斐閣，2005年〕110～112頁を参考にした）。

　なお，Cが得た利益は，（A請求の）修理代金相当額ではなく，修理によって生じた価値の増加であるから，返還の範囲はその分に限られる。また，AのBに対する債権が完全には無価値になっていないときは，無価値となっている限度によっても画される。

　ところで，転用物訴権が以上のような慎重な考慮の上で認められるものであることを十分に理解していれば生じないことであるが，転用物訴権について学習すると，債権者代位権や詐害行為取消権が問題となっているにもかかわらず，転用物訴権の問題と見誤ってしまう者が出てくる。転用物訴権の問題と即断する前に，債権者代位権や詐害行為取消権の要件充足の有無を確認するようにすべきであろう。

> **Case 5-21** 放漫経営がたたって借金の多かったBは、取引先であるA社の経理部長Dと結託して架空取引を行い、A社から不正に代金を受け取った。Bは、Aから騙取した代金のうち1000万円を大口債権者の1人であるCに対する債務の弁済にあてた。この場合において、Aは、Cに対して、不当利得として1000万円の返還を請求することができるだろうか。

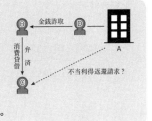

騙取金銭による弁済　BがAから有体物を詐取し、これをCに対する債務の代物弁済として引き渡した場合であれば、Aは、（Bとの契約を取り消せば）原則として、所有権に基づいてCに対して有体物の返還を請求できる。ところが、金銭は個性のない抽象化された「価値そのもの」であって、貨幣や紙幣はその表象物にすぎないから、金銭の所有権は貨幣や紙幣の占有とともに移転するとされている（★最判昭和29・11・5刑集8巻11号1675頁。民事判例としては、★最判昭和39・1・24判時365号26頁：百選Ⅰ-77）。

そうすると、**Case 5-21** で、1000万円の金銭「所有権」はBが取得し、ついでCが取得しているから、Aが、金銭所有権に基づいてCに対して弁済金の返還を請求することはできないことになる。

ところが、Cが、騙取金銭と知りながらBから弁済を受けたときは（しかもそれによってBが無資力となったときは）、この帰結はいかにも不当であろう。そこで、Aは、Cに対して不当利得として弁済金の返還を請求することができないだろうか。

判例は、まず、Aの損失とCの利得との間に因果関係があるといえるためには、Bが「社会観念上Aの金銭でCの利益をはかったと認められるだけの連結」があれば足りるとして、因果関係要件を緩和した上で、CがBから金銭を受領するにつき悪意または重過失がある場合には、Cの受益はAに対する関係で法律上の原因を欠き、不当利得となるとしている（前掲★最判昭和49・9・26）。つまり、騙取金銭による弁済については、法律上の原因の有無を金銭受益者Cの主観的態様にかからしめることで、不当利得の成否を判断しているのである。

224 第5章 事務管理・不当利得

騙取金銭による弁済に関するこのような判例の考え方は，転用物訴権の場合と同様に，衡平二元説の枠組みにうまくあてはまる。すなわち，金銭の所有権はその占有とともに移転するから，たとえAから騙取したものであったとしても，Bは，自己の金銭で，Cに対する有効な債務の弁済をしたことになり，そうだとすれば，Cの受益は，"形式的・一般的には"正当視せざるをえないが，Aから騙取したからこそBは，Cに弁済することができたという関係があり（Bが無資力の場合はまさにそういう関係にある），しかもそのことをCが知っていたときは，Cの受益は，相対的・実質的には正当視しえず，不当利得としての調整が必要になる，と。

この判例の結論は学説からおおむね支持されているが，不当利得という理論

Further Lesson 5-9

▶▶▶▶▶ **騙取金銭不当利得の理論構成**

本文で述べたとおり，騙取金銭による弁済について，学説の方向性は，「**金銭価値の物権的返還請求権**（価値の rei vindikatio）」の問題と捉える立場と，詐害行為取消権の問題と捉える立場とに分かれている。

前者は，判例のいう「**社会観念上の因果関係**」とは，金銭が価値の特定性を保っていることを指していると理解した上で，その場合には，Aの請求権は不当利得返還請求権ではなく，「金銭価値の物権的返還請求権」として認められるが，ただ，金銭には高度の流通性が要求されることから，有価証券と同様の即時取得（▶手形16条2項，小切手21条など参照）に服すると考える。

これに対し，後者は，騙取者Bに資力がある場合，たとえCが騙取金であることを知っていたとしても，Aは，Bから取り立てればよいのだから，AのCに対する請求を認める前提は，Bが無資力であることと，Bから弁済を受けることにより同人が無資力となることをCが知っていたことと考えるべきだとし，そうすると，これらは詐害行為取消権の要件に一致するから（▶424条参照。一般債権者への弁済は，債務者と弁済を受けた債権者が通謀した場合にのみ詐害行為となる〔★最判昭和33・9・26民集12巻13号3022頁〕），Aは，BのCに対する弁済を取り消して，弁済金の自己への引渡しを請求することができるという（金銭の引渡しが問題となる場合は，取消債権者への引渡請求が認められる〔★最判昭和39・1・23民集18巻1号76頁〕）。もっとも，判例は，B無資力を要求しておらず，また，受益者の悪意・重過失と詐害の意思とは，内容も対象も異なるから，後者の立場は，これらの点でも判例とは異なっている。

構成には異論が強い。もっとも，その方向性は2つに分かれている。すなわち，「**金銭価値の物権的返還請求権**（価値の rei vindikatio）」の問題と捉える立場と，詐害行為取消権の問題と捉える立場とである。ややアドバンストな議論なので，ここから先は，**Further Lesson 5-9**（➡前頁）に譲ることにしよう。

なお，騙取金銭による弁済を詐害行為取消権の問題として捉える立場があることからもわかるように，騙取金銭による弁済が問題となる場面と詐害行為取消権や債権者代位権が問題となる場面とは近接している。そのためか，詐害行為取消権や債権者代位権が問題となっている事例であるにもかかわらず，騙取金銭不当利得の問題として捉えてしまう者が出てくる。

本節の冒頭でも注意を喚起したように，不当利得が問題となっているように見える場面では，そうと即断する前に別の構成で処理できないか，確認するようにするべきであろう。

第6章　不法行為(1)
一般理論

1　不法行為法で何を学ぶのか

✂ Case 6-1　Bは，早朝，家の近くの公園内の車道よりの歩道をジョギングして
いた。ところが，後ろから，かなりのスピードで走ってきた自動車がBに接触した
ため，Bは，倒れて右足に怪我をしてしまった。すぐ近くのC医院に運ばれ簡単な
手術を受けた。手術がうまくいけば後遺症が残るような怪我ではなかったが，C医
師の過失によって，Bは右足に後遺症が残ってしまった。また，Bが倒れた際，腕
時計が壊れてしまった。なお，その自動車は，Aが運転しており，事故当時，Aは
携帯電話をかけていた。Bは，Aに，どのような法的主張をすることができるだろ
うか（ジョギング事件）。

不法行為責任
とは何か　Aには，**行政上の責任**，**刑事上の責任**，**民事上の責任**が問
題となる。道路交通法違反には，種類別に基礎点数が設け
られており，一定の点数に達したときには，違反者は免許停止・取消しといっ
た不利益処分を受ける。これが，行政上の責任である。第1に，Aは，この行
政上の責任を負う可能性がある。第2に，Aは，**過失運転致死傷罪**（▶自動車
の運転により人を死傷させる行為等の処罰に関する法律5条）に問われる可能性があ
る。第3に，Bは損害を被っていることから，Aには，Bに対する損害賠償を
なす責任が問題となる。これが不法行為責任である。不法行為責任は，契約上
の責任とともに民事上の責任とよばれている。この不法行為責任を，これから
学んでいくのであるが，具体的にはどのようなことを学ぶのかを，ジョギング
事件を通してみておこう。

民法709条の要件　Bが，Aに対して不法行為に基づく損害賠償責任を追
及する根拠としては，まず，民法709条をあげることが
できる。709条は，不法行為の一般原則を定める。すなわち，**自己責任**および

過失責任である。自己責任とは，自らの行為によって他人に損害を与えたものでないかぎり責任を負うものではないという原則である。過失責任とは，たとえ他人に損害を与えても，加害者に過失がなければ不法行為責任を負わないとの原則である。その原則によって，人びとの自由な活動を保障しているわけである。709条は，①故意・過失，②権利侵害・法律上保護される利益侵害，③損害の発生，④加害行為と損害との因果関係の4つの要件を定める。これらの要件が満たされると，加害者であるAは，Bに対して生じた損害を賠償しなければならない。

Bの精神的損害に対してもAは責任を負う（▶710条）。なお，被害者が死亡したような場合には，誰が損害賠償請求をすることができるかについても規定がある（▶711条）。また，胎児は損害賠償の請求については，すでに生まれたものとみなされる（▶721条）。

そこで，以下，上記の4つの要件・諸規定の分析・検討をする必要がある。

加害者側の反論　　AがBに対して一応不法行為責任を負うことになっても，事案によっては，Aは，次のような反論をなすことができる場合がある。第1に，Bへの加害行為は，**正当防衛**（▶720条1項本文），**緊急避難**（▶同条2項）であった。第2に，Aが加害行為の際，**責任能力**がなかった（▶712条），責任無能力の状態にあった（▶713条本文）との反論で

📝 Topic 6-1

不法行為法の目的

不法行為法の主たる目的は，損害の塡補である。そこで，損害が発生していなければ不法行為は成立しない。また，加害者は，被害者に実際に生じた損害を賠償する義務があるのであり，その額は原則的には故意か重過失か軽過失かに関係しない。損害の塡補する義務を加害者に対して課していることから，刑事上の責任や行政上の責任と比較すると限界があるものの，将来の不法行為を抑止することが目的とされているともいえよう。また，加害者への制裁的な意味をももっているともいえる。しかし，判例は，通常の損害賠償に加えて制裁的に加害者に損害賠償を課す制度である，アメリカ合衆国における懲罰的損害賠償のような賠償制度を認めることには消極的である。

あり，それが認められれば，Aは不法行為責任を免れることになる。第3に，Bにも過失があった場合には，過失相殺の反論をなすことができ，それが認められれば，裁判所によって，これを考慮して，損害賠償額が減額されることがある（▶722条2項）。第4は，不法行為による損害賠償請求権は，「被害者又はその法定代理人が損害及び加害者を知った時」から3年間行使しないときは**時効**により消滅し，「不法行為の時から20年間行使しないとき」も同様である（▶724条）ので，Aは，事案によっては，Bの損害賠償請求権は時効消滅したとの反論も考えられる。そこで，これらの規定も検討しなければならない。

不法行為責任の効果　AがBに対して損害賠償責任を負う場合，原則として，AはBに金銭によって賠償することになる（▶722条1項・417条）。BはAに対して，怪我の治療費や腕時計の修理費を請求できることは問題がなさそうである。では，Bは，Bの右足の後遺症による損害の賠償を請求できるのであろうか。Bの後遺症に対してAが責任を負うとして，その損害額はどのようにして算定されるのであろうか。つまり，Aが不法行為責任を負うとしても，加害行為から生ずる，どの範囲の損害まで責任を負わなければならないか。また，損害を賠償するとしても，AはBに，具体的にいくらの金銭を支払わなければならないのであろうか。これらの検討が必要である。

　なお，金銭賠償の原則には，名誉毀損について特則がある（▶723条）。

特殊な不法行為　Bは，Aに対して民法709条に基づく不法行為責任を追及することができるだけではない。A運転の車が，もし，Aが勤めている会社の車であったような場合には，Bが怪我をしたことによる損害については，自動車損害賠償保障法3条に基づいて，その会社に対して運行供用者責任を追及することが考えられる。また，時計が壊れたことによる損害については，その会社に対して715条の責任を検討する必要がある。このように，709条以外に，自己責任の原則，過失責任の原則等が何らかの形で修正されている特殊な不法行為について民法および民法以外の法律において定められている。そこで，どのような特殊な不法行為の規定があり，それは709条と比べてどのような特色があるのかを学ぶ必要がある。

第6章　不法行為(1)　229

差止請求　ジョギング事件では，問題にならないが，大気汚染，騒音等により損害が発生している場合，被害者は，いくら損害の賠償が認められたとしても，被害が発生し続けていては，本当の意味での救済がなされたとはいえない。そこで，一定の場合に，加害行為の差止めが認められている。不法行為に基づき差止請求が認められるかについては異論がある。だが，不法行為の損害賠償と密接な関係があるので，ここで，この問題を取り上げる。

2　一般的不法行為の要件(1)—故意・過失

民法709条の要件は，①故意・過失，②権利侵害・法律上保護される利益侵害，③損害の発生，④加害行為と損害との因果関係である。そこで，以下，この順序で検討していこう。

1　故　意

故意とは，結果発生を認識しながら，あえてそれをする心理状態とされている。つまり，結果発生の認識と認容が必要である（判例・通説）。また，故意には違法性の認識が必要であると解されている（判例・通説）。そこで，ジョギング事件で，Aが，そのままのスピードで走行すれば，Bに接触して何らかの怪我をすることは認識しており，それでもかまわないと思って，ブレーキもかけず，結局，事故が起きてしまったとする。しかも，Aは，そのような行為は違法であることの認識はあった。このような場合は，Aには故意が認められ，たとえ違法性の認識がなかった場合でも，少なくとも過失は認められる。

なお，すぐ後にみるように，故意による不法行為か過失による不法行為かによって基本的には大きな違いはない。そこで，故意犯が原則として罰せられる刑法と異なり，不法行為法では，故意と過失を区別する重要性は小さい。そこで，故意であることが，不法行為の成立，損害賠償の範囲，慰謝料の算定，過失相殺に影響を与え，その意味で故意不法行為と過失不法行為とは区別されるべきとの見解も有力ではあるが，故意・過失の概念の区別は，必ずしも不法行

230 | 第6章 不法行為(1)

為法上決定的意味をもつものではなく，故意不法行為と過失不法行為を明確に
区別しないのが通説である。

2 過 失

過失とは　不法行為にあっては，過失か否かの判断基準は，きわめて重
要である。不法行為では，加害者に過失がなければ，原則と
して，不法行為責任は成立しないからである。

過失についても，結果が発生することを知るべきでありながら，不注意のた
めそれを知りえないで，ある行為をするという心理状態と解されていた。つま
り，故意と同様，過失も主観的に考えられていた。しかし，自動車の運転のよ
うに危険な活動に満ちている現代社会にあって，主観的に注意していたか否か
を基準に過失を判断することは妥当とはいえない。過失か否かの判断は，一般
通常人が基準とされている。そして，過失とは，一般に，結果発生の**予見可能
性**を前提とする，**結果回避義務違反**だと解されている。つまり，加害者は結果
発生の予見が可能であったか否か（予見可能性），予見できた損害を回避する義
務を尽くしたか否か（結果回避義務）の検討が必要となる。

予見可能性　ジョギング事件で，Aには，Bと接触して怪我をさせる予見
は可能であったといえよう。たとえ，Aが，予見できなかっ
たと主張しても，予見可能性は，**一般通常人**を基準とする。すなわち，加害者
が属している職業，地位などに応じて通常期待される**予見義務**が前提とされて
いる。そこで，Aには，当然，事故が発生しないように前方を注意して運転し
なければならず，そうすればBとの接触を十分予見できたというのであれば，
Aに予見義務違反があり，予見可能であったということになる。むろん，Aに
過失が認められるには，Aに結果回避義務違反があったことが必要である。

加害者が属している職業，地位などに応じて通常期待される予見義務は，ど
のようにして決まるのであろうか。一般に，当該行為の損害発生の危険性（蓋
然性）が大きいほど，また侵害される利益が重大なものであればあるほど，高
度な予見義務が生ずる。たとえば，製薬会社には，製造する薬の副作用につ
き，高度な予見義務が課されている（★東京地判昭和53・8・3判時899号48頁）。

第6章 不法行為(1) 231

スモン訴訟では，製薬会社の予見可能性につき，予見義務を履行しても，ス
モンそのものを予見することは困難であった。そこで，予見可能性の対象をめ
ぐって争われ，裁判所の多くは，スモンそのものを予見しなくても，「何らか
の神経障害」を予見できればよいとした。結果回避義務の前提として予見可能
性が求められているのは，そうでなければ，結果を回避する具体的な措置をと
ることができないからである。そこで，予見可能性の対象となるべき危険も，
そのことが可能な程度の具体性が必要で，かつそれで足りると解されている。

結果回避義務　ジョギング事件におけるＡの**結果回避義務**違反は，どのよ
うにして判断されるのであろうか。結果回避義務の判断
は，当該加害者が属する職業，地位，立場にふさわしい**一般通常人**が基準とな
る。そして，その基本的な要素は，当該行為の損害発生の危険性の大きさと，
被侵害利益の重大性である。Ａは，自動車の運転をしていた。そこで，通常の
自動車の運転手が，Ａのおかれている状況下で課せられている結果回避義務と
同様の義務を，Ａは負う。通常の自動車の運転手は，そのような状況下では，
ジョギングしている者との接触が予見できるので，スピードを落とし，その者
の動向に注意しながら，歩道から離れる等の注意義務を負っているといえよ
う。自動車の運転はかなり危険なもので，しかも，接触すれば，重大な被害の
発生も考えられるので，運転手は，きわめて高度な注意義務を負っている。Ａ
は，携帯電話をかけながらの運転であり，そのような結果回避義務を尽くした
とはいえないことから，Ａには過失があるといえよう。

結果回避義務と社会的有用性　結果回避義務の判断要素として，結果回避義務を課すこ
とにより犠牲にされる利益，または行為の**社会的有用性**
が考慮されるべきか否かについて議論がある。ある薬が死亡率の高い特定の病
気の特効薬で他に代わりの薬がないような場合，たとえ，その薬には重い病気
が発生する副作用があったとしても，その製薬会社が，その副作用を十分に警
告して販売していれば，被害が発生しても，製薬会社には過失があったとはい
えないと解される。だが，鉄道騒音において，鉄道会社の過失を判断する際，
その鉄道事業の有用性や騒音を一定限度に低減するためのコストは考慮される
べきではあるまい。そこで，学説では，結果回避義務を課すことにより犠牲に

232　第6章　不法行為(1)

される利益，または行為の社会的有用性を考慮すべき場合と考慮すべきでない場合とに分けて考える見解が有力である。

故意・過失の立証責任　ジョギング事件が裁判で紛争解決されるためには，不法行為に基づく損害賠償請求の発生に必要な要件（前述の故意・過失等）を充足する事実の存否が裁判官に明らかにされる必要がある。民法709条で定める要件に該当する事実は，その権利の発生を主張する者が立証責任を負うと解されている。そこで，過失を基礎づける具体的事実は被害者Bが

✐ Topic 6-2

医師の過失

　医師の**過失**の認定にあたり，判例は，「臨床医学の実践における医療水準」を基準とする（★最判昭和57・3・30判時1039号66頁）。だが，債務不履行構成に関してではあるが，医療水準は医療機関の性格，所在地域の医療環境の特性等により異なることを認める。そして，「新規の治療法に関する知見が当該医療機関と類似の特性を備えた医療機関に相当程度普及しており，当該医療機関において右知見を有することを期待することが相当と認められる場合には，特段の事実が存しない限り，右知見は右医療機関にとっての医療水準である」とする（★最判平成7・6・9民集49巻6号1499頁：百選Ⅱ-84参照）。

　医師には，患者を適切な医療機関に転送する義務（前掲★最判平成7・6・9，最判平成15・11・11民集57巻10号1466頁），最新の医療知識を習得する研鑽義務（★最判平成14・11・8判時1809号30頁），患者の自己決定権の尊重から，医師が治療を行う場合，十分な説明をした上で同意を得て行う義務も課せられている。新規の治療法についての医師の説明義務は，医療水準として確立されたものに限るのが原則である。だが，未確立の療法（術式）でも，例外的に，患者に医師の知っている範囲で一定のことを説明する義務が課される場合がある（★最判平成13・11・27民集55巻6号1154頁）。

✐ Topic 6-3

軽過失・重過失

　「失火ノ責任ニ関スル法律」では，失火者は「重大ナル過失」がある場合のみ不法行為責任を負うとする。判例は，**重過失**とは「ほとんど故意に近い著しい注意欠如の状態を指す」という（★最判昭和32・7・9民集11巻7号1203頁）。これに対して，学説は，通常人に要求される注意義務を著しく欠くこと，つまり，故意と軽過失の中間に位置づけている。

立証しなければならない。そのままのスピードで運転すれば接触してBが怪我
をするかもしれないことを予見でき，加害者Aに結果を回避する義務が発生し
たことを基礎づける具体的事実，および，Aが結果回避義務を怠ったことを基
礎づける具体的事実につき，Bが立証する必要がある。

過失の一応の推定

過失の一応の推定という方法が用いられることがある
（★最判昭和51・9・30民集30巻8号816頁等）。ある事実が
存在すれば過失の存在が経験則から肯定できる場合，その事実の存在を立証す
ることにより過失が一応推定され，加害者側で，過失の不存在やあるいは当該
ケースにおいて経験則が働かないことを示す他の事実を証明しなければ，過失
が認定されることになる。

3　一般的不法行為の要件(2)─権利侵害・法律上保護される利益侵害

1　権利侵害・法律上保護される利益侵害

709条は，当初，故意・過失の他に「**権利侵害**」が要件とされていた。それ
が，2004年の改正により，権利侵害とともに，**法律上保護される利益の侵害**が
追加された。権利侵害に関する判例や学説で確立された解釈がもり込まれたと
いわれている。そこで，そのいきさつを簡単にみておこう。

権利侵害が要件とされたのは，不法行為の成立範囲を限定するためであっ
た。だが，権利は，すでに存在している必要はあるが，必ずしも限定されるも
のではないと解されていた。とはいえ，「権利」とはいえない，法律で保護さ
れるべきと考えられる法的利益が侵害された場合，権利侵害があったとはいい
にくい。

桃中軒雲右衛門事件（★大判大正3・7・4刑録20輯1360頁）では，まさにその
ようなことが問題となった。浪曲のレコード販売の権利者Xが海賊版を作った
Yに対して損害賠償請求をした事件である。レコードの複製が権利侵害にあた
るか否かが問題となり，大審院は，浪曲は低級音楽で語るたびに旋律が異なる
ことから著作権の保護の対象外だとした。このような複製・販売は正義の観念
に反するが，取締法がない以上不法行為責任を問えないというのである。

234 第6章 不法行為(1)

　だが，大審院は，そのような見解を，**大学湯事件**（★大判大正14・11・28民集
4巻670頁）で改めた。XがYから風呂屋の建物を賃借し「大学湯」（老舗）を買
い取ったが，その後，賃貸借契約の合意解除がなされた。だがYが建物の新賃
借人に「大学湯」を営業させたため，XはYに対して損害賠償請求をした事件
であった。大審院は，不法行為に基づく救済を与えることが必要と考えられる
1つの利益であればよく，老舗が売買の対象であることは否定できず，その転
売ができなくなったという得べかりし利益の損害があれば，加害者には損害賠
償責任があるとした。

　学説は，権利侵害は，不法行為の本質的要件である違法性の徴表でしかない
ため，権利侵害がなくても違法性が認められればよいとした。つまり，判例，
学説により，権利侵害がなくても，法律上保護される利益侵害がある場合にも
不法行為が成立することがありうると解されてきた。

2　違法性判断

　709条は，「権利」と「**法律上保護される利益**」の侵害を要件としたので，両
者の関係が問題となり，「**権利侵害**」のみが要件とされていたときとは，異な
る解釈がなされる可能性がないではない。しかし，2004年の改正では，権利侵
害に関する判例や学説で確立された解釈がもり込まれたといわれており，たと
え，新たな解釈論が展開されることがあっても，「権利侵害」をめぐる，これ
までの判例・学説の展開は重要なので，以下，みていこう。

<u>相関関係説</u>　先のような判例・学説を契機にして，709条の権利侵害は**違
法性**にとって代わられることになった。そして，違法性は，
当該加害行為の被侵害利益における違法性の強弱と加害行為の態様における違
法性の強弱とを相関的・総合的に考察すべしとする見解が主張され，基本的に
受け入れられてきている。この見解は，**相関関係説**といわれ，より具体的に
は，次のようにいう。侵害される利益には，確実な権利と認められたものか
ら，新たに認められるものがあり，確実な権利侵害が，違法性が強いと考えら
れ，加害行為も権利の行使から法規違反の行為にいたるまで，その行為の違法
性はしだいに強度を増す。既存の法律体系において絶対的な権利と認められる

Further Lesson 6-1

▶ ▶ ▶ ▶ ▶ 　違法性をめぐる議論

　伝統的には，過失は主観的要件，違法性は客観的要件と考えられ，現在でも，その
のように解することができれば，両者は明確に区別ができる。だが，現在，過失も
客観化してきているし，違法性の判断においても，加害者側の主観的要素も考慮さ
れるようになってきた。その意味で，両者で考慮される要素は，かなりだぶってき
ている。そして，今日，不法行為の保護の対象は，権利でなくても法的保護に値す
る利益でよいことが明らかとなっていることから，違法性概念は不要で，過失の枠
組みの中で不法行為の成否を考えるべきである。反対に，加害行為の故意，過失等
も考慮して違法性が判断されてきたので，違法性概念の中で，不法行為の成否を考
慮すべき要素のすべてを考えるべきである。このような見解が主張されている。な
お，前者の見解では，「権利侵害等」の要件も，理論的には独立の要件としての地
位を失い，「過失」または「損害」の発生の要件に吸収されたものと解すべきとい
う。

　たしかに，過失，違法性判断の要素はかなり重なることは否定できない。しか
し，それにもかかわらず，判例・通説は，被侵害利益によっては，侵害行為との態
様等との相関関係により違法性判断を行い，最終的な不法行為の成否を決してい
る。そして，通説は，一般的に故意・過失とは別に，違法性を分けて検討する意義
を認めている。もっとも，判例にあっては，身体・財物の物理的な侵害では，もっ
ぱら過失の有無によって不法行為の成否を判断する傾向にある。通説は，このよう
な場合，身体・財物の物理的な侵害があっただけで違法性があると理解する。これ
に対して，そのような場合には，故意・過失の他に，絶対権侵害を要件とし，他
方，他人の債権や，経済的利益，他人の名誉等の相対的権利等の侵害にあっては，
違法性（侵害行為の態様〔主観的要素を含む〕と被侵害利益の種類・性質との調
整・衡量によって決まる）の有無で不法行為の成否が決まるとして，不法行為を2
つの類型に分けて理解する学説も，最近唱えられている。

　このように，違法性をめぐり見解が分かれているが，不法行為の成否の基本的な
考え方については，必ずしも大きな相違があるとはいえない。

　生命・健康，所有権等の絶対的な権利が侵害された場合，故意・過失があれば原
則として不法行為が成立する。つまり，そのような権利は強く保護されるべきで，
そのために，加害者となりうる者の活動の自由は制限されてもやむをえないと考え
られるのである。それに対して，絶対的な権利とまではいえない，名誉や債権等の
ような権利にあっては，加害者側の権利・利益や加害者側の態様〔主観的要素を含
む〕との調整・衡量が必要と解されている。すなわち，絶対的な権利の侵害の場合
と比較すれば，加害者となりうる者の活動の自由は広くあるべきと解されているの
である。

ものを法規違反の行為により侵害するときは，違法性は最も強くなり，新たなる社会関係のうちに生成しつつある権利を権利の行使によって侵害するときは，その違法性は最も弱くなるというのである。

たとえば，生命・身体に対する侵害は，違法性が強いため，加害行為の違法性がわずかなものでも，全体として違法と評価されるが，営業活動上の利益は，生命・身体と比較すると弱い利益であるため，加害行為の違法性が強い場合でなければ，全体として違法と評価されないことになる。このように，弱い利益であっても，加害行為の態様を考慮して，不法行為の保護の対象となりうるのである。

もともとの相関関係説にあっては，加害行為の違法性の強弱については，刑罰法規違反，取締法規違反等が問題とされていたが，現在は，基本的には，加害行為の違法性判断の要素としては，故意か過失か，さらには害意か等が問題とされている。また，侵害される利益については，その種類・性質が問題とされていたが，被害の程度も違法性判断において重要なものと解されている。

裁判例における違法性判断　生命・身体，所有権のような権利の侵害がある場合には，原則として，それだけで，違法性が認められると解されている。それらの権利は最も強く保護されるべきもので，しかも保護されるべき境界は明確で，加害者側の行動の自由や，加害者側の権利行使の利益は制約されざるをえないからである。ただ，加害者自身の生命・身体が危険にさらされているような場合には，正当防衛等の一定の要件の下，違法性が阻却されることになる。

これに対して，営業活動上の利益にあっては，保護の境界は必ずしも明確でなく，しかも生命・身体と比較すると，それらの価値は高くないため，加害者側の主観的事情や侵害される利益以外の諸利益が考慮されざるをえない。営業活動上の利益が侵害されても，加害者側も営業活動上の利益を追求する過程で生じたものであれば，それが自由競争の範囲内の行為であれば，違法とはいえない。名誉権やプライバシー権も，表現の自由との調整を図らなければならない。

> **違法性判断の具体例(1)**
> **：人格的利益侵害**

（1）**生命・身体**　**生命・身体**に対する侵害については，基本的には前述したとおりである。では，ジョギング事件では，どうなるか。そこでは，Bの身体損害が問題となっているので，原則的には，それだけで，違法性は肯定される。むろん，不法行為が成立するには，Aの過失等のその他の要件を満たす必要がある。ただ，Aが，自らに正当防衛等の違法性阻却事由があると主張立証できるような事実があれば，Aは不法行為責任を免れる。なお，生命侵害にあっては，直接の被害者は死亡しているので，誰が，どのような損害の賠償請求を加害者になすことができるかが問題となり，この点は，後に取り上げる。

なお，最高裁は，患者の「相当程度の生存可能性」も法によって保護されるべき利益であるとしている（★最判平成12・9・22民集54巻7号2574頁：百選Ⅱ

✐ Topic 6-4

建物取得者に対する設計者・施工者・工事管理者の不法行為責任

　購入建物に「建物としての基本的な安全性を損なう瑕疵」がある場合，前主からその建物を買い受けた所有者は，直接契約関係がない建物の設計監理者・施工者に瑕疵の修補費用相当額の損害賠償を請求できるか。

　最判平成19・7・6民集61巻5号1769頁（百選Ⅱ-85）は，建物の建築に携わる設計者・施工者・工事監理者は建物の建築にあたり，契約関係にない居住者等に関係でも，その建築に「建物としての基本的な安全性」が損なわれないように配慮すべき注意義務を負い，その義務に違反したため建築された建物に「建築としての基本的な安全性」を損なう瑕疵があり，その「瑕疵」の存在を知りながらこれを前提として当該建物を買受けていたなど特段の事情がないかぎり，「瑕疵」の修補費用相当額の損害賠償を請求できるとした。しかも，最判平成23・7・21判タ1357号81頁は，所有者がその建物を第三者に売却するなどして所有権を失った場合でも，修補費用相当額の塡補をうけたなどの特段の事情がないかぎり，いったん取得した損害賠償請求権を当然に失わないとした。また，「建物としての基本的な安全性を損なう瑕疵」とは，建物の瑕疵が，居住者等の生命・身体・財産に対する現実的な危険をもたらしている場合に限らず，その瑕疵の性質に鑑み，これを放置するといずれは居住者等の生命，身体または財産に対する危険が現実化することになるような瑕疵であり，建物の美観や居住者の居住環境の快適さを損なうにとどまる瑕疵は，これに該当しないとする。

-88)（➡ **Topic 6-7** 参照）。

(2) **快適で健康な生活・景観利益**　**快適で健康な生活を送るという利益**も当然，法的に保護されるべき利益である。そこで，日照被害，騒音，ばい煙等により，このような利益の侵害があれば違法性が認められることがある。しかし，たとえば，隣に家が建てられたため，少しでも日があたらなくなったからといって，直ちに違法とすることはできない。快適で健康な生活を送るという利益の侵害が違法となるか否かは，被害の程度，加害行為の態様，地域性，被害回避可能性，法規適合性などを総合的に判断して決まる。そして，その結果，被害者の受忍限度を超えている場合に違法性が肯定される。

良好な景観の恵沢を享受する利益（**景観利益**）も法律上保護されるべき利益と認められている。だが，その侵害が違法な侵害といえるためには，侵害行為の態様や程度の面において社会的に容認された行為としての相当性を欠くことが求められる（最判平成18・3・30民集60巻3号948頁：百選Ⅱ-89）。

(3) **身分上の人格的利益**　判例は，夫婦の一方の配偶者と第三者が関係をもつことは，第三者に，故意・過失があるかぎり，配偶者を誘惑したか，関係が自然の愛情によるかにかかわらず，他方の夫・妻としての権利を侵害し，違法だと解している（★最判昭和54・3・30民集33巻2号303頁）。もっとも，「婚姻関係がその当時既に破綻していたときは」原則として不法行為責任は負わない（★最判平成8・3・26民集50巻4号993頁：百選Ⅲ-11）。これに対して，第三者は，関係をもった母親の未成年の子に対しては，害意をもって母親の「子に対する監護等を積極的に阻止するなど特段の事情のない限り」，未成年の子に対して不法行為を構成しないと解されている。ただ，第三者との同棲の結果，未成年の子が事実上母親の愛情，監護，教育を受けることができず，そのため不利益を被ったとしても，そのことと右第三者の行為との間には相当因果関係がないことを理由とする（前掲★最判昭和54・3・30）。

内縁も法的に保護されるべき生活関係にほかならないので，内縁が正当の理由なく破棄された場合には，不法行為責任が肯定されている（★最判昭和33・4・11民集12巻5号789頁：百選Ⅲ-24）。

(4) **名誉，プライバシー**　人格的利益として，**名誉，プライバシー**が重要

第 6 章　不法行為(1)　239

なものとなってきている。名誉とは，人がその品性，徳行，名声，信用などの人格的価値について社会から受ける客観的評価（★最判昭和45・12・18民集24巻13号2151頁）である。そこで，本人が「名誉」が侵害されたと思っても，それにより，**社会的評価**が低下するものでなければ「名誉侵害」とはいえない。だが，人の自分自身の人格的価値について有する主観的評価（**名誉感情**）の侵害についても，法的保護に値する利益として認められてきている（★最判平成14・9・24判時1802号60頁）。**プライバシー権**とは，私生活をみだりに公開されないという法的保障ないし権利（★東京地判昭和39・9・28下民集15巻9号2317頁）である。そこで，プライバシー権侵害にあっては，名誉侵害と異なり，社会的評価の低下は問題とならない。また，真実であることも違法性阻却事由とはな

✐ Topic 6-5

名誉侵害と表現の自由

　名誉侵害にあっては，事実の適示による場合と意見ないし論評による場合とがある。前者にあって，虚名も保護の対象とされているため，適示された事実が真実だというだけでは違法性は阻却されない。その行為が①公共の利害に関する事実にかかわり，②もっぱら公益を図る目的としたもので，③適示された事実が真実であることが証明されたときに，違法性が阻却される。さらに，重要なのは，その事実が真実であるとの証明がないときにも，その事実が真実と信じるについて相当の理由があるときには，故意または過失がないとして，結局，不法行為は成立しないとされている点である（★最判昭和41・6・23民集20巻5号1118頁）。そこで，相当な理由があったか否かが重要な問題となる。当該記事が通信社からの配信記事であることは，相当な理由といえるであろうか。判例は，否定する（★最判平成14・1・29民集56巻1号185頁）。大衆紙という新聞社の性質は，名誉侵害の成否に影響を与えないとの判例（★最判平成9・5・27民集51巻5号2009頁）も重要である。

　他方，意見ないし論評による名誉侵害においては，その行為が①公共の利害に関する事項につき，②公益の目的のため，しかも③その前提となっている事実の主要な点において真実であることが証明されたときは，④人身攻撃におよぶなど論評としての域を逸脱していなければ，違法性が阻却され（★最判平成元・12・21民集43巻12号2252頁），さらに，ここでも，論評の前提事実が真実であるとの証明がないときにも，その事実が真実と信じるについて相当の理由があるときには，故意または過失がないと解されている（★最判平成9・9・9民集51巻8号3804頁：百選Ⅱ-90）。

240 | 第6章 不法行為(1)

らない。前述のように，名誉侵害，プライバシー権侵害にあっては，表現の自由との調整が重要である。

(5) その他の人格権　　氏名や肖像も法律上保護の対象となる。だが，たとえば，氏名を正確に呼称される利益は「必ずしも十分に強固なものとはいえない」ことから，不正確に呼称した行為があっても，「当該個人の明示的な意思に反してことさらに不正確な呼称をしたか，又は害意をもって不正確な呼称をしたなどの特段の事情」がないかぎり違法性は否定されている（★最判昭和63・2・16民集42巻2号27頁）。また肖像権が侵害されても，その行為が表現の自由の行使として相当と認められる範囲内においては，違法性が阻却される（★東京高判平成5・11・24判時1491号99頁）。他に，宗教上の信念に反するとして，輸血を伴う医療行為を拒否するとの明確な意思を有している場合，輸血を伴う医療行為を受けるか否かの意思決定をする権利も，人格権の一内容として尊重されなければならないとされている（★最判平成12・2・29民集54巻2号582頁）。

**違法性判断の具体例(2)
：財産的利益の侵害**

(1) 所有権侵害・その他の物権　　所有権が侵害されたときは原則として違法となる。地上権等の用益物権も同様である。では，二重譲渡において，第二譲受人が第一譲受人の存在を知って譲り受け，先に登記をした場合，第一譲受人は，第二譲受人に対して所有権侵害に基づいて不法行為責任を追及できるであろうか。第一譲受人は，民法176条によれば，すでに所有権を取得しており，第二譲受人の所有権侵害があるとみることもできる。だが，判例・通説によれば，第一譲受人は登記を有する悪意の第二譲受人に対しても当該所有権取得を対抗できない。そこで，第一譲受人は，第二譲受人に対して所有権侵害に基づいて，損害賠償を請求することはできないと解さざるをえない。もっとも，第一譲受人の譲渡人に対する契約上の債権を，第二譲受人が侵害したとして不法行為責任を追及できるか否かは別に考える必要がある。

(2) 債権侵害　　債権は，債務者に対してしか請求できない相対権であるが，他の権利と同様，権利の不可侵性を有しており，第三者による**債権侵害**も不法行為となりうることが，今日異論なく認められてきている（★大判大正4・3・10刑録21輯279頁：百選II-19）。だが，債権が侵害された場合，つねに，

所有権侵害のように原則として直ちに違法とすることはできない。債権は物権と異なり，外部からその存在を知ることが困難である（認識困難性），同一内容の債権も併存しうるし，債権の実現は債務者の自由意思にゆだねられている等の特色がある。また，債権の内容は多様である。以上のような特色を，債権侵害の違法性判断において考慮する必要はないか，考慮するとして，どのようになすべきかが問題となる。また，「債権侵害者」側の権利・利益との調整も考える必要がある。

> ▓ **Case 6-2** AがBに不動産を売却した後，さらにCに売却して，Cに移転登記も済ませた。Cは，その不動産がすでにBに売却されていたということを知っていた場合，Bは，Cに対して債権侵害に基づいて不法行為責任を追及できるか。Cが背信的悪意者の場合はどうか。

　(a)　不動産の二重譲渡　この場合の問題は，第二譲受人Cの債権侵害が違法といえるか否かである。物権レベルでは，第一譲受人BがCに対して所有権取得を対抗できないとしながら，債権レベルで，BがCに対して債権侵害に基づき不法行為責任の追及を認めることができるかが問題となっている。判例は，この事案のような場合，第一譲受人は，悪意の第二譲受人に対して不法行為責任を追及できないと解している（★最判昭和30・5・31民集9巻6号774頁）。だが，登記を有する第二譲受人が**背信的悪意者**であれば，判例・通説によれば，第一譲受人は，所有権取得をその者に対抗できるので，第一譲受人は，第二譲受人に対して債権侵害に基づいて不法行為責任を追及できることについては異論がない。

　第一譲受人は，所有権取得を，登記がなくても悪意の登記を有する第二譲受人に対して対抗できるとの見解を前提とすれば，悪意の第二譲受人に対して債権侵害に基づき不法行為責任を追及できることも問題なかろう。そこで，177条の第三者の主観的要件に関して判例・通説の立場（善意悪意不問説）をとったとしても，登記を有する背信的悪意者とはいえない第二譲受人に対してまで，第一譲受人は債権侵害に基づき不法行為責任を追及できるかが問題となる。この点につき，第二譲受人が悪意であれば不法行為が成立する，単なる悪意では

242　第6章　不法行為(1)

十分ではないが，背信的悪意者とはいえない場合でも不法行為の成立を認めるべきとの見解が主張されている。要するに，ここでは，主として**物権レベルのルールとの関係**，**自由競争の範囲**をどの程度のものと解するかが問題となっているといえよう。

Case 6-2 で，Cが背信的悪意者であれば，BはCに対して債権侵害に基づき不法行為責任を追及できることに異論はない。だが，Cが悪意である場合には，どの見解をとるかにより結論が異なる。判例からすれば，否定的な結論となる。

> **▓ Case 6-3**　AはB会社の有能なセールスマンであった。ところが，C会社はAにB会社の給料の2倍を出すということでAを引き抜いた。B会社は，C会社に対して不法行為に基づき損害賠償請求をなしうるか。

(b)　引き抜き　　B会社が侵害される利益は，B会社のAに対する債権ということもありえようが，一般的には，営業利益や営業秘密が問題となっているといえよう。しかし，一般に債権侵害で取り上げられているので，ここで検討していこう。C会社の引き抜きにより，B会社の営業利益がかなり落ちてしまったとしても，たとえ債権が侵害されたとしても，それだけで直ちに違法とはいえない。C社にも**営業活動の自由**がある。Aには**職業選択の自由**がある。それらとの調整が必要だからである。そこで，一般には，C会社の引き抜きが違法となるためには，B会社に損害を与える目的をもってなされたような場合に限定されると解されている。もっとも，その判断において，労働者が退職後，競業避止義務，営業秘密保持義務を負っているか否か等も考慮される必要

✐ Topic 6-6

不当訴訟

　訴えの提起がなされたが，敗訴した場合，その訴えの提起は，違法となるであろうか。裁判を受ける権利は憲法32条で保障された権利である。そこで，訴えの提起は，提訴者が当該訴訟において主張した権利または法律関係が事実的・法律的根拠を欠き，同人がそのことを知りながらまたは通常人であれば容易にそのことを知りえたのにあえて提起したなど，裁判制度の趣旨目的に照らして著しく相当性を欠くかぎり，相手方に対する違法な行為となると解されている（★最判昭和63・1・26民集42巻1号1頁）。

第 6 章　不法行為(1)　243

図表 6 - 1　損害の種類

財産的損害	財産上の利益状態に生じた不利益
積極的損害	不法行為があったため，被害者の財産から積極的に出費しなければならなくなった損失（具体例：治療費，入院費，修理費等）
消極的損害	不法行為がなければ得られたであろうにもかかわらず，そのために失ってしまった利益の損失（得べかりし利益，逸失利益ともいう）
精神的損害	不法行為があったため，被害者に生じた精神的苦痛

がある。

(c)　債権の帰属自体を侵害する場合　　債権者でない者が債権の準占有者として弁済を受けたような，債権の帰属自体を侵害する債権侵害にあっては，行為態様に関係なく違法な行為と解すことに異論はない。

(d)　責任財産の減少　　債務者との取引行為により第三者が債務者の責任財産を減少させたような場合には，もっぱら詐害行為者取消権によるべきとされている。また，第三者が債務者の責任財産を毀損して，責任財産を減少させたような場合，債権者が第三者に不法行為責任を追及するためには，債権侵害の故意が必要と一般に解されている。

3　損害の発生

　不法行為制度の主たる目的は，損害の塡補であり，民法709条も，「これによって生じた損害を賠償する責任を負う」と定めているので，不法行為の成立には，損害の発生が必要である。ジョギング事件においては，Ｂは怪我をし，腕時計も壊れてしまったのであるから，常識的に考えると，損害が発生したといえそうである。法的にはどうであろうか。

　伝統的には，損害は，不法行為がなかったとした場合の被害者の利益状況と不法行為があったために生じた被害者の利益状況との差を金銭的に表したものと解されてきた（**差額説**という）。ただ，これだけでは，あまりにも抽象的なので，損害は一般に，**図表 6 - 1**のように分類されている。

　そこで，ジョギング事件にあっては，伝統的見解によれば，Ｂの怪我を損害とみるのではなく，怪我をしたためにかかった治療費や入院費（具体的な金額），時計については，それが壊れたことが損害ではなく，そのためにかかっ

244 第6章 不法行為(1)

た修理費（具体的な金額）が損害ということになる。むろん，Bは，精神的損害も被っている。その意味で，ジョギング事件では，たしかに，Bに損害が発生しているといえよう。

> **Case 6-4** ジョギング事件で，Bは右足に後遺症が残り，日常生活にそれほど支障は生じないが，営業活動をするような仕事はなかなか困難な状況になってしまった。ただ，Bは，現在，大手電機メーカーの事務職として働いており，事故後も支障なく仕事を行っており，収入は減っていない。このような場合でも，Bには，損害が発生しているといえるか。

　伝統的見解によれば，Bに後遺症があることが損害でなく，そのことにより現実に収入の減少がなければ，損害は発生していないことになる。同様な事案で，最高裁も，損害の発生を否定している（★最判昭和42・11・10民集21巻9号2352頁）。だが，労働能力の喪失が損害だとの見解（**労働能力喪失説**）をとり，実際の減収がなくても，労働能力の喪失が認定されるかぎりは，損害の発生を肯定する下級審裁判例も少なくない。さらに，学説では，人の死傷自体が損害とする見解（**死傷損害説**）が有力で，この説によっても，損害の発生は肯定される。

4　因 果 関 係

相当因果関係とは　判例は，**相当因果関係**という言葉をいろいろな意味に用いてきている。ジョギング事件でいえば，①Bが足に怪我をして治療費・入院費等の損害が発生したのは，Aが運転する自動車の接触によるものか否か，②Aは，C医師の過失により，Bの右足に後遺症が発生したために生じた損害についても責任を負うか，③Bに生じた入院費用，弁護士費用の損害額はどのように算定されるか。これらの判断において，相当因果関係という言葉が用いられることが多い。しかし，①は，Aが運転する自動車の接触がなければ，Bが足に怪我をして治療費・入院費等の損害が発生しなかったかという事実的因果関係の問題であり，②は，事実的因果関係にある損害のうち，どの範囲の損害までAが賠償しなければならないかが問題となっている。③は確定された損害の金銭的評価の問題である。このように，それぞれ

性格が異なる問題であり，区別して論じられるべきであるとの見解が主張され，大きな影響を与えた。批判がないわけではないが，①と②③とは基本的には区別して論じられてきている。そこで，ここでは，①の問題を取り上げ，②③に関しては，不法行為の効果で取り上げよう。

事実的因果関係　ジョギング事件で，Bが足に怪我をして治療費，入院費等の損害が発生したのはAの運転する自動車の接触によるものか否かは，どのようにして判断されるのであろうか。**事実的因果関係**があるか否かは，**「あれなければこれなし」**による。つまり，加害者の行為が損害発生の唯一の原因である必要はなく，必要条件であればよい。そこで，A運転の自動車との接触がなければ，Bの損害が生じなかったことが明らかになればよく，この場合には，問題なく認められよう。しかも，Bがそのような事実的因果関係の存在を主張立証しなければならないが，その点も困難ではないであろう。

　ところが，「あれなければこれなし」という基準によって，事実的因果関係を判断することが難しい場合がある。また，公害や医療過誤のような場合には，事実的因果関係の存在の立証が容易でない場合が少なくない。

事実的因果関係の判断　「あれなければこれなし」では，うまく判断できない場合としては次のような場合がある。

▞ Case 6-5　AおよびBがCを拳銃で殺害したが，AとBが同時に撃った弾が両方ともCの心臓に命中していた。この場合，AがCを撃たなくても，Bが撃った弾で死亡していたのであるから，Aの行為とCの死亡との間には事実的因果関係はないということになるのであろうか。

たしかに，「あれなければこれなし」を適用すると，Aの行為とCの死亡との間には事実的因果関係はないことになる。だが，同様に，Bの行為とCの死亡とでも同じようなことがいえてしまう。そして，A・BともCの死亡について不法行為責任がないことになるが，常識的に考えてもそれはおかしい。それぞれ，他の行為がなければ単独で責任を負うことが明確なのに，たまたま，それらが重なった場合に，両者ともに責任を負わないのはバランスに欠けるからである。そこで，このような場合には，「あれなければこれなし」の例外として，事実的因果関係が肯定されている。Bの行為とCの死亡との事実的因果関

246 第6章 不法行為(1)

係についても同様である。

> **Case 6-6** Aは，深夜道路中央に泥酔し横たわっていたCを，拳銃で撃ち致命傷を負わせた。その直後，その現場に，たまたま，Bが自動車で通りかかり，まだ生きていたCを轢いてしまった。BがCを轢かなくてもCが死亡するのは時間の問題であったのであるから，BがCを轢いたこととCとの死亡には事実的因果関係はないといえるだろうか。

「あれなければこれなし」からすれば，そのようにいえよう。だが，BがCを轢いたことにより，Cが死亡したのであるから事実的因果関係は肯定されている。ただ，Cは，すでに致命傷を負っていたことを考慮して，賠償額を減額すべきかについては議論がある。他方，通説は，Aは，BによりCが轢かれるまでの被害については責任を負うが，Aの行為とCの死亡との事実的因果関係は否定する。前の **Case 6-5** とのバランスから，Cの死亡までの事実的因果関係を認めるべきとの見解も主張されている。

> **事実的因果 関係の立証**

(1) **立証の原則**　公害訴訟や医療過誤訴訟においては，事実的因果関係の立証において，自然科学上の知見が問題となることが少なくない。その場合，自然科学的に明確にされなければならないのか。最高裁は，「訴訟上の因果関係の立証は，一点の疑義も許されない**自然科学的証明**ではなく，経験則に照らして全証拠を総合検討し，特定の事実が特定の結果発生を招来した関係を是認しうる高度の蓋然性を証明することであり，その判定は，通常人が疑を差し挟まない程度に真実性の確信を持ちうるものであることを必要とし，かつ，それで足りるものである」（★最判昭和50・10・24民集29巻9号1417頁：百選Ⅱ-87）とする。

つまり，事実的因果関係の立証は，自然科学的証明とは異なり，通常人が疑いを差し挟まない程度の証明でよいとしている。

(2) **立証負担の軽減**　(a) **事実上の推定**　原告が，事実的因果関係を**直接証拠**で立証できなくても，**間接事実**（一定の主要事実の存在を推認させる別個の具体的事実）からも，経験則（経験に基づいて得られた，事物の生起に関する規則）によって因果関係の存する高度の蓋然性を証明することが認められている。

(b) **疫学的因果関係**　公害訴訟などでは，原因物質と個々の被害者の疾患

との間の事実的因果関係を立証することは、きわめて困難である。そこで、疾患の原因を人間的集団のレベルで統計的に観察・解明し（このような学問を疫学という）、これを基礎として特定の個人と問題の疾患との間の個別的因果関係を解明する方法が使われてきている。

しかし、**疫学**により集団的因果関係が認められたとしても、そこから特定の被害者についての個別的因果関係が高度の蓋然性をもって推認できるかについては議論がある。「特異性疾患」（水俣病、イタイイタイ病等）にあっては、そのような推認が肯定されることに異論はない。だが、「非特異性疾患」（慢性気管

✍ Topic 6-7
医療過誤訴訟における因果関係の立証

　医師が法的に適切な医療行為を行っても医療の限界により患者は死亡してしまうということもありうる。その場合、医師が適切な治療を行わなかった過失があっても、その過失と患者の死亡との間には事実的因果関係はなく、その医師は不法行為責任を負わないことになるのであろうか。このような場合にあっても、最高裁は、一定の場合、次のような法的構成によって、医師の不法行為責任を肯定する。

　第1は、患者が実際に死亡した時点においては、生存していたことが明らかであるが、生存可能性が明らかでない場合である。そのような場合、医師の過失によって、患者の「その時点における生存」を侵害したことになり、医師の過失と「その時点における生存」侵害（その時点における死亡）との間の因果関係は肯定されるとした（★最判平成11・2・25民集53巻2号235頁）。患者が「その死亡の時点」後、どの期間生存できたかは、「主に得べかりし利益その他の損害の額の算定に当たって考慮されるべき事由」だとする。

　第2は、医師の過失と患者が実際に死亡した時点においては、生存していたことが明らかではない場合である。そのような場合でも、医師が医療行為に過失があった場合、「医療水準にかなった医療が行われていたならば患者がその死亡の時点においてなお生存していた相当程度の可能性の存在が証明されるときは」、「生存していた相当程度の可能性」という法益侵害が認められ、「医師は、患者に対し、不法行為による損害を賠償する責任を負う」として、医師の不法行為の成立を認め、その使用者に慰謝料支払義務があるとした原審の判断は正当として是認できるとした（★最判平成12・9・22民集54巻7号2574頁：百選Ⅱ-88）。その後、「重大な後遺症が残らなかった相当程度の可能性」の侵害による損害賠償責任も認められている（★最判平成15・11・11民集57巻10号1466頁）。

支炎等）においては，さまざまな原因が考えられることから問題となる。汚染物質にさらされた者が属する集団の罹患率とそうでない集団の罹患率との比較値が相当程度高い場合には，疫学による集団的因果関係から高度な蓋然性をもって個別的因果関係を推認できると解されている。しかし，その比較値が相当程度高いとはいえない場合には，他の間接事実（たとえば，大気汚染にあっては，被害者は喫煙者でなくアレルギー体質でもない等の他原因）を積み上げていくことにより，初めて高度な蓋然性をもって個別的因果関係を推認することが可能となる。

(c)　確率的心証論　　以上のような方法によっても，個別的因果関係を高度な蓋然性をもって推認できなければ，伝統的な理解では，事実的因果関係は否定される。だが，下級審裁判例（★東京地判平成4・2・7判タ782号65頁）は，「原告が水俣病に罹患している相当程度の可能性が認められるとき，損害賠償責任を否定するのは妥当でなく，その可能性の程度を損害賠償額の算定にあたって算定すべきである」として，その可能性が蓋然性の程度を大きく下回るようなものでない場合には，その可能性の程度を損害賠償額（慰謝料）の算定にあたって反映させるのがより妥当だとした。学説でも，事実的因果関係が存在する相当程度の蓋然性，たとえば6割の確率があれば，6割の限度で賠償額を容認することができるとの見解が主張されている。ただ，いずれも例外的な場合，つまり，統計学的に信頼しうる確率に基づき因果関係を立証できる場合，または，因果関係の存在につき十分立証ができないことにやむを得ない事情がある場合に限定している。今後さらに議論されるべき課題である。

4　不法行為の効果

1　損害賠償の方法

救済方法　　不法行為があったときには，被害者は加害者に対して損害賠償請求をなすことができる。損害賠償は，**金銭賠償**が原則である（▶722条1項・417条準用）。金銭賠償は**一時金賠償方式**（金銭に評価された損害を全額一括して支払う方式）が一般的である。しかし，逸失利益，将来の介護

費用，義足の取り替え費用のような後遺障害に要する費用など，将来にわたる損害については，不確定要素があり，一時金賠償方式での損害額の算定には困難がつきまとう。そこで，一定期間発生する損害をそのつど算定して支払う方式（定期金賠償方式）による方が合理的ともいえ，将来の介護費用については定期金賠償を認める下級審裁判例も目につく。そして，定期金賠償において，将来の事情の変更に対応できるよう，民事訴訟法117条により訴訟上の問題は解決されているが，履行確保の立法的措置の必要性が指摘されている。

2　原状回復

原状回復とは，不法行為がなかったのと同じ状態に戻すことである。723条では，名誉毀損において，裁判所は，被害者の請求により，損害賠償に代えて，または損害賠償とともに，名誉を回復するのに適当な処分を命じることができると規定されている。適当な処分として謝罪広告などが認められている。鉱業法では，鉱害による損害賠償請求は，金銭賠償が原則であるが，賠償金額に比して著しく多額の費用を要しないで原状回復をすることができるときは，被害者は原状の回復を請求でき，裁判所が適当であると認めるときは，前項の規定にかかわらず，金銭をもってする賠償に代えて原状の回復を命じることができるとしている（▶鉱業111条2項・112条3項）。

3　損害賠償請求権者

不法行為により被害者が損害を被った場合，被害者が損害賠償請求をなしうることに基本的には問題はない。ところが，損害賠償請求権者をめぐり問題となる場合がある。第1は，被害者が死亡した場合である。第2は，不法行為に

✐ Topic 6-8

損害賠償者の代位

加害者が他人の物を毀損し，その物の価額の全部を賠償した場合，加害者は，その物の所有権を取得する。明文の規定はないが，債務不履行の「賠償者による代位」の規定（422条）を類推適用することにより，そのように解されている。

250 第6章 不法行為(1)

より被害者以外の第三者に損害が発生した場合（このような第三者を「**間接被害者**」という）であり，第3は，胎児および法人についてである。

> **■ Case 6-7** ジョギング事件で，Bは，打ち所が悪く死亡してしまった，とした場合，Bの妻Dは，判例の考え方によれば，Aに対してどのような法的根拠に基づき，どのような損害の賠償を請求できるか。

被害者が死亡した場合 　(1) **民法711条**　　まず，民法711条をあげることができる。DはBの妻であり，しかも，Bの死亡につきAが不法行為責任を負うことから，Dは，711条に基づきAに対して慰謝料請求をなしうる。

　起草者は，近親者が死亡しても，**遺族固有の慰謝料請求権**を709条から当然に導くことはできない，また，生命侵害に基づく慰謝料請求権が死者には生じないため，そのような慰謝料請求権を遺族が相続することもありえない，と解していた。そこで，生命侵害にあって，711条により，例外的に被害者の父母・配偶者・子に慰謝料請求権を認めたのである。

　もっとも，被害者の夫の妹は，身体障害者であるため長年にわたり被害者と同居してその庇護のもとに生活を維持し，将来もその継続を期待していたところ，被害者の死亡により甚大な精神的苦痛を受けた事案で，その被害者の夫の妹に711条の類推適用が認められている（★最判昭和49・12・17民集28巻10号2040頁）。

　(2) **財産的損害賠償請求権の相続**　　Dは，Bの財産的損害賠償請求権を相続できないか。起草者は，前述のように生命侵害にあって，被害者の損害賠償請求権の相続を否定していた。不法行為により被害者が死亡した場合，被害者は権利能力を喪失するため，死亡による損害賠償請求権を取得することはできないからである。学説も，そのような論理上の問題とともに，親が子どもの逸失利益を相続するという逆相続が生じ不自然である，生前に被害者と交際のない相続人が多額の損害賠償請求権を相続するのは妥当でないとして，被害者の損害賠償請求権の相続を否定する見解が少なくない。

　だが，判例は，重傷の場合には，**財産的損害賠償請求権の相続**が認められる

のに対して，重傷より重い死亡の場合に認められないことはバランスを失する
し，重傷と死亡との間に観念上時間の間隔があると解すことができるとして，財産的損害賠償請求権の相続を肯定する（★大判大正15・2・16民集5巻150頁）。

相続否定説によると，DはAに対し何らの財産的損害賠償請求もできなくなるわけではない。相続否定説は，被害者の近親者に固有の損害賠償請求を認める。何を固有の損害とみるかについて見解が分かれるが，扶養を受ける利益の侵害，遺族の生活利益の侵害とみる見解が有力である。だが，①その額は，相続肯定説より低くなってしまい，重傷の場合と死亡との場合とのアンバランスが生じる，②幼児死亡の場合に財産的損害賠償請求が認められなくなることは国民感情にあわない，③相続肯定説における損害額の算定は簡明で基準が客観的であり，請求権者も明確である等の理由で，学説上，相続肯定説の支持者も少なくない。

判例によれば，Dは，Bの財産的損害賠償請求権の相続が認められ，相続否定説によれば，Dは扶養を受ける利益侵害に基づく損害賠償請求をAになしうる。

(3) 慰謝料請求権の相続　DがBの慰謝料請求権を相続できるかも問題となる。**慰謝料請求権の相続**を肯定するには，死亡した被害者が，そもそも慰謝料請求権を取得できなければならない。さらに，慰謝料請求権は一身に専属する権利であり（▶896条ただし書参照），そのため本人の請求の意思表示が必要である。その意思表示があって初めて，通常の金銭債権となり相続されるからである。当初の判例は，そのような見解をとっていた。だが，その見解では，被害者が即死したような場合には，慰謝料請求権の相続を肯定できず，妥当でない。そこで，被害者は特段の事情がないかぎり，何らの意思表示をすることなく損害の発生と同時に慰謝料請求権を行使でき，相続人に相続されると解されている（★最大判昭和42・11・1民集21巻9号2249頁：百選Ⅲ-60）。したがって，Dは，711条に基づく固有の慰謝料請求とともに，相続したBの慰謝料請求権も行使できる。

慰謝料請求権の相続肯定説に対しては，財産的損害賠償請求権の相続と同様

252 第6章 不法行為(1)

な批判があるが，さらに，711条の立法趣旨を阻害するとの批判もなされており，学説の多くが判例に批判的である。

間接被害者 (1) **治療費を支出した間接被害者** 被害者に生じた治療費を近親者が支出した場合，その近親者は加害者に，その費用の賠償を請求できるか。判例（★大判昭和12・2・12民集16巻46頁等）は肯定する。学説の多数も肯定するが，近親者が扶養義務者である場合にのみ損害賠償請求権が認められ，非扶養義務者にあっては認められないとの見解も有力である。なお，判例は，被害者の損害としても治療費の請求を認める（★最判昭和32・6・20民集11巻6号1093頁等）。

(2) **定型的付随損害** 不法行為により間接被害者に，直接被害者に対する損害に付随する間接被害者固有の損害（定型的付随損害）が発生することがある。そのような損害につき，間接被害者は加害者に対して，損害賠償請求をなしうるか。

711条は，生命侵害の場合において，まさに間接被害者に固有の慰謝料請求を明文で認めている。では，被害者が負傷したにとどまるときにも，そのことにより，精神的苦痛を被ったとして被害者の親が加害者に損害賠償請求をなしうるか。最判昭和33・8・5民集12巻12号1901頁は，10歳の娘が顔面を負傷し，娘の母親が加害者に対して固有の慰謝料を請求した事件で，その娘が死亡したときにも比肩しうべき精神上の苦痛を受けたと認められることから，711条所定の場合に類する本件においては，娘の母親は，709条・710条に基づいて，自己の権利として慰謝料を請求しうるとした。

(3) **企業の損害** 企業の従業員が不法行為により負傷したため，企業が治療費を支払い，また被害従業員が働かなかったにもかかわらず賃金を支払った場合，企業は加害者に損害賠償請求できるか。企業に支払義務がある場合（▶労基76条，就業規則等）は422条類推適用により，肯定されている（★最判昭和36・1・24民集15巻1号35頁等）。

では，会社の役員や従業員が負傷ないし死亡した場合に，会社に生じた損害（逸失利益）につき，会社は加害者に損害の賠償を請求できるであろうか。判例は，被害者には会社の機関としての代替性がなく被害者と企業とは経済的に一

体をなす関係にあるものと認められる事実関係の下では，加害行為と会社の利益の逸失との間に相当因果関係が認められるとした（★最判昭和43・11・15民集22巻12号2614頁：百選Ⅱ-99）。

胎児・法人　胎児は権利能力を有しない（▶3条1項）ので，損害賠償請求権の主体となり得ないはずであるが，例外的に，不法行為に基づく損害賠償請求権については「既に生まれたものとみな」されている（▶721条）。また，法人の名誉毀損が問題となった事件で，法人も財産的損害には入らない非財産的損害を「**無形損害**」として民法710条に基づいて加害者に対して損害賠償請求をなしうる（★最判昭和39・1・28民集18巻1号136頁）。

4　損害賠償の範囲

> **Case 6-8**　(1)　ジョギング事件では，Bは，Aが運転する自動車に接触され倒れて右足に怪我をして，簡単な手術を受けたが，C医師の過失によって，Bは右足に後遺症が残ってしまった。では，AがBに接触して右足に怪我をさせてしまったことに過失がある場合，Aは，C医師の過失によりBに生じた右足の後遺症による逸失利益についても賠償しなければならないか。C医師に重大な過失がある場合はどうか。
> (2)　ジョギング事件で，Bは，Aが運転する自動車に接触され倒れて下半身に大怪我をしてしまい，後遺症が残ってしまったとする。その際，Bは，温泉治療に出かけた費用をAに損害として請求できるか。また，看護のためBの娘が留学先のニューヨークから一時帰国をした費用はどうか。

損害賠償の範囲を限定すべきか　Case 6-8(1)においては，Aの加害行為とBの右足の後遺症との間には事実的因果関係がある。Aの加害行為がなければ，Bは右足に後遺症を負うことはなかったといえるからである。では，Aの過失等の要件も満たすとすると，Aは，Bが右足の後遺症による逸失利益についても賠償しなければならないのであろうか。

　加害行為と事実的因果関係のある，すべての損害を賠償しなければならないとすると，加害者が負う責任の範囲は際限なく広がる可能性があることから，加害者の立場からすれば，一定の範囲に限定するのが公平だといえよう。他方，被害者の立場からすれば，加害行為がなければ生じなかった損害のすべて

254　第6章　不法行為(1)

が賠償されるのが公平だともいえる。すなわち，加害者は，加害行為と事実的因果関係にある被害者の損害に対してどこまでを負担しなければならないかが問題となる。

　債務不履行にあっては，416条によって損害賠償の範囲は限定されている。他方，不法行為では，賠償すべき損害賠償の範囲を定める規定はない。起草者は，不法行為における損害賠償を無制限に認めるべきとは考えなかったが，416条のような損害賠償の範囲を定める基準を設けることは困難なために，裁判官が賠償すべき損害を判断するのがよいという見解をとっていた。

　初期の学説では，何ら限定はされないと解していたが，不法行為にも416条を類推適用すべきとの見解が現れ，とくに，ドイツ民法の相当因果関係説が大きな影響を与えた。ドイツ民法では，損害賠償の範囲は相当因果関係により定まると解されていたことから，わが民法416条は相当因果関係を定めたものであるとして，わが国の不法行為の損害賠償の範囲も**相当因果関係**によるべきとの見解が主張され，判例（★大判大正15・5・22民集5巻386頁，最判昭和48・6・7民集27巻6号681頁：百選Ⅱ-98等）・通説は，このような理解のもとに，不法行為の損害賠償の範囲につき416条の類推適用を肯定するにいたった。

📝 Topic 6-9

被害者の自殺

　交通事故の被害者が事故を苦に自殺した場合，加害者は自殺についてまで責任を負うべきか。交通事故により，被害者が被った傷害は，身体に重大な気質的傷害を伴う後遺症を残すものではなかったが，事故の態様が被害者に大きな精神的衝撃を与え，しかもその衝撃が長い年月にわたって残るようなものであったことなどが原因となって，災害神経症状態に陥り，その状態から抜け出せないままうつ状態になり，その改善をみないまま自殺にいたった事案で，最判平成5・9・9判時1477号42頁は，自らに責任のない事故で傷害を受けた場合には災害神経症状態を経てうつ病に発展しやすく，うつ病に罹患した者の自殺率は全国の自殺率と比較してはるかに高いという事実関係を総合すると，事故と被害者の自殺との間に相当因果関係があるとした上で，自殺には被害者の心因的要因も寄与しているとして722条2項を類推適用して，相応の減額をして死亡による損害額を定めた原審の判断を正当とした。

| 相当因果関係＝
| 民法416条説

判例・通説によれば，加害者は，不法行為により**通常生ずべき損害**については，予見可能性を問題とすることなく，賠償しなければならない（▶416条1項）。これに対して，**特別事情によって**（通常）**生じる損害**については，加害者がその事情を「予見し又は予見することができたとき」にかぎり，賠償の範囲に入ることになっていた（▶改正前416条2項）。2017年改正で「予見すべきであった」という規範概念に改められた（▶416条2項）。そこで，従来の判例・通説が維持できるかが問題となるが，肯定できるであろう。

そこで，通説・判例を，**Case 6-8**(1)に適用すれば，次のようになろう。C医師の医療上の過失によるBの後遺症による損害は，AがBに対する自動車事故から通常生ずべき損害であるとすれば，Aは，Bに生じた右足の後遺症よる損害についても責任を負わなければならない。これに対して，C医師の重過失があったような場合には，そのような医療過誤は特別事情といえるであろう。そこで，そのような医療過誤を予見すべきであったといえないかぎり，AはBに生じた右足の後遺症の損害につき責任を負わないことになる。

では，Bが病院に運ばれる途中で，運悪く雷に撃たれて死亡してしまったような場合，AはBの死亡についてまで責任を負わなければならないか。そのような死亡は，AがBに接触したことから通常生ずべき損害とはいえず，特別事情によって生じる損害であり，Aには，そのような事情を予見すべきであったとはいいにくい。そこで，Aは，Bの死亡についてまで責任は負わないといえよう。

判例・通説は，**Case 6-8**(2)のように，問題となっている個別の**損害項目**につき加害者は賠償すべきかどうかも，個別の損害項目が不法行為と相当因果関係にあるかという問題として捉えている。そして，被害者が温泉治療に要した費用については，裁判例は，医師の指示がある場合には，賠償の範囲内の損害と認める（★東京地判昭和60・12・25交民18巻6号1627頁）のに対して，医師の指示がない場合には，否定する傾向がある（★東京地判昭和52・11・29交民10巻6号1669頁）。そこで，**Case 6-8**(2)でも，Bの温泉治療に要した費用につきAが賠償しなければならないかは，医師の指示があるか否かによって異なることにな

Further Lesson 6-2

▶▶▶▶▶ 相当因果関係＝民法416条説に対する批判

　判例，通説は，民法416条は相当因果関係を定めるものと解しているが，416条は，沿革的にはイギリス法の契約法のルールに基づくものであることが明らかとされた。また，不法行為にあっては，基本的には何らの関係がない者同士であることから，損害賠償の範囲の決定において予見可能性を問題とすることに疑問とする見解も少なくない。

　そこで，416条に代わる新たな基準が提案されている。ここでの問題は要するに，加害者に不法行為から生じたすべての損害につき責任を負わせることは妥当でないとすれば，どのような根拠に基づき，どの範囲までの責任を負わせることが妥当かということである。この点につき民法に条文がないため，判例・通説は416条を類推適用すべきだとしたが，それは妥当でないというのであるから，それに代わる基準も，なかなか困難である。①損害賠償の範囲は，加害者の行為義務の範囲内に入るか否かによって決まり，故意不法行為にあっては異常な事態の介入による損害以外は全損害を賠償すべきとする見解，②第1次損害（加害行為の直接の結果として発生した損害）と第2次損害（第1次損害が原因となって派生した損害）とを区別して，第1次損害は加害者の義務の範囲内か否かによるが，第2次損害については，「一般生活上の危険」の実現か（基本的には被害者が負担すべきと考えられている）「特別の危険」の実現かによるべきだとする見解がある。

　①については，わが国の709条は一般的要件を定めており，加害者の義務の範囲内か否かを明確に決めることは簡単でなく，とくに，第2次損害にあっては困難ではないかとの疑問が提示されている。②についても，公害事件の場合のように，第1次損害と第2次損害とを明確に区別することが困難な場合もある。そして，いずれの見解でも，同様な結論を導くことが可能だともいえる。このようなことから，結局，③賠償の範囲の画定は，政策的判断で，従来の見解は単なる正当化の概念を提供してきたにすぎないとして，より実質的な要因を抽出，類型化すべきであるとの指摘もなされている。そこで，④416条とは切り離して相当因果関係によるべき（完全賠償主義に立ちつつ不公正を是正するよう，異常な出来事を排除し，相当性の検証〔重要なものとして，法の保護目的，日常危険か特別危険か〕，賠償額の相当性），⑤判例，通説の考え方により妥当な結論を得られる以上，416条の枠組みに即して賠償範囲を考えていけばよい，との見解も主張されている。

　なお，416条は，2017年改正で，特別の事情を「予見し，又は予見することができたとき」が「予見すべきであったとき」という規範概念に改められているが，そのことは，基本的に上述の議論に影響をもたらすものではないであろう。

ろう。

　看護のための留学先からの一時帰国の費用については，最判昭和49・4・25
民集28巻3号337頁が似たような事案であった。そこでは，母親が交通事故で
瀕死の重傷を負ったため留学先に赴く途中の娘が看病のため急きょ帰国した，
その旅費は，看護等のために被害者の許に赴くことが，被害者の傷害の程度，
当該近親者が看護にあたることの必要性等の諸般の事情からみて社会通念上相
当であり，被害者が近親者に対し右旅費を返還または償還すべきものと認めら
れるときには，右旅費は，近親者が被害者の許に往復するために通常利用され
る交通機関の普通運賃の限度内においては，当該不法行為により通常生ずべき
損害に該当するものと解するとした（★最判昭和49・4・25民集28巻3号447頁）。
Bが下半身に大怪我をしてしまったこと等からすると，ここでも，一時帰国の
費用は，通常損害とされる可能性が高いであろう。

　もっとも，判例にあって，民法416条の枠組みを用いないで，単に相当因果
関係の範囲内か否かを問題としているものも少なくない。

5　損害賠償額の算定

　すでに述べたように，**損害**は，通常，不法行為がなかった場合の被害者の利
益状況と不法行為があったために生じた被害者の利益状況との差と定義されて

📎 Topic 6-10
包括請求（一括請求）・一律請求

　個別損害項目積上げ方式によると，被害者に生じた不利益の総体を把握
できない。また，損害の立証に時間がかかり迅速な被害者の救済をなしえ
ない等の問題がある。そこで，財産的損害と慰謝料を区別せず，損害を包
括的に請求する方式が，包括請求であり，裁判例も，すべての被害を包括
的慰謝料として一括請求をすることは許されるとする（★大阪地判平成
3・3・29判時1383号22頁）。また，上記の方式では，被害者間で賠償額
が異なり不平等であり，被害者ごとに損害を立証することは時間がかかる
ことから，多数の被害者を一律の同一額で，被害の程度に応じたランク別
に定額化，定型化した請求が一律請求である。最判平成6・2・22民集48
巻2号441頁（百選Ⅰ-44）は，ランク別の一律請求を認めている。

いる。しかも，現在の実務では，その差を金銭で表した額をもって損害と解している。判例によれば，被害者は，**物損**にあっては，修理費用または減価，利用できなかったことによる逸失利益，**人損**の場合なら治療費および治療関連費用，逸失利益，葬儀費用，弁護士費用等の項目をあげ，これらの項目ごとに損害額を算定した上で合算した金額を加害者に請求することになる。また，判例では，これらの損害項目も，具体的な金額も相当因果関係の問題とされている。

人身損害における損害賠償額の算定　前述のように損害を治療費および治療関連費用，逸失利益等，損害項目ごと損害額を算定しそれを合計する方法を**個別損害項目積上げ方式**（個別算定方式ともいう）といい，交通事故訴訟で確立され，人身損害賠償において一般に用いられている。これに対して，公害訴訟において，被害者やその家族に生じた社会的・経済的・精神的な損害を包括的に請求する場合も少なくない。いわゆる包括請求である。以下，個別損害項目積上げ方式を中心にみていこう。

(1)　**生命侵害の場合**　　個別損害項目積上げ方式にあっては，積極的損害，逸失利益，慰謝料の３つの項目に分けて算定される。

(a)　積極損害　　**積極損害**としては，受傷後死亡までの治療費や入院費，付添看護費，入院中の日用品購入費等の雑費，葬儀費（★最判昭和43・10・3判時540号38頁）等がある。これらの損害項目ごとに，現実に出費がなされたか否かが問題となる。現実に出費がなされた全額の賠償が認められるわけではない。不法行為と相当因果関係の範囲内に限られる。もっとも，交通事故訴訟で，大量の事件を迅速に処理するため，入院雑費（入院１日の基準額×入院日数），葬儀費等については，現実の支出の有無やその金額に関係なく一定の基準に基づき定型的に算定されている。

(b)　逸失利益　　判例によれば，被害者が死亡した場合，死者の損害賠償請求権が遺族に相続されるとの見解をとっている。死者の**逸失利益**は，次のようにして算定される。

逸失利益＝死者の得べかりし年間収入×稼働可能年数－生活費－中間利息

(i) 死者の得べかりし年間収入　原則として現に得ていた収入が算定の基礎となる。そこで，被害者が給与所得者であれば死亡当時の給与額が，個人企業主にあっては，特段の事情のないかぎり，企業収益中に占める企業主の寄与部分の額が基礎となる（★最判昭和43・8・2民集22巻8号1525頁）。公的年金を受けていた者が死亡した場合，年金につき逸失利益が認められるかが問題となる。恩給法に基づく普通恩給等では逸失利益性が肯定されている（★最判平成5・9・21判時1476号120頁）。国民年金法に基づく障害基礎年金，厚生年金保険法に基づく障害厚生年金は原則として逸失利益性は認められている（★最判平成11・10・22民集53巻7号1211頁）。遺族厚生年金は，社会保障的性格が強い給付である等を理由に逸失利益性が否定されている（★最判平成12・11・14民集54巻9号2683頁）。

　問題は，被害者が年少者や学生，専業主婦のように，現実に収入を得ていなかった場合である。この場合，**賃金センサス（賃金構造基本統計調査）**による**平均賃金**によって算定される。専業主婦の場合には，基本的に女子労働者の平均賃金によっている。女児の場合も女児労働者の平均賃金によるとする最高裁判例（★最判昭和49・7・19民集28巻5号872頁）が出されたが，その後，「全労働者」の平均賃金による基準に逸失利益を算定する下級審裁判例がみられ，高裁レベルでの判断が分かれるに至った。しかし，最高裁はどちらの判断も是認した（★最判平成14・7・9交民35巻4号917頁，最判平成14・7・9交民35巻4号921頁）。これに対し，東京・大阪・名古屋の各地裁の交通専門部にあって，男女を合わせた全労働者の平均賃金を基礎とする共同提言がなされている（判タ1014号60頁，53頁）。

　なお，相当程度の蓋然性をもって推定できるときには，その昇給等の回数・金額等を予測しうる範囲内で控えめに見積もり，これを基礎として逸失利益を算定できるとされている（★最判昭和43・8・27民集22巻8号1704頁）。

(ii) 稼働可能年数　一般に，**稼働可能期間**は，原則として，18歳（高校卒業時〔大学在学生は22歳，それ以外の者は死亡時〕）から67歳（1969〔昭和44〕年の第12生命表の0歳男子の平均余命67.74歳による）と考えられている。大学進学や卒業が確実視されている場合には始期が22歳とされることもある。高齢者にあっ

ては，67歳までと平均余命2分の1のうち，長い方を稼働可能期間としている。もっとも，この年数は，職業や健康状態によって，延長されたり短縮されたりすることがある。

(iii) 生活費・養育費　　本人の**生活費**は死亡により支出が不要になったものとして，一般に年間収入の一定割合（30〜50％）が控除される。

死亡した被害者が幼児である場合，**養育費**は父母自身の出費であり，幼児の損害賠償請求権とは別個のものであるので，幼児の逸失利益の算定にあたり，親の支出した養育費を控除すべきでないとされている（★最判昭和39・6・24民集18巻5号874頁）。

(iv) 中間利息　　将来定期的に生ずるはずの損害を一時金として請求することから，**中間利息**を控除して現在の価額に換算する必要がある。その方法には，**ホフマン式**（被害者が元本を単利で運用することを前提とする），**ライプニッツ式**（複利の運用を前提とする）があり，最高裁判例は，いずれの方式も不合理でないとしていた（★最判昭和53・10・20民集32巻7号1500頁〔ライプニッツ方式〕，最判平成2・3・23判タ731号109頁〔ホフマン方式〕）が，近年，裁判実務では，ライプニッツ方式に統一されつつある。

中間利息控除は，法定利率〔緩やかな変動制を採用〕（▶404条），しかも，「その損害賠償の請求権が生じた時点における法定利率」（▶417条の2第1項）によることとされている（▶722条1項）。

(c) 慰謝料　　裁判官が口頭弁論に現れた諸般の事情を斟酌して裁量によりその額を定める。そこで，被害者である原告はその請求額につき立証する必要はない。一般に慰謝料額は，加害者が故意であったか重過失であったかというような加害行為の態様も考慮されるべきと解されている。なお，訴訟の迅速な処理の必要から慰謝料は，定型的に算定がなされる傾向にある。また，財産的損害としての立証が不十分なものを，慰謝料の中に入れて賠償額全体としては妥当になるようにすることが行われてきたが，現在では，民事訴訟法248条により解決されるべきものであろう。

(2) **身体傷害の場合**　　身体傷害の場合にあっても，積極的損害，逸失利益，慰謝料の3つの項目に分けて算定される。

第 6 章　不法行為(1)　261

✍ Topic 6-11
不法就労している外国人労働者の逸失利益

　在留期間を超えてわが国に残留している外国人が，被告会社で就労中に後遺障害を残す傷害を負ったため，使用者である被告会社等に対して損害賠償を求めた事件で，最判平成 9・1・28民集51巻 1 号78頁は，「一時的に我が国に滞在し将来出国が予定される外国人の逸失利益を算定するに当たっては，当該外国人がいつまで我が国に居住して就労するか，その後はどこの国に出国してどこに生活の本拠を置いて就労することになるか，などの点を証拠資料に基づき相当程度の蓋然性が認められる程度に予測し，将来のあり得べき収入状況を推定すべきことになる。そうすると，予測される我が国での就労可能期間ないし滞在可能期間内は我が国での収入等を基礎とし，その後は想定される出国先（多くは母国）での収入等を基礎として逸失利益を算定するのが合理的ということができる」と判示した。

✍ Topic 6-12
別の事故による死亡

　交通事故で後遺障害を負った被害者が，事実審の口答弁論終結時までに，別の事故で死亡した場合，逸失利益の算定にあたり被害者の死亡を考慮すべきか。

　最判平成 8・4・25民集50巻 5 号1221頁（百選 II -101）は，「交通事故の時点で，その死亡の原因となる具体的事由が存在し，近い将来における死亡が客観的に予測されていたなどの特段の事情がない限り，右死亡の事実は就労可能期間の認定上考慮すべきものではないと解するのが相当である」と判示した。次のような理由をあげる。①労働能力の一部喪失による損害は，交通事故の時に一定の内容のものとして発生していることから，その後に生じた事由によりその内容に消長を来すものではない。②「交通事故の被害者が事故後にたまたま別の原因で死亡したことにより，賠償義務を負担する者がその義務の全部または一部を免れ，他方被害者ないしその遺族が事故により生じた損害の填補を受けることができなくなるというのでは，衡平の理念に反する」。

　このような事案で，最高裁は，逸失利益の算定にあたり生活費は控除されないとする（★最判平成 8・5・31民集50巻 6 号1323頁）。他方，交通事故で，被害者が一生介護を必要とする後遺障害が残ったが，その後，別の事故で死亡してしまった場合，死亡後の介護費用の賠償を否定した（★最判平成11・12・20民集53巻 9 号2038頁）。介護が不要となるにもかかわらず，加害者に介護費用を負担させることは被害者ないしその遺族に根拠のない利得を与え，衡平の理念に反するなどの理由からである。

262 | 第6章 不法行為(1)

(a) 積極損害　身体傷害の場合，積極損害としては，治療費，付添看護人，入院費等の治療に要した費用，後遺症に要する費用，介護費用等がある。

(b) 逸失利益　身体傷害における逸失利益としては，受傷から治癒・症状固定までの**休業損害**と症状固定後の**後遺障害による逸失利益**に分けられる。休業損害は，原則として，現在の収入に休業期間を乗じて算定される。後者の逸失利益は，原則として，後遺障害がなかった場合と比較して現実に減少した収入をもとに算定される。後遺障害があっても，収入が減少していなければ，原則として逸失利益は否定されるとするのが判例である（★最判昭和42・11・10民集21巻9号2352頁，最判昭和56・12・22民集35巻9号1350頁：百選Ⅱ-100）。下級審の実務では，労働能力喪失率を参考にした算定がなされている。

(c) 慰謝料　生命侵害の場合と同様である。

物の滅失・毀損　物が滅失した場合，その物の交換価値が損害となる。物の毀損の場合は，基本的には，修理代が損害となり，修理期間中代替物を借りなければならなかった費用も損害として認められる場合がある。修理しても，従前の価値まで回復しない場合には，評価損としての損害も認められることがある。物の不法占拠・占有にあっては，通常の賃料相当額が損害となる。物が滅失した場合における物の交換価値の基準時は不法行為時であるが，騰貴した価格での賠償を請求するには，不法行為がなければ騰貴した価格で処分するなど，その価値相当の利益を確実に取得した特段の事情があり，かつその事情について，不法行為当時，加害者において予見可能性があることを，被害者が立証する必要がある（★大判大正15・5・22民集5巻386頁）。

弁護士費用　わが国は弁護士強制主義をとっておらず，弁護士費用は，敗訴者が負担する訴訟費用（▶民訴61条）にも含まれない。だが，最高裁は，不法行為の被害者が自己の権利擁護のため訴を提起することを余儀なくされ，訴訟追行を弁護士に委任した場合，「その弁護士費用は，事案の難易，請求額，認容された額，その他諸般の事情を斟酌して相当と認められる額の範囲内のものに限り，右不法行為と相当因果関係に立つ損害」と認める（★最判昭和44・2・27民集23巻2号441頁）。

遅延損害金　不法行為により被った損害の賠償債務は損害の発生と同時に遅滞に陥るとするのが判例（★最判昭和37・9・4民集16巻9号1834頁）・通説である。**遅延損害金**は，債務者が遅滞の責任を負った最初の時点（不法行為時）における法定利率による（▶419条1項）。

6　差止請求

> **🔳 Case 6-9**　Xの住宅の南側の隣地に，その隣地の所有者Yが，三階建てのアパートを建てる予定となっている。そのアパートが建設されると，X宅の1階は，秋から冬にかけてまったく日照が得られなくなり，2階の開口部においては春・秋分日で朝夕に2時間程度の日照が得られるにすぎない。Xとしては，Yに対して，どのような請求をなしうるか。

　Xには，損害が発生していないので，Yに対して不法行為に基づいて損害賠償請求をなすことはできない。そこで，考えられるのは，XがYに対して，Xの住宅の日照が相当程度確保されるよう設計の一部を変更するよう求める，つまり，そのような変更がなされない住宅の建設の差止めを請求することである。隣地にゴミ処理場の建設が予定され，そこから有害な物質が土壌にしみ込み地下水が汚染されるおそれがあるような場合にも同様な問題が生ずる。

　飛行場による騒音，工場のばい煙によって，周辺住民に現に被害が発生し，不法行為に基づく損害賠償が認められたとしても，周辺住民は，これまでと同様な損害を被り続けることになるため，騒音やばい煙の差止めが認められる必要があろう。

　では，**差止請求**は，どのような法的根拠により，しかも，どのような要件のもとに認められるのであろうか。

差止請求の法的根拠　**物権的請求権**に基づく差止請求は異論なく認められている。だが，**Case 6-9**で，Xの家族は，住宅につき物権を有していないので，物権的請求権に基づく差止請求はなしえない。工場のばい煙によって，健康被害が発生しているような場合にも，同様な問題が生ずる。しかし，物権侵害の場合に差止請求が認められるにもかかわらず，物権以上に保護されるべき人の生命・健康の侵害がある場合，または，そのおそれのある場合に，

差止請求が認められないのは合理的とはいえない。名誉毀損やプライバシー侵害にあっても差止請求が認められるべき場合もありうる。それゆえ，下級審裁判例，学説は，**人格権**に基づき差止請求を認めてきている。最高裁も人格権としての名誉権，プライバシーの侵害に基づく出版差止請求を認めている（★最大判昭和61・6・11民集40巻4号872頁：百選Ⅰ-4〔名誉侵害〕，最判平成14・9・24判時1802号60頁〔名誉・プライバシー侵害〕）。さらには，よき環境を享受しかつこれを支配しうる権利を環境権として，環境権を根拠に差止めを求めることができるとの学説も主張されている。いまだ住民の人格的利益の侵害がない場合にも環境が悪化すればそれだけで**環境権**の侵害による差止請求が認められうるという。だが，実定法上の根拠がなく，権利としての内容や外延があいまいで権利者の範囲もはっきりしないとして批判が強く，判例・裁判例でいまだ認められていない。なお，以上は，権利の効力として差止請求を導くもので，権利説といわれている。

　これに対して，差止請求を不法行為の効果として認めるべきとの見解も主張されている。その中では，違法な侵害があれば足りるとする見解，要件を一元化して受忍限度を超えるか否かで判断すべきとの見解が有力である。

　さらには，人格権等の権利侵害とともに，権利侵害といえない単なる利益侵害の場合でも他の要素を総合的に判断して差止めを認めるべきとして権利説と不法行為説の二元的に構成する見解も有力である。

　Case 6-9 では，Yがアパートを建てることにより，Xの住宅に日照被害が生ずることは，物権侵害にあたるといえるので，XはYに対して，物権的請求権ないしは，人格権侵害を根拠に差止請求をなすことが可能である。

　| **差止請求の要件** | 判例は，差止請求の法的根拠として，主として物権的請求権侵害，人格権侵害によっている。だが，人格権侵害があれば，直ちに差止請求が認められるものではない。

　具体的判断にあって，人格権侵害が故意または過失によってなされたか否かは問題とならない。違法性があるか，受忍限度の範囲内か否かが重要となる。その判断において，公害の差止請求では，被害の種類・程度，「公共性」が重要なファクターとなっている。とくに，「公共性」は，損害賠償と異なり差止

めでは重視される傾向にある。たとえば、道路公害事件である国道43号線事件判決（★最判平成7・7・7民集49巻7号1870頁）では、損害賠償にあっては、本件道路は公共性があることから受忍限度内とはいえないとするのに対し、差止めでは、公共性を重視して受忍限度内としている。もっとも、被害の種類・程度から高度な違法性が認められる場合、「公共性」を考慮しても差止めが認められる場合がある（★神戸地判平成12・1・31判時1726号20頁等）。

なお、日照被害による差止請求にあっては、日照被害が社会生活上一般に受忍すべき限度を超えた場合に違法となり、その判断にあたっては、日影被害の程度、建築基準法等関係法規違反の有無、地域性、先住性、加害建物の公共性、被害または加害の回避可能性など諸々の要素を総合して判断されることになる。だが、重要なファクターとしては、被害の程度と地域性をあげることができよう。

そこで、**Case 6-9** では、基本的には、そこでの地域が住宅地域であれば、被害の程度がかなりのものであることから、XはYに対し差止請求が、ここではアパートの何らかの設計変更が認められる可能性が高いといえよう。

5　加害者側の反論

1　不法行為の立証責任

ジョギング事件で、Bが、Aに対して損害賠償請求の訴えを提起した場合、その請求が認められるためには、Bは、Aに故意または過失を基礎づける事実、Bが一定の権利・法律上保護される利益を有すること、それに対するAの加害行為、Bに損害が発生したこと、およびその数額、加害行為と損害との因果関係があることを、主張立証しなければならない。Bが立証できなければ、損害賠償請求の訴えは認められない。

しかし、たとえ、Bが上のような要件に該当する事実を主張立証したとしても、Aとしては、事案によっては、裁判で次のような反論をなしうる。①過失がない。②責任能力がない。③正当防衛・緊急避難等の違法性が阻却される事由があった。④被害者側に過失があるので損害額を減額すべきである。⑤損益

相殺，⑥損害賠償請求権の消滅時効，である。Aが，①の反論をなすには，過失があったとの評価を妨げる事実を主張立証しなければならない。②，③における要件に該当する具体的事実を主張立証することができれば，BのAに対する損害賠償請求権は発生しないことになる。さらに，AがB側に過失（▶722条2項）を基礎づける事実を主張立証すれば（④），裁判官の自由な裁量に基づき損害賠償額の減額がなされる。損益相殺における要件に該当する具体的事実をAが主張立証する必要がある。

　また，Aが，⑥における要件に該当する事実を主張立証すれば，いったん発生した損害賠償請求権は消滅する。

2　責任無能力

　未成年者が他人に損害を与えても，その行為の責任を弁識するに足りる知能を備えないときは，その行為について賠償の責任を負わない（▶712条）。精神上の障害により自己の行為の責任を弁識する能力を欠く状態にある間に他人に損害を加えた者も，同様である（▶713条）。責任能力がないことは加害者側が立証しなければならない。712条の未成年者で責任能力が認められる年齢は，一般に，12歳程度とされている。なお，加害者が，加害当時，責任能力がないとしても，故意または過失により自ら心身喪失状態を招いた場合には免責されない（▶713条ただし書）。

　責任能力は，伝統的には，故意・過失を認めるための論理的前提と理解されてきた。だが，現在では，過失は予見可能性であれ，結果回避義務であれ，一般通常人を基準として判断されるようになっている。そこで，現在では，責任無能力者制度を，著しく能力の低い者につき免責を認める政策的考慮に基づく制度と理解する見解が有力となっている。

3　正当防衛・緊急避難等

　民法では，**正当防衛**，**緊急避難**が規定され，たとえ加害者が不法行為責任を負うとしても，それらの要件を満たせば，損害賠償責任を負わないとする。判例および違法性概念を肯定する学説は，これらは違法性阻却事由と位置づける

が，違法性概念を否定する見解は，不法行為の成立阻却事由と解している。違法性阻却事由（不法行為の成立阻却事由）には，自力救済，正当業務のような明文の規定にはないものも認められている。

> **◼︎ Case 6-10**　Aが帰宅途中，Bが突然，背後からゴルフクラブで殴りかかってきた。Aは，柔道の心得があったので，思い切りBを投げ飛ばした。そのため，Bは右腕を折ってしまった。BがAに対して損害賠償請求をしてきた場合，AはBに対して，どのような反論が可能か。

正当防衛　①「他人の不法行為」に対して，②「自己又は第三者の権利又は法律上保護される利益を防衛するため」，③「やむを得ず」なされた加害行為であれば，加害行為をした者は，損害賠償の責任を負わない（▶720条1項）。

　①「他人の不法行為」となっているが，他人の過失や責任能力は問題とならない。しかし，「他人の不法行為」に対して自己または第三者の権利や法律上保護される利益を防衛するためでなければならない。③の「**やむを得ず**」といえるためには，他に方法がなかったこと，守るべき権利（利益）とそのためになした行為により侵害された利益の間に「合理的な均衡」がとれていることが必要だと解されている。

　Case 6-10 では，①，②は問題なく認められよう。③が問題となろうが，Aは，突然，背後からBに襲われたのであるから，Bを投げ飛ばしたとしても，他に方法がなかったといえよう。ゴルフクラブで殴られたら大怪我をする可能性が高いので，Bが右腕を折ってしまったとしても，「合理的な均衡」がとれていたといえよう。そこで，正当防衛の成立が認められよう。

　なお，Aは，Bが，背後から大声を出して襲ってきたため，全速力で，近くの家の，たまたま開いていた玄関に逃げ込み，そこにあった高価な壺を壊してしまった場合にも，正当防衛が成立する可能性がある。その場合，壺の所有者は，Bに対して損害賠償請求をなすことは可能である（▶720条1項ただし書）。

緊急避難　①他人の物より生じた急迫の危難を避けるために，②その物を損傷した場合，加害行為をした者は，損害賠償の責任を負

わない（▶720条2項）。ただ，規定にはないが，③その加害行為が「**やむを得**
ず」なされたことも必要と解されている。そこで，突然，背後から大型犬がお
そってきたため，とっさに，その犬を蹴り上げ怪我をさせたような場合には，
緊急避難が成立すると考えられる。

| その他 |

自力救済は原則禁止されているので，違法な行為となる。だ
が，緊急やむをえない特別の事情がある場合，その必要の限度
を超えない範囲で，自力救済は許されている（★最判昭和40・12・7民集19巻9
号2101頁）。また，**正当業務**（正当な手続による逮捕，親権者の懲戒権の行使等），被
害者の承諾によって違法性が阻却されることがある。

4　過失相殺・損益相殺

　次に，加害者側の反論として，過失相殺，損益相殺等に基づき，損害賠償額
の減額を主張することが考えられる。

> **🔳 Case 6-11**　ジョギング事件で，Aは，Bに財産的損害として300万円の損害賠
> 償をしなければならないとする。この場合，
> 　(1)　Aには，ごくわずかな過失しかなかったとき，そのことを理由に損害賠償額
> 　　　の減額を主張することができるか。
> 　(2)　Bが，公園内の車道でジョギングをしていて事故にあった場合，Aは，損害
> 　　　賠償額の減額を主張することができるか。
> 　(3)　Bが8歳で公園内の車道を歩いている際に事故にあった場合には，どうか。

| 過 失 相 殺 |

　(1)　**過失相殺の意義**　常識的には，ごく些細な過失によ
り，莫大な損害が発生したような場合，賠償額の減額が認め
られるべきだ，とも考えられよう。しかし，不法行為法の主たる目的は，損害
の塡補にある。そこで，少なくとも財産的損害については，Aが故意であろう
と過失であろうと，さらには，ごく些細な過失であろうと，AはBに生じた
300万円の全額を賠償しなければならない。これが民法の原則である。この点
は重要である。

　しかし，被害者にも過失があるにもかかわらず，加害者が全額の賠償をしな
ければならないとするのは，公平とはいえない。そこで，民法722条2項は，

「被害者に過失があったときには，裁判所は，これを考慮して，損害賠償の額を定めることができる」と規定する。被害者に過失があったというためには，被害者は，自己の利益を害しないという義務を負っているわけではないので，公平の観念に基づいて賠償額を減額することが妥当なような被害者の不注意があればよいと解されている。ただ，被害者の過失が事故の発生または拡大に寄与したことが必要である。なお，加害者に故意（加害の意思）がある場合には，過失相殺は行われるべきでないとの学説も存在する。

Case 6-11 (2)では，Ｂには不注意があり，それも事故に寄与したといえるであろう。そこで，Ａは，損害賠償額の減額を主張することができる。これに対して，**Case 6-11** (1)にあっては，前述のように，Ａには，ごくわずかな過失しかないとしても，300万円全額を賠償しなければならない。

（2）**過失相殺と責任能力**　　**過失相殺**がなされるには，被害者に**責任能力**（行為の結果として責任が生じることの認識能力）は必要なく，**事理弁識能力**（損害の発生を避けるのに注意する能力）があればよいと解されている。

不法行為責任が認められるには，加害者に責任能力が必要である。そこで，過失相殺にあっても，被害者に責任能力が必要であると解されていた（★最判昭和31・7・20民集10巻8号1079頁）。

ところが，過失相殺の問題は，不法行為責任を積極的に負わせる問題とは異なり，公平の観点から被害者の不注意をいかに斟酌するかの問題にすぎないのであるから，事理を弁識するだけの能力があれば足りるとして，8歳の被害者につき，事理弁識能力があるとして，過失相殺がなされるにいたった（★最大判昭和39・6・24民集18巻5号854頁：百選Ⅱ-105）。学説上も，この見解が通説だといってよいであろう。だが，学説では，過失相殺にあっては，被害者に事理弁識能力も，不注意も不要だとの見解も有力である。被害者に加害者の行為の違法性ないし非難可能性の程度を減ずる客観的な行動があれば過失相殺により賠償額を減ずることができるというのである。

現在の判例・通説によれば，過失相殺による賠償額の減額が認められるには，被害者に事理弁識能力が必要で，一般に5，6歳であれば事理弁識能力はあると解されている。**Case 6-11** (3)では，Ｂは8歳であることから，Ｂには事

270 第6章 不法行為(1)

理弁識能力があると考えられる。しかも，Bの過失が事故の一因となったといえよう。そこで，Aは過失相殺による賠償額の減額を主張することができる。むろん，有力説にあっても結果的には同様である。

> **Case 6-12** 3歳のAは，母親と買い物に出かけ，母親が知人に出あい，世間話しに熱中しているときに，持っていたボールが車道に転がり，それを取ろうとして道路に飛び出したところ，制限速度を超えるスピードで走ってきたBの運転するトラックにはねられ重傷を負ってしまった。AのBに対する損害賠償請求に対して，BはAに対して，過失相殺による賠償額の減額を主張できるか。

(3) **被害者側の過失**　判例・通説は，「被害者」の過失には，被害者本人のだけでなく，「被害者側」の過失も含まれると解している。

(a) 監督義務者の過失　　**Case 6-12** では，Aには事理弁識能力があるとはいえない。そのかぎりで，判例・通説によれば，過失相殺は認められない。だが，被害者Aには，母親が同伴しており，母親がAの動静に注意していれば，Aが道路に飛び出さないようにすることができ，Bの運転するトラックにはねられ重傷を負うことはなかったともいえよう。その意味で，その母親には，Aの監督者として過失があったとみることができよう。しかし，その母親の過失をAの過失と同視してよいかが問題となる。

最高裁は，被害者の過失に被害者側の過失も含み，「被害者本人が幼児である場合において，**被害者側の過失**とは，たとえば被害者に対する監督者である父母ないしはその被用者である家事使用人などのように，被害者と身分上ないしは生活関係上一体をなすとみられるような関係にある者の過失をいう」とした（★最判昭和42・6・27民集21巻6号1507頁）。

とすれば，Aの母親の過失は，「被害者側」の過失にあたることになり，**Case 6-12** において，BはAに対して，過失相殺による賠償額の減額を主張できることになる。

なお，幼稚園の保育士が園児の監視を怠ったために園児が事故にあったとしても，幼稚園の保育士は，両親より幼児の監護を委託された者の被用者で，被害者と一体をなすとはみられる関係にはないとして，幼稚園の保育士の過失をもって被害園児の過失とみることはできないとされた（前掲★最判昭和42・6・

27）。過失相殺は，損害の加害者と被害者との公平な分担という公平の理念に基づくもので，被害者と一体をなすとみられない者の過失を斟酌することは，第三者の過失により生じた損害を被害者に負担させ加害者に負担させないこととなり，かえって公平の理念に反する結果となるとの理由からである。

Case 6-13 Ａ会社の社員Ｂが，Ａ会社の車で商品の配送中，Ｃ運転の車に追突され，その車は大破してしまい，Ａ会社に150万円の損害が発生した。また，追突された車を運転しているＢにも過失があった。ＡのＣに対する損害賠償請求に対して，ＣはＡに対して，過失相殺による賠償額の減額を主張できるか。

（b）　被用者の過失　　使用者は，その被用者が，使用者の事業の執行について第三者に加えた損害について賠償する責任を負わなければならない（▶715条）。この点は，後に検討する。これと同様に，使用者が被害者である場合にも，その被用者の過失が事故や損害の拡大に寄与したような場合，被害者である使用者の賠償額を算定するにあたって**被用者の過失**が斟酌される（★大判大正9・6・15民録26輯884頁）。この点に異論はない。

Case 6-13 の場合も，Ａ・Ｂ間は使用関係にあり，Ａ会社の車で商品の配送中の事故で，その事故にＢの過失が寄与していることから，ＣはＡに対して過失相殺による賠償額の減額を主張することができる。

Case 6-14 Ａが運転する自動車に同乗していたＡの妻Ｂが，Ｃ運転の自動車に衝突され負傷し，ＣがＢに対して損害賠償責任を負う場合，Ｃは夫Ａの過失を妻Ｂの過失として過失相殺による賠償額の減額を主張できるか。

（c）　無償同乗の場合の運転者の過失　　この **Case 6-14** と同様な事案で，最判昭和51・3・25民集30巻2号160頁は，被害者の過失には，被害者と身分上ないし生活関係上一体をなすとみられるような関係にある者の過失も含まれるとして，原則として，夫の過失を被害者側の過失として斟酌することができるとした。このように解することによって，紛争を1回で処理できるという合理性もあるという。この判例によれば，Ｃの主張は認められる。被害同乗者が被害自動車の運転者の内縁の妻であるような場合にも，その運転者の過失は

✐ Topic 6-13

好意同乗

　最近の裁判例にあっては，同乗者にも飲酒運転であることを承知して同乗したような帰責事由がある場合（★東京地判平成12・2・29交民33巻1号384頁），同乗者について事故発生につき非難すべき事情が存在する場合（★神戸地判平成14・8・19交民35巻4号1099頁）には，減額が認められているが，好意同乗というだけでは慰謝料も含め減額は認められない傾向にある（★東京地判平成16・7・12交民37巻4号943頁，大阪地判平成27・7・10LLI/DB判例秘書搭載〔L07051152〕等）。

✐ Topic 6-14

被害者の素因

　人身事故において，**被害者の素因**（疾患・精神疾患，特異な体質・性格）が競合して損害が発生ないし拡大した場合，素因を考慮して減額を主張できるのか，減額を主張できるとすれば，その根拠は何か。

　交通事故でむち打ち症になった被害者が後遺症に対する損害賠償を求めた事件で，「加害行為と発生した損害との間に相当因果関係がある場合において，その損害がその加害行為のみによって通常発生する程度，範囲を超えるものであって，かつ，その損害の拡大について被害者の心因的要因が寄与しているときは，損害を公平に分担させるという損害賠償法の理念に照らし」て，722条2項を類推適用することができるとした（★最判昭和63・4・21民集42巻4号243頁）。また，「被害者に対する加害行為と被害者のり患していた疾患とがともに原因となって損害が発生した場合において，当該疾患の態様，程度などに照らし，加害者に損害の全部を賠償させるのが公平を失するときは」，過失相殺の類推適用が認められるとした（★最判平成4・6・25民集46巻4号400頁）。「加害行為前に疾患に伴う症状が発現していたかどうか，疾患が難病であるかどうか，疾患に罹患するにつき被害者の責めに帰すべき事由があるかどうか，加害行為により被害者が被った衝撃の強弱，損害拡大の素因を有しながら社会生活を営んでいる者の多寡等の事情によって左右され」ないとする（★最判平成8・10・29交民29巻5号1272頁）。

　これに対して，首が長くこれに伴う多少の頸椎不安定症があるという身体的特徴と交通事故による加害行為とが競合して損害が発生したり，その身体的特徴が被害者の損害の拡大に寄与したりしていても，通常人の平均値から著しくかけ離れた身体的特徴でない場合には，個々人の個体差の範囲として当然にその存在が予定されているものとして，それを損害賠償の額を定めるにあたり斟酌するのは相当でないとした（★最判平成8・10・29民集50巻9号2474頁：百選Ⅱ-106）。また，過労自殺の事件で，心因的要因を斟酌して減額した原判決を破棄した最高裁判決（★最判平成12・3・24民集54巻3号1155頁）も現れている。学説は分かれるが，原則として素因は考慮すべきでなく，素因につき被害者に何らかの不注意がある場合にのみ，過失相殺による減額をすべきとの見解が有力といえよう。

「被害者側」の過失とされた（★最判平成19・4・24判時1970号54頁）。だが，被害同乗者が運転者と，事故の約3年前から恋愛関係にあったが，婚姻も同居もしていない場合には，両者には「身分上，生活関係上の一体性」が否定されている（★最判平成9・9・9判時1618号63頁）。

暴走行為を行っていた自動二輪車がパトカーに衝突し，自動二輪車の同乗者が死亡した事故で，最高裁は，自動二輪車の運転者の運転行為は，両者が交代しながら共同で運転していた「共同暴走行為の一環」をなすもので，公平の見地に照らし，当該運転者の過失も被害同乗者の過失として考慮できるとした（★最判平成20・7・4判時2018号16頁）。同乗者と運転者には「身分上，生活関係上の一体性」はなく運転者の過失は「被害者側の過失」として考慮できないとする原判決を破棄したものである。要するに，「身分上，生活関係上の一体性」がない場合にも，被害発生に対する被害者の積極的な関与がある場合に，「被害者側の過失」認めたものと理解できる。

(d)　死者の過失　　被害者が死亡し，遺族が自己固有の損害賠償請求権を行使する場合も，死亡した被害者の過失が賠償額の算定において斟酌されることに判例・学説とも異論はない。

(4)　**過失相殺の方法**　　過失相殺は，通常，被害者（側）の過失と加害者の過失を比較し，賠償額から被害者側の過失割合を引いて算定するという方法でなされる。被害者（側）に過失があっても，過失相殺を行うか否かは裁判所の自由裁量に属する（★最判昭和34・11・26民集13巻12号1562頁）。

損 益 相 殺　　被害者が不法行為により損害を受けると同時に利益を受けたときに，利益が損害額から差し引かれる。これを**損益相殺**という。

伝統的には，損害は，不法行為がなかったとした場合の被害者の利益状況と不法行為があったために生じた被害者の利益状況との差を金銭的に表したものと解されている。そして，被害者死亡の場合，財産的損害として，不法行為がなければ得られたであろうにもかかわらず，そのために失ってしまった利益の損失（逸失利益）の賠償が認められる。これらは前述した（➡258頁）。

では，その逸失利益の算定にあたって，被害者の将来必要とされたであろう

🖉 Topic 6-15

遺族年金と損益相殺

　地方公務員等共済組合法に基づく退職年金受給者が自動車事故で死亡し，その配偶者が，退職年金受給権喪失による逸失利益の損害賠償請求権を相続するとともに，同法に基づく遺族年金の受給権を取得した場合，配偶者が被害者から相続した損害賠償請求権につき，遺族年金は損益相殺の対象となるか。最高裁（★最大判平成5・3・24民集47巻4号3039頁）は，「支給を受けることが確定した遺族年金」は損益相殺の対象として控除が認められるが，いまだ支給を受けることが確定していない遺族年金の控除は認められないとした。その後の最高裁も，死亡被害者から相続した，死亡被害者の逸失利益の損害賠償請求権につき，支給を受けることが確定した遺族の厚生年金を控除している（★最判平成11・10・22民集53巻7号1211頁，最判平成16・12・20判時1886号46頁〔給与収入等を含めた逸失利益全般との関係で相続人の受給額を控除した〕）。

　遺族年金を控除する際，支払時における損害金の元本および遅延損害金の全部を消滅させるに足りないとき，どのように調整すべきか。前掲最判平成16・12・20は，自賠責保険金，遺族厚生年金，労災保険の遺族補償年金を区別せず，遅延損害金の支払債務にまず充当されるべきとした。これに対して，最大判平成27・3・4民集69巻2号178頁（百選Ⅱ-103）は，遺族補償年金につき，逸失利益等の消極的損害の元本との間で，損益相殺的な調整を行うべきで，「特段の事情のない限り，その塡補の対象となる損害は不法行為の時に塡補されたものと法的に評価して損益相殺的な調整」をするのが相当であるとした。

🖉 Topic 6-16

損益相殺と過失相殺の順序

　不法行為訴訟にあって，損益相殺，過失相殺がいずれも問題となる場合，どの順序でなされるべきか。明文の規定はなく，どちらを先になされるかにより賠償額が大きく異なる。基本的には，損益相殺を先になす見解，過失相殺を先になす見解の2つがありうる。当然，先に損益相殺をなす方が，先に過失相殺を行うよりも賠償額が大きくなり，被害者に有利である。最高裁は，第三者行為災害の労災保険金，確定した遺族年金については，過失相殺を先になすべきとする（★最判平成元・4・11民集43巻4号209頁〔前者〕，前掲最大判平成5・3・24〔後者〕）。しかし，学説では，第三者行為災害の労災保険金，確定した遺族年金いずれについても社会保障的性質を有することから損益相殺を先にすべきとの見解も主張されている。

生活費は控除されるべきであろうか。不法行為がなければ，被害者は，たしか
に一定の年齢まで収入を得るであろうが，生活費がかかるはずである。した
がって，生活費は控除されないとすると，被害者（遺族）は，不法行為によっ
て，かえって利益を得てしまうことになる。それは，妥当とはいえない。この
点についての明文の規定はないが，損害賠償の理念である，**原状回復**（被害者
は原状より利得すべきでないということも含まれる）と損害の公平な配分に基づ
き，生活費の控除は異論なく認められている。逸失利益の算定にあたり，中間
利息を控除することも同様である。

　不法行為により死亡した被害者の遺族が生命保険金を得たとしても，生命保
険金は，払い込んだ保険料の対価であり，損害を塡補する目的をもたないこと
から損害額から控除されないと解されている（★最判昭和39・9・25民集18巻7
号1528頁）。損害保険金も，払い込んだ保険料の対価たる性質を有することから
損益相殺の対象とならない。だが，損害保険は，損害の塡補を目的とするた
め，保険金を支払った保険会社は保険代位（保険法25条）により第三者に対し
て被保険者が有する損害賠償請求権を取得する。そのため，被保険者は，保険
者から支払いを受けた保険金の限度で第三者に対する損害賠償請求権を失う
（★最判昭和50・1・31民集29巻1号68頁）。結局，損益相殺がなされたと同様なこ
とになる。

　香典・見舞金（損害を塡補するものでない），**養育費**（★最判昭和53・10・20民集
32巻7号1500頁〔親の出費で本人の出費でない，損失と利得に同質性はない〕），所得
税（★最判昭和45・7・24民集24巻7号1177頁〔加害者がその恩恵を受ける理由はな
い〕）も，損益相殺の対象とならない。

　新築建物に重大な瑕疵がありこれを建て替えざるをえないような場合，新築
建物の買主は，工事施工者等に対して不法行為に基づく建て替え費用相当額の
損害賠償請求をなすことができる。その場合，「建物が倒壊する具体的なおそ
れがあるなど，社会通念上，建物自体が社会経済的な価値を有しないと評価す
べきものであるとき」，居住利益は，損益相殺ないし損益相殺的な調整の対象
として損害額から控除できない（★最判平成22・6・17民集64巻4号1197頁）。ま
た，いわゆるヤミ金融の組織に属する業者から著しく高率の利息を取り立てら

276 第6章 不法行為(1)

れて被害を受けたとして借主が組織の統括者に対し，不法行為に基づく損害賠償を求めた場合，借主が貸付金に相当する利益を借主の損害額から控除することは，民法708条の趣旨に反するものとして許されないとされている（★最判平成20・6・10民集62巻6号1488頁）。

5　損害賠償請求権の消滅

　不法行為による損害賠償請求権は，弁済，免除等の債権の消滅事由によっても，当然消滅するが，ここでは，民法の第三編第5章不法行為に規定されている，損害賠償請求権の**消滅時効**を取り上げる。ただ，損害賠償請求権の消滅と関連する不法行為債権を受働債権とする相殺につき，2017年に改正がなされているので，まずここで簡単に触れておこう。

不法行為債権を受働債権とする相殺　改正前民法では，不法行為により生じた損害賠償債権を受働債権とする相殺を禁止していた（▶改正前509条）。①不法行為の誘発防止，②被害者に現実の給付を得させようとの趣旨からである。そこで，新法は，①の趣旨から，悪意（損害を加える意図）による不法行為に基づく損害賠償債権を受働債権とする相殺を禁止した（▶509条1号）。ただ，悪意とはいえない不法行為に基づく損害賠償債権を受働債権とする相殺であっても，②の趣旨から，人の生命または身体の侵害による損害賠償債権を受働債権とする相殺は禁止した（▶同条2号）。被害者に現実の給付を得させようという趣旨からである。なお，当該債権者がその債務に係る債権を他人から譲り受けたときには，相殺は認められている（▶同条ただし書）。

損害賠償請求権の消滅時効　不法行為による損害賠償請求権は，被害者または法定代理人が損害および加害者を知った時から3年間行使しないときには，時効によって消滅する（▶724条1号）。人の生命または身体を害する不法行為による損害賠償請求権にあっては，3年ではなく5年とされた（▶724条の2）。また，不法行為の時から20年間行使しないときも時効によって消滅する（▶724条2号）。なお，消滅時効により当該損害賠償請求権が消滅したことを主張する加害者は，消滅時効を援用する旨の意思表示をしたことをも主張立証しなければならない（▶145条）。

（1）**短期消滅時効** 　(a)　**損害・加害者を知った時**　　短期の消滅時効は，不法行為による損害賠償請求権が発生した時ではなく，被害者または法定代理人が損害および加害者を知った時から進行する。被害者がこれらの事実を知らないうちに，損害賠償請求権が消滅することは妥当でないからである。

✒ Topic 6-17

継続的不法行為

　不動産の不法占拠のような事案にあっては，日々新たな損害が発生し，新たな損害を知った時から別個の時効が進行する。そこで，3 年前の損害は，消滅時効にかかることになる（★大連判昭和15・12・14民集19巻2325頁）。これに対して，大気汚染，新幹線騒音・航空機騒音のような同質の損害が継続的に発生する場合にあっては，一括して加害終了の時点から時効が進行する。

　なお，製造物責任法 5 条 3 項は，長期の「期間は，身体に蓄積した場合に人の健康を害することとなる物質による損害又は一定の潜伏期間が経過した後に症状が現れる損害については，その損害が生じた時から起算する」としている。そして，改正前724後段所定の除斥期間の起算点につき，最高裁も，同様な判断を示している。「民法724条後段所定の除斥期間の起算点は，『不法行為ノ時』と規定されており，加害行為が行われた時に損害が発生する不法行為の場合には，加害行為の時がその起算点となると考えられる。しかし，身体に蓄積した場合に人の健康を害することとなる物質による損害や，一定の潜伏期間が経過した後に症状が現れる損害のように，当該不法行為により発生する損害の性質上，加害行為が終了してから相当の期間が経過した後に損害が発生する場合には，当該損害の全部又は一部が発生した時が除斥期間の起算点となると解すべきである。なぜなら，このような場合に損害の発生を待たずに除斥期間の進行を認めることは，被害者にとって著しく酷であるし，また，加害者としても，自己の行為により生じ得る損害の性質からみて，相当の期間が経過した後に被害者が現れて，損害賠償の請求を受けることを予期すべきであると考えられるからである」（★最判平成16・4・27民集58巻 4 号1032頁：百選Ⅱ-109。最判平成16・10・15民集58巻 7 号1802頁，最判平成18・6・16判時1941号28頁も同様な見解）。

　改正前724条後段は，従来，除斥期間と解されてきた。しかし，改正法は，「不法行為の時から20年間行使しないとき」，不法行為による損害賠償の請求権は時効によって消滅すると規定する（▶724条 2 号）。だが，上記の判例法理は，このような改正と必ずしも矛盾するものではないといえよう。

損害を知った時とは，被害者が損害の発生を現実に認識した時である（★最判平成14・1・29民集56巻1号218頁）。損害が不法行為により生じたものであることをも知る必要がある。もっとも，加害行為が当該状況からみて不法行為とみられる可能性があることを被害者が認識すれば足りると一般に解されている。

加害者を知った時とは，加害者に対する賠償請求が**事実上可能な状況のもとに，その可能な程度にこれを知った時**を意味する（★最判昭和48・11・16民集27巻10号1374頁：百選Ⅱ-108）。使用者責任においては，使用者ならびに不法行為者との間の使用関係，その行為が事業の執行につきなされたものと判断するにたる事実の認識をも必要とする（★最判昭和44・11・27民集23巻11号2265頁）。

(b) 後遺症と消滅時効の起算点　　不法行為時に通常予測できる後遺症については，その時から時効が進行するが，予測できなかったものは，後遺症が顕在化した時が民法724条にいう損害を知った時にあたると解されている（★最判昭和42・7・18民集21巻6号1559頁）。

(2)　**長期消滅時効**　　20年の期間制限も消滅時効と規定されている（▶724条2号）。

第7章 不法行為(2)
特殊な不法行為

1 序 論

　一般の不法行為に対して，特別の要件の下で不法行為の成立を認めるものを特殊不法行為という。これには3つのグループがあり，まず①責任主体の特殊性によるもの（責任無能力者の監督者責任・使用者責任），②物の支配・管理によるもの（土地工作物責任・動物占有者の責任），そして③複数主体によるもの（共同不法行為）である。さらに特別法によって特殊不法行為が認められているものがあり，本書ではこの分類に沿ってこの順番で説明していく（①について国家賠償責任，②について営造物責任・製造物責任・自動車損害賠償責任）。

2 責任無能力者の監督者責任

責任無能力制度の意義と類型　　(1) **意 義**　責任能力とは，自己の行為の是非を判断できるだけの能力をいう。責任無能力者には，不法行為の効果（損害賠償責任）が帰属しない。責任能力の有無は，具体的な行為者の能力を基準に個別的に判断される。このような制度が設けられた趣旨は，かつては不法行為が過失責任主義をとることから，故意・過失の前提として，一定の判断能力の存在が必要であると考えられてきたが，過失の客観化に伴い，また英米法にはみられない制度であることから，法の命令・禁止を理解しえない人間を，損害賠償責任から解放することによって保護するという，政策的価値判断に基づく制度であると理解されている。

　(2) **類 型**　自己の行為の責任を弁識するにたる知能を備えていなかった未成年者は責任無能力者である（▶712条）。その目安はおよそ12歳前後であ

る。精神上の障害により，自己の行為の責任を弁識する能力を欠く状態にある間に損害を加えた者も責任無能力者である（▶713条）。ただし，行為者が故意または過失により一時的に自己の行為の責任を弁識する能力を欠く状態を招いたときは，責任を負う（▶713条ただし書：**原因において自由な行為**）。

> **⊞ Case 7-1** 未成年者Ｙの父 Z₁は酒に溺れ，ろくに仕事もせず，妻 Z₂やＹを叱りつけていた。Z₂はＹを甘やかし，Ｙが非行に走っても放任していた。Ｙが小遣い銭欲しさにＡを殺害した。
> (1) Ｙが11歳であった場合，Ａの両親ＸはＹの両親Ｚに対し損害賠償を請求できるか。
> (2) Ｙが15歳であった場合はどうか。

監督者責任　(1) 意 義　**Case 7-1**(1)のように責任無能力者が不法行為をした場合，その責任無能力者を監督する法定の義務を負う者（監督義務者）および彼に代わって責任無能力者を監督する者（代理監督者）に損害賠償責任が課せられる（▶714条）。本問の場合，Ｙの両親Ｚがこれに当たる。責任無能力者が不法行為をなしても本人に責任を問うことができず，その結果，被害者の救済がなされなくなることを防止するために，監督義務者等が責任無能力者の福利厚生・教育を図るという身分上の監護権ないし監護をすることができる地位にある点に注目して損害賠償責任を課したものである。監督者責任は，直接の加害者が責任無能力のため賠償責任を負わない場合にかぎって課せられる責任である（**補充的責任**）。そして監督者責任は，責任無能力者に代わって責任を負うのではなく，監督義務の懈怠という自己の過失を理由に責任を負うものでもある（**自己責任**）。監督義務者等の過失についての証明責任は，被害者側から監督義務者側に転換されている（**中間責任**）。

(2) 要 件　(a) 責任無能力者の不法行為　責任無能力者の行為が一般不法行為の要件（▶709条）を備えていることが必要である。鬼ごっこの最中にふざけあって怪我をした場合のように，責任能力のない子が他人に加えた傷害行為に違法性がない場合には，親は責任を負わない（★最判昭和37・2・27民集16巻2号407頁）。行為者に行為の当時，責任能力がなかったことが必要であり，その証明責任は加害者側にある。そして監督義務者等は，行為の当時，そ

の地位にあったことが必要である。

(b) 監督義務者等が監督義務を怠らなかったという証明の不存在　監督義務者等は，自らが責任無能力者の監督義務を怠らなかったこと（過失の不存在），または自らが監督義務を怠らなくても損害が発生したであろうこと（監督上の過失と権利侵害との間の因果関係の不存在）を証明することによって，賠償責任を免れることができる（▶714条ただし書）。たとえば放課後児童に開放されていた校庭でサッカー・ゴールに向けてフリーキックの練習をしていた小学生の蹴ったボールが門扉を越えて道路に転がり，それを避けようとして自動二輪車で通行中の老人が転倒して傷害を負い，入院中に誤嚥性肺炎により死亡した場合，両親は通常の躾を施していたならば，損害賠償責任を負わない（★最判平成27・4・9民集69巻3号455頁：百選Ⅱ-92）。

✏ **Topic 7-1**
責任能力ある未成年者の不法行為と監督義務者の責任

　Case 7-1(2)のように，不法行為者に責任能力があった場合には，彼に一般不法行為の責任が帰属し，被害者は監督義務者に損害賠償を請求することはできない。しかしながら未成年者は無資力であることが多く，被害者は現実には救済されない結果に陥ってしまうことになる。

　そこで判例は，未成年者が責任能力を有する場合であっても，監督義務者の義務違反と当該未成年者の不法行為によって生じた結果との間に相当因果関係を認めうるときは，監督義務者につき民法709条に基づく不法行為が成立するとする（★最判昭和49・3・22民集28巻2号347頁：百選Ⅱ-89〔第7版〕）。本問の場合，Y・Zには家庭の団欒などなく，ZはYの監督不行届である点は疑いない。そこでZのAに対する一般的不法行為責任が認められたのである。そして被害者は責任能力者と監督義務者に対して損害賠償を請求することができ，両者の損害賠償債務は不真正連帯債務であるとする。もっともZの監督不行届と殺人の結果に因果関係があるとはいいがたいのではないか。しかも監督義務者の義務が監護教育義務（▶820条）であるとすれば，その義務は未成年者を保護する義務であり第三者を未成年者の加害から保護する義務ではないのであるから，妥当ではない。むしろ，保護者の過失が問われる場合にその内容となるのは，権利侵害という結果発生の予見可能性であり，回避措置をとるべき具体的な監督措置を怠った点に義務違反を認めるべきである。このように捉えることによって，XのZに対する損害賠償を根拠づけることができるであろう。

(3) **監督義務者等の範囲**　監督義務者とは，未成年者については，親権者・親権代行者・後見人・児童福祉施設長であり，成年被後見人については後見人，精神障害者については，この者の保護者である。認知症にり患した精神障害者の配偶者とその長男は，法定の監督義務者には該当しない。ただし，責任無能力者との身分関係や日常生活における接触状況に照らし，第三者に対する加害行為の防止に向けてその者が当該責任無能力者の監督を現に行いその態様が単なる事実上の監督を超えているなどその監督義務を引き受けたとみるべき特段の事情が認められる場合には，法定の監督義務者に準ずる者として，714条1項が類推適用される（★最判平成28・3・1民集70巻3号681頁：百選Ⅱ-93）。代理監督者とは，たとえば託児所・幼稚園の保母，小学校の教員，精神病院の医師，少年院の職員等があげられる。監督義務者等の義務の内容は，当該具体的な状況で結果発生を回避するために必要とされる監督行為をすべき義務にとどまらず，責任無能力者の生活全般にわたってその身上を監護し教育すべき包括的な義務である。

🖉 **Topic 7-2**

失火責任法と監督義務者責任

　未成年者の失火につき建物が焼失した場合に，誰がどのような要件の下で責任を負うことになるかが問題となる。

　判例は，責任を弁識する能力のない未成年者の行為により火災が発生した場合において，失火責任法にいう重大な過失の有無は，未成年者の監督義務者の監督について考慮され，その監督義務者は，その監督につき重大な過失がなかったときは，その火災により生じた損害を賠償する責任を免れると解すべきであるとする（★最判平成7・1・24民集49巻1号25頁）。この単純はめ込み説に従うと，監督義務者側に重過失がなかったことの証明責任を課すことになる。

　学説は，714条の被害者救済の目的と失火責任法による責任負担者の加重な責任の軽減との均衡を図るべきであるとして，火災の直接損害については714条による責任を課し，延焼したことによる損害については軽過失の監督義務者を免責すべきであるとする見解（延焼部分はめ込み説）が有力である。他に，責任無能力者の行為の態様中に重過失的なものがあるか否かによって監督義務者の賠償責任を決定すべきであるとする見解（無能力者要件説）などがある。

3 使用者責任

> **✂ Case 7-2** (1) Ｙ社の従業員Ｚが営業のため会社の自動車を運転していたところ，Ｘを負傷させた。ＸはＹに対して損害賠償を請求できるか。
> (2) Ｙ会社の従業員Ｚが会社の自動車を勝手に運転して帰宅途中，Ａをはねて死亡させた。Ａの両親ＸはＹ会社に対して損害賠償を請求できるか。

使用者責任の意義と法的性質　(1) **意　義**　ある事業のために他人を使用する者は，被用者がその事業の執行について，第三者に損害を与えた場合には，その損害を賠償しなければならない（▶715条1項本文）。したがって Case 7-2(1)のような場合は，Ｚの不法行為に関してＹ社が損害賠償責任を負うことになる。使用者に代わって事業を監督する者（代理監督者）も同様である（▶同条2項）使用者または代理監督者が，被用者の選任およびその事業の監督について相当の注意をなした場合，あるいは，相当の注意を払っても損害が生じうる場合は免責される（▶同条1項ただし書）。使用者等にこのような責任が課せられるのは，使用者は，その支配圏内にある者（被用者）をして，自己の利益のために事務処理をさせるのであるから，被用者のそのような活動によって他人に与えた損害については，使用者にも責任を負わせるのが公平であるとする，**報償責任の原理**がとられているからである。また人を使用して，自己の活動範囲を拡大する場合には，社会に対する加害の危険を増大させることになるから，その増大された危険の実現としての加害については，事業活動に従事する被用者を支配する立場にある使用者が，危険を支配する者として賠償責任を負わなければならないとする，**危険責任の原理**も補足的にあげられる。

(2) **法的性質**　使用者責任とは，「被用者の加害行為」（他人の行為）に対する責任であると解されるのが通常である（**代位責任説**）。他人を使用する者は，その他人が第三者に損害を与えた場合には，その「使用」関係から当然に準無過失的に責任を負わなければならないとされ，中間責任を事実上の無過失責任に転換し，被用者の「有責要件」の具備を前提とし，賠償した使用者の求

償を原則として是認する立場を前提とするかぎり，使用者責任は代位責任として捉えざるをえないからである。この見解に立てば，715条1項ただし書の使用者の選任・監督上の過失は，709条の過失と異なり，一種の政策的配慮に出た免責事由ということになる。この見解に対しては，被用者に有責性がない場合には使用者責任が発生しないことになり，被害者保護に欠け不当である，という批判がある。他方で，被用者に対する選任・監督に過失があったという点に使用者責任の根拠を求める自己責任説も主張されている。この見解には，使用者責任の基礎を使用者側の「人的組織上の瑕疵」に求める見解や，さらに被用者の有責要件を必要としない完全な自己責任化をめざす見解もある。しかしながら，性質の異なる使用者の選任・監督上の過失を709条の一般不法行為の過失と混同しており，一般不法行為との違いを証明責任にしか認めることができずわざわざ715条が制定された根拠に乏しく，715条3項の求償権の根拠を示せないなどの難点があり，これらの見解は少数説に留まっている。

使用者責任の法律要件　(1)　**総　説**　使用者責任が成立するためには，①被用者に一般不法行為が成立すること，②使用被用関係が存在すること，③事業の執行につき行われたこと，④使用者に免責事由が存在しないことが必要である。事業の内容は事実的であると法律的であるとを問わず，一時的であると継続的であるとを問わない。また営利的であると否とを問わず，企業の仕事であると家庭的な仕事であるとを問わない。

(2)　**使用関係の存在**　他人を使用することの意味は，使用者責任の内容が被用者の選任とその事業の監督において注意を怠ることであるから，実質的にみて使用者が被用者を指揮・監督するという関係であれば足りる。契約の種類や有効・無効を問わず，また報酬の有無や期間の長短を問わない。注文者は請負人がその仕事につき第三者に加えた損害を賠償する責任を負わない。請負人は独立の事業者であり，注文者の指揮監督を受けないのが通常であるから，請負人の行為の結果について注文者に責任を問えないからである。ただし，注文または指図について，注文者に過失があった場合には責任を負う（▶716条）。たとえば，請負人の過失により建築中の建物が倒壊し，隣家の居住者に損害を与えた場合において，注文者が，土木出張所から建物の補強工作を完備するよ

うに強く勧告を受けていたにもかかわらず，請負人に工作させなかったような事情がある場合，その注文者には注文または指図に過失があったといえる（★最判昭和43・12・24民集22巻13号3413頁）。もっともこのような場合は709条の一般不法行為が成立し，結局716条は注意規定にすぎないことになる。

　使用関係の有無が争われた事例として，名義貸しの事例がある。自動車運送業の営業名義を借りて自動車運送事業を営む者の雇傭する運転手が起こした事故につき，名義貸与人は自動車事故の発生を未然に防止するよう指揮監督すべき義務を負うから，事実上指揮監督の関係にあったか否かにかかわらず，賠償責任を負担する（★最判昭和41・6・10民集20巻5号1029頁）。家族関係について，兄が弟に自分の自動車の運転をさせ，これに同乗して自宅に帰る途中で交通事故が発生した場合，兄が助手席で運転上の指示をしていた場合には，使用者・被用者の関係が成立していたと解すべきである（★最判昭和56・11・27民集35巻8号1271頁）。二重支配の関係について，下請人の被用者に対し，元請人の指揮監督関係が直接間接に及んでいる場合には，その被用者と元請人との間には直接雇用関係がなかったとしても，その被用者の加害行為について元請人は責任を負う（★最判昭和37・12・14民集16巻12号2368頁）。また，他から運転手助手つきの貨物自動車を借り受けて使用している土木工事請負人に関して，その助手が，請負現場監督の指揮に従い，貨物自動車の運転助手として運搬に関与し，ときには自ら貨物自動車を運転し，これらの仕事については助手の雇主の指図を受けたことがなく，請負人の飯場に起居していた場合には，その助手は請負人の被用者にあたる（★最判昭和41・7・21民集20巻6号1235頁）。甲商店の被用者乙が丙会社所有の自動車を運転中に事故を起こした場合において，甲商店は丙会社代表取締役の経営する同一事業目的の個人企業であって，丙会社に従属する関係にあり，事故当時自動車は甲商店の車庫に保管されていたが，その管理保管の権限は丙会社にあって，乙も当時同会社の許可を受けこれを運転していたような事情がある場合には，丙会社は乙の使用者としての責任を負う（★最判昭和42・11・9民集21巻9号2336頁）。最後に，階層的に構成されている暴力団について，暴力団の威力を利用して資金獲得活動をすることを容認していた場合には，同暴力団の最上位の組長と下部組織の構成員との間に同暴力団の

威力を利用して資金獲得活動にかかる事業について使用者と被用者の関係が成立しているとする（★最判平成16・11・12民集58巻8号2078頁）。このように違法な事業についても使用被用関係が認められている。

（3）**被用者の第三者への加害行為**　代位責任説からは，この加害行為が一般不法行為の要件を満たすものであることが必然的に要求される。それに対して，自己責任説からは，過失・責任能力がなくても成立しうる。ここでの第三者とは，使用者・被用者以外のすべての人を指すと捉えられている。

事業執行性　（1）**意　義**　使用者責任が成立するためには，加害行為が「事業の執行について」行われた場合でなければならない。これは，加害行為が使用者の事業の範囲内にあり，そして被用者の職務の範囲内にある場合を意味し，その判断は加害行為の外形から客観的になされるものとされている（外形標準説）。

（2）**外形標準説**　判例は，使用者の事業と一体不可分の関係にある被用者の行為または事業の遂行を助長する性質に属する被用者の行為のみならず，被用者の当該行為が外観上業務執行と同一の外形を有するものであれば，ここから生じた損害は事業の執行につき第三者に加えた損害ということができるとして，株券発行を担当する庶務係長が自己の金融を図る目的で株券を偽造して担保に供した事例に関して，使用者責任を肯定した（★大連判大正15・10・13民集5巻785頁）。この判決によって判例は外見標準説に与することを確立し，被用者の権限濫用・業務の逸脱という事実だけでは事業執行性は失われないことを示した。他方で，被用者の行為が，第三者に対して正常な業務執行としての外観を呈する程度に，被用者の事実上担当する職務や正常な職務のために用いられる手段との関連を失わないものでなければならないことも明らかにした。したがって **Case 7-2**(2)の場合も事業執行性は認められる。

（3）**取引的不法行為の場合**　外形標準説に従って取引的不法行為において使用者責任が成立する範囲を検討する。まず，被用者の職務執行行為そのものには属さないとしても，その行為の外形から観察して，あたかも被用者の職務の範囲内の行為に属するものと認められる場合も包含すると解すべきであるから，経理課長が手形を偽造・交付して第三者に損害を加えた場合につき，使用

者責任が肯定される（★最判昭和32・7・16民集11巻7号1254頁）。経理課長でなく経理担当社員の場合も同様である（★最判昭和45・2・26民集24巻2号109頁）。同様に，協同組合の書記が権限を濫用して理事長名義の手形を偽造した場合，協同組合は手形を善意無過失で取得した者に対して使用者責任を負う（★最判昭和36・6・9民集15巻6号1546頁）。さらに，手形作成事務を担当していた係員が，手形係を免ぜられた後に会社名義の手形を偽造した場合には，事業の執行につきなした行為と解するのが相当である（★最判昭和40・11・30民集19巻8号2049頁）として，被用者が権限を失った後にも使用者責任の成立を認めている。

　また，従業員数の少ない会社において商品の出納等を担当する者が商品の受領書に押印するために代表取締役の印を保管しそれを冒用して融通手形を偽造

Further Lesson 7-1
▶▶▶▶▶ 取引的不法行為と表見代理

　X製薬会社の従業員AはY医薬品商社の顔見知りの営業部長Bに継続的に医薬品を納入していた。BはAから納入された医薬品を勝手に処分して私益を上げていた。ところが処分先の倒産により，BはXに代金を支払うことができなくなってしまった。XはYに対して代金支払いを請求することができるか。

　このように，被用者が同時に使用者の代理人であり，代理行為を遂行するにあたって権限を逸脱した結果，相手方に損害を与えた場合，XがYの責任を追及する際に，使用者責任によって処理するのか，表見代理（▶110条）を適用すべきなのかが問題となる。

　両責任の差異について，まず要件面については，前者が「事業の執行について」後者が「権限があると信ずべき正当な理由」を要求しているが，外形標準説に立つかぎり，それほど大きな差異とはならない。むしろ効果の面において，前者が損害賠償であるのに対して後者が法律行為の効果帰属（契約給付の内容実現）である点が重要である。本件の場合，法律行為の内容が代金支払いの請求であるから，損害賠償を請求しても同じ結果となり，それほどの差異はもたらさないが，そうでない場合（たとえば偽造手形を振り出した場合，前者の責任は偽造手形を取得するために支出した金額の賠償であるのに対して，後者の責任は偽造手形の額面金額の支払いということになる），大きな差異をもたらすことになる。学説は，原則として表見代理責任を優先させ，表見代理が適用されない場合に使用者責任による解決を補充する見解が支配的である。

した場合，事業の執行にあたるとする（★最判昭和43・4・12民集22巻4号889頁）。この判決は被用者が手形振出の職務に関係していなかった場合でも，使用者責任が認められる場合があることを示している。反面，建設会社の作業所主任の職務権限が資材の購入や代金の支払等に及ばない場合には，約束手形の振出行為は外形上も同人の職務の範囲内に属するものとはいえないとした（★最判昭和43・1・30民集22巻1号63頁）。

　このように取引的不法行為に関しても，その外観を信頼した者を保護する観点から外形標準説は正当化されている。他方で，被用者の取引行為がその外形からみて使用者の事業の範囲内に属すると認められる場合であっても，その行為が被用者の職務権限内において適法に行われたものではなく，かつ，相手方がその事情を知りまたは重大な過失によって知らなかったときは，被害者は使用者に対してその取引行為に基づく損害賠償を請求することができないとする（★最判昭和42・11・2民集21巻9号2278頁：百選Ⅱ-94）。この場合，職務の範囲内において適法に行われたものでない点につき悪意または重過失ある被害者は，外観への信頼に対する保護に値する第三者ではないからである。

　(4)　**事実的不法行為の場合**　　事実的不法行為に関して，判例は一方では外形標準説に従って事業執行性を判断しているが，他方で職務密接関連性に着目して判断している。そこで両者を分けて検討する。

　(a)　**外見標準性**　　判例は，通産省（経済産業省）の自動車運転手が大臣秘書官を私用のために乗車させて自動車を運転中，他人を負傷させた場合，外形的に見れば公務の場合と何ら差異はないから，この事故は事業の執行につき生じたものと解するのが相当であるとした（★最判昭和30・12・22民集9巻14号2047頁）。また，運転資格を持たないタクシー会社の従業員が，自己の運転技術取得のため会社の営業用自動車を単独で運転中に事故により他人に損害を与えたときは，内部関係においては事業の執行とはいえなくても，外形的に見れば事業の執行にあたるから，会社は損害賠償責任を負う（★最判昭和34・4・23民集13巻4号532頁）。会社の被用者が勤務時間後に私用のため会社の自動車を運転した場合，勤務時間の定めや使用目的の逸脱は会社と被用者の内部関係にすぎないから，これを会社の事業の執行につきなされたものと認めるのが相当であ

る（★最判昭和37・11・8民集16巻11号2255頁）。このように従業員が私用で会社の車を使用した場合に関しても，事業の執行性を認めている。さらに，会社の被用者が，私用に使うことが禁止されていた会社内規に違反して，会社の自動車を運転帰宅する途中に追突事故を起こした場合，事業執行性は必ずしも被用者がその担当する業務を適正に執行する場合だけを指すのではなく，広く被用者の行為の外形を捉えて客観的に観察したとき，使用者の事業の態様・規模等からしてそれが被用者の職務行為の範囲内に属するものと認められる場合でたりるものと解すべきであるから，その損害は会社の事業の執行につき生じたものと解するのが相当であるとする（★最判昭和39・2・4民集18巻2号252頁）。このように会社が私用で車を使用することを禁止していた場合でも，職務に付随して運転する機会があれば，事業執行性を認めている。したがって **Case 7-2**(2)の場合もまた，Ｙ社に使用者責任は成立する。他方で，会社の従業員が自家用車を用いて出張中に惹起した交通事故について，会社は従業員に対し自家用車の利用を原則として禁止し，自動車を利用する場合は直属課長の許可を得るように指示していた場合，その従業員がそれを熟知し，以前に業務のために自家用車を使用したことがなく，今回の出張についても公共交通機関を用いても業務に差し支えがないにもかかわらず，無許可で自家用車を用いた場合には，会社の業務にあたらないとする（★最判昭和52・9・22民集31巻5号767頁）。

(b) 職務密接関連性　職務中の暴力行為など，職務の外形が加害行為と関連をもたない場合，判例は**職務の密接関連性**に従って使用者責任の成否を判断している。たとえば，いわゆる社交喫茶店が現に営業中，客の飲食した代金の支払いに関する紛争から営業上の被用者がその店の奥で客を殴って負傷させた場合，その暴行により客の被った損害は，被用者が事業の執行につき加えた損害というべきであるとする（★最判昭和31・11・1民集10巻11号1403頁）。そして，使用者の施工にかかる水道管敷設工事の現場において，被用者が工事に従事中，作業用鋸の受渡しのことから，他の作業員と言い争ったあげく，同人に対し暴行を加えて負傷させた場合，これによって生じた損害は，会社の事業の執行行為を契機として，これと密接な関連を有すると認められる行為によって加えたものであるから，被用者が事業の執行につき加えた損害にあたるという

べきである（★最判昭和44・11・18民集23巻11号2079頁）。さらに，すし屋の店員が使用者所有の自動車を運転し，出前に行く途中，他の自動車の運転手と口論になり，そのあげくに同人に対し暴行を加えて負傷させた場合，これによって同人が被った損害は，会社の事業の執行行為を契機として，これと密接な関連を有すると認められる行為によって生じたものであるから，被用者が事業の執行につき加えた損害にあたるというべきである（★最判昭和46・6・22民集25巻4号566頁）。最後に，階層的に構成されている暴力団の下部組織における対立抗争においてその構成員がした殺傷行為は，同暴力団が，その威力をその暴力団員に利用させることなどを実質上の目的とし，下部組織の構成員に対しても同暴力団の威力を利用して資金獲得活動をすることを容認し，その資金獲得活動に伴い発生する対立抗争における暴力行為を賞揚していたなどの事情の下では，暴力団の威力を利用しての資金獲得活動にかかる事業の執行と密接に関連するものというべきであり，暴力団は使用者責任を負うものと解するのが相当であるとする（★最判平成16・11・12民集58巻8号2078頁）。

このように判例は事実的不法行為についても外形標準説をとりながら，それが機能しない場面においては，職務との密接関連性に従って判断している。

(5)　学　説　　判例のやや場当たり的な解決策に対して，学説は判断基準の一元化をめざす見解（一元説）と逆に二元的構成を徹底させようとする見解（二元説）に分かれる。**一元説**は，予見可能性や職務の近接性などの要因を総合的に判断すべきであるとする見解と職務関連性と加害行為の近接性を使用者責任の判断基準とすべきであるとする見解に分かれる。一元説は外形標準説以上に判断基準が曖昧となり，取引的不法行為と事実的不法行為の性格の差異を無視している点が批判されている。そこで両者を峻別する二元説が定着している。**二元説**は，取引的不法行為については外形標準説をとるが，事実的不法行為については客観的に使用者の支配領域内の事柄と認められるか否かで判断する。前者については，外観信頼の規範として構成される必要があり，外形的職務執行の範囲と被用者の主観的事情とから判断する方法が構築されるべきである。後者について重要なのは，使用者が被用者を使って他人に損害を与えた場合の社会的な責任として，結果的に負うべき責任のあり方であるから，職務の

執行の範囲内とは，職務執行の範囲としてどの程度まで責任を負うべきかという視点から，規範的に考えなければならない。

賠償義務者 (1) **使用者・代理監督者** 使用者責任の賠償義務者は，使用者と代理監督者である。代理監督者とは，客観的に観察して，実際上現実に使用者に代わって事業を監督する地位にある者をいう（★最判昭和35・4・14民集14巻5号863頁）。法人の代表者は，現実に被用者の選任・監督を担当していたときにかぎり，その被用者の行為について責任を負う（★最判昭和42・5・30民集21巻4号961頁）。使用者の損害賠償責任と代理監督者の損害賠償責任とは，**不真正連帯**の関係に立つ。

(2) **被用者自身の責任** 被用者が一般不法行為の要件を満たす場合には，被用者自身も不法行為責任を負う。被用者の不法行為責任と使用者等の損害賠償責任とは，**不真正連帯**の関係に立つ。そこで，被用者に対する損害賠償請求権についての消滅時効の完成は，使用者に対する損害賠償請求権に影響を与えないし（★大判昭和12・6・30民集16巻1285頁），被用者に対する免除は使用者の損害賠償請求権に影響を与えない（★最判昭和45・4・21判時595号54頁）。

(3) **免責事由** 使用者が，被用者の選任およびその事業の監督につき相当の注意を払った場合，あるいは，使用者が相当な注意をしても損害が生ずべきであった場合には，免責される（▶715条1項ただし書）。もっともこのような抗弁が認められたことはほとんどなく，きわめて厳格に解されており，使用者責任を事実上無過失責任としている。

✂ Case 7-3 (1) **Case 7-2**(1)に関してＹ社はＸに損害賠償を支払った。Ｙ社はＺに対して求償することができるか。
(2) ＺがＸに損害賠償を支払った場合，ＺはＹ社に対して求償することができるか。

求 償 権 (1) **意義とその制限** 使用者または代理監督者が損害を賠償した場合，被用者に対して求償権を行使することができる（▶715条3項）。代位責任説からは当然の帰結である。ところが，これをそのまま認めたのでは被用者に酷な結果を引き起こすことがある。そこで，使用者

が，その事業の執行につきなされた被用者の加害行為により，直接損害を被りまたは使用者として損害賠償責任を負担したことに基づき損害を被った場合には，使用者は，その事業の性格・規模・施設の状況・被用者の業務の内容・労働条件・勤務態度・加害行為の予防もしくは損失の分散についての使用者の配慮の程度，その他諸般の事情に照らし損害の公平な分担という見地から信義則上相当と認められる限度においてしか，被用者に対しその損害賠償または求償の請求をすることができないと解されている。判例も，使用者が業務用車両を多数保有しながら対物賠償責任保険および車両保険に加入せず，またその事故は被用者が特命により臨時的に乗務中に生じたものであり，被用者の勤務成績は普通以上であるような事実関係の下では，使用者は，信義則上，その損害の４分の１を限度として，被用者に対し賠償および求償を請求しうるにすぎないとする（★最判昭和51・7・8民集30巻7号689頁：百選Ⅱ-95）。被用者は使用者の指揮監督に服して業務を行い，その業務の執行を通じて使用者は利益を得ているわけであるから，発生した損害についても両者で分けあうのが公平に合致するといえよう。使用者責任を自己責任と捉える見解は，被用者は労働契約上使用者に損害を与えてはならない義務を負っていることから，求償権を基礎づける。したがって，使用者に全額の求償を認める必然性はないことになる。

(2) **逆求償**　逆求償とは，被用者が被害者に賠償した場合に，使用者にその一部を請求することができるか，という問題である。**Case 7-3**(2)の場合に問題となる。両責任が不真正連帯の関係に立つと解されることから，理論的には認められる可能性がある。また使用者が被害者に対して損害賠償金を支払ったときに，被用者に対する求償権が制限されるのであれば，その帰結として，使用者・被用者の内部関係で使用者が賠償額の一部を負担することが公平に合致するといえる。しかしながら，通説である**代位責任説**の立場からは理論的に否定される。したがって，ＺはＹ社に対して求償できないことになる。

| 国家賠償責任 |

(1) **意　義**　国または公共団体は，公務員の違法な公権力の行使により被害者に生じた損害を賠償しなければならない（▶国賠1条）。この責任は，公務員の不法行為責任を国または公共団体が代わって負う**代位責任**であると解されている。国または公共団体の賠償責任に

第 7 章　不法行為(2)　293

ついては，国家賠償法の規定によるほか，民法の一般規定が適用される（▶国賠 4 条）。

▓ Case 7-4　(1)　Ｙ町立中学校の生徒Ａが課外クラブ活動中の生徒Ｂとした喧嘩により左眼を失明した。同クラブの顧問の教諭であるＣはクラブ活動に立ち会っていなかった。Ａの両親ＸはＹ町に損害賠償を請求することができるか。
(2)　Ｙ市は国から機関委任を受けて予防接種を実施した。その際担当の保健所予防課長であるＡ医師がＸに痘瘡の予防接種を行い，Ｘは高熱を発症し，現在は両下肢麻痺・知能発達障害の状態にある。Ｘは当日発熱があり禁忌者に該当していた。ＸはＹ市に対して損害賠償を請求することができるか。

---

(2)　**法律要件**　(a)　**公権力の行使にあたる公務員の加害行為**　国家賠償責任が成立するためには，国または公共団体の公権力の行使にあたる公務員が加害行為を行った場合でなければならない。公権力の行使とは，国・公共団体の作用の中から純粋な私経済的作用を除く全ての作用と解されている。したがって，行政作用だけでなく，立法作用や司法作用も入る。

(b)　**職務を行うについて**　**職務執行性**に関しては，必ずしも実質的な職務行為でなく，客観的にみて職務執行と考えられる場合でもよいとする**外形標準説**がとられている。判例も，巡査が，もっぱら自己の利を図る目的で制服を着用の上，警察官の職務執行を装い，被害者に対し不審尋問の上，犯罪の証拠物名義でその所持品を預かり，しかも連行の途中，これを不法に領得するために所持の拳銃で同人を射殺したときは，国家賠償法にいう，公務員がその職務を行うについて違法に他人に損害を加えた場合にあたるものと解すべきであるする（★最判昭和31・11・30民集10巻11号1502頁）。**Case 7-4**(1)(2)もこの要件は満たしている。

(c)　**一般不法行為の要件**　公務員が一般不法行為の要件を満たす必要がある。たとえば公務員に過失が必要であるが，**Case 7-4**(1)の場合，事故の発生する危険性を具体的に予見することが可能であるような特段の事情のないかぎり，Ｃ教諭に過失がないとする（★最判昭和58・2・18民集37巻1号101頁）。(2)の場合は逆に，痘瘡の予防接種によって重篤な後遺障害が発生した場合には，被接種者が後遺障害を発生しやすい個人的素因を有していたなどの特段の事情の

ないかぎり，被接種者は禁忌者に該当していたものと推定すべきである（★最判平成3・4・19民集45巻4号367頁）として，医師の過失を事実上推定している。

　注意しなければならないのは違法性の要件である。ここでいう違法性とは職務行為規範に違反することをいい（**職務義務違反説**），公務員が個別の国民に対して負担する職務上尽くすべき注意義務（職務上の法的義務）に違反して国民に損害を加えたときに，国家賠償責任を負うことになる（★最判昭和53・10・20民集32巻7号1367頁）。判例は，市がマンションを建築しようとする事業主に対して指導要綱に基づき教育施設負担金の寄付を求めた場合において，その指導要綱がこれに従わない事業主には水道水の給水を拒否するなどの制裁措置を背景として義務を課すことを内容とするものであり，事実上負担金の納付を強要していることから，行政指導の限度を超え，違法な公権力の行使にあたるとしている（★最判平成5・2・18民集47巻2号574頁）。この判決は，行政指導が公権力の行使にあたる場合があることを示した上で，その限界について判断したものである。

　(3)　法律効果　　(a)　賠償と求償　　国家賠償責任の法律効果は損害賠償であるが，使用者責任と異なる点は，国または公共団体が賠償責任を負う場合において，公務員の選任・監督にあたる者と公務員の俸給・給与その他の費用を負担する者とが異なるときは，費用を負担する者もまた，その損害賠償責任を負わなければならないとして（▶国賠3条1項），賠償義務者の範囲を拡げている。また求償について，国または公共団体に賠償責任が認められ，国・公共団体が被害者に対し賠償金を支払った場合，公務員に故意または重大な過失があった場合のみ，その公務員に対して求償することができるとして（▶国賠1条2項），求償できる範囲を制限し，軽過失の公務員を保護している。

　(b)　公務員個人の責任　　判例は，公権力の行使にあたる公務員の職務行為に基づく損害については，国または公共団体が賠償の責任を負い，職務の執行にあたった公務員は，行政機関としての地位においても，個人としても，被害者に対しその責任を負担するものではない（★最判昭和30・4・19民集9巻5号534頁）として，公務員個人の責任を否定している。使用者責任と異なり，被

害者は国等から確実に賠償金を得られるから，実質的にその必要はないともいえる。しかしながら，国家賠償法1条2項との関係から，故意または重過失がある場合にかぎって認めるべきであるとか，公務員に一般不法行為の要件が満たされている以上，被害者は公務員が軽過失の場合でもその責任を追及すべきであると解する見解が有力に主張されている。

4　土地工作物責任

土地工作物責任の意義と法的性質　(1)　意　義　土地の工作物の設置または保存に瑕疵があることによって，他人に損害を生じさせた場合，その工作物の占有者は，被害者に対し損害賠償の責任を負う（▶717条1項本文）。占有者が損害の発生を防止するのに必要な注意を怠らなかった場合，その損害は所有者が賠償しなければならない（▶同項ただし書）。竹木の植栽または支持の瑕疵によって損害が生じた場合も同様である（▶同条2項）。

(2)　法的性質　土地工作物に関して第一次的には占有者が責任を負い，免責規定があることから中間責任と解されている。第二次的には所有者が責任を負うが，これは無過失責任と解されている。瑕疵に基づく責任であることから，その理論的根拠は**危険責任の法理**に求められている。

> **Case 7-5**　Aは自己所有の家の周りにコンクリートブロックで塀をB建築会社に造らせた。しかしその塀は，ブロックに通常要求される強度を有していなかった。その後地震によりブロック塀が倒れ，通行人Cが下敷きになり重傷を負った。
> (1)　CはAに対し損害賠償を請求できるか。
> (2)　Aが当該家屋をDに賃貸していた場合はどうか。
> (3)　AがCに損害賠償を支払った場合，CはB会社に対し求償できるか。

法律要件　(1)　土地の工作物　土地の工作物とは，土地に接着して人工的作業をしたことによって成立した物をいうが（★大判昭和3・6・7民集7巻443頁），土地の工作物として機能する物も含めて把握されている。問題は土地との接着性であるが，判例は建物内の機械・設備も土地の工作物としている。たとえば，メッキ工場の濾過装置や（★前橋地判昭和46・

3・23下民集22巻3・4号293頁)，プロパンガス容器から着脱可能なゴムホース
も（★最判平成2・11・6判時1407号67頁）土地工作物である。また，踏切の軌道
施設に関しては，警報機を設置しなければ踏切道としての本来の機能をまっと
うしえないことから，機能的一体性から設備全体を土地の工作物として把握す
べきであると判断している（★最判昭和46・4・23民集25巻3号351頁）。

(2) **設置・保存の瑕疵**　　この瑕疵の意義について，工作物が，その種類に
応じて，通常予想される危険に対し，通常備えているべき安全性を欠いている
ことをいうと解されている（**客観説**）。そして物の性質上の瑕疵（性状瑕疵）だ
けに限られず，工作物の機能から判断する機能的瑕疵も含まれると解されてい
る。これに対して，この瑕疵を一般不法行為の過失と連続性をもたせるとの観
点から，工作物の設置・管理者が負うべき安全性具備を確保する注意義務に違
反することであると捉える見解も有力に主張されている（**義務違反説**）。この見
解に立つと，安全を確保するために適切な措置を講じなかった場合も瑕疵概念
に含めることができるから，性状瑕疵がない場合でも，工作物責任の追及が可
能となる。判例は，工作物の設置・保存に瑕疵があるかどうかは，その物が本
来備えているべき性質や設備を欠いているかどうかによって客観的に判定すべ
きものであるから，高圧架空送電線のゴム被覆が破損したため感電事故が生じ
た場合，行政上の取締規定に違反していなかったとしても，事故現場の電線の
修補をすることが絶対不可能でないかぎりは，その送電線を所有する電力会社
は，その事故によって生じた損害を賠償する責任がある（★最判昭和37・11・8
民集16巻11号2216頁）として，客観説に立つことを明らかにしている。そして，
土地工作物たる踏切道の軌道施設が，本来備えるべき保安設備を欠くときは，
設置に瑕疵があるものとして土地工作物責任が成立する（前掲★最判昭和46・
4・23）として，学説と同様に瑕疵概念の拡大を図っている。瑕疵の存在につ
いては，不法行為の原則どおり，原告（被害者）が証明責任を負担する。天災
などの不可抗力が加わって発生した場合は，相当程度の災害に耐える設備施工
がなされていれば，たとえ損害が発生しても賠償請求は否定されることにな
る。

(3) **因果関係**　　設置・保存の瑕疵と権利侵害（損害の発生）の間に因果関

係が存在しなければならず，その証明責任は原告（被害者）が負う。**Case 7-5**(1)において通常のブロック塀ならば倒れない程度の地震が発生した場合であれば因果関係は肯定されるが，通常のブロック塀でもほとんどが倒れてしまうような大地震が発生した場合のように，通常予想される危険を越えた危険が発生した場合には，その全損害と瑕疵との間には因果関係がないことになる。しかし瑕疵がある以上は，割合的責任が認められて然るべきである。第三者の行為が原因として競合している場合には，共同不法行為（▶719条）として取り扱われることになる。

法律効果
(1) **占有者**　賠償責任を負うのは第一次的にはその占有者である。したがって **Case 7-5**(2)においてはまず第1にDが責任を負うことになる。ただし，占有者は，損害の発生を防止するのに必要な注意をなした場合には免責される（▶717条1項ただし書）。その際，損害防止設備に莫大な費用がかかるとしても，予算がなかったことを理由に免責されない（★最判昭和45・8・20民集24巻9号1268頁）。免責事由の不存在についての証明責任は占有者にある（**中間責任**）。占有者とは工作物を事実上支配する者をいうが，直接占有者だけでなく間接占有者（賃貸人等）も含む（★最判昭和31・12・18民集10巻12号1559頁）。

(2) **所有者**　**Case 7-5**(2)において占有者Dが免責された場合，第二次的に所有者Aが賠償責任を負うことになる（▶717条1項ただし書）。この責任は免責されることがないから，無過失責任である。不可抗力の場合に免責されるかどうかは問題であるが，一般的には否定されている。

(3) **求償権**　土地工作物の占有者または所有者が賠償責任を負う場合において，他に損害の原因につきその責任を負うべき者がいるときは，彼に求償権を行使することができる（▶717条3項）。**Case 7-5**(3)のように，強度不足の建築資材の使用や壁面のガラスの不適切な装着により，建物からガラスや壁材が落下し，通行人が負傷した場合，被害者に賠償金を支払った占有者は，手抜き工事をした建築業者に求償することができる（★大阪高判平成5・4・14判時1473号57頁）。

298 第7章 不法行為(2)

営造物責任　(1) **意　義**　道路・河川その他の公の営造物の設置または管理に瑕疵があったために，他人に損害が生じた場合，国または公共団体はこれを賠償しなければならない（▶国賠2条）。これを営造物責任という。

(2) **法律要件**　(a) **公の営造物**　国または公共団体により公の目的に供される有体物および物的設備を公の営造物という。道路・河川といった土地の定着物だけでなく，自動車・拳銃などの動産も含まれる。この点で土地工作物責任より広く責任が認められている。

(b) **設置・管理の瑕疵**　土地工作物責任と同様に，法律要件として設置または管理の瑕疵が要求されている。営造物の設置または管理の瑕疵とは営造物が通常有すべき安全性を欠いていることをいう（前掲★最判昭和45・8・20）。この瑕疵概念に関しても，客観説と義務違反説が対立しているが，通説・判例は客観説に立っている。たとえば，複雑な道路の交差点において，一般の歩行者にとって設置された信号機が横断歩道の歩行も兼ねて規制するものであることを容易に認識できないときは，その設置に瑕疵があったものと解されている（★最判昭和48・2・16民集27巻1号99頁）。それに対して，道路で遊んでいた6歳の子どもが道路端の防護柵を越えて転落した場合のように，営造物の通常の用法に即しない行動の結果事故が生じた場合において，その営造物が本来具有す

✐ **Topic 7-3**

失火責任法と土地工作物責任

　土地工作物の設置・保存の瑕疵が原因で火災が生じ，他人に損害を与えた場合に，失火責任法と土地工作物責任の競合が問題となる。たとえば，Y電力会社がその架設した電線・電柱の修理を怠ったため火災が生じ，Xの家屋が全焼した場合，XはY会社に対し土地工作物責任を理由に損害賠償できるか否かが問題となる。この場合，判例は失火責任法の適用があり，修理を怠ったことに重大な過失があるときは，所有者たる電力会社は土地工作物責任を負うとする（★大判昭和7・4・11民集11巻609頁）。学説は，瑕疵により直接生じた損害については失火責任法の適用を排除して土地工作物責任を認め，延焼部分については失火責任法を適用して，工作物の設置・保存に重過失がある場合のみ損害賠償を認める見解が有力である。

べき安全性に欠けるところがなく，その行動が設置管理者において通常予測することのできないものであるときは，その事故が営造物の設置または管理の瑕疵によるものということはできないとされている（★最判昭和53・7・4民集32巻5号809頁）。同様に，幼児がテニスの審判台にのぼり，審判台が転倒して下敷きになって死亡した場合において，その審判台には本来の用法に従って使用する限り転倒の危険がなく，その幼児の行動が当該審判台の設置管理者の通常予測しえない異常なものであったので，設置管理者は損害賠償責任を負わないとされた（★最判平成5・3・30民集47巻4号3226頁）。通常有すべき安全性を欠いていることの判断基準について，判例は，点字ブロック等の新たに開発された視力障害者用の安全設備が日本国有鉄道の駅のホームに敷設されていないことが，設置・管理の瑕疵にあたるか否かを判断するにあたっては，その安全設備が，視力障害者の転落等の事故防止に有効なものとして，その素材・形状および敷設方法等において相当程度標準化されて全国ないし当該地域における道路・駅のホーム等に普及しているかどうか，当該駅のホームにおける構造または視力障害者の利用度から予測される視力障害者の事故発生の危険性の程度，事故を未然に防止するためにその安全設備を設置する必要性の程度およびその安全設備の困難性の有無など諸般の事情を総合考慮することを要するとしている（★最判昭和61・3・25民集40巻2号472頁）。

　このようにその基準は流動的であり，時代による技術の進歩等によって変遷していくことが示されている。そしてここでも予算の有無は影響を与えないと解すべきである。

　(c)　一般不法行為の要件　　営造物責任が認められるためには，国・公共団体が一般不法行為の要件を満たす必要があるが，営造物の設置・管理に瑕疵があれば，過失の存在は必要とされない（前掲★最判昭和45・8・20）。土地工作物責任のような免責規定はなく，無過失責任となっている。そしてその根拠は**危険責任の法理**に求められている。ただし，判例は，県道上の道路管理者の設置した工事標識板・赤色灯標柱等が倒れ，赤色灯が消えたままになっていた場合でも，それが夜間に他の通行者によって惹起されたものであり，その直後で道路管理者がこれを原状に復し道路の安全を保持することが不可能であった場合

✒ Topic 7-4

河川の氾濫による水害

営造物責任が大きな問題となったのは，河川の氾濫による水害が国の責任といえるかどうか，という事例である。判例は大東水害訴訟事件において，河川の管理についての瑕疵の有無は，過去に発生した水害の規模・発生の頻度・発生原因・被害の性質・降雨状況・流域の地形その他の自然的条件・土地の利用状況その他の社会的条件・回収を要する緊急性の有無およびその程度等諸般の事情を総合的に考慮し，河川管理における財政的・技術的および社会的諸制約のもとでの同種・同規模の河川管理の一般水準および社会通念に照らして是認しうる安全性を備えていると認められるかどうかを基準として判断すべきである，と判示して，改修計画が全体として不合理なものでない場合は，特段の事情のないかぎり，当該河川の管理に瑕疵があるということはできない（★最判昭和59・1・26民集38巻2号53頁），として国の責任をかなり限定している。この基準はその後も維持され，洪水により決壊した堤防の背後に設置された仮堤防が約1年後に前年をはるかに上回る豪雨のため決壊したとしても，予測不可能であり，仮堤防の設計施行上の社会通念に照らして是認することができる場合は，その断面・構造に河川管理の瑕疵があるとはいえない（★最判昭和60・3・28民集39巻2号333頁）とする（加治川水害訴訟事件）。

他方で，判例は，工事実施基本計画に準拠して新規の改修・整備の必要がないものとされた河川における河川管理の瑕疵の有無は，同計画に定める規模の洪水における流水の通常の作用から予測される災害の発生を防止するにたりる安全性を備えているかどうかによって判断すべきである，とする。そして河川の改修・整備がされた後に水害発生の危険が可能となった場合における河川管理の瑕疵の有無は，諸般の事情を考慮して，その危険の予測が可能となった時点から当該水害発生時までにその危険に対する対策を講じなかったことが河川管理の瑕疵に該当するかどうかによって判断すべきである（★最判平成2・12・13民集44巻9号1186頁），とする（多摩川水害訴訟事件）。これらの基準もまたその後の判例の指針となっており，普通河川からの溢水による水害が生じた場合，当該河川に関する雨水排除を目的とする公共下水道整備計画の策定時期・内容・実施状況に不合理な点がない場合，河川の管理について瑕疵があったということはできず，水害発生の時点においてすでに設置済みの河川管理施設がその予定する安全性を有していなかったという瑕疵があるか否かは，その施設設置の時点における技術水準に照らして，その施設が，その予定する規模の洪水における流水の通常の作用から予測される災害の発生を防止するにたりる安全性を備えているかどうかによって判断すべきである（★最判平成8・7・12民集50巻7号1477頁）とする（平作川水害訴訟事件）。

には，道路の管理に瑕疵がなかったというべきであるとして（★最判昭和50・6・26民集29巻6号851頁），不可抗力による免責は認めている。無過失責任とはいえ，自らの危険の支配可能性を超えたところにあり統制することが困難な出来事については，責任を問われるべきではないからである。

(3)　**法律効果**　　国または公共団体が損害賠償責任を負うことになるが，その場合，公の営造物の設置・管理にあたる者と公の営造物の設置・管理の費用を負担する者とが異なるときは，費用を負担する者もまたその損害賠償責任を負わなければならない（▶国賠3条1項）。そして国または公共団体が被害者に損害を賠償した場合，他に損害の原因について責めに任ずべき者がいるときは，この者に対して求償することができる（▶国賠2条2項）。

5　製造物責任

製造物責任の意義と性質　　製造物責任とは，消費者が購入した商品に欠陥があり，それによって消費者が損害を被った場合の製造者の責任をいう。物の製造・加工・輸入に携わった業者は，その物の欠陥により他人の生命・身体・財産を侵害したときは，その損害を賠償する責任を負う（▶PL3条）。消費者保護の観点から定められた**厳格責任**（無過失責任）である。

> **■ Case 7-6**　Y社製造のテレビをA電気器具店でXが購入した。自宅でそのテレビを見ていたところ，背面部分から煙が発生し，慌ててスイッチを切ったがまもなく出火し，X宅は半焼し，X自身火傷を負った。XはYに対し損害賠償を請求することができるか。

法律要件　　(1)　**製造物**　　製造物とは製造または加工された動産をいう（▶PL2条1項）。したがって，土地・建物などの不動産やソフトウェア等の無体物は含まれない。また，未加工の農産物や海産物などは製造物ではない。**Case 7-6** のテレビなどは典型例である。

(2)　**欠陥**　　欠陥とは，当該製造物の特性，その通常予見される使用形態，その製造業者等が当該製造物を引き渡した時期，その他の当該製造物にか

かる事情を考慮して，当該製造物が通常有すべき安全性を欠いていることである（▶PL2条2項）。欠陥には，製造物の設計そのものにおける欠陥（設計上の欠陥），設計そのものには問題はないが製造工程において設計と異なった製造物が製造されたという製造上の欠陥，製造物が適切な指示・警告を伴っていないという点に存在する指示・警告上の欠陥がある。そして欠陥の存在時期については争いがあるが，製造物責任の根拠が欠陥ある製造物を引き渡した点にあることから（▶PL3条），製造物の引渡し時に存在しなければならないと解されている。その証明責任は被害者にある。EUにおいては，事故発生時に欠陥があれば引渡し時に欠陥があったものと推定する規定が設けられていて，証明責任の転換が図られているが，わが国においてはこのような規定は今のところない。もっとも，**Case 7-6** のテレビの発火のように，一般に流通する製品を利用する時点で製品に欠陥が認められれば，流通に置かれた時点ですでに欠陥原因が存在した蓋然性が高いので，欠陥の存在は事実上推定されている。

（3）**一般不法行為の要件**　土地工作物責任・営造物責任と同様に，過失の要件は不要である。また権利侵害に関しては，商品の欠陥が他人の生命・身体または財産を侵害した場合に限定されており，したがって，その損害が当該製

✐ Topic 7-5

原子力損害賠償法

　東日本大震災に伴う東京電力福島第一原子力発電所の事故により，原子力損害賠償法が注目を集めている。同法は，原子力損害について原子力事業者に無過失責任を課すものである。それがカバーする原子力損害は，放射性物質による健康被害のような直接の損害だけでなく，放射線被害を避けるために行われた避難などの行動による損害も，それが合理的である限り賠償の対象となる。そして原発等が高度の危険性を有することから，事業者に危険責任に基づいて無過失責任を課しているのである。

　問題は，同法3条1項ただし書によると，原子力損害が「異常に巨大な天災地変又は社会的動乱」による場合，事業者は免責されるとされていることから，福島原発事故もこれに当たるかどうかということである。東日本大震災の地震の規模は，1900年以降の世界の地震で4番目であり，想像を絶するものとはいえ，津波についても，明治三陸地震や北海道南西沖地震などの前例があることから，異常に巨大なものであったともいうことはできないことから，免責は認められないと考えられている。

造物自体についてのみ生じたにすぎないときは，製造物責任は発生しない（▶
PL 3条ただし書）。この場合，瑕疵担保責任が問題となるだけである（▶562条以
下）。その他の要件は必要であり，欠陥および因果関係についての証明責任は
被害者が負担することになる。もっともここでも，**Case 7-6** のテレビの発火
のような場合には，製造者が安全確保義務を履行し，適切に設計・製造等を行
うかぎり，欠陥原因の存する製品が流通に置かれることは通常考えられないか
ら，欠陥原因のある製品が流通に置かれた場合には，設計・製造過程で何らか
の注意義務違反があったと推定され（★大阪地判平成6・3・29判時1493号29
頁），因果関係も事実上推定されている。

法律効果　(1)　**賠償義務者**　製造業者等が損害賠償責任を負うことに
なるが（▶PL 2条3項），当該製造物を業として製造・加工・
輸入している者のほか（▶同項1号），製造業者として氏名・商号・商標その他
の表示をするか，または誤認されるような表示をした者を含む（▶同項2号）。
さらに，当該製造物の製造・加工・輸入または販売にかかる形態その他の事情
からみて，当該製造物にその実質的な製造業者と認めることができる氏名等の
表示をした者も含まれる（▶同項3号）。

(2)　**免責事由**　当該製造物をその製造業者等が消費者に引き渡した時にお
ける科学・技術に関する知見では，当該製造物にその欠陥があることを認識す
ることができない場合には，製造業者等は免責される（▶PL 4条1号）。**開発
危険の抗弁**とよばれるもので，不可抗力の一種である。また，当該製造物が他
の製造物の部品または原材料として使用された場合において，その欠陥がもっ
ぱら当該他の製造物の製造業者が行った設計に関する指示に従ったことにより
生じ，かつ，その欠陥が生じたことにつき過失がない場合も免責される（▶同
条2号）。いずれも証明責任は製造業者等が負うことになる。

(3)　**期間制限**　被害者またはその法定代理人が，損害および賠償義務者を
知った時から3年間，損害賠償請求権を行使しなかったときは，時効によって
消滅する（▶PL 5条1項1号）。人の生命または身体を侵害した場合，消滅時効
期間は5年間となる（▶同条2項）。製造業者等が，当該製造物を引き渡した時
から10年経過したときも損害賠償請求権は消滅する（▶同条1項2号）。この場

304 第7章 不法行為(2)

合，身体に蓄積した場合に人の健康を害することとなる物質による損害，または一定の潜伏期間が経過した後に症状が現れる損害については，その損害が生じた時から起算される（▶同条3項）。後遺症などに配慮した規定である。

6 動物占有者の責任

動物占有者責任の意義と性質 動物の占有者または保管者は，その動物が他人に加えた損害につき，賠償する責任を負わなければならない（▶718条1項本文・2項）。ただし，占有者が相当の注意をもって保管した場合は免責される（▶同条1項ただし書）。動物の管理に関する過失の証明責任を転換した中間責任であり，**危険責任の法理**に基づくものである。

> ⚙ **Case 7-7** (1) Y所有の大型犬2頭を雇人Aが公道上で運動させていたところ，その畜犬がXに跳びつき怪我をさせた。XはYに損害賠償を請求できるか。
> (2) Yが小型愛玩犬を放し飼いにしていた場合に，子どもが驚いて自転車の操作を誤って怪我をした場合はどうか。
> (3) Yは闘犬を飼育していたが，犬舎の鍵を忘れたり，口輪をせずに散歩に連れ出したりして何度も人身事故を起こしていた。ZはYの内縁の妻であるが，Yに対して飼育場所を提供しかつ日常的に協力するなど多大な便益を提供してきた。Yの雇人Aは酒に酔って犬舎から無断で闘犬を連れ出し，その闘犬が幼児Bを襲って死亡させた。Bの両親XはY・Zに対して損害賠償を請求することができるか。

法律要件 (1) **動物が他人に損害を加えたこと** 動物とは一般に家畜やペットを指すが，危険責任の趣旨から，他人に危害を加えることができるものであればたり，微生物・細菌・ウイルスも包含されると解すべきである。人が動物をけしかけて他人に怪我をさせた場合は，一般不法行為（▶709条）の問題となり，動物占有者責任は，動物の独立の行動または人の制止を振り切った行動によって生じた損害に限られる（★大判大正10・12・15民録27輯2169頁）。権利侵害（違法性）や損害の発生および因果関係は，原告（被害者）が証明責任を負う。

(2) **免責事由の不存在** 動物の占有者が，その動物の種類および性質に従って，相当の注意をもって保管したことを抗弁として証明すれば，免責され

る（▶718条１項ただし書）。判例は、この注意義務は、異常事態に対処しうべき程度の注意義務まで課したものではないが、**Case 7-7**(1)のように畜犬の占有機関（Aは占有者ではない）がその操作制御方法を十分に会得していなかったにもかかわらず、公道上を２頭一緒に運動させ、畜犬が被害者に跳びついた際にその力に負けて制御できなかったような事情がある場合には、飼主に畜犬保管上の過失があるとした（★最判昭和37・2・1民集16巻2号143頁）。また、**Case 7-7**(2)の場合にも、7歳の子どもにはどのような種類の犬も怖がる者があり、一般には畏怖感を与えるおそれのない小型愛玩犬であっても、飼主の手を離れれば、その接近により、子どもが自転車の操縦を誤ることも予測できないではなく、鎖をはずした飼主は相当の注意をしたとはいえないとして（★最判昭和58・4・1判時1083号83頁）、Yの責任を認めている（ただしXが自転車の操作になれていなかった点を考慮し、過失相殺がなされている）。このように判例は容易に免責を認めておらず、実質的に無過失責任となっている。

法律効果　動物占有者あるいは保管者が損害賠償責任を負うことになる。占有者とは動物を占有する者であり、保管者とは占有者に代わって動物を保管する者である。動物を寄託しまたは運送を委託した場合のように、動物の占有者と保管者とが併存する場合には、両者の責任は重複して発生しうるが、占有者が自己に代わって動物を保管する者を選任して、これを保管させた場合には、動物の種類および性質に従い相当の注意をもって保管者を選任・監督したときは、その動物が他人に加えた損害を賠償する責任を免れると解するのが相当である（★最判昭和40・9・24民集19巻6号1668頁）。これに対して、占有補助者はこれに含まれないと解されている。たとえば、運送会社がその使用人に荷馬車を引かせていた場合、本来の占有者は運送会社であり、占有補助者たる使用人は、占有者でも保管者でもない（前掲★大判大正10・12・15）。ただし、占有補助者も一般不法行為の責任は独自に負う。**Case 7-7**(3)の場合、Yに動物占有者責任が認められるが、占有補助者であるZについては、Yが不在のためZが闘犬の保管にあたっていながら、第三者Aがその闘犬を容易に連れ出せる程度の施錠装置しかない犬舎を路上においたまま漫然と外出したときは、その事故につき民法709条の不法行為責任を免れない（★

306 | 第7章 不法行為(2)

最判昭和57・9・7民集36巻8号1572頁)。

7 自動車損害賠償責任

自動車損害賠償責任の意義と法的性質 自動車損害賠償保障法は，自動車事故に関して，自動車交通に不可避的に内在する危険に対して，運転者の過失に関する証明責任を転換する等の立法措置を講じることにより，実質的に無過失責任化・厳格責任化するものである（▶自賠3条）。その根拠は**危険責任**および**報償責任**の原理である。そして，被害者の救済と損害填補を確実なものにするために，**強制保険制度**を導入する（▶自賠5条）。これによって被害者は直接保険会社に金銭支払いを請求できる。さらに，自動車の運行によって被害を受けた者が事故車の保有者が明らかでないために損害賠償を受けられない場合に備えて，政府による自動車損害賠償保障事業の制度が設けられている（▶自賠72条1項）。なお自賠法における自動車とは，原動機付き自転車も含む（▶自賠2条1項）。

運行供用者 (1) **意 義** 賠償義務者は運行供用者であり，自己のために自動車を運行の用に供する者をいう（▶自賠3条）。その判断基準は，運行支配と運行利益が帰属する者と解されてきたが，両者は抽象的規範的に把握され，現実にそれらが帰属している必要はなく，帰属すべき者と解されるようになってきている。その結果，運行利益はメルクマールとしての機能を喪失していき，適用範囲の拡大が図られていった。

(2) **具体例** 自動車の保有者（自動車の所有者，その他自動車を使用する権利を有する者で，自己のために自動車を運行の用に供する者）は原則として運行供用者である（▶自賠2条3項）。自動車が窃取された場合，その所有者は運行供用者責任を負わない（★最判昭和48・12・20民集27巻11号1611頁）。この場合，泥棒運転者が運行供用者である。第三者が無断運転した場合，自動車と第三者との間に雇用関係等密接な関係が存し，かつ，日常の自動車の運転および管理状況からして客観的外形的にはその自動車所有者等のためにする運行と認められるときは，その自動車の所有車は運行供用者というべきである（★最判昭和39・2・

11民集18巻 2 号315頁）。レンタカー業者（★最判昭和46・11・ 9 民集25巻 8 号1160頁）および使用貸与者（★最判昭和46・ 1 ・26民集25巻 1 号102頁）も，運行方法を指示し，前者はレンタル料を取得し，後者も返還のために運行中である場合には，運行供用者としての責任を負う。自動車の使用権者から当該自動車を目的地まで運転する業務を有償で引き受け，代行運転者にその業務を行わせた運転代行業者も保有者にあたる（★最判平成 9 ・10・31民集51巻 9 号3962頁）。未成年者所有の自動車の名義人となった父親は，自動車の運行を事実上支配・管理することができ，彼を監視・監督する立場にある場合には，運行供用者にあたる（★最判昭和50・11・28民集29巻10号1818頁）。自動車修理業者が修理のために預かった自動車をその被用者が運転して事故を起こした場合には，その修理業者は運行供用者責任を負う（★最判昭和44・ 9 ・12民集23巻 9 号1654頁）。

> **▓ Case 7-8** (1)　Ｘは夫Ａが所有している自動車の助手席に同乗し，Ａが運転進行中に，対向して進行してきたバスと衝突を避けようとして運転を誤り，車ごと川に転落して重傷を負った。ＸはＹ保険会社に直接請求できるか。
> (2)　Ａは自己所有の自動車で友人数名と食事に行き，帰りは最寄り駅まで友人を送るつもりでいたところ，Ｂから運転を任せてほしいと求められ，車の鍵をＢに渡して自分は後部座席に便乗した。ところがＢは運転操作を誤って自動車をガードレールに激突させ，Ａは死亡した。Ａの両親ＸはＹ保険会社に直接請求できるか。
> (3)　Ｘは，勤務を終えて自動車で帰宅途中にスナックで飲酒した後，運転代行業者であるＡ社に運転代行を依頼し，Ａはこれを承諾してＢを派遣した。ＢがＸを助手席に同乗させその自動車を運転中，他車と衝突事故を起こし，Ｘは重傷を負った。ＸはＹ保険会社に直接請求できるか。

法 律 要 件　(1)　**自動車の運行**　　運行とは，自動車を当該装置の用い方に従い用いることをいう（▶自賠 2 条 2 項）。したがって，自動車をエンジンその他の走行装置により位置の移動を伴う走行状態におく場合だけでなく，自動車の構造上設備されている各装置その他当該自動車固有の装置を，その目的に従い操作することをいう（**固有装置説**）。したがって，クレーン車を走行停止状態におき，操縦者において，固有の装置であるクレーンをその目的に従って操作する場合をも含むと解すべきである（★最判昭和52・11・24民集31巻 6 号918頁）。

(2) 損害が人損　　自動車損害賠償責任が成立するためには，生命または身体を害された人的損害に限定される（▶自賠3条本文）。したがって，物的損害については一般不法行為（▶709条）によることになる。

(3) 被害者の他人性　　被害者は他人でなければならない。他人性の判断基準は，運行支配の有無による。たとえば，正運転手が自ら自動車を運転すべき職責を有し，助手に運転させることを業務命令により禁止されていたにもかかわらず，助手に無理に運転させ，自らは助手席に乗車して運転の指図をしていた場合には，正運転手はその自動車の運転者であったと解すべきであり，他人にはあたらない（★最判昭和44・3・28民集23巻3号680頁）。会社の取締役が従業員の運転する会社所有の自動車に乗車中従業員の惹起した事故により受傷した場合において，その取締役が営業時間外に私用で自動車を運転し，その後同乗の従業員に一時運転させて運行していた時に事故が発生した場合には，当該取締役は会社に対し，他人性を主張して損害賠償を請求することは許されない（★最判昭和50・11・4民集29巻10号1501頁）。また，**Case 7-8**(2)のような好意同乗の場合は，所有者がある程度友人自身の判断で運行することを許していたときでも，友人が所有者の運行支配に服さずその指示を守らなかった等の特段の事情のないかぎり，所有者は友人に対する関係において他人にあたらない（★最判昭和57・11・26民集36巻11号2318頁）として，Xの直接請求を否定した。それに対して，**Case 7-8**(1)の場合に，その自動車が夫の所有に属し，夫がもっぱらその運転にあたりまたその維持費をすべて負担しており，他方妻は運転免許を有しておらず，事故の際に運転補助の行為をすることもなかった場合には，妻は他人にあたると解すべきである（★最判昭和47・5・30民集26巻4号898頁）として，XのY保険会社に対する直接請求を認めた。また，**Case 7-8**(3)のように，代行運転手の事故により負傷した場合，Xは酒に酔って自ら運転することによる事故発生の危険を回避するために運転の代行を依頼し，代行業者が運転代行業務を引き受けることにより本人に対してその自動車を安全に運行する義務を負った場合には，本人は代行業者に対する関係において他人にあたる（前掲★最判平成9・10・31）から，Y保険会社に直接請求することができる。

第7章　不法行為(2)　309

法律効果　(1)　**損害賠償請求権**　被害者は運行供用者に対して損害賠償を請求できる。この場合，被害者は運転者の過失を証明する必要はなく，損害が生じた場合には運行供用者に賠償責任が発生し，彼は反対の事実を証明しないかぎり免責されない。すなわち，①自己および運転者が自動車の運行に関し注意を怠らなかったこと，②被害者または運転者以外の第三者に故意または過失があったこと，③自動車に構造上の欠陥または機能の障害がなかったことを証明すれば免責される（▶自賠3条ただし書）。

(2)　**直接請求権**　被害者は保険会社に対して，保険金額の限度において，直接に損害賠償額の支払いをなすべきことを請求することができる（▶自賠16条）。これを直接請求権という。さらに賠償額が確定していないときでも，仮渡金として請求することもできる（▶自賠17条）。

8　共同不法行為

1　意義と類型

意　義　共同不法行為とは，加害者が複数存在する場合に，被害者を保護するために原因について関連共同した複数人に連帯責任を課すのが公平であるとの見地から規定された特殊な不法行為である。

類　型　数人が共同の不法行為によって他人に損害を加えたときに，各自が連帯してその損害を賠償する責任を負うとする「狭義の共同不法行為」（▶719条1項前段）と，共同行為者のうちのいずれの者がその損害を加えたかを知ることができない場合の「加害者不明の共同不法行為」（▶同項後段）がある。さらに，行為者を教唆および幇助した者は，共同行為者とみなされる（▶同条2項）。

2　狭義の共同不法行為の法律要件

Case 7-9　(1)　水利組合が灌漑用水をめぐって紛争が生じた。A組合に属するYらとZは闘争決議に参加し，YらはB組合に属するXに集団で暴行を加えた。そ

310 第7章 不法行為(2)

の際Zは組合事務所に待機していた。負傷したXはY・Zに対して損害賠償を請求することができるか。
(2) A市に住んでいるXは,同市内にあるY工場の排煙と主要道路を走行する自動車の排気ガス中に含まれる窒素酸化物などの有害物質を長年にわたって吸い込み,慢性気管支炎に罹患して健康上の被害を被った。XはYおよび道路を管理するZに対して損害賠償を請求することができるか。

一般不法行為との関係　判例は,各自の行為がそれぞれ独立に一般不法行為の要件を備えることを必要としている(★最判昭和43・4・23民集22巻4号964頁)。しかしながら,このように解すると,当該事件において一般不法行為(▶709条)が成立し,わざわざ民法719条を規定した意味がないことになる。そこで学説は,共同不法行為責任は因果関係が不明ないし立証困難である場合にこそ発揮する責任規範であるから,共同行為と結果発生との間に因果関係があれば足り,各人の行為と結果発生との間に因果関係は要しないとしている。Case 7-9(1)において,現場に出動していないZについても,闘争決議に参加し,決議と傷害との間に因果関係がある以上共同不法行為は成立するとされている(★大判昭和9・10・15民集13巻1874頁)。

関連共同性　(1) **客観的関連共同性説**　共同行為者間に共謀や共同の認識がなかったとしても,その行為が客観的に関連共同してい

✍ Topic 7-6
求　償
　共同不法行為者間で求償が認められるかどうかは争いがあったが,加害者間の公平を図るためにそれを認めるのが通説である。判例も,使用者は,被用者と第三者との共同過失によって惹起された交通事故による損害を賠償したときは,その第三者に対し,求償権を行使することができる。その場合における第三者の負担部分は,共同不法行為者である被用者と第三者との過失の割合に従って定めるべきである,としている(★最判昭和41・11・18民集20巻9号1886頁)。学説は,各共同行為者の負担部分は,単に過失だけでなく,違法性や関与の程度によって決定されるべきであり,それによって決定できないときは,平等の割合とすべきであるとする見解が有力である。

Further Lesson 7-2

▶▶▶▶▶ 類型化説の諸相

　平井説は，共同不法行為の意義を関連共同性の要件と事実的因果関係の要件との相互関係に求め，共同不法行為と競合的不法行為を区別する。まず，共謀・共同の認識・教唆および幇助など意思的関与が存在する場合を主観的関連共同性または意思的不法行為とする。この場合，各人は現実的に加害行為をしなくても生じた損害に対し賠償義務を負う。次に，意思的関与がなくても，客観的にみて一体性がある加害行為が損害を惹起した場合を客観的関連共同性または関連的共同不法行為とする。この場合，その一体的行為と損害との間に事実的因果関係が認められれば，各人は損害全体について賠償義務を負う。これらの場合には，加害者の免責・減責の主張を認めず，連帯して責任を負う。加害者不明の共同不法行為については，競合的不法行為に関する者として取り扱い，共同不法行為ではないとする（平井宜雄『債権各論Ⅱ不法行為』〔弘文堂，1992年〕189頁以下）。

　淡路説は，関連共同性の強さの程度により2つに分け，強い関連共同性がある場合には民法719条1項前段を，弱い関連共同性しかない場合には後段を対応させる。共同行為＝各人の行為の関連共同性という要件が，共同行為と損害の発生との間に因果関係があれば，各人の行為と損害との間の個別的因果関係の立証を不要にする，という観点から再構成される。共謀や共同する意思のような主観的関連がある場合，および強い客観的関連がある場合には，強い関連共同性が認められ，この場合，各人は免責・減責をされることはなく，全額賠償責任を負う。社会観念上全体として1個の行為と認められる加害行為の全過程の一部に参加している場合には，弱い関連共同性しか認められず，この場合，各人は因果関係の不存在等を立証することによって，免責・減責を受けることができる（淡路剛久『公害賠償の理論〔増補版〕』〔有斐閣，1978年〕126頁以下）。

　四宮説は，共同不法行為の趣旨を自己の因果関係または寄与度を超えて生じた損害全部について賠償責任を負わせることにあると捉え，複数加害の場合において被害者に有利に一般的原則を修正する根拠は多様であり，主観的要素と客観的要素を総合して判断しなければならないとする。そこでまずはじめに，意思共通の場合，不法な協働に意識的に関与した者は，その協働に属する他の共同者の行為を認容し，ないしはその行為による結果について責任を引き受けたとみられるから，全部責任を負うべきである。次に，加害者の複合による因果関係の絡まりおよび発生した損害の一体性のある場合，各人の寄与度を決定するのに必要な事実を明らかにすることは困難であり，被害者には1回だけの訴訟で，できるだけ迅速にそして確実に賠償を受けさせる必要が存するから，被害者に各行為者の寄与度を問うことなしに，賠償範囲に属する全損害について賠償責任を認め，加害者間の公平は行為者間で実現するようにすべきである。最後に，主観的要素と客観的要素との組み合わせを考えることができる（四宮和夫『不法行為』〔青林書院，1985年〕779頁以下）。

れば，共同不法行為が成立するとする見解を客観的関連共同性説という。判例
も，共同不法行為者各自の行為が客観的に関連し共同して流水を汚染し違法に
損害を加えた場合において，各自の行為がそれぞれに独立に不法行為の要件を
備えるときは，各自がその違法な加害行為と相当因果関係にある全損害につい
て，その賠償の責めに任ずべきであるとする（★最判昭和43・4・23民集22巻4
号964頁）。もっとも，客観的共同関係といっても，客観的に1個の共同行為が
あるとみられることが必要であるから，主観的な要素をまったく無視すること
はできず，たまたま数人の行為が競合したからといって，直ちに共同不法行為
になるとはいえないであろうとして，主観的要素を加味する見解が有力に主張
されている。**Case 7-9**(1)の現場にいるYらについて，相互に意思の疎通がな
くても，数人の行為が相まって傷害の結果を発生または助長した場合には，行
為者がその結果を認識しまたは認識すべき状況にあるとして共同不法行為の成
立が認められる（前掲★大判昭和9・10・15）。

　(2)　**主観的関連共同性説**　　各自が他人の行為を利用し，他方で自己の行為
が他人に利用されるのを認容する意思（共同の認識）をもって行動した結果と
して他人に損害を与えた場合を狭義の共同不法行為とする見解を主観的関連共
同性説という。この見解は，共同不法行為を一般不法行為とは異なった特殊な
不法行為として把握し，自己の行為と因果関係にない結果についても賠償責任
を負うべきことを定めた規定と解し，その責任根拠を意思に求めている。そし
て当該損害との関係においては，複数加害者の行為は，社会通念上，全体とし
て1個の行為と認められる程度の一体性が要求される。

　(3)　**類型化説**　　類型化説とは，共同不法行為の要件・効果を相対的に捉
え，複数加害者による不法行為をいくつかの類型に分けて，帰納的に要件・効
果を決定する一連の見解をいう。

3　加害者不明の共同不法行為の法律要件

加害者不明の共同
不法行為の意義

719条1項後段は，複数の共同不法行為者のうち誰の
行為によって当該損害を発生させたのかわからないよ
うな場合（**択一的競合**），その行為者全員に対して共同責任を負わせた規定であ

る。この規定は加害者不明の場合に被害者を救済しようとする趣旨で設けられた政策的な規定である。したがって、加害者が自らの行為と損害全体との因果関係の不存在を証明すれば、免責・減責されると解されている。すなわちこの規定は因果関係の推定規定と解されている。そして、この規定を一般化して、意思的関与のない客観的関連共同の不法行為の場合の規範規定と解する見解が有力に主張されている。

適用範囲 (1) **共同説** この規定の適用範囲について、何らかの共同性がある場合に限定する見解を共同説という。客観的関連共同性説において共同説に与する見解は、共同行為者とは、直接の加害行為についてではなく、その前提となる集団行為について客観的共同関係にある場合のこととなると理解する。主観的関連共同性説あるいは類型化説からは、後述する競合的不法行為と共同不法行為とを理論的に峻別して考える必要性から、加害者不明の共同不法行為についてやはり共同性を必要とする。

(2) **拡大説** 共同説のような限定をしない見解を拡大説という。共同行為者とは、当該権利侵害を惹起する危険性を含んでいる行為をなした者と考えるべきであり、物理的近接度・時間的近接度などが考慮されるとする。そして偶然的な状況の場合であっても、この規定は適用されるが、際限のない適用を避けるために、加害者はこの数人のうちの誰かであり、この数人以外に疑いをかけることのできる者は1人もいない、という程度までの証明は必要であるとする。この規定が、択一的競合にある複数の行為者の場合における因果関係証明の困難さを緩和するという趣旨によることから、同時的な集団行為の存在は不要であるとされる。

教唆者・幇助者 教唆とは、他人を唆して不法行為をさせることであり、幇助とは、加害行為を行うことを容易にする行為であり、教唆者・幇助者も共同不法行為責任（全額賠償責任）を負う（▶719条2項）。客観的関連共同性説では、教唆者・幇助者も狭義の共同不法行為者と捉えられるから（★大判大正3・5・7刑録20輯15巻790頁）、この規定は注意規定となる。主観的関連共同性説でも、共同の意思が認められる以上、719条1項前段で処理される。類型化説においても、意思的関与が認められ、あるいは強い

314 第7章 不法行為(2)

関連共同性が認められるから，前段で捉えられる。いずれの見解に立っても不要な規定といえる。

4 共同不法行為の法律効果

意 義 各行為者は連帯責任を負うことになる。この法的性質は連帯債務（▶432条以下）ではなく，債務者の1人に生じた事由につき，債務消滅の効果を伴うもの以外に絶対的効力をもたない**不真正連帯債務**と解されている。各人の負担する債務はそれぞれ全部賠償が原則である。因果関係の不存在・寄与度の特定を理由に免責・減責が認められるかどうかは争いがあるが，狭義の共同不法行為（▶719条1項前段）については認められず，加害者不明の共同不法行為（▶同項後段）については認められると解されている。もっとも **Case 7-9**(2)のように，加害者間に主観的な要素がなく，共同行為への関与の程度が少ない場合には，連帯して損害賠償義務を負担させることが具体的妥当性を欠く「弱い共同関係」しかないとして，各人の寄与の程度を合理的に分割することができるかぎり，責任の分割が認められることがある（★大阪地判平成7・7・5判時1538号17頁：百選Ⅱ-96）。

また類型化説に立った場合，意思的共同不法行為の場合には，意思的関与の下に共同行為を行っているのであるから免責・減責は認められず，関連的共同不法行為の場合には，後段が因果関係の推定規定として捉えられていることから，各加害者が自己の因果関係の不存在等を証明することによって，免責・減責を主張することができる。

5 競合的不法行為

Case 7-10 AはYの運転する自動車にはねられ傷害を負った。その後Z病院に搬送されたが，Z病院の医師Bはレントゲン撮影をして打撲挫傷と診断し，傷口を消毒し抗生物質を与えて帰宅させた。その後Aは嘔吐し，発熱および痙攣症状を起こし，まもなく死亡した。Aの両親XはY・Zに対して損害賠償を請求することができるか。

| 意　義 |

　　　１つの損害の発生につき複数の加害者が関与しているが（原因競合），各人の行為に何らの共同性もない場合を競合的不法行為という。**Case 7-10** がこれにあたる。この場合，各人が全部の結果について責任を負う連帯責任の関係と捉えるか，各人が自分の寄与した分についてのみ責任を負う分割責任の関係と捉えるかが問題となる。

| 共同不法行為説 |

　　　原因競合の不法行為を「共同不法行為」と捉える見解を共同不法行為説と総称する。判例は，交通事故と医療過

Further Lesson 7-3

▶▶▶▶▶　共同不法行為の加害者の各使用者間における求償

　　X社の従業員AとY社の従業員Bが工事現場で共同して働いていたところ，事故を起こしてCに傷害を与えてしまった場合，X・Y社はそれぞれどの範囲で責任を負うか。そしてX社が損害の全額をCに賠償した場合，Y社に求償することができるか，そしてどの範囲で求償できるかが問題となる。さらに土木建築現場ではX社がZ社の下請をしてAがZ社から直接指揮されて仕事をすることもよくある。つまりX・Z両社がともに使用者となる場合である。この場合もZ社がCに損害の全額を賠償した場合，X社に対して求償できるか，そしてどの範囲で求償できるかが問題となる。

　　判例は，前者について，共同不法行為の加害者の各使用者が使用者責任を負う場合において，一方の加害者の使用者は，当該加害者の過失割合に従って定められる自己の負担部分を超えて損害を賠償したときは，その超える部分につき，他方の加害者の使用者に対し，当該加害者の過失割合に従って定められる負担部分の限度で，求償することができるとする（★最判平成３・10・25民集45巻７号1173頁）。したがって，X・Y社はそれぞれA・Bの過失割合に応じて自己負担することになり（Cに対しては原則として全額負担），X社がCに対して全額賠償した場合は，Y社に対してBの過失割合に応じて求償することができることになる。

　　後者については，加害者の複数の使用者が使用者責任を負う場合において，各使用者の負担部分は，加害者の加害行為の態様およびこれと各使用者の事業の執行との関連性の程度・各使用者の指揮監督の強弱などを考慮して定められる責任の割合に従って定めるべきであるとして，使用者の一方が，自己の負担部分を超えて損害を賠償したときは，その超える部分につき，使用者の他方に対して，その負担部分の限度で，求償することができるとする（★最判昭和63・７・１民集42巻６号451頁：百選Ⅱ-97）。したがって，X社がCに対して全額賠償した場合は，Y社に対してBの過失割合に応じて求償した上で，Z社に対して上記の基準で決定された負担部分を超えた部分を求償できることになる。

誤が順次競合し，そのいずれもが被害者の死亡という不可分の1個の結果を招来しこの結果について相当因果関係を有する関係にあって，運転行為と医療行為とが共同不法行為にあたる場合において，各不法行為者は被害者の被った損害の全額について連帯責任を負うべきものであり，結果発生に対する寄与の割合をもって被害者の被った損害額を按分し，責任を負うべき損害額を限定する

✐ Topic 7-7

過 失 相 殺

(1) 被害者に過失があった場合は，意思的共同不法行為の場合，意思的関与の下に共同している以上，過失相殺は認められない。客観的関連共同説に立った場合でも，加害者間に主観的関連があれば同様の結論となる。それに対して，関連的不法行為の場合には過失相殺が認められる。その方法に関して判例は，各共同行為者の過失割合を合算して加害者全体の過失割合を算定し，絶対的過失割合に基づく被害者の過失による過失相殺をした損害賠償額について，加害者等は連帯して賠償責任を負うとする（★最判平成15・7・11民集57巻7号815頁）。いわゆる絶対的過失相殺説に立っている。

(2) 競合的不法行為の場合にも過失相殺が認められるが，その方法について判例は，交通事故と医療過誤が順次競合し，そのいずれもが被害者の死亡という不可分の1個の結果を招来しこの結果について相当因果関係を有する関係にあって，運転行為と医療行為とが共同不法行為にあたる場合において，過失相殺は，各不法行為者の加害者と被害者との間の過失の割合に応じてすべきものであり，他の不法行為者と被害者との間における過失の割合を斟酌してすることは許されないとしている（★最判平成13・3・13民集55巻2号328頁：百選Ⅱ-107）。いわゆる相対的過失相殺説である。判例は，共同不法行為の効果としての過失相殺の方法については絶対的過失相殺説に立ちながら，競合的不法行為の場合には相対的過失相殺説に立っている。どちらの場合にも，719条1項前段が適用されているにもかかわらず，過失相殺の方法が異なるという点で論理矛盾をおこしている。競合的不法行為と共同不法行為を峻別する共同行為否定説に立てば，適用条文が異なるから，過失相殺の方法について見解が異なったとしても論理矛盾はおこらない。判例の態度に対して，競合的不法行為の場合にも，各加害者を全一体的に捉えて過失相殺を行うべきであり，各共同不法行為者の過失割合を合算して加害者全体の過失割合を算定し，それと被害者との対比を過失相殺の基礎とすべきであるとする，絶対的過失相殺説を支持する見解もある。

ことはできないとする（★最判平成13・3・13民集55巻2号328頁：百選Ⅱ-107）。つまり競合的不法行為の場合にも719条1項前段を適用して処理している。**Case 7-10** の場合，XはY・Z両者に対して原則として全額の損害賠償を請求することができることになる（後はY・Z間の求償の問題である）。

判例を支持する学説は，交通事故と医療過誤が競合する場合は，時間的には近接していないかもしれないが，社会的には一連の行為と考えられるので客観的関連共同性が認められるとか，もし共同不法行為と捉えなかったら，とくに因果関係の証明が困難となり，被害者の損害賠償の道を閉ざすことになるという理由づけをしている。

主観的関連共同性説において共同説に与する見解は，交通事故と医療過誤が競合する場合は719条1項後段が適用されるとする。つまり後段は主観的関係にない複数不法行為者を適用対象とするとして，数人の行為者がまったく別個に行為をした場合でも，事実上その行為が行われた場所や時間が近接していたために，真に原因を与えた者が判明しない場合にも適用可能であるとする。この見解に立つと，判例と異なり，加害者に免責・減責の主張を認めることになる。さらに共同不法行為の成立を認めながら，分割責任を認める見解がある。この見解は交通事故と医療過誤が競合したことが明らかな場合には前段を適用し，どちらが原因となったか不明な場合には後段を適用し，原則として各加害者に全部賠償義務を負わせるが，寄与度に応じた因果関係の割合的判断によって加害者の責任を限定することを認めるものである（**部分的因果関係説**）。そのように解することが公平に資し，判例法として定着しつつある事実および法的因果関係の判断の中に科学の進歩を吸収できる長所があるとする。

共同不法行為否定説 原因が競合しているにすぎない不法行為には，関連共同性が認められないから共同不法行為は成立せず，一般不法行為が競合している競合的不法行為と解する見解を共同不法行為否定説と総称する。類型化説（平井宜雄）は，719条1項後段を共同不法行為の規定ではなく，数人のうち誰が損害の惹起者であるか不明の場合に，全員に全部義務を負わせる趣旨であるから，競合的不法行為にも適用され，各不法行為者が一般不法行為の要件をすべて満たす必要があるが，他方で免責・減責の主張が認められる

とする。この見解は，競合的不法行為の場合に共同不法行為の成立を否定した上で，後段の規定を適用して処理しようとするものである。それに対して端的に分割責任を認める見解がある。つまり競合的不法行為は，独立した不法行為の原因が競合した場合であるから，この場合は分割責任が原則であるとする。この見解に立てば，競合的不法行為の場合に709条が適用されることになるはずであるが，各加害者の責任限度（寄与度）が不明である場合には，被害者の証明責任の困難さを救済するために，719条1項後段を類推適用すべきであるという見解もある。これらの見解に立てば，**Case 7-10** の場合，XはY・Zに対して全額の損害賠償を一応請求することができるが，それに対してY・Zは自己の負担部分を明らかにして，減責・免責を主張することができることになる。

第 7 章　不法行為(2)　　319

☑ *Exam 1*

　Xは自分の事業を拡大するために，YとY所有の甲土地に関して5000万円で買う売買契約を締結した。ところがその後，Zが甲土地についてYと売買契約を締結し，その登記も済ませた。次の場合に，XはZに対して損害賠償を請求できるか。

問1　Zも自分の事業を拡大するために，甲土地が必要であった場合。

問2　ライバルであるXの事業を妨害して，Z自身の利益を図るためであった場合。

問3　Xが甲土地を必要とすることを知り，不当に高い値段で売りつけようとした場合。

▶ **解答への道すじ**

(1)　債権侵害が不法行為の一般的成立要件を満たすのはどのような場合かを考えよ。

(2)　二重譲渡の規定（▶177条）も視野に入れて考えること。

(3)　違法性の判断基準について私見を述べた後で，各事例に関して当てはめを行うこと。とくにZの主観的態様が問題となる。

(4)　最判昭和30・5・31民集9巻6号774頁を参照せよ。

(5)　さらに詳しく検討したい諸君は，磯村保「二重売買と債権侵害」神戸法学35巻2号385頁，36巻1号25頁，3号289頁（1985〜86年）を参照のこと。

☑ *Exam 2*

　A社，B社，C社はそれぞれ自分の工場を有しているが，各工場の廃液が甲川に流れ込み，河口付近で養殖業を営んでいたXの魚が全滅した。その被害額は1億円であった。

問1　XはA・B・C各社に1億円全額の請求ができるか。

問2　A社は自社の廃液だけでは損害が発生しないことを主張して，減責・免責されるか。

問3　B社はXの被害が天災などの不可抗力によることを主張して，減責・免責されるか。

問4　C社は自社の廃液は微量であり，A・B社の廃液だけで同様の損害が発生したことを主張して，減責・免責されるか。

▶ **解答への道すじ**

(1)　共同不法行為の成立要件について，山王川事件判決（★最判昭和43・4・23民集22巻4号964頁）の表面上の文言に拘泥することなく（山王川事件自体は単独不法行為の事件である），客観的関連共同性説（我妻＝加藤理論）をしっかりと理解すること。

(2)　関連共同性の意味を明らかにし，それと対応する効果，すなわち全額連帯責任を把握

320 第7章 不法行為(2)

し，その上でその例外（一部連帯や割合的因果関係論）がどのような要件で認められる
かを考えること。

(3) 損害の発生に天災などの要因がかかわってきた場合，因果関係はどうなるか。

(4) 類型化説にも留意して，寄与度減責の理論の当否を検討すること。

☑ *Hybrid Exam 1* ---

　運送業者Aは，Bから「Cに配達してくれ」と頼まれていた荷物（50万円相当）を紛失した。実は，Aの従業員であるEが，荷物を倉庫から盗み出して売りさばいてしまったのである。ところで，この荷物はBの所有物ではなくてCの物であり，Cは，これを80万円でDに転売するつもりでいた。また，Aの運送約款には「30万円を超える賠償の責はご容赦願います」旨の免責条項があったとする。BやCは，Aに対してどのような請求をすることができるか。

> **解答への道すじ**

　何らかの「正解」を出すことが目的なのではなく，これを素材にして，契約責任と不法行為責任との関係についていろいろと考えて欲しい。また，条文や理論の「当てはめ」をして満足するのではなく，その結論が実質的に妥当であるか否かについても検討することが望ましい。
①Eの行為についてAが責任を負うか。Bが責任追及する場合とCが追及する場合とでは法律構成が異なるかもしれないが，法律構成によって結論に差が出るだろうか。（出るとして）差が出ることは妥当であろうか。
②一般論としては，損害賠償責任を契約によって制限することは認められる（▶420条参照）。とくに，運送契約や寄託契約などでは，運送業者や倉庫業者には委託された荷物の内容を調べる権限がないところ，荷物が高価なものであったときなどにまったく予想外の重い責任を負う可能性があるので，責任を制限する免責条項が約款に挿入されているのが普通である。しかし，重過失（があるとして）に基づく責任を約款によって一方的に免責することが許されるであろうか（▶消費契約8条参照）。
③また，AとBとの契約による免責条項が，第三者であるCとの関係でも法的効力を有するであろうか。有するとしたら，どのような場合か（★最判平成10・4・30判時1646号162頁：百選Ⅱ-111参照）。
④（損害賠償請求できるとして）BやCはいくら賠償請求できるか。また，Bの賠償請求権とCの請求権とは，どのような関係にあるか。

☑ *Hybrid Exam 2* ---

　プロバイダーAの管理・運営する電子掲示板上において，Aの会員であるBが，同じくAの会員であり村議会議員であるCについて「Cには10回を超える離婚歴があり，結婚している今も愛人と同居していて子どもが3人もいる」旨の投稿を執拗に繰り返した（投稿内容は真実であるとする）。ところが，CがAに対して再三Bの投稿を削除するように要求したにもかかわらずAは応じないし，また，匿名の投稿であった為に，Cは，Bの氏名や住所などを知ることができない。Cは，Aに対して，どのような請求をすることができるか。

いわゆるニフティ事件（★東京高判平成13・9・5判時1786号80頁）を素材とした出題である。まず，この投稿が名誉毀損として不法行為になるか否か検討してほしい。そして，もし名誉毀損となるならBが責任を負うのは当然であり，Cは，Bに対して損害賠償（▶709条）や謝罪広告（▶723条）を求めることができる。しかし，Bの氏名や住所がわからないときには，Cは，Aに対して，
①Bの投稿の削除の請求（Aは技術的には簡単にBの投稿を削除できるはずである）
②名誉を毀損されたことに基づく損害の賠償請求
③Bの氏名・住所などの開示請求（Aにはわかっているはずである）
などを求めたいであろう。これは可能であろうか，また，どのような法律構成によるべきか。他方，AがBの投稿を削除したりBの氏名・住所を開示したりした場合に，Aが，Bに対して法的責任を負うことはないだろうか。
　民法だけではなく，「個人情報の保護に関する法律」や上記事件などをきっかけとして制定された「特定電気通信役務提供者の損害賠償責任の制限及び発信者情報の開示に関する法律」（いわゆるプロバイダー責任法），さらに，プロバイダーの約款（会員規約）なども調べて（プロバイダーのホームページから簡単にアクセスできる）検討してほしい。

参考文献案内

1　債権各論の教科書

代表的なもの，または，比較的近時のものを中心に紹介する。なお，2017年改正に伴い，さらに新しい文献や改訂版が刊行されることが予想される。

内田貴『民法Ⅱ〔第3版〕』（東京大学出版会，2011年）

大村敦志『新基本民法4　債権編』（有斐閣，2016年）

川井健『民法概論4　債権各論』（有斐閣，2010年）

来栖三郎『契約法』（有斐閣，1974年）

後藤巻則『契約法講義〔第4版〕』（弘文堂，2017年）

潮見佳男『契約各論Ⅰ　総論・財産権移転型契約・信用供与型契約』（信山社，2002年）

潮見佳男『基本講義　債権各論Ⅰ　契約法・事務管理・不当利得〔第3版〕』（新世社，2017年）

鈴木禄弥『債権法講義〔四訂版〕』（創文社，2001年）

半田吉信『契約法講義〔第2版〕』（信山社，2005年）

平野裕之『契約法〔第3版〕』（信山社，2007年）

星野英一『民法概論Ⅳ（契約）〔合本新訂〕』（良書普及会，1986年）

三宅正男『契約法　総論，各論上・下巻』（青林書院，1978年～1988年）

山本敬三『民法講義Ⅳ-Ⅰ　契約』（有斐閣，2005年）

我妻栄『債権各論　民法講義Ⅴ1～4』（岩波書店，1954年～1972年）

近江幸治『民法講義Ⅵ　事務管理・不当利得・不法行為〔第2版〕』（成文堂，2007年）

加藤雅信『新民法大系Ⅴ　事務管理・不当利得・不法行為〔第2版〕』（有斐閣，2005年）

四宮和夫『事務管理・不当利得・不法行為　上・中・下巻』（青林書院新社，1981年～1985年）

中田裕康『契約法』（有斐閣，2017年）

藤原正則『不当利得法』（信山社，2002年）

加藤一郎『不法行為〔増補版〕』（有斐閣，1974年）

潮見佳男『不法行為法』（信山社，1999年）

潮見佳男『基本講義　債権各論Ⅱ　不法行為法〔第2版増補版〕』（新世社，2016年）

円谷峻『不法行為法・事務管理・不当利得—判例による法形成〔第3版〕』（成文堂，2016年）

平井宜雄『債権各論Ⅱ　不法行為』（弘文堂，1992年）

前田達明『現代法律学講座14　民法Ⅵ2　不法行為法』（青林書院，1980年）

森島昭夫『不法行為法講義』（有斐閣，1987年）

吉村良一『不法行為法〔第5版〕』（有斐閣，2017年）

2　判例集・注釈書・演習書

窪田充見・森田宏樹編『民法判例百選Ⅱ〔第8版〕』（有斐閣，2018年）

奥田昌道・安永正昭・池田真朗編『判例講義　民法Ⅱ債権〔補訂版〕』（悠々社，2005年）

瀬川信久・内田貴『民法判例集　債権各論〔第3版〕』（有斐閣，2008年）

窪田充見編　大村敦志・道垣内弘人・山本敬三編集代表『新注釈民法15　債権（8）事務管理・不当利得・不法行為1』（有斐閣，2017年）

谷口知平・五十嵐清編『新版注釈民法13　債権(4)契約総則〔補訂版〕』（有斐閣，2006年）

柚木馨・高木多喜男編『新版注釈民法14　債権(5)贈与・売買・交換〔復刊版〕』（有斐閣，1993年）

幾代通・広中俊雄編『新版注釈民法15　債権(6)消費貸借・使用貸借・賃貸借〔増補版〕〔復刊版〕』（有斐閣，1996年）

幾代通・広中俊雄編『新版注釈民法16　債権(7)雇傭・請負・委任・寄託〔復刊版〕』（有斐閣，1989年）

鈴木禄弥編『新版注釈民法17　債権(8)組合・終身定期金・和解・約款論・銀行取引約定書〔復刊版〕』（有斐閣，1993年）

遠藤浩編『基本法コンメンタール　債権各論1・2〔第4版新条文対照補訂版〕』（日本評論社，2005年）

鎌田薫ほか編著『民事法Ⅲ　債権各論〔第2版〕』（日本評論社，2010年）

3　債権各論に関する研究書

　優れた研究は枚挙に暇がない。ここでは比較的最近のものを中心に挙げたが，選者の主観に左右された恣意的なリストになってしまったことをお断りしておく。

池田清治『契約交渉の破棄とその責任—現代における信頼保護の一態様』（有斐閣，1997年）

五十嵐清『契約と事情変更』（有斐閣，1969年）

内田貴『契約の再生』（弘文堂，1990年）

近江幸治『民法講義Ⅴ　契約法〔第3版〕』（成文堂，2006年）

大村敦志『典型契約と性質決定　契約法研究Ⅱ』（有斐閣，1997年）

小野秀誠『危険負担の研究—双務契約と危険負担』（日本評論社，1995年）

笠井修『契約責任の多元的制御』（勁草書房，2017年）

河上正二『約款規制の法理』（有斐閣，1988年）

北居功『契約履行の動態理論Ⅰ・Ⅱ』（慶應義塾大学出版会，2013年）

北川善太郎『契約責任の研究―構造論』（有斐閣，1963年）

潮見佳男『契約規範の構造と展開』（有斐閣，1991年）

中田裕康『継続的売買の解消』（有斐閣，1994年）

円谷峻『新・契約の成立と責任』（成文堂，2004年）

森田宏樹『契約責任の帰責構造』（有斐閣，2002年）

加藤雅信『財産法の体系と不当利得法の構造』（有斐閣，1986年）

石本雅男『無過失損害賠償責任原因論　第1巻～第4巻』（法律文化社，1983年～1993
　　年〔1巻は84年に第2版〕〔2巻は90年に第2版〕）

淡路剛久『公害賠償の理論〔増補版〕』（有斐閣，1978年）

加藤雅信編著『損害賠償から社会保障へ―人身被害の救済のために』（三省堂，1989年）

平井宜雄『損害賠償法の理論』（東京大学出版会，1971年）

前田達明『不法行為帰責論』（創文社，1978年）

吉田邦彦『債権侵害論再考』（有斐閣，1991年）

判 例 索 引

大 審 院

大判明治38・12・6民録11輯1653頁………102
大判大正 2・1・24民録19輯11頁…………106
大判大正 3・5・7刑録20輯15巻790頁………313
大判大正 3・7・4刑録20輯1360頁（桃中軒雲
　右衛門事件）……………………………233
大判大正 3・12・26民録20輯1208頁………146
大判大正 4・3・10刑録21輯279頁：
　百選Ⅱ-19…………………………………240
大判大正 6・2・14民録23輯152頁…………34
大判大正 6・2・28民録23輯292頁…………205
大判大正 6・12・11民録23輯2075頁……197,198
大判大正 7・3・25民集24輯531頁…………107
大判大正 8・9・15民集25輯1633頁…………48
大判大正 8・10・20民録25輯1890頁………216
大判大正 9・6・15民集26輯884頁…………271
大判大正10・5・17民録27輯929頁…………42
大判大正10・12・15民録27輯2169頁……304,305
大判大正14・11・28民集 4巻670頁（大学湯
　事件）……………………………………234
大判大正15・2・16民集 5巻150頁…………251

大判大正15・5・22民集 5巻386頁……254,262
大連判大正15・10・13民集 5巻785頁………286
大判昭和 3・6・7民集 7巻443頁…………295
大判昭和 7・3・3民集11巻274頁…………59
大判昭和 7・4・11民集11巻609頁…………298
大判昭和 7・5・9民集11巻824頁…………146
大判昭和 7・10・26民集11巻1920頁………187
大判昭和 8・2・23新聞3531号 8頁………184
大判昭和 8・2・24民集12巻265頁…………106
大判昭和 9・3・7民集13巻278頁…………48
大判昭和 9・10・15民集13巻1874頁……310,312
大判昭和11・6・16民集15巻1125頁………102
大判昭和12・2・12民集16巻46頁…………252
大判昭和12・6・30民集16巻1285頁………291
大判昭和12・7・3民集16巻1089頁………213
大連判昭和15・12・14民集19巻2325頁……277
大判昭和15・12・20民集19巻2215頁………209
大判昭和16・4・19新聞4707号11頁………198
大判昭和19・6・28民集23巻387頁：
　百選Ⅰ-18…………………………………12

最高裁判所

最判昭和24・10・4民集 3巻10号437頁………56
最判昭和27・3・18民集 6巻 3号325頁………201
最判昭和28・6・16民集 7巻 6号629頁………190
最判昭和28・9・25民集 7巻 9号979頁………130
最判昭和29・7・22民集 8巻 7号1425頁
　………………………………………29,122
最判昭和29・8・31民集 8巻 8号1557頁………201
最判昭和29・11・5刑集 8巻11号1675頁………223
最判昭和30・4・5民集 9巻 4号431頁………116
最判昭和30・4・19民集 9巻 5号534頁………294
最判昭和30・5・31民集 9巻 6号774頁
　………………………………………241,319
最判昭和30・12・22民集 9巻14号2047頁………288

最判昭和31・7・20民集10巻 8号1079頁………269
最判昭和31・11・1民集10巻11号1403頁………289
最判昭和31・11・30民集10巻11号1502頁………293
最判昭和31・12・18民集10巻12号1559頁………297
最判昭和32・5・21民集11巻 5号732頁………99
最判昭和32・6・20民集11巻 6号1093頁………252
最判昭和32・7・9民集11巻 7号1203頁………232
最判昭和32・7・16民集11巻 7号1254頁………287
最判昭和32・12・3民集11巻13号2018頁………121
最判昭和32・12・19民集11巻13号2278頁………157
最判昭和33・4・11民集12巻 5号789頁：
　百選Ⅲ-24…………………………………238
最判昭和33・6・5民集12巻 9号1359頁………57

最判昭和33・6・6民集12巻9号1384頁……122
最判昭和33・6・14民集12巻9号1492頁：
　百選Ⅱ-76……………………………………165
最判昭和33・8・5民集12巻12号1901頁……252
最判昭和33・9・26民集12巻13号3022頁……224
最判昭和34・1・8民集13巻1号1頁………135
最判昭和34・4・23民集13巻4号532頁……288
最判昭和34・11・26民集13巻12号1562頁…273
最判昭和35・4・14民集14巻5号863頁……291
最判昭和35・5・6民集14巻7号1127頁……197
最判昭和35・9・16民集14巻11号2209頁……201
最判昭和35・9・20民集14巻11号2227頁……28
最判昭和35・12・9民集14巻13号2994頁……161
最判昭和36・1・24民集15巻1号35頁………252
最判昭和36・6・9民集15巻6号1546頁……287
最判昭和36・11・21民集15巻10号2507頁：
　百選Ⅱ-42……………………………………39
最判昭和36・11・30民集15巻10号2629頁……174
最判昭和36・12・15民集15巻11号2852頁：
　百選Ⅱ-51……………………………………61
最判昭和36・12・21民集15巻12号3243頁……129
最判昭和37・2・1民集16巻2号143頁……305
最判昭和37・2・1民集16巻2号157頁……151
最判昭和37・2・27民集16巻2号407頁……280
最判昭和37・3・8民集16巻3号500頁……201
最判昭和37・4・26民集16巻4号1002頁……94
最判昭和37・9・4民集16巻9号1834頁……263
最判昭和37・11・8民集16巻11号2216頁……296
最判昭和37・11・8民集16巻11号2255頁……289
最判昭和37・12・14民集16巻12号2368頁……285
最判昭和37・12・18民集16巻12号2422頁……162
最判昭和38・4・12民集17巻3号460頁……129
最判昭和38・12・24民集17巻12号1720頁：
　百選Ⅱ-77……………………………………196
最判昭和39・1・23民集18巻1号76頁……224
最判昭和39・1・24判時365号26頁：
　百選Ⅰ-77……………………………………223
最判昭和39・1・28民集18巻1号136頁……253
最判昭和39・2・4民集18巻2号252頁……289
最判昭和39・2・11民集18巻2号315頁……307
最判昭和39・2・25民集18巻2号329頁………41
最大判昭和39・6・24民集18巻5号854頁：
　百選Ⅱ-105…………………………………269

最判昭和39・6・24民集18巻5号874頁……260
最判昭和39・7・16民集18巻6号1160頁……152
最判昭和39・7・28民集18巻6号1220頁……117
最判昭和39・8・28民集18巻7号1354頁……125
最判昭和39・9・25民集18巻7号1528頁……275
最判昭和40・3・25民集19巻2号497頁……201
最判昭和40・6・30民集19巻4号1143頁：
　百選Ⅱ-22……………………………………43
最判昭和40・9・24民集19巻6号1668頁……305
最大判昭和40・11・24民集19巻8号2019頁：
　百選Ⅱ-48……………………………………57
最判昭和40・11・30民集19巻8号2049頁……287
最判昭和40・12・7民集19巻9号2101頁……268
最判昭和40・12・21民集19巻9号2221頁……197
最判昭和41・4・14民集20巻4号649頁………79
最判昭和41・4・21民集20巻4号720頁……117
最大判昭和41・4・27民集20巻4号870頁：
　百選Ⅱ-58……………………………………124
最判昭和41・6・10民集20巻5号1029頁……285
最判昭和41・6・23民集20巻5号1118頁……239
最判昭和41・7・21民集20巻6号1235頁……285
最判昭和41・7・28民集20巻6号1265頁……201
最判昭和41・10・7民集20巻8号1597頁……95
最判昭和41・11・18民集20巻9号1886頁……310
最判昭和42・5・30民集21巻4号961頁……291
最判昭和42・6・27民集21巻6号1507頁……270
最判昭和42・7・18民集21巻6号1559頁……278
最判昭和42・9・14民集21巻7号1791頁……122
最判昭和42・10・27民集21巻8号2161頁：
　百選Ⅱ-27……………………………………41
最大判昭和42・11・1民集21巻9号2249頁：
　百選Ⅲ-60…………………………………251
最判昭和42・11・2民集21巻9号2278頁：
　百選Ⅱ-94……………………………………288
最判昭和42・11・9民集21巻9号2336頁……285
最判昭和42・11・10民集21巻9号2352頁
　……………………………………244,262
最判昭和43・1・30民集22巻1号63頁………288
最判昭和43・3・15民集22巻3号587頁：
　百選Ⅱ-104…………………………………165
最判昭和43・4・12民集22巻4号889頁……288
最判昭和43・4・23民集22巻4号964頁
　………………………………310,312,319

最判昭和43・8・2民集22巻8号1525頁……259

最判昭和43・8・20民集22巻8号1692頁……69

最判昭和43・8・27民集22巻8号1704頁……259

最判昭和43・9・20判タ227号147頁………152

最判昭和43・10・3判時540号38頁…………258

最判昭和43・11・13民集22巻12号2526頁……197

最判昭和43・11・15民集22巻12号2614頁：

　　百選Ⅱ-99…………………………………253

最判昭和43・11・21民集22巻12号2741頁……117

最判昭和43・12・5民集22巻13号2876頁………33

最判昭和43・12・24民集22巻13号3413頁……285

最判昭和44・2・27民集23巻2号441頁………262

最判昭和44・3・28民集23巻3号680頁………308

最判昭和44・7・17民集23巻8号1610頁……127

最判昭和44・9・12判時572号25頁…………146

最判昭和44・9・12民集23巻9号1654頁……307

最判昭和44・9・26民集23巻9号1727頁……204

最判昭和44・11・18民集23巻11号2079頁……290

最判昭和44・11・25民集23巻11号2137頁……197

最判昭和44・11・27民集23巻11号2265頁……278

最判昭和45・2・26民集24巻2号109頁………287

最判昭和45・4・21判時595号54頁…………291

最大判昭和45・6・24民集24巻6号587頁：

　　百選Ⅱ-39……………………………………157

最判昭和45・7・16民集24巻7号909頁………221

最判昭和45・7・24民集24巻7号1177頁……275

最判昭和45・8・20民集24巻9号1268頁

　　……………………………………………297-299

最判昭和45・10・21民集24巻11号1560頁：

　　百選Ⅱ-82…………………………………202,203

最判昭和45・10・21民集24巻11号1599頁……152

最判昭和45・12・18民集24巻13号2151頁……239

最判昭和46・1・26民集25巻1号102頁………307

最判昭和46・3・5判時628号48頁…………146

最判昭和46・4・23民集25巻3号351頁

　　……………………………………………296

最判昭和46・4・23民集25巻3号388頁：

　　百選Ⅱ-41…………………………………126

最判昭和46・6・22民集25巻4号566頁………290

最判昭和46・10・28民集25巻7号1069頁……202

最判昭和46・11・9民集25巻8号1160頁……307

最判昭和47・5・25民集26巻4号805頁………99

最判昭和47・5・30民集26巻4号898頁………308

最判昭和47・6・22民集26巻5号1051頁……124

最判昭和47・9・7民集26巻7号1327頁

　　………………………………………………28,190

最判昭和48・2・2民集27巻1号80頁：

　　百選Ⅱ-61〔第7版〕…………………29,123

最判昭和48・2・16民集27巻1号99頁………298

最判昭和48・3・27民集27巻2号376頁………157

最判昭和48・6・7民集27巻6号681頁：

　　百選Ⅱ-98………………………………………254

最判昭和48・11・16民集27巻10号1374頁：

　　百選Ⅱ-108……………………………………278

最判昭和48・12・12民集27巻11号1536頁……141

最判昭和48・12・20民集27巻11号1611頁……306

最判昭和49・3・19民集28巻2号325頁：

　　百選Ⅱ-59……………………………………126

最判昭和49・3・22民集28巻2号347頁：

　　百選Ⅱ-89〔第7版〕…………………281

最判昭和49・4・25民集28巻3号337頁……257

最判昭和49・4・25民集28巻3号447頁……257

最判昭和49・7・19民集28巻5号872頁……259

最判昭和49・9・2民集28巻6号1152頁：

　　百選Ⅱ-65……………………………………123

最判昭和49・9・26民集28巻6号1243頁：

　　百選Ⅱ-80…………………………………216,223

最判昭和49・12・17民集28巻10号2040頁……250

最判昭和50・1・31民集29巻1号68頁……275

最判昭和50・2・13民集29巻2号83頁……124

最判昭和50・6・26民集29巻6号851頁……301

最判昭和50・10・24民集29巻9号1417頁：

　　百選Ⅱ-87……………………………………246

最判昭和50・11・4民集29巻10号1501頁……308

最判昭和50・11・28民集29巻10号1818頁……307

最判昭和51・2・13民集30巻1号1頁：

　　百選Ⅱ-45……………………………………195

最判昭和51・3・25民集30巻2号160頁……271

最判昭和51・7・8民集30巻7号689頁：

　　百選Ⅱ-95……………………………………292

最判昭和51・9・30民集30巻8号816頁……233

最判昭和52・9・22民集31巻5号767頁……289

最判昭和52・11・24民集31巻6号918頁……307

最判昭和53・2・17判タ360号143頁…………98

最判昭和53・7・4民集32巻5号809頁……299

最判昭和53・7・10民集32巻5号868頁……151

最判昭和53・10・20民集32巻7号1367頁‥‥294
最判昭和53・10・20民集32巻7号1500頁
‥‥‥‥‥‥‥‥‥‥‥‥‥‥‥‥260,275
最判昭和53・12・22民集32巻9号1768頁：
　百選Ⅱ-66‥‥‥‥‥‥‥‥‥‥‥‥127
最判昭和54・3・30民集33巻2号303頁
‥‥‥‥‥‥‥‥‥‥‥‥‥‥‥‥204,238
最判昭和56・1・19民集35巻1号1頁：
　百選Ⅱ-71‥‥‥‥‥‥‥‥‥‥‥‥152
最判昭和56・2・16民集35巻1号56頁‥‥‥143
最判昭和56・11・27民集35巻8号1271頁‥‥285
最判昭和56・12・22民集35巻9号1350頁：
　百選Ⅱ-100‥‥‥‥‥‥‥‥‥‥‥262
最判昭和57・1・21民集36巻1号71頁：
　百選Ⅱ-52‥‥‥‥‥‥‥‥‥‥‥‥69
最判昭和57・3・30判時1039号66頁‥‥‥‥232
最判昭和57・4・30民集36巻4号763頁：
　百選Ⅲ-86‥‥‥‥‥‥‥‥‥‥‥‥99
最判昭和57・6・17判時1058号57頁‥‥‥‥‥57
最判昭和57・9・7民集36巻8号1572頁‥‥‥306
最判昭和57・10・19民集36巻10号2130頁‥‥131
最判昭和57・11・26民集36巻11号2318頁‥‥308
最判昭和58・2・18民集37巻1号101頁‥‥‥293
最判昭和58・4・1判時1083号83頁‥‥‥‥‥305
最判昭和58・5・27民集37巻4号477頁‥‥‥144
最判昭和59・1・26民集38巻2号53頁‥‥‥‥300
最判昭和59・2・23民集38巻3号445頁：
　百選Ⅱ-34‥‥‥‥‥‥‥‥‥‥‥‥157
最判昭和60・3・28民集39巻2号333頁（加治
　川水害訴訟事件）‥‥‥‥‥‥‥‥‥‥300
最判昭和60・11・29民集39巻7号1719頁：
　百選Ⅱ-47‥‥‥‥‥‥‥‥‥‥‥‥94
最判昭和61・3・25民集40巻2号472頁‥‥‥299
最大判昭和61・6・11民集40巻4号872頁：
　百選Ⅰ-4‥‥‥‥‥‥‥‥‥‥‥‥264
最判昭和62・2・13判時1228号84頁‥‥‥‥106
最判昭和63・1・26民集42巻1号1頁‥‥‥242
最判昭和63・2・16民集42巻2号27頁‥‥‥240
最判昭和63・4・21民集42巻4号243頁‥‥‥272
最判昭和63・7・1民集42巻6号451頁：
　百選Ⅱ-97‥‥‥‥‥‥‥‥‥‥‥‥315
最判平成元・4・11民集43巻4号209頁‥‥‥274
最判平成元・12・21民集43巻12号2252頁‥‥239

最判平成2・2・20判時1354号76頁‥‥‥‥‥91
最判平成2・3・23判タ731号109頁‥‥‥‥‥260
最判平成2・11・6判時1407号67頁‥‥‥‥‥296
最判平成2・12・13民集44巻9号1186頁（多
　摩川水害訴訟事件）‥‥‥‥‥‥‥‥‥300
最判平成3・3・22民集45巻3号322頁‥‥‥208
最判平成3・4・2民集45巻4号349頁：
　百選Ⅱ-54‥‥‥‥‥‥‥‥‥‥‥‥81
最判平成3・4・19民集45巻4号367頁‥‥‥294
最判平成3・10・25民集45巻7号1173頁‥‥315
最判平成3・11・19民集45巻8号1209頁
‥‥‥‥‥‥‥‥‥‥‥‥‥‥‥185,213
最判平成4・6・25民集46巻4号400頁‥‥‥272
最判平成4・10・20民集46巻7号1129頁‥‥‥78
最判平成5・2・18民集47巻2号574頁‥‥‥294
最判平成5・3・16民集47巻4号3005頁‥‥‥57
最大判平成5・3・24民集47巻4号3039頁
‥‥‥‥‥‥‥‥‥‥‥‥‥‥‥‥‥274
最判平成5・3・30民集47巻4号3226頁‥‥‥299
最判平成5・9・9判時1477号42頁‥‥‥‥‥254
最判平成5・9・21判時1476号120頁‥‥‥‥259
最判平成6・2・22民集48巻2号441頁：
　百選Ⅰ-44‥‥‥‥‥‥‥‥‥‥‥‥257
最判平成6・7・18判時1540号38頁‥‥‥‥129
最判平成6・10・25民集48巻7号1303頁：
　百選Ⅱ-62‥‥‥‥‥‥‥‥‥‥‥‥111
最判平成7・1・24民集49巻1号25頁‥‥‥282
最判平成7・6・9民集49巻6号1499頁：
　百選Ⅱ-84‥‥‥‥‥‥‥‥‥‥‥‥232
最判平成7・7・7民集49巻7号1870頁‥‥‥265
最判平成7・9・19民集49巻8号2805頁：
　百選Ⅱ-79‥‥‥‥‥‥‥‥‥‥220,221
最判平成7・12・15民集49巻10号3088頁‥‥135
最判平成8・3・26民集50巻4号993頁：
　百選Ⅲ-11‥‥‥‥‥‥‥‥‥‥‥‥238
最判平成8・4・25民集50巻5号1221頁：
　百選Ⅱ-101‥‥‥‥‥‥‥‥‥‥‥261
最判平成8・4・26民集50巻5号1267頁：
　百選Ⅱ-72‥‥‥‥‥‥‥‥‥‥‥‥158
最判平成8・5・31民集50巻6号1323頁‥‥‥261
最判平成8・7・12民集50巻7号1477頁（平
　作川水害訴訟事件）‥‥‥‥‥‥‥‥‥300
最判平成8・7・12民集50巻7号1918頁‥‥‥36

判例索引 | 331

最判平成8・10・14民集50巻9号2431頁：
　百選Ⅱ-60‥‥‥‥‥‥‥‥‥‥‥‥‥‥130
最判平成8・10・29交民29巻5号1272頁‥‥272
最判平成8・10・29民集50巻9号2474頁：
　百選Ⅱ-106‥‥‥‥‥‥‥‥‥‥‥‥‥272
最判平成8・11・12民集50巻10号2591頁：
　百選Ⅰ-67‥‥‥‥‥‥‥‥‥‥‥‥‥‥135
最判平成9・1・28民集51巻1号78頁‥‥‥‥261
最判平成9・2・14民集51巻2号337頁：
　百選Ⅱ-70‥‥‥‥‥‥‥‥‥‥‥‥‥‥148
最判平成9・2・25民集51巻2号398頁：
　百選Ⅱ-64‥‥‥‥‥‥‥‥‥‥‥‥‥‥130
最判平成9・5・27民集51巻5号2009頁‥‥‥239
最判平成9・7・1民集51巻6号2452頁：
　百選Ⅱ-40‥‥‥‥‥‥‥‥‥‥‥‥‥‥‥47
最判平成9・9・9民集51巻8号3804頁：
　百選Ⅱ-90‥‥‥‥‥‥‥‥‥‥‥‥‥‥239
最判平成9・9・9判時1618号63頁‥‥‥‥‥273
最判平成9・10・31民集51巻9号3962頁
　‥‥‥‥‥‥‥‥‥‥‥‥‥‥‥‥307,308
最判平成10・4・30判時1646号162頁：
　百選Ⅱ-111‥‥‥‥‥‥‥‥‥‥‥‥‥321
最判平成10・5・26民集52巻4号985頁：
　百選Ⅱ-81‥‥‥‥‥‥‥‥‥‥‥‥217,218
最判平成11・2・23民集53巻2号193頁：
　百選Ⅰ-17‥‥‥‥‥‥‥‥‥‥‥‥‥‥162
最判平成11・2・25民集53巻2号235頁‥‥‥247
最判平成11・10・22民集53巻7号1211頁
　‥‥‥‥‥‥‥‥‥‥‥‥‥‥‥‥259,274
最判平成11・12・20民集53巻9号2038頁‥‥261
最判平成12・2・29民集54巻2号582頁‥‥‥240
最判平成12・3・24民集54巻3号1155頁‥‥‥272
最判平成12・9・22民集54巻7号2574頁：
　百選Ⅱ-88‥‥‥‥‥‥‥‥‥‥‥‥237,247
最判平成12・11・14民集54巻9号2683頁‥‥259
最判平成13・3・13民集55巻2号328頁：
　百選Ⅱ-107‥‥‥‥‥‥‥‥‥‥‥316,317
最判平成13・11・27民集55巻6号1154頁‥‥232
最判平成13・11・27民集55巻6号1311頁：
　百選Ⅱ-53‥‥‥‥‥‥‥‥‥‥‥‥‥‥‥78
最判平成13・11・27民集55巻6号1380頁‥‥‥70
最判平成14・1・29民集56巻1号185頁‥‥‥239
最判平成14・1・29民集56巻1号218頁‥‥‥278

最判平成14・3・28民集56巻3号662頁：
　百選Ⅰ-3‥‥‥‥‥‥‥‥‥‥‥‥‥‥134
最判平成14・3・28民集56巻3号689頁‥‥‥109
最判平成14・7・9交民35巻4号917頁‥‥‥259
最判平成14・7・9交民35巻4号921頁‥‥‥259
最判平成14・9・24判時1802号60頁‥‥‥239,264
最判平成14・11・8判時1809号30頁‥‥‥‥232
最判平成15・2・21民集57巻2号95頁：
　百選Ⅱ-73‥‥‥‥‥‥‥‥‥‥‥‥‥‥157
最判平成15・3・12刑集57巻3号322頁‥‥‥158
最判平成15・6・12民集57巻6号563頁‥‥‥157
最判平成15・6・12民集57巻6号595頁‥‥‥119
最判平成15・7・11民集57巻7号815頁‥‥‥316
最判平成15・10・21民集57巻9号1213頁：
　百選Ⅱ-67‥‥‥‥‥‥‥‥‥‥‥‥132,133
最判平成15・11・11民集57巻10号1466頁
　‥‥‥‥‥‥‥‥‥‥‥‥‥‥‥‥232,247
最判平成16・4・27民集58巻4号1032頁：
　百選Ⅱ-109‥‥‥‥‥‥‥‥‥‥‥‥‥277
最判平成16・6・29判時1868号52頁‥‥‥‥119
最判平成16・10・15民集58巻7号1802頁‥‥277
最判平成16・11・12民集58巻8号2078頁
　‥‥‥‥‥‥‥‥‥‥‥‥‥‥‥‥286,290
最判平成16・12・20判時1886号46頁‥‥‥‥274
最判平成17・12・16判タ1200号127頁‥‥121,123
最判平成18・3・30民集60巻3号948頁：
　百選Ⅱ-89‥‥‥‥‥‥‥‥‥‥‥‥‥‥238
最判平成18・6・16判時1941号28頁‥‥‥‥277
最判平成19・4・24判時1970号54頁‥‥‥‥273
最判平成19・7・6民集61巻5号1769頁：
　百選Ⅱ-85‥‥‥‥‥‥‥‥‥‥‥‥‥‥237
最判平成19・7・13民集61巻5号1980頁‥‥213
最判平成20・6・10民集62巻6号1488頁‥‥276
最判平成20・7・4判時2018号16頁‥‥‥‥273
最判平成20・10・10民集62巻9号2361頁‥‥158
最判平成21・11・9民集63巻9号1987頁‥‥196
最判平成22・6・1民集64巻4号953頁：
　百選Ⅱ-50‥‥‥‥‥‥‥‥‥‥‥‥‥‥‥71
最判平成22・6・17民集64巻4号1197頁‥‥275
最判平成23・7・21判タ1357号81頁‥‥‥‥237
最判平成23・10・25民集65巻7号3114頁：
　百選Ⅱ-56〔第7版〕‥‥‥‥‥‥‥‥‥‥91
最判平成24・9・13民集66巻9号3263頁‥‥113

最大判平成27・3・4民集69巻2号178頁：
　百選Ⅱ-103……………………274
最判平成27・4・9民集69巻3号455頁：

百選Ⅱ-92………………………281
最判平成28・3・1民集70巻3号681頁：
　百選Ⅱ-93………………………282

高等裁判所

高松高判昭和45・4・24判時607号37頁……184
大阪高判平成5・4・14判時1473号57頁……297
東京高判平成5・11・24判時1491号99頁……240

東京高判平成6・2・1判時1490号87頁……102
東京高判平成13・9・5判時1786号80頁……322

地方裁判所

東京地判昭和39・9・28下民集15巻9号2317
　頁………………………………239
前橋地判昭和46・3・23下民集22巻3・4号
　293頁……………………………295
新潟地判昭和46・11・12判時664号70頁……96
東京地判昭和52・11・29交民10巻6号1669頁
　…………………………………255
東京地判昭和53・8・3判時899号48頁……230
東京地判昭和60・12・25交民18巻6号1627頁
　…………………………………255
大阪地判昭和61・12・12判タ668号178頁……72
大阪地判平成元・4・20判時1326号139頁……96
横浜地判平成元・9・7判時1352号126頁……70
大阪地判平成3・3・29判時1383号22頁……257
東京地判平成4・2・7判タ782号65頁……248

大阪地判平成6・3・29判時1493号29頁……303
東京地判平成7・5・31判時1556号107頁……70
大阪地判平成7・7・5判時1538号17頁：
　百選Ⅱ-96………………………314
東京地判平成7・8・29判時1560号107頁……71
神戸地判平成12・1・31判時1726号20頁……265
東京地判平成12・2・29交民33巻1号384頁
　…………………………………272
神戸地判平成14・8・19交民35巻4号1099頁
　…………………………………272
東京地判平成16・7・12交民37巻4号943頁
　…………………………………272
大阪地判平成27・7・10LLI/DB判例秘書搭
　載〔L07051152〕………………272

事 項 索 引

あ 行

「悪意」の意義……………………213
悪意の給付利得者の責任……………195
悪意の侵害利得者の責任……………213
与える債務……………………140
あれなければこれなし……………245
安全配慮義務……………………143
意思実現……………………16
医師の過失……………………232
慰謝料……………………250
慰謝料請求権の相続……………251
遺 贈……………………98
遺族固有の慰謝料請求権……………250
遺族年金と損益相殺……………274
一元説……………………290
一時金賠償方式……………………248
一律請求……………………257
一括請求……………………257
逸失利益……………………258
一般通常人……………………230
一方予約……………………53
委 任……………………7,149
威迫困惑行為……………………86
違法性判断……………………234
違法性をめぐる議論……………235
違約手付……………………55
違約罰……………………55
医療過誤訴訟における因果関係の立証……247
因果関係……………………244,246
──の直接性……………………215
請 負……………………7,146
運行供用者……………………306
営造物責任……………………298
疫 学……………………247
疫学的因果関係……………………246

か 行

回帰的給付……………………10

外形標準説……………………293
解 除……………………36,61
解除契約……………………48
解除権不可分の原則……………41
快適で健康な生活を送るという利益………238
開発危険の抗弁……………………303
買戻し……………………83
解約（告知）……………………10,48,120
解約手付……………………54
解約申入れ……………………111
加害者を知った時……………………278
価格返還義務……………………183,184
価格返還説……………………192
確定効……………………164
確率的心証論……………………248
過 失……………………230
──の一応の推定……………………233
果 実……………………194,210
過失運転致死傷罪……………………226
過失責任……………………227
過失相殺……………………268,316
貸す債務……………………140
割賦販売……………………89
稼働可能期間……………………259
環境権……………………264
間接被害者……………………252
監督者責任……………………280
関連共同性……………………310
　客観的──……………………310
　主観的──……………………312
管理継続義務……………………171
企業の損害……………………252
危険責任……………………306
──の原理……………………283
──の法理……………………295,299,304
危険負担……………………29
期限前弁済……………………198
寄 託……………………7,154
──者……………………154

事項索引

規範の保護目的······184,188
義務違反説······296
逆求償······292
客観説······296
客観的他人の事務······169
休業損害······262
求　償······310
　──権······291
求償利得······182,214
「給付」の意義······201
給付利得······180
競合的不法行為······314
教　唆······313
行政上の責任······226
強制保険制度······306
共同不法行為······309
業務提供誘引販売······86
居住利益······275
緊急事務管理······171
緊急避難······227,266,267
禁止規範の保護目的······202
金銭価値の物権的返還請求権（価値の
　rei vindikatio)······224,225
金銭賠償······248
クーリング・オフ······87
組　合······7,158
組合代理······161
組合の解散······163
クリーン・ハンズの原則······200
軽過失······232
景観利益······238
計算報告義務······177
刑事上の責任······226
継続的供給契約······10
継続的の契約関係（継続的債権関係)······10
継続的不法行為······277
契　約······1
　混合──······8
契約関係自律の原則······218
契約上の地位の移転······34
契約責任説······60
契約締結上の過失······19,83
契約不適合······59

結果回避義務······231
　──と社会的有用性······231
結果回避義務違反······230
結果債務······147
欠　陥······301
原因関係······32
原因において自由な行為······280
厳格責任······301
原始的不能······23,60
原状回復······249,275
原状回復義務······41
懸賞広告······18
現存利益······183
原物返還の原則······183,188
権利行使期間······77
権利侵害······233
権利保護資格要件······126
権利保存要件······77
牽連関係
　成立上の──······24
　存続上の──······29,191
　履行上の──······24,189
故　意······229
故意・過失の立証責任······232
合意解除······48,129
行為基礎の喪失······47
後遺障害による逸失利益······262
好意同乗······272
交　換······7,100
広義の非債弁済······196
公共性······264
交叉申込み······16
更新拒絶······111
香　典······275
後発的不能······23
衡平二元説······178
抗弁の接続······92
545条2項3項類推説······194
国家賠償責任······292
個別信用購入あっせん······89
個別損害項目積上げ方式······258
固有装置説······307
狭義の非債弁済······197

雇　用……………………………7	借地権…………………………110
混合寄託………………………156	借地借家法……………………108
	借家権…………………………112
さ 行	重過失…………………………232
	終身定期金…………………7,163
財貨帰属秩序…………………181	修繕義務………………………113
財貨帰属割当て………………206	受益者…………………………32
債権者主義……………………29	受益の意思表示………………31
債権侵害………………………240	受益（利得）………………182,187
債権発生原因…………………1	受寄者…………………………154
財産的損害賠償請求権の相続………250	手段債務………………………147
財産の利益の侵害……………240	出費の節約……………………186
再売買の予約…………………85	準委任…………………………149
債務者主義……………………29	準事務管理……………………175
債務不履行責任説……………60	準消費貸借……………………105
差額説…………………………243	準法律行為……………………169
詐欺考慮説……………………190	肖　像…………………………240
詐欺不考慮説…………………190	——権………………………206
差止請求……………………229,263	試用期間………………………141
——の法的根拠……………263	使用者責任……………………283
——の要件…………………264	使用貸借……………………7,134
サブリース契約………………132	承　諾…………………………11
死因贈与………………………98	——期間……………………13
敷　金…………………………108	消費寄託………………………157
——契約……………………108	消費者契約……………………11
自己責任……………………226,280	——法………………………88
事実的因果関係………………245	消費貸借……………………7,101
——の立証…………………246	使用利益……………………194,210
事実的契約関係………………17	職務義務違反説………………294
事実的不法行為………………288	職務執行性……………………293
支出利得……………………182,213	職務の密接関連性……………289
死傷損害説……………………244	書面交付義務…………………86
事情変更の原則（法理）………47,119	所有権侵害……………………240
示　談…………………………165	所有者―占有者関係…………194
失権約款………………………48	事理弁識能力…………………269
自動車損害賠償責任…………306	自力救済………………………268
自動車損害賠償保障法………306	侵害利得……………………181,205
事務管理……………………2,168	人格的利益侵害………………237
——意思……………………170	信用販売………………………88
——義務……………………171	信頼利益……………………20,66
事務の他人性…………………169	診療契約………………………153
氏　名…………………………240	数量指示売買…………………68
社会観念上の因果関係………216	生活費………………………260,275
社会的有用性…………………231	

製作物供給契約·······················147
清算関係における牽連関係···········189
製造物······························301
製造物責任··························301
正当業務··························268
正当事由··························111
正当防衛··················227,266,267
生命・身体··························237
生命保険金··························275
責任能力························227,269
責任無能力························266
積極損害··························258
善管注意義務···················150,171
相関関係説··························234
造作買取請求権·····················121
相当因果関係·······················244
　　＝民法416条説に対する批判·········256
双方予約···························10
双務契約··························· 9
　　の清算························188
贈　　与····························7,93
損益相殺······················268,273
損益相殺と過失相殺の順序············274
損　　害··························257
損害項目··························255
損害の種類··························243
損害の発生··························243
損害賠償額の算定···················257
損害賠償者の代位···················249
損害賠償請求権者···················249
損害賠償請求権の消滅時効············276
損害賠償の範囲·····················253
損害賠償の方法·····················248
損害保険金··························275
損　　失··························182
存続期間··························110

た　行

代位責任··························292
代位責任説······················283,292
対価関係···························32
　　の瑕疵························217
大学湯事件··························234

対価控除··························211
代金減額請求························61
代金減額請求権·····················63
第三者による弁済···················216
第三者のためにする契約············31,218
第三者の物の添付···················219
胎　　児··························253
代償返還義務···················183,185
代弁済請求権·······················172
択一的競合··························312
諾成契約······················8,52,94
諾成的消費貸借·····················102
諾約者（約束者）···················32
多数当事者間の不当利得··············215
立退料··························111
立替払い契約·······················91
建物買取請求権·····················121
他人の債務の弁済···················199
他人物売買··························73
短期消滅時効·······················277
担保責任··························59
担保提供請求権·····················172
遅延損害金··························263
中間責任······················280,297
中間的合意··························54
中間利息··························260
中性の事務··························170
長期消滅時効·······················278
賃金センサス·······················259
賃借権の譲渡・転貸·················127
賃借権の対抗要件···················126
賃貸借··························· 7
賃貸借契約··························107
賃貸人の地位の移転·················123
賃料減額請求権·····················118
賃料増減額請求権···················118
追完請求··························61
追完請求権··························62
通常生ずべき損害···················255
通信販売··························86
通知義務··························171
定期行為··························40
　　絶対的··························40

相対的——…………………………40	不告知………………………………86
定期借地権…………………………111	不実告知……………………………86
定期贈与……………………………98	不真正連帯…………………………291
定型的付随損害……………………252	不真正連帯債務……………………314
定型約款……………………………49	負担付死因贈与……………………99
定期建物賃貸借……………………113	負担付贈与…………………………97
撤　回………………………………49	物権的請求権………………………263
手　付………………………………54	物　損………………………………258
典型契約……………………………7	不動産賃借権の物権化……………124
転貸借………………………………128	不動産の二重譲渡…………………241
転用物訴権…………………………220	不当訴訟……………………………242
電話勧誘販売………………………86	不当誘引……………………………86
同時履行の抗弁権…………………24	不当利得…………………………2,177
到達主義……………………………15	部分的因果関係説…………………317
桃中軒雲右衛門事件………………233	不法原因給付………………………200
動物占有者責任……………………304	不法行為……………………………3
特殊な不法行為……………………228	——の立証責任……………………265
特定継続的役務提供契約…………86	不法行為債権を受動債権とする相殺……276
特定商取引…………………………85	不法行為責任………………………226
特別事情によって（通常）生じる損害……255	不法行為法の目的…………………227
土地工作物責任……………………295	不法就労している外国人労働者の逸失利益
取消し………………………………49	…………………………………261
取消的不法行為……………………286	不法性の比較………………………200
	「不法」の意義……………………201
な　行	不要式契約…………………………8
なす債務……………………………140	プライバシー………………………238
二元説………………………………290	——権………………………………239
二重欠缺……………………………218	別の事故による死亡………………261
	弁護士費用…………………………262
は　行	騙取金銭による弁済………………223
背信的悪意者………………………241	騙取金銭不当利得…………………224
売　買……………………………7,52	片務契約…………………………9,93
箱庭説（法体系投影理論）………180	忘恩行為……………………………95
発信主義……………………………15	妨害排除請求………………………116
被害者側の過失……………………270	包括信用購入あっせん……………89
被害者の素因………………………272	包括請求……………………………257
引換給付判決………………………26	方式の自由…………………………8
非債弁済……………………………188	報酬請求権…………………………173
必要費………………………………114	幇　助………………………………313
非典型契約…………………………7	報償責任……………………………306
被用者の過失………………………271	——の原理…………………………283
費用償還義務………………………114	法　人………………………………253
費用利得…………………………182,215	法定解除……………………………36

338 事項索引

法定債権債務関係····························169
法定責任説·······························59
訪問購入·································86
訪問販売·································86
法律行為································ 3
法律上の原因がないこと·················188
　　──の主張・立証責任·················182
法律上保護される利益···················233
補充的責任·····························280
補償関係······························32
　　──の瑕疵·······················216,218
ホフマン式·····························260
本人の意思・利益への適合性···············170

ま 行

身分から契約へ·························· 5
身分上の人格的利益·····················238
見舞金·······························275
身元保証人····························141
身元保証法····························141
民事上の責任··························226
民法上の組合·························158
無意識的不合意···························12
無形損害·····························253
無催告解除特約························117
無償契約·····················9,93,134
無償同乗······························271
無断譲渡・転貸·······················130
無店舗販売·····························86
無名契約································ 7
名　誉·······························238
　　──感情·························239
名誉侵害と表現の自由···················239
申込み································11
　　──の拒絶·························15
　　──の拘束力·······················13

目的不到達による不当利得·············196,205
物の毀損·····························262
物の滅失·····························262

や 行

約定解除·······························36
約　款·······························49
ヤミ金融·····························275
有益費·······························114
有益費用······························172
　　──償還請求権·····················172
有償契約·····························9,52
優等懸賞広告····························19
有名契約································ 7
養育費······························260,275
要式契約·····························8,102
要物契約·····························8,101
要約者（受約者）·······················32
予見可能性····························230
予見義務·····························230
予　約·······························10,52
予約完結権····························53

ら・わ 行

ライプニッツ式·························260
リース契約····························131
履行利益······························20
利得消滅の抗弁························185
利得の押し付け························214
類型論·······························179
連鎖販売取引····························86
労働能力喪失説························244
労働法······························141
ローン提携販売··························89
和　解······························7,164,165

Horitsu Bunka Sha

新ハイブリッド民法 4
債権各論

2007年 4 月20日　初版第 1 刷発行
2018年 5 月10日　新版第 1 刷発行

著　者　滝沢昌彦・武川幸嗣
　　　　花本広志・執行秀幸
　　　　岡林伸幸

発行者　田靡純子

発行所　株式会社 法律文化社

〒603-8053
京都市北区上賀茂岩ヶ垣内町71
電話 075(791)7131　FAX 075(721)8400
http://www.hou-bun.com/

＊乱丁など不良本がありましたら、ご連絡ください。
　送料小社負担にてお取り替えいたします。

印刷：中村印刷㈱／製本：㈱吉田三誠堂製本所
装幀：白沢　正
ISBN 978-4-589-03942-2
Ⓒ2018　M.Takizawa, K.Mukawa, H.Hanamoto,
H.Shigyo, N.Okabayashi Printed in Japan

|JCOPY|〈(社)出版者著作権管理機構 委託出版物〉

本書の無断複写は著作権法上での例外を除き禁じられています。複写される
場合は、そのつど事前に、(社)出版者著作権管理機構(電話 03-3513-6969,
FAX 03-3513-6979, e-mail: info@jcopy.or.jp)の許諾を得てください。

学部とロースクールを架橋する
ハイブリッドシリーズ
基礎から応用まで，多面的かつアクセントをつけて解説・展開

2017年の民法改正に対応
新ハイブリッド民法

1 **民法総則** 3,100円

小野秀誠・良永和隆・山田創一・中川敏宏・中村 肇【著】

4 **債権各論** 3,000円

滝沢昌彦・武川幸嗣・花本広志・執行秀幸・岡林伸幸【著】

ハイブリッド民法

2 **物権・担保物権法** 3,000円

本田純一・湯川益英・原田 剛・橋本恭宏【著】

3 **債権総論** 3,000円

松尾 弘・松井和彦・古積健三郎・原田昌和【著】

5 **家 族 法**〔第2版補訂〕 3,200円

半田吉信・鹿野菜穂子・佐藤啓子・青竹美佳【著】

『ハイブリッド民法』は『新ハイブリッド民法』に順次改訂

A5判，横組，カバー巻，表示価格は本体（税別）価格です

法律文化社